新时代教师专业发展实践
——教师培训之全景篇

◎ 何劲松 主编

北京理工大学出版社
BEIJING INSTITUTE OF TECHNOLOGY PRESS

版权专有　侵权必究

图书在版编目（CIP）数据

新时代教师专业发展实践．教师培训之全景篇／何劲松主编．—北京：北京理工大学出版社，2020.11

ISBN 978 – 7 – 5682 – 9276 – 4

Ⅰ.①新… Ⅱ.①何… Ⅲ.①中小学–师资培养–研究–北京 Ⅳ.①G635.12

中国版本图书馆 CIP 数据核字（2020）第 232489 号

出版发行 ／ 北京理工大学出版社有限责任公司
社　　址 ／ 北京市海淀区中关村南大街 5 号
邮　　编 ／ 100081
电　　话 ／ （010）68914775（总编室）
　　　　　　（010）82562903（教材售后服务热线）
　　　　　　（010）68948351（其他图书服务热线）
网　　址 ／ http://www.bitpress.com.cn
经　　销 ／ 全国各地新华书店
印　　刷 ／ 三河市华骏印务包装有限公司
开　　本 ／ 787 毫米 × 1092 毫米　1/16
印　　张 ／ 18.25　　　　　　　　　　　　　　　责任编辑 ／ 刘　派
字　　数 ／ 429 千字　　　　　　　　　　　　　　文案编辑 ／ 李丁一
版　　次 ／ 2020 年 11 月第 1 版　2020 年 11 月第 1 次印刷　责任校对 ／ 周瑞红
定　　价 ／ 88.00 元　　　　　　　　　　　　　　责任印制 ／ 李志强

图书出现印装质量问题，请拨打售后服务热线，本社负责调换

新时代教师专业发展实践
——教师培训之全景篇
编委会

主　编　何劲松

副主编　杨江林

编　委　李海燕　邓永卫　方怀胜　柳立涛　季　茹　祁建新　闫新全
　　　　申军红　石群雄　周玉华　胡国友　武维民　全　斌　徐秋生
　　　　尼　腾　田　娟　刘浩仁　黄海明　郭立增　吴连民　刘江波
　　　　梁文鑫　陈琦璐　郭　佳　温　岩　焦　滢　田　原

指导专家（按姓氏笔画排序）
　　　　马宪平　乔爱玲　伍芳辉　苏小平　李　晶　杨朝晖　余逸群
　　　　林秀钦　周金燕

新时代教师专业发展实践
——教师培训之新教师篇
编委会

主　编　何劲松

副主编　杨江林

编　委　李海燕　邓永卫　方怀胜　柳立涛　束　旭　张　怡　景卫国
　　　　刘　锌　王冬梅　陈绪峰　陈明欣　田小将　肖　月　王振江
　　　　王　君　阴希春　刘立辛　于晓龙　李金凤　胡红宇　夏　永
　　　　梁文鑫　陈琦璐　郭　佳　王海峰　苑　薇　吴健伟

指导专家（按姓氏笔画排序）
　　　　马　宁　叶菊艳　刘　菁　孙　众　吴　娟　何彩霞　徐中伟

序言 PREFACE

教师是教育发展的第一资源,是国家富强、民族振兴、人民幸福的重要基石。党和国家历来重视教师工作。习近平总书记强调,要从战略高度来认识教师工作的极端重要性,把加强教师队伍建设作为教育事业最重要的基础工作来抓。"十三五"以来,中央、中办、国办相继下发重磅文件,为新时代教师队伍建设提供了根本遵循。首都教师教育工作者们以此为指引,走过不平凡的五年。五年来,市委、市政府顶层设计、擘画蓝图;市委教育工委、市教委细化政策、明确措施;各区教育行政部门、培训机构、广大中小学校改革创新,大胆实践,用新奋斗、新措施、新成效书写了首都教师队伍建设的奋进之笔。

教师培训作为提升教师专业素质的重要途径,在加强教师队伍建设方面发挥了重要作用。高质量的培训是以高质量的研究为基础的,北京市各区教师培训者坚持以研促训,研训一体,以理论指导实践,以实践滋养理论,在丰富的培训实践中开展课题研究,同时以研究的态度和方法促进培训质量的提升。"十三五"期间,形成了一大批培训研究成果,北京市中小学中等职业学校教师培训中心组织专家遴选了其中更具有实践性、典型性和可借鉴性的优秀成果结集出版。

全书分为两册,从教师培训时代背景,国际比较切入。新教师篇聚焦新教师培训,突出把好入口关。从教师培训机构和中小学校两个层面,探讨了新教师的职业认同、培训需求、培训课程、培训方式、培训管理与培训评价等问题,构成了一个具有内在逻辑的新教师培训研究成果体系。全景篇汇集了北京市各区教师培训部门、教研机构、中小学校老师们的关于教师专业发展实践研究的文章,比较全面地反映了在教师培训方面所做的工作和取得的成果,勾勒出北京市中小学教师培训工作系统化、现代化、多样化的景象。

专家们在文稿审阅过程中,多有鼓励,他们认为收录的文章既单独成篇,又相互补充;角度多样,且相互印证;既有许多此前少有论述的话题,也有许多"旧题新解";宏观概览与具体案例结合,专家点评做延伸,较充分地反映出教师培训工作的新理念、新内容、新模式、新成果。这些研究能够紧密结合教育工作和教师队伍建设的时代特点,反映教师培训工作最新理论成果运用和实践经验总结,是"做出来的"教师培训学问。每份研究报告都力求遵循教育研究的基本规范,用事实说话,以人的积极变化体现出教师专业发展的可行路径和策略。文章为研究教师专业发展提供了大量数据和信息,为开展教师专业发展理论研究和推进教师培训工作提供了很有价值的文献资料,是很好的实践经验的理论总结和历史记录。

值此教育"十三五"收官之际,希望以此书的出版,为首都基础教育教师培训积累经验、升华实践、沉淀智慧。当前,建设教育强国的冲锋号已经吹响,新时代育师强师的考卷等待着我们坚定的回答。站在新的历史起点上,期待北京市中小学教师培训工作者不忘立德树人初心,牢记为党育人、为国育才使命,立足首都中小学教师队伍建设实际,以更加务实的培训、更加深入的研究,切实为首都教育造就高素质专业化创新型教师队伍贡献培训者的智慧和力量。

本书编委会
2020 年 8 月

目录 CONTENTS

第一章 优化培训体系,构建"系统化"培训

普通小学教师"学习障碍"认知情况的调查研究 …………………………………… (002)
北京市朝阳区拔尖青年教师后备人才培养机制研究与实践 ………………………… (011)
区域优质校本研修生态构建的研究与实践 …………………………………………… (021)
中国卓越教师专业标准建构研究 ……………………………………………………… (031)
小学卓越教师典型特征分析及培养体系构建 ………………………………………… (040)
"四进阶"教师学习课程体系的开发与实践 ………………………………………… (050)
基于新时代班主任专业发展的区域培训课程设计与思考 …………………………… (057)
创新模式 优化课程 提高区域教师培训实效——北京市房山区"十三五"时期中
　学英语教师培训的实践探索 ………………………………………………………… (066)

第二章 变革培训模式,引领"现代化"培训

朝阳区随班就读教师培训模式研究 …………………………………………………… (078)
做受欢迎的"聚享生态"教学研究——海淀学区小学学科教研基地建设的思考与实践
　……………………………………………………………………………………………… (089)
"立德树人"背景下的教师队伍建设——"SPECIAL"教师培训模式的实践与思考
　……………………………………………………………………………………………… (098)
"供给侧改革"视域下区域骨干教师培养路径探究——以石景山区骨干教师培养为例
　……………………………………………………………………………………………… (108)
依托"学习强国"APP提升党员教师教育素养的研究——以怀柔区党员教师为例
　……………………………………………………………………………………………… (115)
以数综研究为例浅谈基于教师专业发展的教研模式转型 …………………………… (125)

第三章 设计培训策略,探索"多样化"培训

以课例研究促骨干教师成长的实践与思考 …………………………………………… (134)
教师评价素养的现状与提升策略研究 ………………………………………………… (140)

以开题为契机提升区域教研员科研素养实践研究 …………………………（148）
新时代教师师德教育的问题与改进策略研究 ……………………………（154）
通州区教师个性化培训策略的研究 ………………………………………（160）
输出式培训：成熟期教师专业发展的新路径 ……………………………（170）
"基于需求 课题引领促培训"提高区域综合
实践活动教师指导能力的实践与思考 ……………………………………（179）
提升教师活力：问题、原因、对策——基于北京市郊区某所完全中学的案例分析 ……（188）

第四章 深耕校本研修，实施"针对性"培训

创新研修多元化模式 赋能教师全专业发展——基于博雅教师素养模型的校本培训实
　　践研究成果 ………………………………………………………………（198）
集团化背景下教师校本研修策略的实践研究 ……………………………（209）
创新教师发展机制，构建"三型管理"文化——以"名优教师教育教学研究室"的
　　建设与实践为例 …………………………………………………………（220）
基于专业素质结构的教师分层培养研究 …………………………………（228）
提高青年教师教学能力的校本培训模式研究 ……………………………（235）
基于润泽教师培养的内生式校本培训实践 ………………………………（244）
赋能：激活教师 贯通培养——北京市育英学校教师队伍建设的实践与思考 ……（254）
学校教师专业学习共同体的构建 …………………………………………（265）
全面深化教育改革 提升教师队伍建设——东风中学教师队伍建设经验 ………（275）

后　　记 …………………………………………………………………………（283）

第一章

优化培训体系,构建"系统化"培训

普通小学教师"学习障碍"认知情况的调查研究

北京市西城区教育学院　王玉玲
北京联合大学　张　旭
北京市西城区奋斗小学　马立梅
北京小学广内分校　王莉萍
北京市西城区西单小学　尹宝霞

【摘　要】 本文采用自编《普校小学教师学习障碍认知情况调查问卷》对251名接受过不同层次学习障碍培训的普通小学教师进行的调查发现：普通小学教师对学习障碍的"态度"维度得分最高，"知识"次之，"行为"最低；普通小学语文教师学习障碍"知识"维度平均得分高于数学教师；普通小学不同教龄教师在学习障碍"行为"维度得分存在显著差异，从高到低依次为1~3年、4~6年、11~20年、21年以上；学习障碍专业培训对普通小学教师对学习障碍的态度、知识与行为均有明显影响。本文针对研究结果提出相应建议。

【关键词】 普通小学教师，学习障碍，认知

一、问题提出

1963年，柯克首次使用学习障碍（learning disabilities）这一概念指儿童在语言、言语、阅读、写作、计算或其他学校科目上存在的迟缓或障碍。美国《精神疾病诊断与统计手册（5版）》（DSM-5）明确了特定学习障碍是一种具有生物学起源的神经发育障碍，表现为学习和学术性技能习得上的困难。美国、英国、中国台湾等国家和地区通过立法，将学习障碍纳入特殊教育服务对象。调查数据显示，目前在美国接受特殊教育服务的6~21岁学生中学习障碍学生几乎占到1/2。

国外学者较早就关注到：教师对学习障碍的负面认知会导致他们对这类学生更低的期待，从而成为学习障碍学生学业低成就的风险因子之一；学校教师如果具有对学习障碍特征的觉察和相应知识，将在学习障碍学生的早期识别和干预中起重要的作用，学习障碍个体也会从强有力的支持网络中获益良多。因此，教师对学习障碍相关知识的掌握和了解至关重要。近年来，美国和英国等国家在教师职前和职后培训中都增加了学习障碍的内容。不过近期的研究也发现，教师们虽然已经对学习障碍这个术语不再陌生，却仍然存在大量的错误观念。例如，认为阅读障碍能随着孩子的成长而消失或被治愈；许多教师还缺乏对语言学层面

基本概念（如语音、音素、语素等）的理解。相比之下，发展中国家的现状更不乐观，印度学者对 32 所学校 314 名小学教师的调查表明，16.6% 的教师不知道阅读障碍的概念，其余教师中也有 66.2% 不具备足够的相关知识，难以确认阅读障碍的具体表现。

我国学习障碍学生还未被明确列为特殊教育服务对象，相关的服务还存在着缺少相关特殊教育法规、研究成果不系统、教师与家长缺乏有关学习障碍的知识等问题。社会各界特别是一线教师对学习障碍还较为陌生。邢丽丽老师对普通学校 159 名 3~5 年级学生及其家长和 90 名教师进行的调查发现，无论是教师还是家长，都不了解学习障碍，更多地把学习障碍等同于学习困难。社会各界对学习障碍认识不清在很大程度上导致了这一群体得不到合适的教育。

基于上述情况，本文以北京市西城区接受过不同层次学习障碍培训的普通小学教师为调查对象，以了解当前我国普通小学教师对学习障碍的认识现状与特点，为以后学习障碍相关培训与研究提供科学依据。

二、研究方法

1. 被试

本研究被试为北京市西城区 3 所学习障碍师资培训基地学校的全体教师，以及有资源教室学校的各学科教师，共计 251 人。剔除无效问卷后，有效问卷 250 份。

参加本次调查的被试情况为，性别：男教师 7.6%、女教师 92.4%；学科：语文 52.8%、数学 30.4%、其他 16.8%；教龄：1~3 年 17.2%、4~10 年 16%、11~20 年 6 927.6%、21 年及以上 39.2%；接受学习障碍培训次数：0 次 23.2%、1~5 次 64%、6 次及 6 次以上 12.8%（表 1）。

表 1　调查对象一览表

变量	类别	人数/人	百分比/%
性别	男	19	7.6
	女	231	92.4
学科	语文	132	52.8
	数学	76	30.4
	其他	42	16.8
教龄	1~3 年	43	17.2
	4~10 年	40	16
	11~20 年	69	27.6
	21 年及以上	98	39.2
学习障碍专业受训次数	0	58	23.2
	1~5 次	160	64
	6 次及以上	32	12.8

2. 研究工具与施测

本研究工具为自编《普校小学教师学习障碍认知情况调查问卷》。在参考国内外学习障碍相关文献的基础上，对 8 名接受过 10 次以上学习障碍专门培训、并且具有学习障碍评估与干预经验的普通小学教师进行访谈，在此基础上形成问卷初稿。再请 43 名接受过一次以上学习障碍专业培训的普通小学教师填写初稿，并结合学习障碍研究专家建议修改调查问卷，形成正式问卷。正式问卷包括态度、知识、行为三个维度，共 21 个条目。条目为 5 点计分：非常不符合 1 分、不符合 2 分、不确定 3 分、符合 4 分、非常符合 5 分。正式问卷在区级和各校教研活动时发放，并当场回收。

问卷内部一致性 Cronbach α 系数为 0.844，表明具有较高的信度。KMO 值为 0.840，Bartlett 球形卡方值为 1735.61，所对应 P 值为 $0.00 < 0.05$，表明原变量之间具有明显的结构性和相关性，具有较好的结构效度。问卷基于相关文献并经学习障碍研究专家指导，具有较好的内容效度。

3. 数据分析与处理

采用 SPSS 22.0 软件进行数据统计与分析。

三、研究结果

1. 普通小学教师对学习障碍的总体认知情况

统计了全体被试在学习障碍认知的三个维度上的平均得分（M）和中数（SD）。其中，最高分 5 分，最低分 1 分，中数为 3 分。

如表 2 所示，普通小学教师学习障碍认知各维度得分由高到低依次为态度、知识、行为。其中，态度与知识维度大于中数 3，行为维度小于中数 3。说明绝大多数普通小学教师学习障碍的态度与知识状况较好，但学习障碍行为状况的得分不乐观。

表 2　学习障碍认知情况各维度的平均得 M 分与中数 SD 的差异检验

维度	平均分	标准差	T 值
态度	3.88	3.29	128.80***
知识	3.06	2.96	113.58***
行为	2.87	5.82	54.18***

注：*$P<0.05$，**$P<0.01$，***$P<0.001$（下同）。P 为显著性，T 值右上角的 * 代表显著性的程度。

2. 不同亚群普通小学教师对学习障碍的认知差异

1）普通小学教师对学习障碍认知的学科差异

如表 3 所示，不同学科教师只在学习障碍认知的知识维度上存在显著差异，语文教师在知识维度的得分显著高于数学教师（$P<0.05$）。

表3 不同学科教师的认知差异（平均分±标准差）

维度	语文	数学	其他	F 值
态度	27.45±3.40	27.37±2.83	26.07±3.58	2.98
知识	21.79±3.00	20.75±2.87	21.79±2.79	3.32
行为	20.39±5.71	18.93±6.00	21.02±5.51	2.26

2）普通小学教师对学习障碍认知的教龄差异

如表4所示，普通小学不同教龄教师只在学习障碍认知的行为维度上存在显著差异。

表4 不同教龄教师的认知差异（平均分±标准差）

维度	1~3年	4~10年	11~20年	21年以上	F 值
态度	27.19±2.97	27.83±2.91	27.43±3.21	26.77±3.61	1.17
知识	21.88±3.20	21.73±3.21	21.41±2.86	21.23±2.82	0.60
行为	22.70±6.15	21.58±5.67	18.62±4.89	19.29±5.84	6.25***

对表5两两比较发现，1~3年教龄教师和11~20年教龄教师、21年以上教龄教师均有极显著差异（$P<0.001$）。4~10年教龄教师与11~20年教龄教师、21年以上教龄教师得分有显著差异（$P<0.01$；$P<0.05$）。1~3年教龄教师和4~10年教龄教师的得分无显著差异（$P>0.05$）。

表5 不同教龄的普校小学教师学习障碍认知的平均数之间差异检验结果

维度	年限	1~3年	4~10年	11~20年
态度	4~10年	0.64		
	11~20年	0.25	-0.39	
	21年以上	-0.42	-1.06	-0.67
维度	年限	1~3年	4~10年	11~20年
知识	4~10年	-0.16		
	11~20年	-0.48	-0.32	
	21年以上	-0.65	-0.32	0.17
维度	年限	1~3年	4~10年	11~20年
行为	4~10年	-0.11		
	11~20年	-4.07***	-2.95**	
	21年以上	-3.41***	-2.29*	0.66

3）普通小学教师对学习障碍认知的培训次数差异

如表6所示，普通小学教师在学习障碍认知的知识、行为维度的得分随受训次数增加而增加，且存在极显著差异。在态度维度，接受过1~5次培训的教师得分低于未接受过培训的教师，接受过 6 次及 6 次以上培训的教师得分最高。

表 6 不同培训次数教师的认知差异（平均次 ± 标准差）

维度	0	1~5 次	6 次及 6 次以上	F 值
态度	27.12 ± 3.46	26.87 ± 3.07	28.94 ± 3.62	5.46**
知识	19.88 ± 2.38	21.61 ± 2.69	23.66 ± 3.56	19.99***
行为	18.00 ± 5.81	20.18 ± 5.62	23.16 ± 5.28	8.78***

对表 7 两两比较发现，在态度维度上，未接受过培训和接受过 6 次及 6 次以上培训的教师得分有显著差异（$P<0.05$），接受过 1~5 次和接受过 6 次及 6 次以上培训的教师得分有极显著差异（$P<0.001$）；在知识维度上，三种不同培训次数教师得分之间的两两差异均达到极显著水平（$P<0.001$）；在行为维度上，未接受过培训和接受过 1~5 次培训的有显著差异（$P<0.05$），与接受过 6 次及 6 次以上培训的有极显著差异（$P<0.001$），接受过 1~5 次和接受过 6 次及 6 次以上培训的有显著差异（$P<0.01$）。

表 7 不同受训次数的普校小学教师学习障碍认识的平均数之间差异检验结果

维度	受训次数	0	1~5 次
态度	1~5 次	0.50	
	6 次及 6 次以上	0.71*	0.63***
维度	受训次数	0	1~5 次
知识	1~5 次	0.42***	
	6 次及 6 次以上	0.61***	0.53***
维度	受训次数	0	1~5 次
行为	1~5 次	0.86*	
	6 次及 6 次以上	1.24***	1.09**

四、研究分析

1. 普通小学教师对学习障碍认知的总体情况

与之前的调查相比，本调查的特殊性在于大多数调查对象已经掌握了"学习障碍"的概念，从而确保了调查的深入、实效。其中从未接受过学习障碍专业培训的教师仅为 23.2%、接受过 1~5 次学习障碍培训的教师为 64.0%、接受过 6 次及 6 次以上学习障碍专业培训的教师为 12.8%。

从调查结果来看，普校小学教师在学习障碍认知的"态度"维度相对最好，"知识"次之，"行为"最差。教师的态度反映了教师对于教育教学问题的价值判断和价值选择，决定着教师的教育教学行为。知识是组成小学教师核心素养中最基础的部分，也是教师自我成长的核心因素，是实现教师发展的关键。行为则是教师在培训中获得的知识、技能、能力，在积极的态度、情感、价值观等中介变量作用下，需要转化为教育教学中的实际工作能力。由此可见，教育行为需要教师在教育态度的影响下，掌握相关知识后，才可能在实践教学中得以落实，显然行为的改变相对于态度和知识是滞后的。

我们在本研究的访谈中也了解到，教师们都表达了想了解帮助学习障碍学生的积极愿望，但诸多因素影响其将愿望落实到行为层面，例如，本人缺乏相关知识，评量与干预技能不足，无能力落实；大班教学，学生众多，任课教师观察与干预特殊学生的精力有限，无精力顾及；国家还没有制定相关法规，浅显理解"教育公平"，对所有学生要求一致，不能为学习障碍学生提供特殊支持，无条件落实；社会缺乏对学习障碍的认识，缺少能够与教师配合的教育协作者，无环境支持。

因此，要想教师在行为层面有切实的提高，仅仅依靠通识性的普及讲座与研讨远远不够，还应重视行为培训：既包含具体的行为训练和活动指导，又包括培训后的工作行为跟踪和指导。以此培养能够胜任学习障碍评估干预的专业教师。同时需要做好学习障碍支持体系的创设工作，包括配备经过学习障碍专业培训的资源教师，共同支持学习障碍学生的教育教学，允许基于学习障碍学生特点对其作业、考试、全班课堂教学做出调整。

2. 普通小学教师对学习障碍认知差异的影响因素探讨

1）任教学科对教师学习障碍认知的影响

调查结果显示，在学习障碍认知"知识"维度上，语文教师得分显著高于数学教师。结合教师访谈，原因可能有以下几点。

已有的研究数据表明，学习障碍学生中阅读障碍的比例达80%左右，加上一定比例的书写障碍，语文学科学习障碍的比例远远高于数学学科。语文教师在日常教学实践中更有可能关注到学生的学习障碍，并积累更多的相关知识。

目前的学习障碍研究主要围绕读写障碍展开，在研究的深度和广度上，数学学习障碍相对于读写障碍明显薄弱。相关培训也主要集中在读写障碍领域，这样语文教师参加学习障碍相关培训的机会更多，从而可能比数学教师拥有更多学习障碍的相关知识。

数学障碍相比读写障碍更为隐蔽、复杂、不易判断。例如，阅读障碍学生可能表现为自己阅读时不懂书面材料的含义，但听别人朗读时则理解没有问题，这容易引起教师的注意，一旦语文教师了解到学习障碍的概念，较易识别出疑似读写障碍学生。但是，数学障碍的表现更为内隐，容易被教师误解为智力水平不高、基础不好、态度不好或习惯不良。即使数学教师了解到学习障碍的一般性概念，但在将概念与学生在数学学习中的具体行为表现相对应上，仍然有一定的难度，还需要更加深入的认知。

2）教龄对教师学习障碍认知的影响

调查结果显示，教龄对教师在学习障碍认知的影响，只在"行为"维度上存在显著差异。分数从高到低依次为1~3年教龄、4~10年教龄、21年以上教龄、11~20年教龄。整体呈现出教龄越长，行为维度得分越低的趋势。

这是一个值得深思的结果，也应该进一步深入研究。学者们较早就对教师职业生涯的发展阶段进行了大量研究。休伯曼依据人生阶段研究理论，对教师专业发展进行了阶段划分，包括入职期、稳定期、实验和畸变期、重新估价期、平静和关系疏远期、保守和抱怨期、退休期；斯德菲依据人文心理学派的自我实现理论，将教师的专业发展阶段划分为职业准备期、权威期、倒退期、重生期和结束期。不同学者对教师专业发展阶段的划分依据和划分结果虽然不尽相同，但都体现出教师在专业发展上并非呈现出简单的直线上升趋势。伯顿以教师入职后前五年为研究对象，将其专业发展分为生存阶段、调整阶段和成熟阶段，即教师在入职五年内已形成了较为稳固的专业行为模式；因此，对教龄较长的教师而言，行为改变的难度反而更大。另外，由于学习障碍本身有内隐性、复杂性和个别化的特点，教师需要在掌握相关专业知识的基础上，具有更高的教学行为灵活性，这对已经形成较为成熟专业技能的教师挑战更大。

从不同教龄教师心理层面也可解释上述结论。教师专业发展阶段理论将教师专业发展分为三个阶段：关注生存阶段（10年以下教龄），最关心的是自己是否受学生欢迎等生存问题；关注情境阶段（10~20年教龄），拥有一定的专业经验和专业自信，较多关心与教学情境有关的问题；关注学生阶段（20年以上教龄），经验丰富，开始考虑学生的个体差异。教师关注学生，会更有可能关注到学习障碍学生的特点，并愿意探索如何满足其特殊需要。

3）专业培训次数对教师学习障碍认知的影响

调查结果显示，培训次数的多少对教师在学习障碍认知的"知识""行为"维度的得分有显著影响，均体现为培训次数越多，教师在"知识"和"行为"维度上的得分越高。由此可见，教师接受的培训对其学习障碍知识的更新和行为的改变是直接有效的。由进一步访谈得知，教师认为对其成长影响较大的培训方式有案例研讨和持续的个案督导等。

值得注意的是，在学习障碍认知"态度"维度上，我们发现培训1~5次教师的平均得分低于未受训教师，但二者未显示出有统计学意义的差异，受训6次以上的教师才体现出得分的显著提高。说明接受学习障碍培训后，"态度"维度的变化相对"知识""行为"维度较为滞后，前几次不明显，6次以上才达到显著差异。

结合教师访谈了解到，上述结果可能与现实环境制约有一定的关联。不少教师在初期接受学习障碍专业培训后，呈现了一种更加谨慎矛盾的心态。例如，接受过1~5次培训的教师已能够了解到，学习障碍并非由于态度不好或习惯不良造成，需要专业干预和支持。但是，由于当前普通学校学习障碍专业支持严重不足，缺少具有学习障碍干预能力的教师资源，教师们更可能认为到特殊教育学校读书对学习障碍学生更有利；又如，一些培训1~5次的教师虽然知道学习障碍学生需要考试调整，但是在未得到上级明示的情况下，认为无权私自为其提供调整，并且担心考试调整加重学习障碍学生的依赖心理，因此选择不应该给学习障碍学生做考试调整。而随着培训的深入和对具体教育情境的研讨，培训6次以上的教师开始具有了更多的专业实践性知识与技能，在学习障碍认知的态度维度有了显著的改变。

四、结论与建议

1. 结论

普校小学教师学习障碍知晓情况三维度中，"态度"维度相对最好，"知识"次之，"行为"最差。

学习障碍专业培训对普校小学教师态度、知识与行为均有明显影响，其中"态度"维度相对滞后。

普校小学教师学习障碍"知识"维度存在学科差异，语文学科教师认知情况好于数学学科教师。

普校小学不同教龄的教师在学习障碍"行为"维度存在显著差异，从高到低依次为1~3年、4~6年、11~20年、21年以上。

2. 建议

将学习障碍纳入我国教师教研或教师培训课程，需要注重不同教龄、不同学科教师的差异性。除基本理念与知识的传授外，注重行为影响的培训。可通过加强案例研讨与持续的个案督导等方式实现。

深入理解教育公平，尊重学生差异，允许学习障碍学生以与其特点相适应的速度与方式学习，开展多元化的评价方式，提供考试合理便利。

为学习障碍学生创设支持服务体系，例如相关法律法规的制定，专业的全职资源教师的设置，面向社会的学习障碍普及性宣导等。

参 考 文 献

[1] Bateman B. The Plays The Thing [J]. Learning Disability Quarterly, 2005, 28 (2): 93-95.

[2] American Psychiatric Association. Diagnostic and Statistical Manual of Mental Disorders. Fifth. [M]. VA: American Psychiatric Association, 2013: 66-74.

[3] 韦小满, 杨希洁, 刘宇洁. 干预反应模式: 学习障碍评估的新途径 [J]. 中国特殊教育, 2012 (9): 9.

[4] Clark M D. Teacher response to learning disability: A test of attributional principles [J]. Journal of Learning Disabilities, 1997, 30: 69-79.

[5] Reid Lyon G, Weiser B. Teacher knowledge, instructional expertise, and the development of reading proficiency [J]. Journal of Learning Disabilities, 2009, 42: 475-480.

[6] Norwich B, Griffiths C, Burden B. Dyslexia-friendly schools and parent partnership: Inclusion and home-school relationships [J]. European Journal of Special Needs Education, 2005, 20 (2): 147-165.

[7] Washburn E K, Binks-Cantrell E S, Joshi R M. What Do Preservice Teachers from the USA and the UK Know about Dyslexia? [J]. Dyslexia, 2014, 20: 1-18.

[8] Shetty A, Rai B S. Awareness and Knowledge of Dyslexia among Elementary School Teachers in India [J]. Journal of Medical Science and Clinical Research, 2014, 2 (5): 1135-1143.

[9] 刘翔平. 学习障碍儿童的心理与教育 [M]. 北京: 中国轻工业出版社, 2019.

[10] 邢丽丽. 学习障碍儿童离特殊教育对象还有多远？——论我国学习障碍立法的可能性与现实性 [D]. 西安: 陕西师范大学, 2013.

本文在《现代特殊教育（高等教育研究）》2020年第2期发表。内容有改动。

专家点评

　　本论文源于对普通小学教师"学习障碍"认知情况的深入调查,从实践层面印证了落实全国教育大会提出的教育根本目标"培养德、智、体、美、劳全面发展的社会主义建设者和接班人"的重要意义,以及要实现教育目标就要克服教师在"学习障碍"认知上的不足,积极促进学生形成健康健全人格,使其具有服务社会的能力的必要性。本文较为细致且深入地分析了影响普通小学教师"学习障碍"认知的各种因素,特别指出"学习障碍"认知在不同学科、不同教龄、不同性格教师身上的不同反映。提示我们适合学生发展的方式才是最好的教育方式,深入理解教育公平、尊重学生差异、开展多元化评价,以及为学习障碍学生创设支持服务体系,是每一个教师应该具备的职业道德与专业素养。

北京教育学院　苏小平

北京市朝阳区拔尖青年教师后备人才培养机制研究与实践

北京教育学院朝阳分院　李　军
北京市朝阳区教育委员会　耿　健
北京教育学院朝阳分院　白雪峰
北京市朝阳区教育委员会　张婉月
北京教育学院朝阳分院　曹　艳

【摘　要】　朝阳区拔尖青年教师后备人才培养项目历时五年研究与实践，有力推动了高素质专业化创新型青年教师优秀人才的培养，持续提升了后备人才的综合素养和专业能力。本文聚焦项目实施过程中的四大核心问题，提炼形成适应后备人才遴选与培养的五大机制（后备人才遴选与评价机制、课程设置促进专业发展机制、课题研修引领自主发展机制、培训效果追踪机制、行政财政服务保障机制）及其运行模式。五大机制统筹发力，协同有序推进项目实施，取得显著效果。

【关键词】　青年教师遴选模式，培养机制研究实践

一、问题的提出

百年大计，教育为本；教育大计，教师为本。2018年1月，中共中央、国务院颁布《关于全面深化新时代教师队伍建设改革的意见》，明确提出"兴国必先强师"的判断，要求从战略高度认识教师队伍建设的重大意义。2018年2月，教育部等五部门联合印发《教师教育振兴行动计划（2018—2022年）》，提出"教师教育是教育事业的工作母机，是提升教育质量的动力源泉"，要求提升培养规格层次，夯实国民教育保障基础。北京市是全国教育"高地"，高素质的教师队伍是维持这一"高地"的人力资源基础。朝阳区把"十三五"时期作为推进教育强区建设的战略关键期，以实现教育的创新转型发展和内涵优质发展。

面对国家、市区教育人才培养的时代要求，依据《2016—2020年朝阳区教育系统"双名工程"实施意见》，遵循"专业引领、突出重点、开放多元、服务教师"原则，2014年9月，朝阳区启动实施"拔尖青年教师后备人才培养项目"（以下简称"项目"），历时五年研究实践，旨在加强高素质专业化创新型青年教师优秀人才的培养，持续提升青年教育人才的综合素养，夯实立德树人能力。

"项目"面向入职4～5年的中小学、幼儿园和职高教师，基于严格的遴选程序和全面的考察内容推出朝阳区拔尖青年教师后备人才（简称"后备人才"）。基于专业能力提升和

综合素养发展两个维度科学设置培训课程，系统构建培养机制，对每一期"后备人才"实施周期为三年的持续培养，促进他们的专业成长，提高他们在市区本学科领域内的影响力和知名度，使其具备申报北京市骨干教师或学科带头人的素质和实力。"项目"计划"十三五"时期完成五期遴选，建设500人的"后备人才"库。

依据工作目标和推进过程中的重难点任务，"项目"聚焦以下研究问题："后备人才"如何有序遴选、如何有效培养、培养效果如何评价追踪以及行政财政如何提供有效保障。

二、解决问题的过程与方法

"项目"承担为朝阳区培养未来骨干教师的重任，既是区域优秀教育人才队伍建设的基础性和先导性工作，也是朝阳区教师队伍建设的一次大胆创新与有益尝试。"项目"具有推进过程关注度高、操作过程复杂性强、培养过程难度系数大等特点。一方面，从第二期开始，每期"后备人才"的遴选工作与前几期的培养工作交织并行，必须滚动推进，给组织管理工作带来巨大压力；另一方面，如何有效发挥资源整合、力量协同的作用，持续做好遴选和培养工作，如何在完成每一期遴选、完成每一年培养工作的基础上，不断完善改进、调整优化各项工作，都给项目实施团队提出了挑战。为此，项目组围绕"后备人才"遴选与培养中的四个核心问题开展持续深入的研究与实践，解决问题的过程包括四大阶段，具体方法如下。

1. 项目筹备阶段

1）需求调研

2014年7—9月，为准确把握"后备人才"现状以及培训需求，项目组选取朝阳区171名区级优秀青年教师作为研究对象，从教学设计能力、课堂实施能力、培训课程需求三个方面进行问卷调查。根据对调研结果的数据统计进行反复研讨和归因分析，形成优秀青年教师现状扫描及培训需求调研分析报告，明确了"后备人才"的培养维度和能力提升重点（表1），为科学构建"后备人才"课程框架提供了重要参考依据。

表1 "后备人才"现状及培训需求

培养维度	"后备人才"主要表现	能力提升重点
改善知识结构	缺乏主动弥补知识能力结构短板的意识和能力	自主完善更新的意识和能力
提升研究能力	缺乏发现课堂教学真实问题并将其转化为研究课题的敏锐力	提高基于工作改进的深度反思能力
深化教育理解	缺乏耐吃苦求进取的发展动力	增强对教师职业的理解，促进自主提升综合素养

2）研讨论证

2014年9—11月，项目实施团队围绕四个核心问题，认真学习相关理论，广泛查阅文献资料，主动征求意见建议，组织专家论证遴选方案和课程方案。成立以两委教师培训主管领导、分院领导为主的领导小组，以及由朝阳分院培训教师为主体的工作小组，设立项目管理办公室，组建班主任和指导教师团队。制定工作方案、确定工作目标、明晰工作流程、明确工作职责等，及时解决行政和财政的支持问题，从个人荣誉、待遇保障和专业发展等方面制定激励措施，保证项目有序推进和高效运行。

2. 五期遴选阶段

2014年12月—2015年6月，重点解决了如何遴选的问题。通过专家集体研讨、文献查阅，建立理论基础，确立核心概念；制定文件政策，保证入围标准公平公正；研制"后备人才"遴选与评价标准，细化评价指标，保证符合区情、前沿引领、科学规范合理；确立有据可依的遴选流程、手段、方法和途径，增强可操作性；制定保密措施，确保遴选各个环节公开透明。依据遴选工作方案及各个环节的评价要素指标，通过"三阶段八环节"遴选方式，第一期遴选97名"后备人才"。2015年12月—2018年12月，项目组不断修订评价标准，完善遴选流程，优化遴选方式，顺利完成第二至五期"后备人才"遴选工作。

3. 人才培养阶段

2015年7月至今，项目组实施五期学员的滚动培养工作。第一期"后备人才"培养于2018年底举行了结业式，第二至五期"后备人才"的培养正在持续滚动推进中，预计2020年将完成对第二、三期的培养。

本阶段重点解决怎样培养的问题，具体方法如下。

1）通过课程设置解决专业发展问题

提出"后备人才"核心培养内容；确立培训课程体系目标和课程整体目标；形成一整套阶梯性课程体系和管理体系，建构多样化培训课程形态，以及递进式培训周期，由浅入深，逐年深入，课程设置突出实战性，破解一线教育教学困惑；将理论学习和实践改进有机融合，前瞻性探索培养新模式。

2）通过系统研修解决自主发展问题

培训分为必修和选修两类课程，并通过课程设计突出自主学习；开展微课题研修、国际化素养提升课程及研学活动，突出课程实践性；组成学习小组，采用交互性讨论交流，提高课堂教学设计和实践能力；开展交流访学，拓宽教育视野；搭建专业发展的展示与交流平台，储备形成培训资源。

3）基于新教师指导解决作用发挥问题

"后备人才"是刚刚走出"新教师三年成长阶段"的优秀人才，在角色转换、环境适应、岗位胜任等方面都具有许多鲜活的成长经验，他们与新教师的年龄接近，面对的问题与挑战也非常相似。为了让他们的成长经历和发展经验成为新教师快速成长的宝贵财富，项目组研制了"后备人才"指导新教师的激励机制，构建了"相近指导"的跟踪模式，持续组织开展线上线下多种指导活动，有效解决了"后备人才"作用有效发挥问题。"后备人才"在作用发挥过程中获得进一步的提升与发展。

4. 评价追踪阶段

2018年9月—2019年6月，着力解决培训效果如何评价与追踪的问题。项目组以学习考勤记录、完成学习任务情况等统计数据作为衡量和评价依据，制定了学员结业的各环节评审标准，运用数据对比、动态跟踪、分析追溯、递进培养等手段，巩固培训效果，使学习成果最大化。通过经验总结法、行动研究法，不断改进研究中发现的问题，深度反思，及时总结，深入研讨，总结提炼"后备人才"遴选与培养的实质性经验，提炼概括"五大机制"，即"后备人才"遴选与评价机制、培训课程设置促进专业发展机制、课题研修引领自主发展机制、培训效果评价追踪机制以及行政财政长效支持机制。

三、研究成果的主要内容

"项目"历时近6年，参加遴选的青年教师4000余人次，500余人列入人才培养计划并实施了培训培养。"项目"设计实施过程中，以有效促进"后备人才"的专业成长为出发点，以教师专业素养的基本要素为主要内容，系统研制出台了"后备人才"培训培养的课程菜单，整体构建了与之配套的培养机制、内容目标、方法策略和评价制度等，持续推进了"项目"的有序高效实施。

本项目作为区域青年教育人才梯队建设的重要一环，其中的"五大机制"系统不仅是整个项目的显著研究成果，同时也发挥了重要的促进与引领作用。在"五大机制"系统中，人才遴选与评价机制是核心，行政财政保障机制是基础，课程设置促进专业发展与课题研修引领自主发展两大机制是载体，而培训效果评价追踪机制则是手段。这"五大机制"作为一个统一协调的有机整体（图1），持续协同发力，有效促进了项目的落地实施与不断推进。

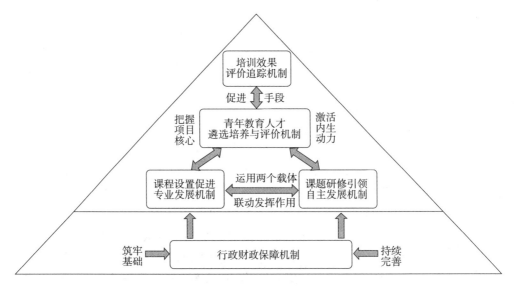

图1 "五大机制"协同助力项目推进

1. 人才遴选与评价机制

（1）过程公开公平公正。教委每年专门下发红头文件，通过网络系统申报，推荐人员名单面向全区给予公示；凡入职4~5年的区内中小学教师皆可自主申报，学校审核推荐；申报教师在学校层面进行师德民主评议和服务对象满意度测评，每期考核环节结束进行满意度测评。

（2）程序科学规范统一。立足区域实际，根据培养目标，确立"后备人才"遴选和培养工作的基本理论框架。依据 Dineke（2004）提出的教师胜任模型特征的 6 个维度，参考不同专业发展阶段教师胜任模型特征，通过总结比对、专家研讨，将考察评价要素分解为职业技能和职业素质两大类。

职业技能包括职业素养、专业技能、教学艺术、心理品质四项二级考察要素和 20 项三级考察要素（表2）。

表2　拔尖青年教师职业技能考察评价要素量表

职业素养				专业技能				教学艺术					心理品质					
角色认知	学生学习理解	发展潜力	思维品质	文化素养	专业知识	教育教学法规	教育改革形势把握	教育教学研究能力	教学理解	教学策略	课堂教学能力	教学效果评估	教学反思与改进	心理常识	成就导向	挑战精神	同理心	反思能力	情绪稳定

职业素质包括思想素质、思维能力、专业素养、表达能力、自我评价五项二级考察要素，14 项三级考察要素（表3）。

表3　拔尖青年教师职业素质考察评价要素量表

思想素质			思维能力		专业素养				表达能力			自我评价	
责任担当	事业追求	人格魅力	逻辑思维	审辩式思维	学科功底	教学经验	理论素养	实践视野	文字表达	语言表达	情感表达	角色定位	个性化特征

通过细化评价指标和评价量表，持续应用于"后备人才"综合素养笔试、结构化面试答辩、课堂教学评价、基本功展示、精品课教学设计的评价中。制定《拔尖人才资料汇编》，确保遴选工作每阶段每环节都能依据规范详细的操作流程精细化实施。

（3）实际操作分层一致。严格按照"三阶段八环节"遴选模式，即三个考察阶段，包括个人在线申报、基层单位推荐、综合考试评价；八大遴选环节，包括个人申报、两个满意度测评、学校推荐公示、审核报名资质、集中笔试、面试答辩、听课考核、专家组综合评议（图2）。通过制定层层筛选、动态优化、可操作的工作流程，保证了"后备人才"遴选工作顺利高效。

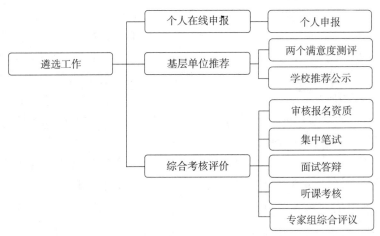

图2　三阶段八环节遴选模式

（4）统一要求，严格纪律。命题机构、考官、专家签署保密协议，不漏题、不透题、不丢题，严肃考场纪律，保证各考核考察环节严格落实保密措施。

2. 课程设置促进专业发展机制

1）聚焦五项核心培养内容

依据《全面深化新时代教师队伍建设改革的意见》《教师教育振兴行动计划（2018—2022年）》《教师教育课程标准（试行）》，参考拔尖青年教师的现状分析和需求调研，结合区域特点，项目组以"四有好老师""四个引路人"为指导思想，坚持育人为本、指向实践和终身学习的课程价值取向，课程设置聚焦"师德师风、课程理解、课堂实践、教学科研、综合素养"五项核心培养内容。

2）实施"三三制"递进课程方案

"项目"基于"持续递进式"搭建"三三制"课程框架，基于专题培训课程、自主研修课程、展示提升课程三类多样化培训课程，构建了"后备人才"培养课程体系。根据三年递进式的培训周期，第一年以专题研修课程为主，第二年以自主研修课程为主，第三年以展示提升为主，持续促进"后备人才"师德素养和教育教学专业能力提升。

（1）专题培训课程。指向师德规范、课堂教学、班级管理、教育科学研究、教师整体素养提升等内容，以专题讲座和体验活动的形式开展培训。注重理论与实际结合，分析引导与示范指导结合，保证信息密度的同时，发掘学员经验资源，激发参与。

（2）自主研修课程。在指导教师引领下，通过研究课磨课、微课题研究，制定个人发展规划，驱动青年教师将教育教学实践改进过程融入培训过程中，凸显研究教育教学问题，规划行动研究内容路径，收集研究结果，得出研究结论，形成初步研究成果，提高自主解决教育教学实践问题的能力。

（3）展示提升课程。走进名优学校进行教育实践体验与交流考察，搭建朝阳区拔尖青年教师后备人才教学基本功交流展示、前沿学术论坛等平台，推动教师进行学术成果的凝练、交流及展示，扩大学术影响力，推动教师专业能力提升。

3）构建区校联动培养模式

构建朝阳分院与基层学校培养基地联合联动工作模式，将理论学习和实践改进有机融合，优势互补，以"探索新型人才工作模式、优质培养区域优秀青年教师、形成良性优秀教师队伍结构"为使命，研究拔尖青年教师人才培养规律，检验改进人才培养工作策略及培养办法，创新青年人才培养机制。实践培训基地，以"实践性、统筹性、服务性、扩展性"为基本原则，力争建设成为朝阳区拔尖青年教师人才培养的"试验田""孵化基地""示范园"，为青年教师拔尖人才培养工作的开展提供第一手资料，定期开展青年教师经验交流活动，为全区中小学做好优秀青年教师培养工作提供学习与研究的范例。基地校派出名优骨干教师，基于实践对"后备人才"开展针对性的指导，通过交流互动，在骨干教师的"传帮带"中促进"后备人才"的专业发展，着力打造培养项目品牌。目前，已建设培养基地一个，试点开展了系列培训展示活动，发挥了市区校联动机制的作用。

3. 课题研修引领自主发展机制

后备人才围绕自主选择、论证通过、自主研修的课题，开展理论与实践、研究与改进、展示与交流相结合的全方位、全过程的学习。

1) 结合微课题实施选择性研修课程

"项目"根据课程方案开设近20门课程,供"后备人才"基于课题研究需要自主选择,开展线上、线下混合式学习。他们以微课题为牵引,完成为期一年100学时的专业实践研修。

2) 基于微课题开展交互性实践研修

基于学科将3~5名"后备人才"分为一组,聘请一位市级及以上骨干教师作为指导教师,采用专题讲座、诊断式(或主题式)听评课、小组讨论交流等形式,围绕课题研究主题开展课堂教学实践;结合课题研究内容组织对话交流活动,增强研究意识,提高研究能力,促进研究成果转化。

3) 利用微课题完成驱动性研究成果

通过组织教育教学研究成果征文,实施教学精品课评比,研发优质课评价标准,搭建专业展示交流平台,驱动微课题研究成果物化。通过遴选推出1000名优秀精品课例,分阶段展示学习成果和培养成效,通过任务驱动提高"后备人才"的教育教学能力、在市区本学科领域的影响力和知名度。

4. 培训效果评价追踪机制

1) 标准化评价追踪

制定了《朝阳区拔尖青年教师后备人才结业方案》《朝阳区拔尖青年教师后备人才结业评优方案》。《结业方案》明确了学员必须参与的三类、八门课程的结业要求与评审依据,为学员结业提供了结业标准;《评优方案》明确了依据学员在培训期间所获得的10类研修成果、综合表现作为参考依据,进行优秀学员的评选。这两个方案不仅是项目培训过程中结业工作的指导意见,也起到了"以评促学、以评导学"的重要作用。

2) 多元化评价追踪

项目组注重及时的数据积累、动态跟踪与追溯分析,在学员培训后一年内,深入基层校,通过如下三种方式跟踪他们的教育教学和研究情况,开展多元化评价,保证培训效果落实和应用。

方式1 召开特色展示会。召开优秀人才特色展示会,为后备人才搭建学术研究成果展示交流平台。

方式2 开发微课题资源。帮助学员申报"朝阳区拔尖青年教师后备人才优秀微课题研究成果",实现微课题资源再利用、再开发。

方式3 开发优质课例资源。帮助学员申报"朝阳区拔尖青年教师后备人才优秀课例资源"区级培训课程,实现课例资源再利用、再开发。

3) 递进式评价追踪

依据三年递进式的培养周期,项目组对拔尖青年教师采取三年分四步走的递进式评价跟踪。

第一步,完成专题课程学习内容,以面授、专题课形式达到理念更新与共识、方法示范与模仿和相关基础知识补充更新。

第二步,开展自主研究,以微课题形式,既是对第一年学习内容的践行和反思,也是对课题研究方法的学习与实践。

第三步,成果总结与展示,利用多种形式推出研修成果,其过程是对成果提炼与打磨的过程，形成发展机制。将优秀课例资源、微课题研究资源建设为全区青年教师学习的区级培训资源，形成"朝阳区拔尖青年教师后备人才特色系列培训课程"。

第四步，基本做到"独当一面"。在教学第 5~7 年内做到教学基本功熟练扎实，教育教学思想先进，善于学习研究，具有一定教科研能力，能在学校工作中挑大梁、唱主角，逐步成为各校教学骨干。

5. 行政财政保障机制

1）系统性管理机制

首先，两委建立培养工作领导小组，定期研究拔尖青年教师培养方针与政策，从全局来统领和指导项目的系统推进；其次，朝阳分院成立了以项目主管院长、具体负责部门主任、各期班主任为核心的工作小组，采取组长负责机制、研讨交流机制、专家诊断指导机制等，确保项目有序推进。此外，项目组系统设计了包括《培养工作改进研究方案》等五个文件在内的整体推进方案，《教学基本功评比展示活动方案》等三个文件在内的过程活动方案，确保了培训工作的稳步推进；另外，教委对项目有专项拨款，各校也保证拔尖教师参训时间，为确保项目的实施和学员的参训提供了基础性保障。

2）激励性促进机制

教委将"后备人才"纳入骨干人才系统，列入区优秀青年教师、骨干教师等的梯队管理，享受"优青"待遇。项目组汇聚各方力量为学员搭建展示平台，开展各种优秀评选。多样化的激励措施有效激励了全区学校和教师积极参与遴选，全心投入学习，研修成果不断涌现。

3）广泛性合作机制

区域内教科研机构、两委领导和主管部门、考试院、学校、骨干教师五位一体，最大范围动用各种渠道和资源宣传发动，形成积极参与局面以及合力提升学校教育质量、多方建设骨干教师梯队的最广泛共识。

四、效果与反思

目前，"项目"第一期学员已圆满结业，其他四期学员的培训培养正在有序推进。"后备人才"的遴选机制在五期、近 4000 人次教师遴选工作中得到反复应用和有效检验，课程设置促进专业发展机制、课题研修引领自主发展机制、培训效果追踪机制及行政财政长效支持机制在前三期 300 名学员的培养中进行深入实践与应用，并且还将在第四、五两期 200 名学员的培养中持续应用。

在机制的实践应用过程中，朝阳区拔尖青年教师后备人才项目在推动朝阳区青年教师专业发展方面成效显著。

1. 应用效果

1）学习效果显著

为保证更多青年教师获得培养机会，"项目"遴选中，明确每位符合基本条件的教师有两次参加遴选的机会。同时，项目组对未入库的教师情况进行梳理分析，旨在提高项目辐射面，最大限度体现公平性。

据不完全统计，四期"后备人才"在学习中取得喜人成果。他们每人完成一节区级精品课，撰写一篇区级优秀论文，主持一项微课题研究，开展一次区级教学基本功汇报。66名学员参加了市区联动主题论坛和教学风采展示。82人次担任了新教师的区级指导教师，33%的学员被评为区级骨干教师，52%的学员被评为区级优秀青年教师。"后备人才"在教学能力提升、精神风貌展示以及辐射作用发挥等方面，都得到了所在学校领导和同事的广泛认可。

2) "项目"特色鲜明

五年实践研究，"项目"形成鲜明特色。

（1）保障措施完备。行政保障到位，财政支持充分。教委从政策上将"后备人才"纳入"双名工程"系列，享受区级优秀青年教师待遇，将其纳入学校考核的加分项。此外，"项目"实施具有充足的制度保障、组织保障、人员保障、课程保障等，为遴选培养保驾护航，确保"项目"行稳致远。

（2）培养方式独特。构建具有区域特色的"后备人才"培养工作的基本理论框架；提取骨干教师胜任力模型的相关特征构建遴选标准与培养目标；构建研训部门与培养基地联合培养模式，将理论学习和实践改进有机融合，促进教育资源优质发展，打造青年教师培养项目品牌。

（3）培养机制创新。创建"三三制"培训课程体系，三类多样化培训课程形态，三年推进跟踪周期，三年各有侧重主题培养内容；"项目"出发点是师德修养、理论水平、专业能力，落脚点是培养机制的确立，突破点是培养路径、手段与方法。在推进微课题研究中，坚持"以学习者为中心"，采用"学研训用评"研修模式，促进新老教师共研共学，使之成为"后备人才"成长的第二个专业组织。

（4）培养资源丰富。"项目"整合区域内外各方力量，两委领导及主管部门、高等院校、市区研训与科研机构、基层学校、骨干教师五位一体，在政策保障、培训课程、专家团队、平台搭建、媒体宣传等方面，最大范围、最大限度地打通各种渠道和调用相关资源，形成多方合力建设骨干教师梯队的新格局。

2. 深度反思

本项目在近6年的实施过程中，不断完善，持续推进，取得了一定的研究成果和实践效果，得到了教委领导和基层学校的充分肯定。通过全面回顾和认真总结梳理，基于效果追踪情况反馈与分层调研的数据分析，项目团队认为要在以下三个方面进一步加强和改进。

（1）进一步加强实证研究，继续探索和完善改进符合区域教育和"后备人才"发展实际的机制措施，做好与新教师培训培养工作的有效衔接，促进青年教育人才脱颖而出。

（2）进一步基于大数据的精准分析，帮助"后备人才"明确发展优势、找准问题短板，完善、改进和优化遴选和培养机制，在实施"精准施策、对症下药"的基础上，增强机制的系统性和完备性。

（3）进一步整合区域研训资源，探索构建"一体化专业发展支持系统"，有效发挥"学研训用评"五位一体研修模式独特的促进作用，激励"后备人才"变被动发展为主动发展。

优秀青年教育人才的数量和质量不但影响学校教育质量，也直接关系到学校发展、人才强教和教育强区建设的成败。因此，我们将把"后备人才"的遴选与培养工作作为一项战略性课题进行研究，推动区域青年教师队伍建设的健康发展。

参 考 文 献

[1] 仲理峰,时勘. 胜任特征研究的新进展 [J]. 南开管理评论,2003 (2):4-8.
[2] 冯明. 对工作情景中人的胜任力研究 [J]. 外国经济与管理,2001 (8):22-26,31.
[3] 关丹丹,张厚粲. 信度的再认识与信度概括化研究 [J]. 心理科学,2004 (2):445-448.
[4] 时勘,王继承,李超平. 企业高层管理者胜任特征模型评价的研究 [J]. 心理学报,2002 (3):306-311.
[5] 王卫红,张旭. 教师心理素质状况调查与研究 [J]. 西南师范大学学报(人文社会科学版),2002 (5):72-75.
[6] 蔡永红. 对教师绩效评估研究的回顾与反思 [J]. 高等师范教育研究,2001 (3):73-76.
[7] 曾晓东. 对中小学教师绩效评价过程的梳理 [J]. 教师教育研究,2004 (1):47-51.
[8] 王重鸣,陈民科. 管理胜任力特征分析:结构方程模型检验 [J]. 心理科学,2002 (5):513-516,637.
[9] 刘兆吉,黄培松. 对120名优秀教师和模范班主任心理特点的初步分析 [J]. 心理学报,1980 (03):287-297.
[10] 吴光勇,黄希庭. 当代中学生喜爱的教师人格特征研究 [J]. 教育研究与实验,2003 (04):43-47.

专家点评

本研究实践历时五年,聚焦拔尖青年教师后备人才(以下简称"后备人才")如何有序遴选、如何有效培养、培养效果如何评价追踪、行政财政如何提供有效保障的四大核心问题,梳理、提炼进而形成适应"后备人才"遴选与培养的五大机制及其运行模式。其研究成果使遴选和培养"后备人才"具有可行、可操作、可检测、可达成的目标路径,体现了较强的实践意义和应用价值。研究成果呈现出的五大机制各有各的作用,但是作为一个统一协调的有机整体,持续协同发力,才能有效促进项目的落地实施与不断推进。此机制建构不仅直接给了我们一个遴选与培养"后备人才"的方法体系,还启示我们遴选与选拔"后备人才",一定要有实证性与逻辑性结合、创造性与协同性并进的系统思考。

北京教育学院　苏小平

区域优质校本研修生态构建的研究与实践

北京市海淀区教师进修学校　刘　锌　申军红　张　晓　王秀英　迟淑玲

【摘　要】校本研修在学校发展和教师专业发展方面起到重要作用。海淀区在区域推进校本研修的过程中基于实践发现的问题，基于教育生态学视角，把校本研修看作一个包含丰富要素的系统，确定培训者、研修资源、研修机制为区域整体层面关注的主要因素，并通过三个主要因素在区域、学校、教研组三个层面的不同作用，关联为三条主线，共同为校本研修的核心——全体教师服务。本文主要探讨如何基于三条主线整体推进区域校本研修工作，促进区域校本研修整体内涵发展，打造区域优质的校本研修生态，并因校制宜形成特色。

【关键词】区域，校本研修，生态

校本研修，是根据学校课程和整体规划的需要，由学校发起组织，旨在满足教师工作需求的校内培训活动。在我国，校本研修伴随着新课改而逐渐广泛实施，这种"为了学校、在学校中、基于学校"，以教师为本、以解决问题为主要目标的研修方式，使教师研修真正扎根于教学现场，强调真实的教学情境和现场学习，帮助教师从一定的理论出发，直面具体的学校实践问题，在与一般的理论与丰富的学校实践的结合中去探寻学校发展的方向，能够有效弥合理论与实践的鸿沟，解决教师研修从理念到行为的"最后一公里"问题，帮助教师发现、解决教育教学中存在的问题，形成自主发展的愿望和兴趣，在学校的专业学习共同体中实现专业精进，素养提升，最终落实到学生的实际获得。同时，校本研修具有针对性、灵活性、实用性、经济性等特点，在学校发展和教师专业发展方面越来越起到重要作用。

但是，随着校本研修的不断深入，实践中逐渐出现一些问题：区域内各基层学校的校本研修发展不均衡，部分学校的校本研修缺乏理论指导，缺乏整体策划设计，系统性不强，随意性较大；专业引领缺乏针对性，或引领后的持续跟进不足；教师被动参与，研修缺少实效；只强调学校的主体作用，而未充分发挥区域层面的统筹管理、指导引领的作用。因此，如何整体推进区域内的校本研修，促进学校校本研修高品质开展，进而有效促进教师的专业化发展，成为区域教师培训业务部门的重要工作内容。

海淀区在推进区域校本研修中，基于教育生态学视角，把校本研修看作一个包含丰富要素的系统，这些要素之间相互联系和促进。校本研修的基本要素包括：研修教师个体或集体，研修课题或主题，研修方式与方法，研修环境与资源，研修机制与策略。其中，研修课题或主题、研修方式与方法，即校本研修的内容和方式会基于学校的现实问题和实际情况有所不同，所以从区域整体层面上考虑，我们将影响区域校本研修生态的主要因素确定为培训者、研修资源、研修机制（图1），并通过三个主要因素在区域、学校、教研组三个层面的不同作用，关联、贯穿为三条主线，共同为这个系统的核心——校本研修的主体，也是专业发展的主体——全体教师服务。本文主要探讨如何基于三条主线整体推进区域校本研修工作，打造区域优质的校本研修生态。

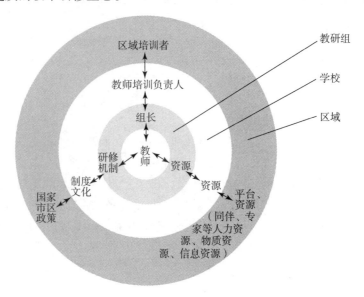

图1　区域校本研修系统示意图

一、加强校本研修制度与机制建设，培育校本研修适宜土壤

从区域角度上看，要解决校本研修发展不均衡的问题，推动区域校本研修的整体提升，加强制度与机制建设，培育校本研修适宜的土壤是首要任务。

1. 顶层规划，整体推进

"十三五"之初，海淀区从区域实际出发，研制了《海淀区"十三五"时期中小学、职业高中校本研修工作意见》，整体规划区域校本研修工作，实现区域校本研修从"管理"到"指导和服务"的理念转变，从单一主体的"学校自主"到"学校主动、区校联动"的双主体运行，将以往区域校本研修推进工作中只关注"学校干了什么"，拓展到关注"区级和学校一起干了什么"，促进区域校本研修整体内涵发展。《海淀区"十三五"时期中小学、职业高中校本研修工作意见》包括三方面的内容：校本研修的定位与原则、学校校本研修管理保障与设计实施、区级指导服务与管理评估。一方面，指导区域内各基层学校坚持校本研修与学校文化建设相结合、与日常工作相结合、与教师主体需求相结合的原则，认真研究办学思想与目标、教育教学的优势与不足、教师队伍的状况与需求，制定符合学校实际和教师发展需要的培训规划；充分利用校内外各种培训资源，通过"理念引领、主题带动、项目载体、任务驱动"等多种途径和形式进行校本研修；发挥教师主动性，创建学习共同体；立足实践，加强反思，有针对性地解决教育教学的实际问题。另一方面，规定区级教育行政部门和相关业务部门，要在"十二五"时期校本研修工作经验的基础上，以科学发展观为指导，坚持全面推进与重点帮扶相结合、常规指导与项目培育相结合的工作原则，采取"以点带面、项目推进、示范分享、以评促建"等多种途径和指导方式，依托高校、科研院所及各级师资培训机构，构建立体的支持体系，整体推进校本研修工作，促进区域校本研修的优质、均衡、特色发展。

2. 过程引导，机制保障

海淀区学校众多，类型多样，要实现每所学校校本研修的有效开展，区域校本研修的针对性指导、服务和管理，有赖于良好有效的运行机制。海淀区主要采用区、片、校三级联动的校本协作机制，即以研修分中心、学区、集团等划分为片区，联片内研修活动开放、优质资源共享，开展多层次、全方位的校际学习，形成区级研修、联片研修、校本研修的三级联动的深度研修模式。区级研修重在整体规划、专业指导、统筹推进，发现、总结、提炼并推广优秀经验；联片研修注重协作、聚焦专题、持续跟进，整合与共享优质教师研修资源；校本研修重在完善机制、聚焦课堂、实践改进，基于学校实际和教育教学全要素，聚焦关键问题，明确研修主题，开展指向实践改进的跟进式研修，完善"聚焦问题—学习研究—实践改进"校本研修推进机制。此外，还建立了校本培训者培训制度、校本邀约展示制度等。校本培训者培训制度重在通过培训提升学校教师培训负责人的教师发展领导力，以及教研组长的学科校本研修领导力；校本邀约展示制度则重在发挥校本研修示范校引领示范和辐射带动作用，提升区域各中小学校本研修品质。通过机制和制度保障各级各类学校的校本研修有效且高质量开展。

3. 标准引领，以评促建

海淀区重视评价的引领导向作用，制定了校本研修评价标准，通过培训使学校校长、教师培训负责人明确评价标准要求、研修方向和岗位责任。依据标准深入学校研修现场进行实地评估，对学校校本研修的保障、管理、实施、成效与特色进行全方位的考查。评价方式注重针对性和多样性，包括查阅资料（档案）、听取汇报、听课、观摩校本研修现场，与干部教师座谈和访谈，发放调查问卷等。评价主体多元，有学校自评、片区内教师培训负责人互评，还有由区级教师培训者、行政管理者、教师教育专家组成的专家组评价。这种扎实的现场评估，促使学校不再只关注表面的材料积累，而是更加注重常态化的校本研修质量，注重校本研修的真实内涵，注重教师的实际获得，促进区域整体校本研修品质提升。

二、统筹开展校本培训者能力提升培训，增强校本研修的内生力

在校本研修系统的培训者要素中，校本培训者即学校教师培训负责人、教研组长是最关键的要素，二者是学校内部从事校本研修工作的策划、实施和管理的专业人员。在开展校本研修时，校本培训者不仅需要上接国家、区域的教育理念和政策要求，而且还要下联教师的岗位需求和个体需求，其校本研修的理念、思路、方法和行为直接决定了校本研修生态环境。因此，重视校本培训者的研究和培养，从学校"内生力"的视角研究区域推进校本研修的具体策略，有助于解决校本研修最本原的问题，即设计和实施的专业化和科学性的问题。

1. 构建框架，引领发展

基于文献研究，以及对校本培训者队伍的调研和以往工作经验，课题组梳理、提炼，构

建出学校教师培训负责人核心素养框架（图2）和教研组长能力要素框架（图3）。一方面引领学校教师培训负责人、教研组长反思不足，明确发展方向；另一方面引领学校参照能力框架确定校本培训者，并将其作为培训培养校本培训者的重要参考。

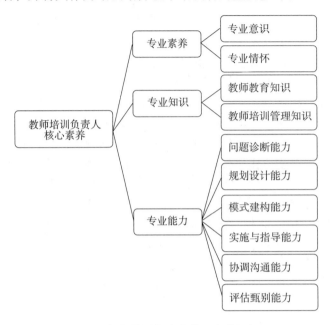

图2　教师培训负责人核心素养框架

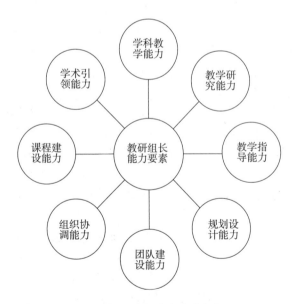

图3　教研组长能力要素框架

2. 培训跟进　提升能力

结合调研，海淀区将实际工作中两层面校本培训者的相应薄弱要素作为主要培养指向，分别设计研修方案开展研修，并依托实践活动展示，帮助其逐渐完善校本研修实践的有效策略和方法，提升教师发展领导力，促进区域校本研修整体发展。

1）校本培训者培训整体设计

校本培训者培训整体设计见表1。

表1 校本培训者培训整体设计

研修对象	教师培训负责人	教研组长
研修主题	教师培训负责人"教师发展领导力"提升	中小学教研组长"学科校本研修领导力"提升
研修目标	（1）强化岗位意识，促使教师培训负责人把管理行为转变成为领导行为，帮助、影响和带领教师发展； （2）明确校本研修工作职责和具体要求，加强工作的科学性，围绕"十三五"时期学校教师培训整体规划，科学定位、系统设计校本研修工作； （3）提高教师培训负责人课程改革背景下开展校本研修的能力，推动教师队伍的专业发展； （4）通过实践操作，提高教师培训负责人指导教研组长开展学科校本研修的能力	（1）通过学习校本研修的理论、策略和方法，培养学科校本研修的科学规划、系统设计的能力； （2）明确教研组长在学科校本研修中的作用，强化岗位责任，促使教研组长营造学科团队研修文化，培养学科团队建设能力； （3）借助典型案例，提供专业支持，培养教研组长学科教学示范、业务指导以及学术引导能力，注重培养和锤炼本组教师，促进教师专业成长； （4）通过实践操作，增加教研组团队的凝聚力，扩大影响力，锻炼和提升教研组长的学科研修领导能力
研修整体设计	采用"持续跟进式"研修方式，即研修前、中、后始终聚焦问题的归因和解决策略；侧重于培训后的指导与检测，突出理论与实践相结合，指导与跟进相结合，通过任务驱动，能力进阶，最终达成培训目标。 在持续跟进的理念下设计三阶段课程，每个阶段都包含两个模块的内容，具体内容结合校本培训者岗位需求和能力素养框架构建。 制定方案 北京集中 → 完善方案 异地参访 → 实施方案 本校实践 **理论模块：** 校本研修的理论、模式及模式构建 **实践模块：** 操作：方案的设计，实施与评价，实际操作 观摩：案例观摩与分析，研修案例分享，成果展示	

2）校本培训者培训的实施过程及特点

（1）聚焦问题，准确定位。首先，结合两层面校本培训者的素养能力框架进行调研，明确重点解决问题。确定研修主题和研修目标。两个层次的课程逻辑一致，有效衔接，有助于两类校本培训者协同开展校本研修工作，整体改善学校校本研修生态。

（2）整合资源，有效实施。整合各方课程资源，开发三阶段活动课程，即制定方案、完善方案和实施方案三阶段紧密相连，每个阶段都有理论和实践课程；同时，与教育发达地区联手，优势资源互动分享；遴选、组建师资团队，并充分与师资沟通，保证课程实施方向；采用工作坊的研修形式，有效实施培训。

（3）任务驱动，行为跟进。培训任务贯穿在三个阶段的学习过程中，以"设计方案、改进完善方案、实施方案"的课程逻辑，课程注重案例性、实践性；过程中聚焦问题，不断改进和解决问题，问题的解决伴随相应的跟进任务，环环相扣指向实践操作，有效地调动参训者的内驱力和实践力。

（4）专家指导，实施评价。此项目贯彻以终为始的培训理念，过程中专家对学员进行全程跟进，并对学员制定实施的方案进校观摩，评价实施效果。项目注重培训方式的案例性、培训任务的驱动性、培训过程的实践性，促进培训的吸收、内化与有效的行为转化，实现了提升领导力的项目目标。

三、搭建优质资源共享平台，实现校本研修协同共进

为促进区域内优质培训资源共享，实现校本研修协同共进，海淀区搭建多个平台，展示分享优秀校本研修经验和成果，为全区各学校提供示范和引领。

1. 邀约展示　辐射带动

为解决"十二五"时期校本研修以"现场会"形式推广先进做法的局限性，包括范围较窄（区级发现的视野）、机会较少（每个学期一两次）、学校自主空间小（时间节点、内容安排等）等，海淀区"十三五"时期建立了校本研修"邀约展示"制度。由校本研修优秀学校选择合适的时间和阶段、恰当的内容和方式进行展示，邀请其他学校现场观摩，展示校本研修特色和经验，起到引领示范、辐射带动作用。邀约展示的学校在活动前两周提交活动方案，经继教办审核、区级培训者指导开展活动，形成了形式多样的校本研修邀约展示活动，包括主题式研修展示、典型经验推广、成果发布会等。现场活动的内容也非常丰富，包括学校校本研修主题报告，学科组校本研修展示（主题研修进展情况、课堂展示、课后主题研讨等），专家对学校及学科校本研修点评与指导等。现场活动结束后，主办学校将展示成果梳理总结，形成学校案例以便进一步推广交流。通过邀约展示，一方面，充分发挥了校本研修优秀学校的引领示范和辐射带动作用；另一方面，调动了更多学校有效组织特色校本研修的积极性，促进了校本研修成功经验总结、模式提炼和成果转化，提升了区域各中小学校本研修品质。

2. 成果评选　提炼特色

校本研修优秀成果的征集、评选过程能够促进区域学校梳理思路，总结经验，提炼特色。海淀区"十三五"时期征集评选了优秀校本研修案例和故事。校本研修案例旨在通过征集标准引领和规范校本研修的课程建设。要求校本案例应是有主题、系列化的研修项目，研修主题突出、对象明确，能够围绕教师教育教学中的真实问题，充分体现校本研修的特色；研修目标适当、清晰，符合学校发展需要和教师实际需求，突出以教师发展为本；研修课程突出实践应用，具有系统性、连续性；整体框架层次分明，实施程序及环节清楚，具有内在的逻辑顺序，表述流畅、反思深刻等。校本研修故事征集的目的是促进

区域教师对校本研修的回顾与反思，故事以叙事形式撰写，重点围绕校本研修经历给教师带来的理念更新及实践改进，尽量完整、生动地展现教师获得专业成长和提升的历程，唤醒教师内在的研修动力。此项工作在全面了解区域情况和专家咨询的基础上制定了征集评选的方案，包括评选标准、流程、方法，利用全区工作会进行培训指导，引领学校出模式、出特色、出方法。学校以此为契机梳理总结，提炼特色，并在评选后经过多轮修改完善结集成册，表彰推广。

3. 标准引领，共建课程

海淀区采用共建共享校本课程资源，引领和促进区域校本研修课程化建设。为给教师提供多层面、可选择、高质量的培训课程，充分发挥教师培训精品课程对于提高教师培训质量、促进教师专业发展的重要作用，启动了"十三五"时期教师培训精品课程的征集和评选工作，先行研制了《海淀区"十三五"时期教师研修课程评价标准》（表2），以标准引领教师研修课程建设。评价标准遵循成人学习的规律，从课程的四要素（课程目标、课程内容、课程实施和课程评价）出发，建构教师研修课程评价指标，并在具体描述评价指标时始终关注教师学习和教师专业发展。

表2 海淀区"十三五"时期教师研修课程评价标准

维度	指标	主要内容
课程目标	适切性	从社会、组织、岗位和教师个体等方面进行多维度的需求分析，以凸显课程的科学性、必要性和针对性
	可衡量	用具体的语言清楚地说明可量化的或行为化的描述性指标，便于评估目标的达成度
	可达成	课程目标是参加研修教师所认同和接受的，并且经过各方的共同努力能够实现的
	一致性	基于需求分析的结果设置课程目标，目标间具有内在一致性，课程目标、内容、实施及评价之间也具有一致性
课程内容	理念前瞻	具有先进的指导思想和科学的理论依据，符合课程改革的理念，体现立德树人根本任务的落实
	问题导向	基于教育教学实践中的重难点问题设置课程，指向教师教育教学真实问题的解决
	实践取向	实践性课程占比50%及以上，并辅以必要的理论性课程，对教育教学实践具有切实的指导意义
	目标导向	课程内容指向目标的达成，主次得当，内容间逻辑关系清晰
课程实施	实施保障	具有切实可行的研修制度和监管机制，合理使用并整合可选择的师资和课程资源，以确保研修的有效进行
	主体参与	按照成人学习的特点实施课程，关注参加研修教师的个体差异，充分调动教师的参与积极性
	任务驱动	以目标为导向，以任务为驱动，激发参加研修教师的内驱力，在研修过程中逐步达成课程目标
	方式适切	根据教师群体与个体的特点和研修内容采用适切的实施方式

续表

维度	指标	主要内容
课程评价	标准导向	设计了具体明确的评价标准，基于标准开展评估，既包括对参加研修教师的评价，也包括对培训课程本身的评价
	多元评价	采用多元的、发展性的评价方式进行全方位、多主体的评价
	成效显著	在参加研修教师观念转变，教学实践问题解决、反思改进及发展创新等方面取得突出成效

采用"任务驱动、基于标准、分组指导、分步达成"的工作思路，根据课程主题和内容组建由课程专家、培训者和课程开发者组成的课程建设共同体，共研、共建教师培训精品课程，对课程建设进行分步式指导。课程开发者根据课程标准和专家意见多轮次修订完善课程，提升了区域内学校教师校本研修课程的建设能力，并最终通过共享优质的、丰富的、可选择的、多样化的教师校本研修课程资源，促进区域内教师专业发展和校本研修质量的提升。

4. 联片研修，协同共进

为了解决各学校发展的不均衡、小学校学科教师团队人员少、骨干教师力量不足等问题，海淀区充分利用学区内学校横向联结和学区、集团校纵向管理的机制优势，基于"三级联动，深度研修"的模式和区域需求，聚焦研修主题，整合区域资源，研发研修课程，建立研修新机制；依托海淀区北部、学院路两个研修分中心、17个学区、106个学科教研基地开展联片教研与培训。对于各个学科，整合片区内优质教育教学资源，充分发挥学科教研基地的示范、引领、辐射作用，立足课堂教学，彰显学科特色，组织开展了专家讲座、课例研修、主题工作坊等形式多样的研修活动。充分发挥线上研修丰富多样、灵活便捷、个性化等优势，积极开展线上研修活动，构建片区内学科教师成长的共同体，推进跨学校、跨学段、跨学科整体育人。有力地促进了区域教师专业发展和课堂教学质量提升，有力地链接区级研修和校本研修，帮助学校，特别是薄弱学校走出了一条适合自身教师发展的研修之路。

四、落实因校制宜，提升校本研修质量并形成特色

海淀区各学校立足学校实际，通过"理念引领、主题带动、项目载体、任务驱动"等多种途径和形式开展校本研修，有针对性地解决教育教学的实际问题，提升校本研修质量，并因校制宜形成特色。

1. 为教师成长搭建多元平台的校本全员研修

海淀区学校注重办学理念、发展规划在教师队伍建设上的具体落实，全面基于学校的学生发展、教师发展以及学校发展，系统规划与设计校本全员研修，建立运行及保障机制。设立专门机构负责学校层面研修的整体设计，提供强有力的组织保障和时间保障，确保教师研修的时间和空间。有效整合校内、外优质教育资源，以教师为主体，提供多元的研修内容和适切的研修方式。例如，海淀区实验小学的"每月一课"、双榆树一小的"线上、线下自主学习工程"、北京市十一学校一分校的"从'教'走向'学'的课堂观察"、北京101中学

的"基于教师领导力提升和教师学习共同体构建的分层分类校本研修"、北京师范大学第三附属中学的"整本书阅读"等。在调动教师的主体性与能动性、发挥教师的专业能量、提供丰富多元可选择的研修形式等方面特色突出,并且取得较为明显的成效。

2. 基于真问题研究指向实践改进的学科校本研修

以学科教研组为单位的学科教师群体的研修,是在学校顶层规划下基于学科教师专业发展需求而设计的研修,是学校内最重要的群体研修之一,对学科教师教育教学能力提升至关重要。学科教研组在立足时代发展与课程改革要求,解决学科核心素养落地、学科本质理解与把握等方面面临的关键问题上具有独特优势。各教研组将学科研修与教师日常工作有机结合,避免简单重复的听评课活动;基于真问题的研究,确定每学年教研主题,形成系统的研修课程;基于课程标准、学科实际和教育教学全要素,聚焦学科课程育人价值理解、整体化和系统化的教学设计、学生学习研究、教学方法改进、作业设计优化与学业评价等关键问题,开展指向实践改进的跟进式教研,切实帮助教师实现从理念到课堂教学行为的转变。

3. 注重专业素养可持续提升的青年教师校本研修

海淀区部分学校的青年教师校本研修采用多种培养和培训方式,为青年教师的专业认同,以及对学校文化、价值观的认同与传承提供了路径、方法和可能。通过自主研修、专家引领、师带徒指导、同伴互助等方式,搭建多样化的青年教师成长平台,引导青年教师关注专业成长,把个人的成长与学校发展结合起来,形成学习型组织,注重行动研究,注重教育教学的反思与改进,大家共同学习,彼此分享,相互督促,取长补短,共同进步等,对青年教师的校本研修起到了示范作用。

4. 在行动中学习与研究破解重难点问题的专题校本研修

海淀区学校根据自身发展需求明确现阶段专业突破点后,针对该点的校本化实现,进行组织与个人协同发展的、持续的行动学习与研究,通过"行动—反思—改进的计划—新的行动"的学习循环共同解决问题、相互支持和协作。通过专题校本研修,破解学校教育教学中的重难点问题、学校和教师共同关心的热点问题、促进教师专业发展的关键问题等,精准服务于教师专业发展,并使学校在教育理念、教育内容、教育行为、教育技能、教育管理制度等多方面产生整体性变化,系统提升学校的教育质量。例如,中国石油大学附属小学的班主任研修、项目研究等,提供了校本专题研修的路径,明确了专题研修的要点,同时还积累了研修设计与实施中的有益经验与策略。

总之,学校良性发展的根本,有赖于高水准的教师,有了教师的专业发展,才会有学生的成长和成才。教师专业发展的根本,依托于高品质的研修,教师深度卷入,激活动能,发挥潜力。校本研修的顺畅推进,不仅要有校级层面的价值认同与系统实施,更需要区域层面的生态化构建和设计指导,区域校本研修整体工作的责任部门要真正地担当起来,打造优质校本研修生态,让校本研修成为区域教师专业发展的永动机。

参 考 文 献

[1] 郑金洲. 走向"校本"[J]. 教育理论与实践, 2000 (06): 11–14.
[2] 周红. 区域推进校本研修策略的个案研究 [D]. 长春: 东北师范大学, 2014.

[3] 范国睿. 共生与和谐——生态学视野下的学校发展[M]. 北京：教育科学出版社，2001.
[4] 王洁，顾泠沅. 行动教育——教师在职学习的范式革新[M]. 上海：华东师范大学出版社，2007.
[5] 李鑫. 教师专业发展的生态学思考[D]. 沈阳：沈阳师范大学，2018.
[6] 周培植. 好的教育——区域教育生态理论的研究与实践[M]. 北京：教育科学出版社，2012.
[7] 马瑞娟. 教育生态学视阈下的教师专业发展[J]. 教育理论与实践，2013，33（03）：36-38.
[8] 兰彦鹏. 教育生态视阈下县域生态校本研修推进的研究[D]. 呼和浩特：内蒙古师范大学，2014.

专家点评

　　海淀区在教师培训和校本研修方面进行了多方面的探索和实践，积累了许多丰富的经验。《区域优质校本研修生态构建的研究与实践》基于教育生态学视角，抓住培训者、研修资源、研修机制三个关键要素，加强校本研修制度与机制建设，培育校本研修适宜土壤；抓住"关键少数"，总结提炼出教师培训负责人核心素养框架和教研组长能力要素框架，从区域层面统筹开展教师培训负责人、校本培训者和教研组长的能力提升培训，增强校本研修的内生力；通过"邀约展示、辐射带动，成果评选、提炼特色，标准引领、共建课程，联片研修、协同共进"搭建优质资源共享平台，实现校本研修协同共进；突出因校制宜，着力提升每所学校校本研修质量并努力形成特色。提升教师整体专业发展水平，校本研修是十分重要的路径，而区域性全面提高校本研修的质量和水平，对促进区域内每一所学校高质量优质发展有着重要意义。对于区域性整体提升校本研修的质量，从而全面提升全体教师的教育教学质量应给予高度重视。

北京教育学院　马宪平

中国卓越教师专业标准建构研究

北京市海淀区教师进修学校　王永祥

> **【摘　要】**　通过借鉴国内外系列教师专业标准，本研究尝试性建构出中国卓越教师专业标准。其中，"专业理念与师德"维度的专业标准包括"职业理解与认识、对待学生的态度与行为、教育教学的态度与行为、个人修养与行为"四个层面；"专业知识"维度的专业标准包括"学科知识、学生知识、教学知识、课程知识"四方面的内容；"专业能力"维度的专业标准从"课程设计与实施能力、教学能力、教育能力、组织与管理能力、研究能力"五方面进行阐释。
>
> **【关键词】**　中国，卓越教师，专业标准

世界教育发达国家的经验表明，研制适合本国教育发展需要的教师专业标准体系，能够很好地促进教师队伍建设，进而帮助提升国家基础教育的质量。2014年第30个教师节前夕，习近平总书记在考察北京师范大学时提出了"四有"好老师的标准：有理想信念、有道德情操、有扎实学识、有仁爱之心。这表明教师队伍建设问题也已上升至国家战略层面。同样，卓越教师作为"四有"好教师的典范，理应出台与之匹配的专业标准，以回答建设好卓越教师队伍这一时代命题。

一、问题的提出

2018年1月，中共中央、国务院在《关于全面深化新时代教师队伍建设改革的意见》中明确指出，到2035年，教师综合素质、专业化水平和创新能力大幅提升，培养造就数以百万计的骨干教师、数以十万计的卓越教师、数以万计的教育家型教师。要达到这一教师队伍建设的全国性目标，就有必要针对不同发展阶段的教师群体制定一系列的教师专业标准或评价标准。目前，全国各地都有针对骨干教师的评选标准，对于教育家型的教师，无论是在学术理论层面，还是在实践操作层面，大家都已基本达成共识，那就是教育家型的教师一定是自身具备系统的教育思想，并在全国具有广泛影响力的教师。唯独对于卓越教师，大家既对这个概念的内涵缺乏相对一致的理解，更缺失相应的专业标准来精准描述卓越教师的素质特征。2012年，教育部颁发了《小学教师专业标准（试行）》和《中学教师专业标准（试行）》（以下简称《中小学教师专业标准》），这个文件对于指导全国的教师队伍建设和开展此领域的研究具有非常重要的理论和实践意义。但是，稍显遗憾的是，《中小学教师专业标准》仍然是一个普适性的教师专业标准，并未按照教师专业发展的阶段进行细致的区分。

目前，我国还有没有制定专门针对卓越教师的专业标准。在研究和实践过程中，研究者和实践工作者往往将各地的特级或名师的评选标准视为卓越教师的专业标准。因此，本研究采用文献研究法进一步厘清在中国现代基础教育语境下卓越教师的概念与内涵，并基于教育部的教师专业标准，从"专业理念与师德、专业知识、专业能力"三个维度出发进行尝试性建构，使之凸显卓越教师专业发展的阶段特征，从而将普适性的教师专业标准转化为特殊指向性的卓越教师专业标准。

二、卓越教师的概念界定与内涵解析

"卓越教师"这一词汇是一个充满时代感的发展性概念。早在20世纪70年代，克鲁普卡（Krupka）及约翰·G（John·G）在《对教师和学生的评价报告》中首次使用"Excellent Teacher（卓越教师）"一词。《现代汉语词典》对卓越的解释为：非常优秀，超出一般。由此可见，卓越教师不仅指业务能力上的突出，也指一种开放的精神，一种不断超越的胸怀，意味着永恒的追求和更高的要求。

我国有关卓越教师的研究起步于2011年，当时主要就卓越教师的特点、内涵和设想等方面做了初步探讨。2014年8月，教育部印发了《关于实施卓越教师培养计划的意见》，全面启动"卓越教师培养计划"，明确提出了"培养一大批师德高尚、专业基础扎实、教育教学能力和自我发展能力突出的高素质专业化中小学教师"的目标要求。并且从分类推进培养模式改革、建立协同培养机制、强化招生就业环节、推动教育教学改革创新、整合优化教师教育师资队伍和加强组织保障等方面提出了具体的要求和意见。这个时间节点也成为我国有关卓越教师研究的重要分水岭，此后，我国学者就卓越教师这一研究主题开展了广泛自由的理论研究与实践研究，提出卓越教师的培养应该渗透于并落实在基础教育的各个层面。

纵观国内有关卓越教师的研究，主要分为两大流派。

（1）通过中外比较研究（包括我国的港澳台地区），研究者对未来构建我国的卓越教师专业标准提出自己的构想和建议。例如，王颖华发现美国、英国、澳大利亚三国的卓越教师专业标准在结构上存在较大差异，主要表现为维度上和项目数量上的不一致。但是，反观我国的教师专业标准，他发现中外的标准在内容上存在较高的一致性：一是知识，二是教学，三是评价、监督和反馈，四是反思总结，五是教师与同事、家长之间的沟通合作。左岚通过研究发现，我国内地对特级教师的评价标准侧重于从师德、育人、教学等方面进行综合评价，我国香港卓越教学奖的评价标准以"课程实施"与"追求卓越文化"为核心，美国NBPTS标准则体现了以"学生发展、教师的知识与技能、教师合作"为本的理念。基于这些评价标准，她提出从专业知识、教学成效、专业精神与社区服务四个方面建构我国卓越教师评价标准体系的建议。刘蒙蕾认为"高尚的师德、荣誉和成就、先进的教育理念和恰当的教育行为、实践智慧"应作为我国卓越教师标准的重要维度。金晓庆、阎春晓和胡永斌则提出应从"人格品质、知识技能、教学技能、自身发展"四个角度建构我国中、小学卓越教师专业标准。

（2）通过研究我国特级教师或名师，研究者试图揭示我国卓越教师的关键特征或标签品质。例如，李琼、吴丹丹和李艳玲通过一项以北京市815名中、小学新教师、有经验的普通教师与获得国家级荣誉的卓越教师为样本的研究发现：①教学组织与管理、学科教学知识、教学反思与研究是中小学卓越教师共同的关键特征；②学生观与教学特色是小学卓越教师区别于有经验普通教师、新教师的关键特征，而学科知识与专业精神则是判别中学卓越教师与其他两类教师的关键特征。周春良基于对163名特级教师的调查研究发现，卓越教师的"个性特征"体现为个人的人格特征和在长期的专业活动中固化形成的专业特征。他认为人格魅力是卓越教师的立身之本和其专业能力的内在底蕴。专业特征则具体体现为四个层面：教育思想观念、教育教学知识能力、教育情感和责任、日常的教育教学行为。

此外，也有一些研究者通过文献研究和思辨性研究界定了卓越教师的概念与内涵。例如，祁占勇认为所谓卓越教师是指能够创新而卓著地开展教研活动的优秀教师，在深层背景上应该是研究型教师、学者与专家型教师、魅力型教师、个性化教师的合体，具有为人师表的人格风范、健全的民主法治观念、强烈的创新意识、良好的研究能力、深厚的文化底蕴和完备的知识结构等基本素养。龙宝新强调卓越教师是高动机、高眼光、高智慧的"三高型"教师，其中，"高智慧"是最重要的内涵。卓越教师的独特素质构成包括深刻的职业情感、特适型专业知识结构、精敏问题意识、独创教育行动图式与机敏情境智慧。

综上所述，过去多年我国有关卓越教师的研究虽然没有催生出我国的卓越教师专业标准或评价标准，但是对于我们深刻理解卓越教师的概念与内涵大有裨益。①研究表明，卓越教师是具有内在高素质和外在高成就的内外兼修型综合性人才，如果说教育家型教师是教师队伍建设中的皇冠上的明珠，那么卓越教师则是教师专业发展阶段另外一个标杆式的存在。因此，与《中小学教师专业标准》的相对中性和普适性的表述相比，卓越教师专业标准指标体系的表述显得更高位，即会用一些高阶的形容词或副词等来凸显跟一般教师的区别。②研究发现，卓越教师的关键特征或内涵要素与现行的中小学教师专业标准的结构维度高度一致，即都可以从"专业理念与师德、专业知识、专业能力"三个维度进行概括，但是其外延和内涵还需要进一步丰富和突出时代特点与要求。具体来说：一是强化卓越教师的示范引领作用；二是凸显"互联网+"时代信息技术支持下的教育教学能力；三是强调立德树人根本任务的落实，坚持核心素养导向的教育教学实践。③研究的结果也为本研究进一步细化和阐释卓越教师的专业标准提供了有益的结论和参考。

三、卓越教师"专业理念与师德"维度的专业标准

教师教育理论学界普遍认为，"专业理念"是指关于教育教学的观念和信念；"师德"是指教师在教师职业生活中处理各种关系所遵循的基本行为规范以及遵循这些规范所表现出来的观念意识和行为品质。"专业理念与师德"既超越了"专业理念"所属的"认识论"范畴，延伸至情感、意志和行为的层次；也超出了一般意义上的"师德"范畴，要求教师形成坚定的专业认同和信念。具体包括四个领域：①对待职业：职业理解与认识；②对待学生：对学生的态度与行为；③对待教育教学：教育教学的态度与行为；④对待自身：个人修养与行为。基于《小学教师专业标准（试行）》和《中学教师专业标准（试行）》的理论框架，结合前期文献研究的发现，建构出卓越教师"专业理念与师德"维度的专业标准（表1）。

表 1 卓越教师"专业理念与师德"维度的专业标准

一级维度	二级维度	三级指标描述
专业理念与师德	职业理解与认识	(1) 严格遵守教育法律法规，认真贯彻国家基本教育方针政策； (2) 深刻理解教育工作的意义和价值，高度认同教师职业的专业性和独特性； (3) 具有崇高的职业理想和敬业精神，认真履行教师职责； (4) 具有强烈的自主发展意识及明确的职业发展规划
	对待学生的态度与行为	(1) 以学生为中心，高度重视学生身心健康发展； (2) 十分尊重学生的完整人格和在教育中的主体地位； (3) 密切关注学生的个性差异，努力做到因材施教； (4) 有效促进学生持续发展、个性化发展和自主发展
	教育教学的态度与行为	(1) 始终坚持立德树人和"五育"并举的教育目的观，不断促进学生"德、智、体、美、劳"全面发展； (2) 严格遵循学生身心发展规律和相应的教育教学规律实施以生为本和核心素养导向的教学； (3) 不断探索教育教学本质，坚持培养学生的自主发展、沟通合作、终身学习等能力，为学生的终身发展奠定基础； (4) 刻苦钻研业务，不断更新知识结构，改进创新教育教学方法，切实提高教育教学水平
	个人修养与行为	(1) 能够正确对待困难和挫折，善于自我调节，与时俱进，锐意进取； (2) 科学管理时间，精力充沛，精神饱满，具有良好的生活情趣； (3) 有终身学习的能力，善于反思自己的教育教学实践并总结经验； (4) 具有追求卓越和团队合作精神，能够在学校和区域内发挥辐射引领作用

四、卓越教师"专业知识"维度的专业标准

专业知识是教师专业素养的重要组成部分，是内隐的、缄默的、长期影响教师行为和长远发展的重要因素。对卓越教师而言，专业知识有三项核心功能：①专业知识直接指向并作用于学生全面而有个性的发展。专业知识支撑卓越教师育人能力的发挥，反过来说，育人质量高是卓越教师专业知识精深的重要表征。②专业知识能提升卓越教师自身的素质和能力，因为专业知识水平直接影响其对日常教育教学行为的洞察、分析和反思能力，基于专业知识的理性思考能够极大地促进教育教学改进和创新。③专业知识能让卓越教师更清晰地表达自己的思考和理解，让同行间、一线教育者与教育研究者间的交流更充分，扩大了卓越教师的影响力，促进引领辐射作用的发挥。

关于专业知识的内涵，不同学者有各自的理解，但都强调了学科知识和教学知识的重要

性。目前，国外研究者基本倾向于从学科教学知识（Pedagogical Content Knowledge，PCK）的角度出发解构或建构教师的专业知识。学科教学知识这一个概念首次由国外学者威尔森、舒尔曼提出，他们认为学科教学知识不仅包括学科内容知识，还包括学习者的知识、课程知识、情境知识、一般教育学知识等。后来，格罗斯曼进一步拓展概念的内涵和外延，她认为，学科教学知识由四种成分构成，分别是教师关于任教学科教学目的和教学信念的知识、教师关于学生对某一个课题的理解和误解的知识、教师关于课程和教材的知识、教师关于特定课题教学策略和表征的知识。随着时间的推移，研究者们关于学科教学知识构成要素的认识逐渐聚焦，学科知识、关于学生的知识、课程知识、教学策略知识成为共识。

国内学者也对教师的专业知识构成做了深入研究。朱旭东提出教师的专业知识包含三个方面的内涵："教会学生学习"的知识、"育人"的知识和"服务"的知识。"教会学生学习"的知识包含教师教什么知识和学生学什么知识。"育人"的知识包括学生发展的知识、德育知识、心理健康知识、人生规划知识等。"服务"的知识包括组织管理知识、科研知识、教研知识等。陈向明从教师的实践性知识的角度来解释，认为教师的专业知识包含以下四个方面：关于自我的知识，即教师的自我认同、自我效能感等；关于科目的知识，包含学科知识、课程知识、教学知识、学科教学法知识等；关于学生的知识，即教师对学生动机、学习能力、学业表现、认知过程等的理解；关于教育情境的知识，即教师对教育活动所处的社会与文化的了解与认识，如教室环境、文化传统等。周文叶，崔允漷提出教师的专业知识包括：所授学科的基本概念、原则以及学科结构；知道如何有效地教授学科内容；能清楚地知道学生是如何学习的以及如何促进学生的学习；能了解学生的不同社会、文化背景，并且知道自己应该如何影响学生的学习等。

综合以上学者对教师专业知识的研究，提取共同的内容因子，本研究从"学科知识、学生知识、教学知识、课程知识"四个二级维度建构出卓越教师"专业知识"维度的专业标准（表2）。其中，学科知识包括学科知识结构体系、学科本质以及学科思想和方法。学生知识涵盖学生身心发展规律、认知特点、学习动机等经典的教育学、心理学、学习科学等知识。教学知识包含教学策略与方法、教学风格与主张、教学智慧与教学反思等专业知识。课程知识则主要强调对课程要素及之间关系的理解、对国家课程标准与配套教材的理解和对课程的设计、实施与评价策略的掌握。

表2 卓越教师"专业知识"维度的专业标准

一级维度	二级维度	三级指标描述
专业知识	学科知识	（1）精通所教学科的知识内容、体系、框架和结构； （2）深刻理解所教学科的本质、思想和方法； （3）能够建立本学科与其他学科及现实生活的联系并灵活加以运用； （4）了解所教学科的发展史，及时跟进学科理论前沿
	学生知识	（1）熟知学生身心发展的一般规律和特点，理解和掌握经典的学习理论； （2）洞悉学生学习学科知识过程中的认知规律和特点、学习动机、学习困难； （3）熟悉学生学科核心素养的形成和发展的过程与特点； （4）了解学生世界观、人生观、价值观形成的过程及其教育方法； （5）关注环境、文化对学生价值观念与行为方式的影响

续表

一级维度	二级维度	三级指标描述
专业知识	教学知识	（1）理解教学的一般规律和本质，具备丰富的教学策略与方法； （2）掌握教学设计、实施、评价的理论和方法，具有个人教学风格和教学主张； （3）善于将理论与自己的实践相结合，形成自我独特的实践知识和教学智慧； （4）理解教学活动各要素及之间的关系，主动对教育教学问题进行理性的思考； （5）具有深厚的信息技术素养，精熟信息技术与课堂教学深度融合的相关理论与知识
	课程知识	（1）熟知所教学科的国家课程标准以及教材的编排逻辑和结构； （2）熟练掌握课程资源选择、整合与开发的主要方法与策略； （3）对课程目标、课程内容、课程实施和课程评价等要素有深入认识； （4）熟练掌握课程规划、设计、实施和评价的基本理念、程序和方法

五、卓越教师"专业能力"维度的专业标准

作为一名专业的教师，既要求有感知、理解、记忆、想象、情绪、情感等一般能力，也要求有作为教师专业的特殊能力。2012年教育部颁发的《小学教师专业标准（试行）》《中学教师专业标准（试行）》指出：教师专业能力是教师在先进的专业理念与师德的指导下，把自己所掌握的专业知识运用到具体教育教学情境中，完成相应教育教学任务时所表现出来的心理特征。同时，从7个层面对教师专业能力进行解构：教学设计、教师实施、班级管理与教学活动组织、教育教学评价、沟通与合作、反思与发展。这对本研究建构中国卓越教师专业能力维度的专业标准提供了框架性的支持。西方发达国家则更进一步，对卓越教师的专业能力内涵进行了清晰的阐释。例如，美国在界定卓越教师专业能力时提出了5条基本原则：卓越教师除了对学生本身负责，也对学生的学习负责；卓越教师精通专业知识，并懂得如何教授给学生；卓越教师有较强的组织和学习能力；卓越教师经常反思自己并善于总结经验；卓越教师是教学整体不可或缺的一部分。并且，就每一条基本原则都进行了具体的表现性行为的描述。英国的教师专业标准从以下的6个项目展开对卓越教师专业能力进行了具体描述：计划，制定团队工作计划时能够发挥组织协调作用；教学，示范优秀和创新性的教学实践；评价、监督和反馈，能给学生、家长、同事等提供及时、准确和建设性的反馈；教学总结，利用数据来判断和改进教学；学习环境，利用各种资源，尽可能把校内外的学习结合起来；合作精神，在制定学校规划时能发挥领导作用，能引领团队高效工作。澳大利亚卓越教师专业标准则强调"计划，设置有挑战性的学习目标、组织有序的教学活动、运用教学策略、合理利用资源；执行有效教学，有效的课堂交流、评价改进教学、使家长投入到教育过程中；营造和保持支持的、安全的学习环境，鼓励学生积极参与，进行班级管理、学生行为管理，保障学生安全；对学生的学习给出持续的评价、反馈和报告"等专业能力。

综合以上文献研究结果可以发现，教师专业能力的高低主要通过教育教学实践活动的质

量来体现，无效、低效、有效、高效教学教育实践活动的最大区别也在于教师是否具备优秀的专业能力。因此，根据教师日常的教育教学实践活动的逻辑与环节，如课堂教学、教育活动、班级管理、教学研究等，从"课程设计与实施能力、教学能力、教育能力、组织与管理能力、研究能力"五个二级维度建构卓越教师"专业能力"维度的专业标准（表3）。

表3　卓越教师"专业能力"维度的专业标准

一级维度	二级维度	三级指标描述
专业能力	课程设计与实施能力	（1）能够在国家课程的基础上，根据学科特点、学生特点和学校特色开发学科课程和校本课程； （2）能够整合、利用资源，丰富现有课程体系和结构，形成多元课程模式； （3）能够运用课程知识、方法和策略，推进实施课程并进行课程评价
	教学能力	（1）有良好的教学设计能力，教学目标科学合理，教学步骤逻辑清晰，活动设计具有可行性、开放性； （2）能营造良好的学习环境，激发和培养学生的学习兴趣、创新性思维； （3）有良好的教学实施能力，教学方法灵活、教学手段多样、教学策略丰富； （4）具有教学创新能力，能够基于"互联网＋"教育的时代要求实施线上线下融合式教学； （5）能够掌握多元评价方法，多视角、全过程评价学生的成长和发展； （6）有较为鲜明的教学特色和风格，并能被学生接受和喜欢
	教育能力	（1）尊重差异，因材施教，为每一个学生提供适合的教育； （2）引导学生自强自立，培养学生良好的思维习惯、自主发展能力和适应社会的能力； （3）促进学生身心发展，指导学生进行生涯规划，为学生未来的生活工作奠定坚实基础； （4）结合学科教学，发挥学科育人功能，有针对性地组织开展德育活动，帮助学生形成坚定的理想信念和强烈的社会责任感
	研究能力	（1）具有广阔的教育视野，能够根据社会时代和教育的发展更新教育观念和知识结构； （2）探索教育教学本质，具有主动开展课程改革、教学改革、学科教育前沿研究的意识和能力； （3）能够从教育教学实践中发现有价值的研究问题，并运用适切的研究方法来解决问题； （4）能通过研究形成有价值的研究成果并用于改善教育教学实践
	组织与管理能力	（1）能够创设并维系和谐、融洽的师生关系； （2）能与家长、学校和社区相关人员进行有效沟通合作，形成教育合力，共同促进学生发展； （3）有较好的班级管理和班级建设的能力，能组织或协助组织开展各项班级、学校或社会实践活动； （4）坚持同伴互助和共同发展，在学习共同体中起到很好的示范引领作用

六、结语

本研究只是针对中国卓越教师专业标准的一次尝试性建构,研究方法只采用了文献研究法,同时,受限于研究者个人的研究能力,建构出的中国卓越教师专业标准还有待从学理层面和实践层面进行深入的研究、验证和完善。另外,借鉴西方发达国家制定教师专业标准的经验,有必要通过研究,从教师专业发展阶段、基础教育学段甚至是学科上进一步细化我国现行的教师专业标准,这样才能真正有利于中共中央、国务院《关于全面深化新时代教师队伍建设改革的意见》的落实。

参 考 文 献

[1] 李贵安,王晶艳,郑海荣,等.卓越教师:内涵、品质及其培养途径[J].当代教师教育,2016,9(02):42-47.

[2] 何宗慧.国内卓越教师关键词共现知识图谱可视化分析[J].课程教育研究,2018(18):251-253.

[3] 王颖华.卓越教师专业标准的国际比较及其启示[J].西北师大学报(社会科学版),2014,51(04):92-99.

[4] 左岚.中美卓越教师评价标准比较研究[J].外国中小学教育,2015(09):56-60.

[5] 刘蒙蕾.我国优秀教师评估标准对卓越教师标准制定的启示[J].课程教育研究,2017(28):198-199.

[6] 金晓庆,阎春晓,胡永斌.中小学卓越教师专业标准:进展与展望[J].中国教育技术装备,2018(08):23-26.

[7] 李琼.吴丹丹.李艳玲.中小学卓越教师的关键特征:一项判别分析的发现[J].教育学报,2012,8(04):89-95.

[8] 周春良.卓越教师的个性特征与成长机制研究[D].上海:华东师范大学,2014.

[9] 祁占勇.卓越教师专业能力成长的合理性建构[J].当代教师教育,2014,7(03):42-47.

[10] 龙宝新.卓越教师的独特素质及其养成之道[J].湖南师范大学教育科学学报,2017,16(01):90-96,102.

专家点评

本研究报告立足于中国卓越教师专业标准的建构,对教师优秀人才培养起到了积极的规范作用,同时体现了对中共中央、国务院发布的《全面深化新时代教师队伍建设改革的意见》文件精神的落实落地性思考。报告围绕"专业理念与师德""专业知识""专业能力"三个维度,提出了卓越教师专业结构的各项指标,既具有模块化、专题化、认知性、习得性等常规化特点，又具有示范性、引领性、涵盖性、发展性等高端化特征，为建构成熟的卓越教师标准体系奠定了良好基础。报告从理论和实践的两个角度看，不是合格教师专业标准的简单推定，而是建立在其基础之上的高阶要求，它对教师专业素质分层递进和进阶发展的方法、优秀教师人才的培养路径与关键把握都有着较为深刻的启示。

北京教育学院　苏小平

小学卓越教师典型特征分析及培养体系构建

北京市通州区潞苑小学　郑璐璐

> **【摘　要】** 卓越教师作为优秀教师群体的代表，对教师队伍整体素质的提高具有重要的引领意义。依据卓越教师的特征，本研究分析了教师培养体系与卓越教师特征之间的辩证关系，从4个一级指标和9个二级指标进行了培养体系的构建，为小学卓越教师的培养提供借鉴和参考。在研究中通过对10位小学教师进行访谈和观察研究，从教学过程的差异、专业成长的自我意识性、反思研究的态度三方面将卓越教师组和普通教师组进行对比，在此基础上从师德情怀、学会教学、学会发展和学会育人四个方面对卓越教师的特征进行归纳，为卓越教师培养体系的构建奠定基础。
>
> **【关键词】** 小学，卓越教师，特征，培养体系

一、问题的提出

纵观世界各国的教育政策与教育改革，"如何培养有用的人"是亘古不变的目标。"有用的人"是一个兼具时间性和空间性的双层概念。世界各国的教育已经基本完成国民教育的"低层次目标"——满足适应社会生存与发展的基本需要。对于目前的教育而言，实现国民教育的低层次目标已经不能满足社会发展对它的期待，培养"有用的人"在目前这个时间和空间的交汇点下更多地是指高、精、尖人才，统称"卓越人才"。卓越人才的培养需要依靠优质的教育，而在支撑和推动优质教育发展的众多因素中，"卓越的师资"是一个必要的条件，是面对现实的挑战必须做出的选择。2010年，全球著名咨询顾问公司"麦肯锡"在对50多个国家的学校教育系统进行研究分析的基础上，发表了一篇美国教育改革政策建议报告——《缩小人才差距：吸引并留住成绩名列前1/3的大学毕业生担任教师》。2014年9月，教育部提出了《关于实施卓越教师培养计划的意见》，标志着我国教师队伍的建设也开始由保证教师队伍的数量指标转向注重提高教师质量的指标上，同时也意味着教师队伍的建设逐步地从培养"合格教师"走向培养"卓越教师"的转变。2018年1月，中共中央、国务院颁布了《关于全面深化新时代教师队伍建设改革的意见》，突出强调新时代提升教师的培养层次和培养水平，造就卓越教师。自《关于实施卓越教师培养计划的意见》颁布以来，开始了为期10年的卓越教师培养工程。该意见所提出的"培养一大批师德高尚、专业基础扎实、教育教学能力和自我发展能力突出的高素质专业化中小学教师"，实际上指明了卓越教师的基本方向和总体要求。但是，有关"什么样的教师能够被称为卓越教师？

培养卓越教师需要哪些努力?"等这些问题仍然没有一个既定的标准。为了满足教育发展过程中对于卓越教师的需要,研究"卓越教师"的特征及其培养体系的建设是一个有意义并且有必要的问题。

二、研究设计

1. 研究目标

本研究通过对小学在职教师进行访谈和观察,目标在于通过分析,从不同维度了解两个对比教师组在各方面所体现的差异,以此来把握卓越教师的特点。同时通过对"卓越教师组"的跟踪访谈和观察,进一步了解教师卓越成长的影响因素。在了解卓越教师特征以及影响因素下,为卓越教师的培养提供支持性框架。

2. 研究方法的选择

研究者选择一个学校的老师作为个案进行研究。个案研究法是一种深入研究对象进行细致调查的研究方法,它不是一蹴而就的。在研究过程中需要研究者不断地进行探索,熟悉研究对象的各个方面。例如,研究对象的过去与现在,研究对象的关系群体,研究对象存在的制度环境等,这样才能逐步深入,挖掘出比较有价值的研究素材。本研究采用质性方法,以个别访谈加实地观察的方式进行。在实施访谈时,访谈者就是评估工具,所以许多访谈信度问题都与访谈者的特征和行为有关。为了确保访谈的效度和信度,研究者需要保持一种敏感和洞察,花费大量时间专注于一项研究。在研究过程中,我们对研究对象进行观察和访谈后,研究者采用持续对比分析法。对录音文稿进行分析。文本数据分析从搜集到第一份资料起,每一组数据项目都与其他数据项目相比,全面而系统地抓住所研究现象的主要特质,同时描述和诠释研究下的现象,并依序地以此种方法作数据系统性的收集和分析,找出秩序(order)及发现各现象间的关系,直至发展出相应的理论。

3. 研究对象的选择

访谈对象抽取方法为"目的性抽样",所抽取对象教师至少需满足包括任教年限、曾获奖励、教师职称等要求中的任两项,最后选取了10名起点相同、发展程度不同的小学老师作为具体研究对象。目前,有关"小学卓越教师"的界定并没有一个较为统一的说法,尽管不同学者立足自我的研究立场对卓越教师的应有特征做出些概括,但会给读者留下"理想乌托邦人"的印象。为了研究卓越教师应该具有的特征和素养,理想状态是应该找到相应的卓越教师,对其所具有的特征进行概括。目前在我国,"卓越教师"并没有一个合理的身份限定或者职称指代,这也给本研究寻找理性的研究对象带来一定的阻碍。

4. 研究资料的收集、整理

在我国小学教师群体中,拥有高级教师职称和特级教师职称的比例是相对较低的,在本次调查中将其作为"卓越教师组"。从严格意义上来讲,特级教师或者高级教师并不完全等同于"卓越教师"。目前,有关"卓越教师"的身份界定仍处于相对模糊的阶段,但是有一点可以基本达成共识,那就是卓越教师一定是比较优秀的教师,或者说是教师群体中的佼佼者。选取特级教师和高级教师作为卓越教师分析的样本,是因为在很大程度上他们是教育界公认的优秀教师,是青年教师学习的榜样。为了提高研究的有效性,在选择研究对象时其初始学历都为中等师范学校、年龄控制在 37～45 岁、教龄控制在 19～27 年，调查对象的信息见表 1。

表 1 调研对象的基本情况

项目	职称	初始学历	最后学历	年龄/岁	教龄/年	任教科目
卓越教师组	高级教师	中等师范学校	在职研究生	45	27	语文
	高级教师	中等师范学校	本科	43	23	数学
	特级教师	中等师范学校	本科	48	32	语文
	高级教师	中等师范学校	本科	47	29	语文
	高级教师	中等师范学校	本科	47	28	数学
普通教师组	二级教师	中等师范学校	本科	45	26	语文
	二级教师	中等师范学校	本科	43	25	数学
	一级教师	中等师范学校	中等师范学校	46	28	数学
	二级教师	中等师范学校	中等师范学校	45	28	语文、道德
	二级教师	中等师范学校	中等师范学校	41	22	语文、生活

在卓越教师组中有一名特级教师、四名高级教师，他们都获得过市级或者省级优秀教师、教学能手、优秀班主任等荣誉称号。在普通教师组中有一名一级教师，其余四名都是二级教师，很少有人获得市级以上的荣誉。在任教科目方面，卓越教师组主要任教科目是语文或者数学，普通教师组的任教科目前后有变化：一方面是学校的授课调整，另一方面是教师个人的自我选择。

三、研究结果分析

在调查这 10 名教师过程中，我们对其进行了访谈，并且听取了其中 7 名教师的课，共计 36 节课程。其中卓越教师组课程 12 节，普通教师组课程 24 节。因为卓越教师组的调查对象很多已经是学校的管理层或者是教研组负责人，其上课的次数较少，所以在相对短暂的时间中听取的课程较少。

1. 两个教师组对比

通过对访谈资料的分析，发现卓越教师组和普通教师组在关爱学生、教育信念、教学目标、学科知识等方面的认识并无明显的差别，但是涉及具体教学过程中的细节、专业成长的自我意识性、教育科学研究的积极性方面存在明显的差异。

1）教学过程的差异

（1）面对教学突发情况应对态度：灵活调整和按部就班。在教学的过程中，学生会提出一些问题，有的问题不在教师的预设范围内，甚至有的问题与课堂教学关系不大。卓越教师会根据学生的实际情况及时地加以引导和解释，及时地依据课堂的情况生成新的教学资源，但是普通教师更多的是选择回避问题甚至淡化学生的问题，更多的是按部就班地完成自己的教学计划，采用"下节课再说"或者"先听老师讲，一会再说"的形式结束突发情况。

(2) 学生高阶能力培养的意识:"你怎么解决的?"和"你懂了吗?"。学习是学生高阶能力培养的重要过程,教师教学和引导就显得尤为重要。学生是学习的主体,培养学生良好的学习习惯和思维方式对于学生的成长具有重要的意义。卓越教师组的老师在上课时,经常在学生解答问题后会再反问"你为什么会这么想?""有没有其他同学有不同的意见",而普通教师却鲜有人会这么提问,一般会说"你回答的真好"。甚至在一节数学课上,在讲评一张试卷时全程没有提问任何学生,只是核对答案和讲错题,最后让学生举手汇报大概得了多少分。这种教学过程无疑就是答题的操作性训练,学生也只关注本题目的对错和怎么答,没有帮助学生反思为什么答错了。"你怎么解决的?"和"你懂了吗"看似两种简单的问答方式,其本质代表了教师在教学过程中的关注意识。

2)专业成长的自我意识性

影响人的发展因素有很多,主观能动性无疑是占据主导地位的。在调研对象中,他们原本都是中等师范学校的毕业生,经过20多年的发展,一些人成为高级教师甚至特级教师,但是还有一些老师仍然是二级教师。虽然职称评定会受到多方面因素的影响,但是这与教师本人的努力程度绝对有很大的关联。通过访谈和现场听课,能够明显感受到他们的差异。卓越教师组在谈及一些教育问题时总是带有自己的想法,甚至从话语中还能体会到他们教育理论的功底也是相当扎实的,仍然坚持看书和写作,坚持听新老师的课,及时记录其存在的问题。"我评上高级职称四年多了,现在是我们区的语文教研组负责人。自我感觉压力更大了,因为教研活动是不断创新的活动,如果不及时学习就没办法指导大家,别人介绍时说我是高级教师,更是不想让别人觉得高级教师也就这样。"

与之相反,很多普通教师是学校的"老人",每天坚持上课但是整体态度是比较消极的。"我每天都有课,没课的时候我一般都不在学校了。我还挺喜欢做老师的,如果不想评职称,挺轻松自在的。我是不打算再评了,就这样到退休吧。"

3. 反思研究的态度

在学校调研时,看到卓越教师组教师的荣誉成就时,除了常规的奖项之外,还有很多教育科研成果的奖项。他们大都围绕着一线教育教学现状提出自己的见解,甚至有的文章发表在比较好的期刊上。"现在小学教师也要做科研的,我们学校的教师每个月都有学术沙龙活动,围绕一些问题展开探讨。可以是教学方法的,也可以是具体教学内容的,还可以是教育热点事件,在这样的过程中会不断提高教师思想的深度。"在调查对象的卓越教师组中,这些老师相应的都主持过区、市级以上的课题项目。与之相反,普通教师组仅有两位教师参与过课题研究,有三位教师发表过一篇论文。

四、小学卓越教师典型特征分析

根据对相关文献资料以及政策文本的分析,有关小学卓越教师的能力有10个方面被谈论得最多(图1)。通过对小学教师进行调研,在这10项有关小学卓越的特征中,排名依次为"关爱、尊重、公平的对待学生""研究和反思能力""敏锐的思维和创新能力""自我发展能力""沟通与协调能力""课堂教学组织能力""课程开发能力""广博的科学文化知识""深厚扎实的学科知识""对教育方针、政策和法规的理解掌握"。从这些调查问卷结果来看,再次强调了师德情怀、反思能力、自我发展能力等方面对于卓越老师的重要意义。

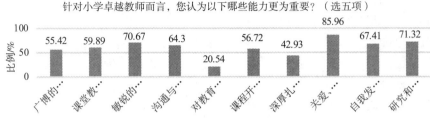

图 1　关于小学卓越教师的特征统计图

1. 师德情怀：德高为师，扎根"教"土

对于任何人来讲，高尚的品德都是其安身立命的根本。教育的根本目的是培养人，教师的使命是教书育人，无论对于教育还是从事教育的教师而言，教育中的"德性"都是第一顺位的。我国颁布的《国家中长期教育改革和发展规划纲要》明确地提出："坚持把师德建设摆在教师队伍建设的首位，进一步加强教师职业理想和职业道德教育，不断增强广大教师教书育人的责任感和使命感。"一名能称得上卓越的教师，首先要热爱这个职业，热爱所从事的这份工作，这份情怀也将是激励教师不断前进的重要动力。鲁洁教授认为师德是教师个体一般道德基础上，发自内心对职业生活各种要求的认同，是教师所秉持的职业道德认识、职业情感以及在从业活动中所表现出来的职业行为，对职业伦理规范的自觉遵守并践履，以德性的面貌展示出来的一种品质，是对教师职业生活的一种整体把握。在小学阶段，学生的身心发展还未成熟，"向师性""从师性"等特征在小学生中表现得尤为突出，这也就决定了小学阶段的教师在师德方面必须有更加严格的要求。在小学卓越教师师德建设方面：①必须加强对教育公平的重视；②教师要学会调控自己的情绪，不能让自我的情绪过多地影响教育教学，尤其是负面的情绪，最有可能对学生发火解气，这种负面的情绪状态也是导致教师产生辱骂、殴打等过激行为的导火索；③要尊重每位学生，保护学生的自尊心，不挖苦、嘲讽学生。

我认为一个卓越教师应该具有一种教育情怀，这个我觉得非常重要，这种教育情怀包含着他（她）对教育的追求与热爱，这才会投入他们的精力，投入他的生命去完成这样一件事情。所以我觉得我们所培养的卓越教师一定是热爱小学教育事业这样一群教师。①

一个卓越的小学教师，首先必须是一位师德高尚的人，师德并不抽象，就是尽一切可能为了学生的发展，愿意为学生的成长而不断努力。②

师德是具体的，情怀是永恒的，随着时间的推移，学生将是他们生命的重要一部分。几十年的教学生涯总有一些场景是相似的，所有的坚持也都需要教育信仰的引领。

2. 学会教学：教学实践性智慧的生成

教学是教师众多任务中最重要的使命，整个教育工作的进行绝大部分也通过教学来完成。对于教师而言，教学并不是一种天生自然力，而是需要不断积累与磨炼后才会成长的。从"教学"到"会教学"再到"好的教学"，这期间的每一次变化都是一段艰难的探索过程。在调查中，可以发现普通教师组和卓越教师组，他们都是经验丰富的教师，都可以按照

---

① 选自作者与 YX 老师的访谈记录，2018 – 05 – 27.
② 选自作者与 G 校长的访谈记录，2018 – 05 – 09.

大纲要求完成相应的教学任务，但是普通教师组是一种按部就班型的，按照既定的教学目标完成任务，是一种结果性导向。

我从教也10多年了，上过很多节课，同一课时的内容也反复上过很多遍。我自认为每节课后都会针对上课过程中学生的反应进行不断的反思，重新设计自己的教学方案。我在同一批入职的教师中也算是成长得比较快的教师了，很多新教师也会来听我的课。但是让我印象特别深的是有一次区里进行教学比赛，我也参加了，下边有很多特级教师、教研组的老师来给我们打分。我们6位参赛教师抽签讲了三个不同的课文。点评完后一位评委老师说他也想参赛抽一篇课文来讲，同样的内容，短暂的备课时间，教学重难点也是相同的。但是，他的提问时机、处理学生的问题方式让我感觉到由衷的敬佩，没法用语言来形容，震撼吧！那种课程的掌控能力，引导学生自觉地提问、思考的方式，处理的时机真是游刃有余。这就是"差距"，值得一位老师终身磨炼的教学实践智慧。①

同样的教学内容，同样的教学目标，但是在一位富有经验的老教师的演绎下却令现场其他的教师由衷的佩服，这是作为教师的一种独特魅力，是教师的智慧体现，而这些是需要在实践中去不断锤炼的。通过这种智慧的呈现，意在告诫我们的师范毕业生"路漫漫其修远兮，必将上下而求索"。

3. 学会发展：反思成长，善于合作

在现代教育观中，教师的角色像一条"潺潺的小溪"，在自我不断更新的同时也给他人带来新鲜感和润泽感。对于小学教师而言，需要传授的书本知识是相对浅显的，很多教师在备几次课之后便失去了发展的动力，几年下来千篇一律地进行教学，整个教育工作也未有新的起色和发展前景。作为一名教师，除了每年有固定的继续教育任务以外，要想获得不断的进步，挖掘自身的潜能则需要教师自我进行不断的学习，始终保持学习的精神和态度。在调查影响教师自身发展的因素中，选择"自我反思"和"同伴交流"两项的最多。在研究优秀教师组的过程中，这些教师的合作能力和反思能力是非常强的（图2）。

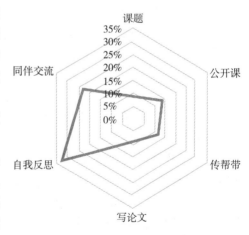

图2 影响教师的成长因素

当今的世界是一个全球激荡的世界，政治、经济、文化等多方面进行互相交流，教育也不例外。目前，我国的基础教育在进行如火如荼的改革，很多都是在借鉴国外先进的教育经验之后被引入到我国的教育之中的。英国的教师专业发展也表现出极为强烈的实践本体性，如教师在职培训的形式有课程学习与编制、学科会议、专业讨论、研讨会、示范观摩课、展览活动和参观。芬兰教师的课程设置呈现出"能力本位、研究本位、学生本位"的三大特点，而这独特的课程特色也为芬兰基础教育培养了优秀的师资。作为一名教师，一定要拥有国际视野，敢于并且乐于去尝试先进的经验，这也是促进我国基础教育发展的重要潜能。交流合作对于小学教师的发展

---

① 选自作者与W老师的访谈记录，2018-11-20.

而言也是重要的途径，目前的学校中学科组、教研组、同伴教学等都是需要教师合作完成的，同时在一个教师群体中也能不断学习其他人的经验，从而改进自己的教育教学水平。

对于卓越教师来讲，我觉得反思能力是最基本的能力，每一位教师都能完成教学任务，有的教师的教学水平在不断进步，有的教师却几十年如一日，前者就是不断地反思总结自己的教学，不断改进教学过程。第二个比较重要的能力就是持续学习的能力，一个不热爱学习的教师注定不会成为卓越的教师，卓越教师其本身就是不断发展、走向卓越的过程。卓越老师应该具备这种终身学习的意愿和能力，时时反思，不断对自己的方案和自己的决定进行冷静的思考、回忆和反省，具备这两个，其他都好说。任何行业都强调专业发展，教育行业也不例外，那么什么是专业发展，简单而言就是实践+反思，没有实践谈不上专业落地，没有反思谈不上专业深度。①

最后比较强调的这个教师自我成长力，因为教师进入到一线教学环境当中，他们的发展很大程度上依赖于自身有没有一种自我不断要求去改变的，不断去反思教学的意识和能力。②

教师是一种经验性的专业技术工作，有的教师教学水平不断提高，有的教师几十年如一日，他们的差别并不在于上课次数的多少，而在于能否及时反思自己教学过程。反思的过程也是一种自我更新的过程，能够分析自己的不足，及时更新弥补，从而在潜移默化中收获了成长。

4. 学会育人：学生为本，心中有"人"

教育的整个过程都是为了实现教育目的"培养人"，所有的教育教学活动也都是围绕着"育人"来开展的。学会育人可以从班级指导以及综合育人两个方面进行。首先在班级指导方面，我国小学阶段大部分采用的是班级授课制的组织形式，每一个班级都会有相对固定的班主任来进行管理。很多小学教师在学校里除了教学任务以外，也担任着班主任的工作。

在针对小学教师育人品质的特点分析中，包容、爱心、童心以及睿智是出现频率最高的词语（图3）。包容，因为小学生和其他阶段的学生不一样，会出现各种你意想不到的事情，所以一定要具备一颗包容之心；童

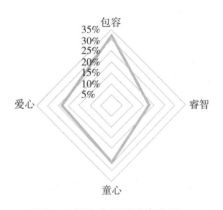

图3 教师育人品质特点分析

心，教师要站在学生的立场上理解孩子所说、所想的；睿智，现在的小学生很精明，能言善辩，自尊心极强，所以一定要成为一个睿智的教师，以便能够应对随时被抛出来的问题；爱心，单独强调爱心很空泛，但是爱心的具体表现恰恰就是各种充满责任的行为。在爱心统领下，为学生的发展所担负起的有责任的行为是极其重要的，这就是一个教师育人的体现。小学阶段是一个孩子身心发展的关键时期，相对于学习知识而言，小学教师应该更多地承担起促进学生身心发展的任务，引导学生向善向美。孔子曰：其身正，不令而行；其身不正，虽令不从。尽管这个时期儿童的认知各方面不够完善，但是他们也开始逐渐明白是非善恶，作为教师，在关注学生身心发展的同时，也要注重自身言行对于学生的影响。

---

① 选自作者与YF老师的访谈记录，2018-05-27.
② 选自作者与YX老师的访谈记录，2018-05-27.

五、起点与归宿：卓越教师的特征与教师培养的关系

1. 卓越的特征是培养的起点

了解小学卓越教师的特征对于教师培养的专业设计、培养方案的制定具有重要的意义。小学卓越教师的师德情怀，对学生的关爱之情，对教育事业的热爱对于教师行业人才选拔具有重要的借鉴意义。在选拔过程中要注重选择"乐教""适教"的人，并且在整个培养过程中要让教师了解师德规范要求，通过多种活动培养和激发师德情怀，使其明确专业的培养方向，树立终身从教的信念。小学卓越教师的教学实践性智慧的生成，需要依托扎实的教学基本功，认真的学习教学设计、教学管理，认识学生的学习特征，研究课程标准的需要，学会解读教材；具备这些教学基本功是教师走向讲台，成为一名合格教师的必备技能，是学会教学的基础；而将这些基本理论知识和教学实践相结合，需要依托教育一线中多种形式的磨炼，从而提高多方参与主体的认识，为教师培养提供方向。学会发展，终身学习是一名教师走向卓越教师的推动力，教学者在学习过程中要注重培养学生的自我学习和探索的能力，特别是要提高学生不断学习的认识，认识到教师职业不断学习的意义与价值。教书育人是教师的基本职责，在具备扎实的知识层面时，也要培养教师育人的能力。对于一些刚刚入职的年轻教师，由于年龄较小，在沟通方面、交往方面经验有所欠缺，在培养过程中要让教师了解与学生、家长等沟通的技巧和方式，了解育人的技巧和能力。卓越教师的特征是教师培养方案在制定的时候需要考虑的，也需要在课程内容中加以凸显和重点培养。

2. 卓越的潜能是培养的归宿

小学卓越教师的培养是一个长期性过程，是职前和职后连续性的培养工程。不仅需要外在培养力的推动，更需要调动个体主观能动性。在入职前的教师选拔中应该把好入职的门槛关，选拔出来的人应该具有成为卓越教师的基本能力，挖掘教师群体的各种潜能，使教师培养机构和教师自身了解卓越教师需要具备哪些方面的特征，今后在培养和学习过程中明确努力方向。学习的过程是持续的，会受到各种因素的影响，仅靠某一阶段培养卓越教师是不能实现的，也是永远不会实现的。这是一个长期发展的过程，需要外在的力量以及教师个体共同努力。

3. 小学卓越教师培养的标准体系

教师的专业发展是一个持续性的过程，需要不断结合多方力量加强教师培训为其专业成长奠定基础。因此，在结合了卓越教师的特征、师范专业认证标准、教师教育专业标准等多方分析的基础上，我们尝试着建构有关小学卓越教师培养的标准体系（表2）。

表2 小学卓越教师培养的标准体系

一级指标	二级指标	卓越特征	支持性条件
师德建设	教育情怀	热爱教育、无私奉献、正直善良、教育责任感强、态度乐观向上、为学生和同行的学习与幸福提供支持	师德活动、教师职业道德、教师伦理、心理学、见习实习
	师德规范		
	个性品质		
	身心健康		

续表

一级指标	二级指标	卓越特征	支持性条件
学会教学	教学能力	学生成绩、教材解读力、备课能力、教学机智、课堂把控能力、良好的知识储备、课程资源的创生、能教授各年龄阶段的学生	学科知识、通识知识、教育学相关知识、现代信息技术、教育见习实习、教学基本功
	课程开发能力		
	教学评价与反馈能力		
学会发展	自主学习的能力	研究能力、求知精神、适应教育新变化、分担学校共同生活的责任、学习意识强烈、问题意识	教育研究方法、学习反思的方法、发现问题的意识
	终身学习的理念		
	教学反思的能力		
学会育人	班级管理	身体力行、平等观、学生各发展阶段的身体智力和情绪特征、严慈相济、方法得当、高效沟通者、建设性地预期和管理学生的行为	教育学知识、心理学知识、教育实践能力
	学生观		

"不能让孩子输在起跑线上"是当今我国社会的真实写照，在这里暂且不对这句话做出是非道德的判断。为了给孩子提供更好的成长平台，教育领域成为博弈的要点，教育也因此成为牵动中国儿童成长的重要脉搏。在推动教育发展的过程中，教师队伍的质量成为影响教育发展的重要因素，培养符合时代发展需要的教师也成为关键问题。小学教育是我国基础教育的重要阶段，是儿童成长的关键时期，因此作为学生成长路上的重要他人——教师，其自身的培养与成长也应受到重视。结合小学卓越教师的特征构建教师培养的标准体系，以期为小学卓越教师的培养提供有价值的依据。

参 考 文 献

[1] 美国"麦肯锡"咨询顾问公司. 让最优秀的大学毕业生做教师[N]. 唐科莉, 编译. 中国教育报, 2010-11-23 (03).

[2] 教育部关于实施卓越教师培养计划的意见[EB/OL]. 2014-08-19. http://www.moe.gov.cn/srcsite/A10/s7011/201408/t20140819_174307.html.

[3] 中共中央、国务院关于全面深化新时代教师队伍建设改革的意见[EB/OL]. 2018-01-31. http://www.gov.cn/zhengce/2018-01/31/content_5262659.html.

[4] Glaser B G, Strauss A L. The Discovery of Grounded Theory: Strategies for Qualitative Research[M]. Chicago: Aldine, 1967.

[5] Strauss A, Corbin L. Basic of Grounded Theory Methods[M]. Beverly Hills, Sage, 1990.

[6] 国家中长期教育改革和发展规划纲要（2010—2020 年）[EB/OL]. 2010-07-29. http://www.moe.gov.cn/srcsite/A01/s7048/201007/t20100729_171904.html.

[7] 鲁洁. 超越与创新[M]. 北京：人民教育出版社, 2001.

[8] 王晓宇. 英国教师专业发展的实施内容与特点[J]. 外国中小学教育, 2006 (8): 19-24.

[9] 康建朝, 李栋. 芬兰基础教育[M]. 上海：同济大学出版社, 2015.

■ 专家点评

　　研究以小学卓越教师典型特征分析及培养体系为研究主要内容，研究具有较强的实践意义。依据卓越教师的特征，研究分析了教师培养体系与卓越教师特征之间的辩证关系，从4个一级指标和9个二级指标进行了培养体系的构建，为小学卓越教师的培养提供借鉴和参考。同时，通过对10名小学教师进行访谈和观察研究，从教学过程的差异、专业成长的自我意识性、反思研究的态度三方面将卓越教师组和普通教师组进行对比，在此基础上从师德情怀、学会教学、学会发展和学会育人四个方面对卓越教师的特征进行归纳，为卓越教师培养体系的构建奠定基础。论文选题具有实际意义，研究过程清晰，研究结果对小学卓越教师培养具有较强的参考与借鉴价值。

首都师范大学　乔爱玲

"四进阶"教师学习课程体系的开发与实践

北京教育学院丰台分院　王冬梅

【摘　要】 "四进阶"教师学习课程体系是针对适应期、成长期、成熟期及创造期教师特点及发展需求而设计开发的教师继续教育课程体系，包括专业道德、专业知识和专业能力三个课程模块和49个专题课程。课程体系的实施与丰台区"四春计划"相融合，形成了"师德为先""主体建构""实践取向"的课程特征，教师教育的科学性、针对性、实效性不断显现。

【关键词】 教师学习，专业发展阶段，课程体系，课程开发

教师学习是教师可持续专业发展的基础和前提——基于"教师学习"的"四进阶"教师学习课程体系是针对适应期、成长期、成熟期及创造期教师特点及发展需求而设计开发的教师继续教育课程体系，包括专业道德、专业知识和专业能力三个课程模块和49个专题课程。课程体系的实施与丰台区"四春计划"相融合，形成了"师德为先""主体建构""实践取向"的课程特征。在实践中突出了课程内容的阶段性和连续性，聚焦于课程体系与项目间的深度融合，强调课程实施效果的评价与反馈，丰台区教师继续教育的科学性、针对性、实效性不断显现。

一、课程设计基础

1. 理论基础

丰台区教师学习课程体系的设计主要依托两个理论：一是教师学习理论；二是课程实施取向理论。

教师学习是当代教师教育发展的趋势走向，从强调"教师培训"到"教师教育"再到关注"教师学习"，这种转换代表的是理念和研究重心的转移。王丽华等学者强调，教师学习意味着教师群体中学习文化的建构和发展，意味着教师具有学习的精神、态度、方法和行为。教师学习本质上是合作的、共同的、探究的、基于组织的、自发与自主的学习行动。

基于对教师专业性的不同理解，教师教育研究界对教师教育课程实施的取向主要有两种：一是重教学行为训练；二是重实践反思。20世纪80年代以来，伴随着对教师实践性知

识的重视以及"教师成为反思性实践者"思想的传播,"如何教会教师反思"成为教师教育研究的热点。实践反思取向强调将"实践—体验—反思"贯穿于课程实施始终,强调将"生活教育"的主要内容作为重要的教师教育课程资源。

在这两个理论的框架下,为了更好地开发和设计教师学习课程,我们又对教师专业发展阶段的相关理论进行了研究。钟祖荣和张莉娜经过对教师专业发展阶段的调查研究得出:教师的素质和业绩(能力表现)是用来划分教师职业成长阶段性的关键依据。他们还提出教师职业发展阶段的划分不一定以一个维度作为标准,可以是一个维度以上的标准,如能力表现(教育教学水平、教育观念)和教龄。这一研究结论的得出,为我们划分教师的专业发展阶段提供了重要的依据和路径。我们结合丰台区教师队伍的实际,将教师发展阶段划分为适应期、成长期、成熟期和创造期。

郑彩国认为教师专业发展的不同阶段对应着不同的知识转型任务,教师从而表现出该阶段相应的本质特征。我们认为:一方面,教师在其专业发展的各阶段需求和发展的目标是有所侧重的;另一方面,各阶段教师应具备的知识能力应体现出清晰的内在连续性。

基于对相关理论的深入分析,我们在对教师学习课程设计时不仅关注课程的内容、课程的实践性,更强调课程之间的内在逻辑性,考虑到教师学习主体知识建构和教师实践的重要性。

2. 实践基础

从"十三五"时期以来,丰台区在教师培训课程供给侧优化等方面做了有益的探索。我们关注教师的发展需求,加大分层分类课程的设计与开发力度,大力推进"四春计划",为教师的发展进阶和终身学习提供平台。我们还深化研训合一,内升外引,利用区内外优质教师培训资源,确保课程内容的丰富性、针对性及选择性。在课程实施的过程中,我们更加强调教师的实践—体验—反思,遵循不同教师群体的学习特点,采取线上线下相结合、团队研修与个体学习相结合等更加灵活的学习方式,为区域教师开展专业学习活动提供专业支撑。

二、"四进阶"教师学习课程体系

1. 课程目标

本课程体系的总体目标是在研究和帮助学生健康成长的过程中实现教师自我的专业发展,构建完善、科学的丰台区教师队伍梯队建设,引导教师在持续学习和不断完善自身素质的过程中实现专业发展。其中,"四进阶"的分项目标如下:

适应期:使教师具备从事教育教学工作所必备的操作层面的技能;
成长期:使教师实现由理论型知识向实践型知识的转型;
成熟期:使教师逐步形成实践型知识的定向迁移应用能力;
创造期:使教师实现由实践知识向理论知识的固化转型。

2. 课程特征

1)强调教师师德的终生养成

专业道德类课程的8个主题内容为教师的必修课程,充分体现出师德为先的理念。也就是说，在教师职业生涯中不断地提升自身的职业道德素养，规范自己的教育教学行为将是教师终身必修内容。

2）强调教师主体知识的建构

基于"教师学习"理论，教师只有实现主体知识的自我建构才能达到真正意义的学习。因此，依据学习者的经验、需求和心理特征来设计"四进阶"课程体系。同时，在各个学习阶段给予学习者独立思考和实践的机会，为教师的自我建构创造条件。

3）强调教师实践能力的培养

我们将"实践—体验—反思"贯穿于课程设计和课程实施始终，在各阶段重视教师操作能力的培养，将课程设计紧密联系教师发展实际，切实解决各阶段教师专业发展困境，发挥"即学即用"的作用，突出课程的实用性，强调对教师实践能力的培养。

3. 课程结构

丰台区"四进阶"教师学习课程体系结构如图1所示。

丰台区教师培训课程内容体系	三维度四进阶	专业道德	专业知识		专业能力	
		必修	必修	选修	必修	选修
	适应期	社会主义核心价值观	学科课程标准	教育学知识	教育教学活动设计	课堂教学基本功
				素质教育基本理论		作业设计能力
		职业理解与认同	教育教学方法策略	心理学知识	教育教学组织管理	班级管理能力
				教科研基本知识		自我管理能力
	成长期	教师职业理想与道德	学科知识体系	教育改革发展动态	学法指导能力	教育科研基本能力
				科研知识与方法		教育评价基本能力
		教育教学态度与行为	学科思想与方法	教育教学新知识	课程资源开发能力	作业设计能力
				教材分析方法策略		班级管理能力
	成熟期	教育政策与法律法规	课程资源开发方法	多学科综合知识	教育技术应用能力	科研引领能力
				教学评价测评技术		教育教学创新能力
		德育理论方法与实践	现代教育技术	学习共同体理论	沟通与合作能力	命题设计能力
				可持续发展理论		学科实践整合能力
	创造期	个人修养与行为	人际交往知识	综合知识应用策略	学生发展指导能力	成果转化能力
				创新的方法与理论		教育教学创新能力
		职业发展规划	现代教育理论	团队建设方法策略	自我反思发展能力	学术交流能力
			青少年发展与指导	教育思想凝练方法		团队建设管理能力

图1 丰台区"四进阶"教师学习课程体系结构图

4. 课程内容

我们以《中小学教师专业标准》中涉及的14个领域的内容为依据，结合丰台区教师培训工作的实际，从宏观层面设计了专业道德、专业知识和专业能力三个课程模块，分别涉及师德规范、现代教育理念、班级管理、教学设计与评价、教科研等中观层面的49个课程专题。在此基础上，为了进一步加强课程开发的针对性，满足不同群体教师的个性化发展需求，我们又按照教师专业发展阶段将专业知识与专业能力两个模块的课程专题进行了阶段的划分，在每个发展阶段中又分为必修专题和选修专题。必修专题是该阶段教师必须学习的基础课程，选修专题是教师在基础课程学有余力的情况下根据自己的发展目标、专业能力和兴趣爱好等因素进行自主选学或跨阶段学习的内容。

三、"四进阶"教师学习课程体系的实践

1. 实施思路与方式

我们充分依托成熟的研修项目"四春计划"，将"四进阶"教师学习课程体系与"四春计划"相融合，不断丰富和完善课程内容，不断加强和改进课程实施方式，为区域教师开展专业学习提供支撑。

1）春苗计划——适应期教师

参与此项目研修的是从事教育教学工作的新手阶段教师。从教师专业发展的角度来看，首当其冲的是从事教育教学工作所必备的操作层面的知识。因此针对适应期的新手教师，我们设计了四个知识主题和四个能力主题作为该阶段教师的选修内容。例如，如何进行教材分析、确定教学目标和教学重难点、基本教学方法的运用、如何处理好与学生和家长的关系等，帮助他们尽快掌握基本的教育教学方法、学科知识体系、教学策略选择，具备基本的教学设计、实施与组织教学的能力，顺利地站上讲台。当然，新手教师也要熟悉国家的教育法规和政策，逐步养成依法治教的意识和能力，了解新课程改革的有关知识以及教育科研的一些基本知识，为下一个专业发展阶段的进阶明确方向，做好准备。此外，我们创造性地将"春苗计划"与"丰台区新教师培训"项目相融合，通过"三人行""春苗直播间""项目学习"等方式，建立春苗学员与新教师间的学习共同体，把基本功实践与家国情怀培养、把学科教学能力提升与师德师风建设巧妙融合，引导学员在系列实践活动中具备教育教学操作技能。

2）春雨计划——成长期教师

参与此项目研修的是丰台区区级骨干教师，即已经初步胜任教育教学工作的教师。这一阶段的教师既积累了一定的教育教学实践经验，又有着旺盛的精力和进取心。因此，理论和实践并重是这个阶段的重点。针对这个阶段的教师我们在设计课程主题时比较关注观念层面的知识。例如，专业知识包括师生沟通艺术、中小学生学习方法指导、教育科学研究方法、现代教育技术等，专业能力则包含教学评价设计、作业设计等内容来，体现进阶发展。这些课程主题将帮助教师及时关注教育改革与发展的动态，开阔视野，不断地更新观念，逐步掌握教育教学规律，提高学习与研究能力，为创新发展打下坚实的基础。在此项目中，我们以"集群校本研修"为载体，通过系列展示交流活动，促进学员在集群内开展同伴互助式研修，发挥区级骨干教师的示范带头作用，为学习者向培训者转变提供平台，推动集群化校本研修的实践。

3）春风计划——成熟期教师

参与此项目研修的是丰台区市级骨干教师。这个阶段的教师具有一定的创造性，综合素质较高，更需要拓展性学习，他们具备了一定的实践性知识并在实践中逐步开始定向迁移。因此针对这个群体，我们设计了四个知识主题和四个能力主题，以支持骨干教师们开展现代教育理论和教改研究、素质教育研究、中外教育教学的比较研究以及教育领域之外的人文与自然科学方面的研究等。我们认为，在掌握了现代教育技术知识的基础上，骨干教师还要具备将其与学科教学进行整合的能力，与前两个阶段的教师相比，应更强调教师的实际研究能力，将命题的能力、教育教学的评价能力等也包括在内。这些课程主题的选择将促使他们不断更新自己的知识结构，拓宽自己的知识视野，不断地增强创新精神和改革意识，具备较高的综合素养，形成个人特点和风格。该项目与北京师范大学科专家团队合作，教师以学员和指导教师的双重身份参与高端学术项目，不断地提升理论水平和学科指导能力。

4）春晖计划——创造期教师

参与此项目研修的是丰台区特级教师．这个阶段教师具有了较长时间的教学实践和丰富的教学经验，在从事教育教学的整个过程中，也经历了大量的各级各类的培训和学习。因此，无论是理论知识还是实践性知识都已经有了比较深厚的积淀，特别是在学科教学、教学科研等方面都已积累了丰富鲜活的经验。对这个群体而言，最核心的一个任务就是如何将自己的教育教学经验或实践案例加以总结与提升，把自己大量的处于隐性状态的实践性知识转化成显性状态的能够被他人识别和接受的理论知识，将成果物化并与更多的同行教师进行分享。针对这个目标的实现，我们设计了多学科综合知识、自我反思与发展的路径与策略、团队管理策略与教育思想凝练的方法与技术四个知识主题及教育研究与实验能力、形成独特的教学风格的能力、凝练教育思想的能力、对青年教师的专业引领能力四个能力主题，旨在帮助该阶段教师能够完全成为专业的研究者和反思者，并让更多的老师分享他们的成果，从而实现由知识的消费者向知识的生产者和创造者转变。实现由实践知识向理论知识的回归转型，发挥他们所拥有知识的最大价值。该项目以建立小学、初中、高中三个学段的语文、数学、物理、化学、政治、英语、地理、美术等学科的 20 个特级教师工作室为研修路径，通过各工作室个性化的研修设计，挖掘特级教师的管理和研究能力，推动特级教师向"卓越型"教师不断发展。

2. 实施要点

1）注重课程内容实施的阶段性和连续性

教师的专业发展是一个持续的过程，因此支撑教师学习的课程体系也应体现出鲜明的阶段性和连续性。例如，在"四进阶"课程体系实施中，专业知识和专业能力模块的选修课程中我们依据教师专业发展阶段所必需的能力设计相应课程，并辅以课程资源和系列实践活动。不仅实现了学习理论的连续性，也重视教学实践的阶段性。

2）注重课程体系与项目实施的深度融合

课程体系是一个宏观的设计概念，将课程体系与成熟的"四春计划"深度融合是完成课程体系落地的具体举措。在与项目融合中，既保留项目原有的框架优势，又将"四进阶"课程体系的特征融入其中，保障了项目的顺利运行，突出了课程体系实践性的亮点和优势。

3）注重课程实施效果的量化评价与反馈

为了保障"四进阶"课程体系的实施效率，我们引进"COP 项目"，即基于大数据的教师行为诊断改进。通过对项目学员进行学习数据的"前测""后测"采集，基于数据分析，有针对性、有侧重点地改进课程培训和项目实施方案，提高课程实施效率。

四、"四进阶"教师学习课程体系实践的思考

1. 强化了课程实施的目标性和针对性

对课程实施者来说，"四进阶"课程可以指导他们科学设计学科培训或者项目培训的内容。实施者可以根据每次的培训目标，首先针对培训对象的特点和需求从三个课程模块以及模块下相应的课程专题进行有目的性的选择和组合；然后再以问题解决为核心，在选择的专题框架下设计系列的微观层面的主题课程，因而在很大程度上确保了培训内容的系统性和针对性。

2. 突出了教师学习的主体性和灵活性

对学习者来说，"四进阶"课程在教师自主学习内容方面提供了灵活的选择空间。参加学习的教师除了规定的必修课程外还可根据自身的发展需求、发展状况、兴趣爱好、研究方向等因素选择不同的选修课程专题，完成进阶或跨阶段的选学，充分赋予了教师自主选择学习内容的权利。

3. 丰富了课程资源的多样性和选择性

对课程体系的建构来说，课程专题框架下设计出来的课程主题内容在经过多次实践、效果评价和不断的完善之后，又可以作为成熟的系列课程纳入课程体系。随着课程的不断实践，菜单式的主题课程越来越丰富，从而逐步形成区域化的课程资源库。为参训教师和培训者双方都提供了专业支撑和科学依据，不仅实现了课程为教师的专业发展赋能，同时也实现了为课程资源赋能的双重功效。

五、结语

"四进阶"教师学习课程体系是丰台区"十三五"时期教师继续教育的探索和实践，我们将课程体系与成熟的"四春计划"相融合，形成了"师德为先""主体建构""实践取向"的课程特征，教师教育的科学性、针对性、实效性不断显现。"十四五"时期，我们将立足于"十三五"时期的研究成果，不断丰富和完善课程体系的目标和内容，加强对课程评价的研究和实践，深化同一课程体系项目间的融合开展，为教师教育课程体系的建设提供丰台区的智慧资源。

参 考 文 献

［1］王姣姣．从课程结构的视角构建教师培训课程体系［J］．吉林省教育学院学报，2018．
［2］王冬凌．构建区域教师培训课程新体系［J］．中国教育报，2013．
［3］李源田，王正青．"四阶段"教师培训模式设计与实践［J］．中国教育学刊，2012．
［4］郑彩国．教师专业发展的阶段划分及其知识转型［J］．教育探索，2007．

［5］钟祖荣，张莉娜. A Survey on Teacher's Professional Development Stages and the Inspiration for In‑service Teacher Education［J］. 教师教育研究，2012（11）.

［6］教育部. 教师教育课程标准（试行），2011.

［7］教育部.《幼儿园教师专业标准（试行）》《小学教师专业标准（试行）》和《中学教师专业标准（试行）》，2012.

［8］王丽华. 教师学习的内涵及对教师教育的启示［J］. 浙江教育学院学报，2007（3）：14－18.

［9］王艳玲. 教师教育课程论［M］. 上海：华东师范大学出版社，2011.

专家点评

"四进阶"教师学习课程体系是针对适应期、成长期、成熟期及创造期教师特点及发展需求而设计开发的教师继续教育课程体系，包括专业道德、专业知识和专业能力3个课程模块和49个专题课程。课程体系的实施与丰台区"四春计划"相融合，形成了"师德为先""主体建构""实践取向"的课程特征，整个课程体系凸显教师教育理论的科学性、针对性和实效性，是一个将教师发展理论有效运用，并与地区教师发展需求相融合的教师学习课程设计的典范，对于推动区域开展从教师培训到教师学习观念的转变以及系统而灵活的设计和实施教师研修课程有很好的示范借鉴意义。

首都师范大学　杨朝晖

基于新时代班主任专业发展的区域培训课程设计与思考

北京教育学院石景山分院　德育心理研究中心　宋　雪

> 【摘　要】　教师是教育发展的第一因素，而班主任是教师队伍中的骨干力量，在落实立德树人根本任务中起着至关重要的作用。在新时代教育改革背景下，班主任专业化发展面临着更加多元的需求。在此背景下，基于班主任调研数据，石景山区德育心理研究中心设计了基于新时代班主任专业化发展班主任培训课程体系及"参与式"课程培训研修模式，以提升区域班主任培训品质、促进班主任专业发展。
>
> 【关键词】　班主任专业化，培训课程，研修模式

党和国家历来高度重视教师工作。党的十八大以来，以习近平同志为核心的党中央将教师队伍建设摆在突出位置。《关于全面深化新时代教师队伍建设改革的意见》要求："落实立德树人根本任务，遵循教育规律和教师成长发展规律，加强师德师风建设，培养高素质教师队伍。"班主任是教师队伍中的骨干力量，在落实立德树人根本任务中起着至关重要的作用。班主任的专业水平在很大程度上影响着学校教育教学工作的质量和效果。

加强班主任专业化建设是教育发展的时代要求。班主任是教育内部特殊的专业工作者，他们是班集体的组织者、领导者、教育者；是联系班级各任课教师的纽带；是沟通学校教育、家庭教育、社会教育的桥梁；是学校管理和德育工作的骨干力量；是学校领导对学生进行教导工作的得力助手；是学生德、智、体、美、劳全面发展的引路人。因此，班主任需要具备专门的素养，需要经过专业的训练和培养。班主任专业化的内涵是：以教师的专业发展标准为基础，使其逐步掌握德育与班主任工作的理论知识，经过长期的培养训练，形成班级德育和班集体建设与管理的能力和技巧，成为具有专业知识、专业能力、专业道德的专业工作者，全面有效地履行班主任职责。

面对复杂的教育环境，班主任专业化发展面临着更加多元的发展需求。如何围绕新时代班主任工作的专业要求与班主任工作中的现实需求，设置实施班主任培训课程是我们培训部门重点思考的问题。

一、新时代对班主任培训提出的要求与挑战

素质教育是新时代基础教育改革的主要目标。改革中蕴含着许多全新的理念，如教育民

主化、关爱自然关爱生命、注重个性发展，以及由科学本位向科学与人文整合转变、由集体统一性教学向个别差异性教学转变、由知识技能接受教学向知识主动建构转变等。这些理念要求教师要保持正确的政治和教育方向，发挥价值引导作用，具备高水平的专业素质。我们认为专业知识、专业能力、专业人格和专业发展意识是班主任专业素质的主要内容。新时代教师发展方向要求培训者要准确把握这些内容的新内涵与新要求。

1. 专业知识

班主任要做好人的思想、精神工作。管理好一个组织，必须具有教育学、心理学、管理学的知识，尤其是道德教育、班级管理、心理辅导、班主任工作的原理与策略、团队活动的组织与指导等方面的知识。除了这些显性知识外，还要充分运用个人在人际交往中所具备的缄默性的实践性知识。随着时代的发展，理论知识还需要不断更新拓宽。因此在培训课程设计中，要以建构班主任的专业知识的多元知识结构为第一目标，以适应新教育改革对班主任工作的要求。

2. 专业能力

班主任的专业能力有很多，其中教育管理能力是班主任的核心专业能力，因为班主任最终的角色定位是管理型的教育者。管理的目的是教育，管理是为了更好地促进学生发展。同时，是否具备班级管理能力，也是班主任和学科教师之间最重要的区别。班主任的管理需要面向集体，也要面向个体；需要更多地规范行为，也需要更多地引领思想，所以教育管理能力是班主任不可或缺的专业能力，包括研究学生的能力、制定班级发展规划的能力、建章立制的能力、识人用人的能力、组织活动的能力等。

从班主任的实际职责看，还有一些能力也很重要：处理大量的事务需要时间管理能力，分配事务的能力；协调家校、师生等关系需要良好的沟通能力；信息时代网络授课、线上沟通也对班主任提出了更高的信息素养要求；提升和发展自己需要反思和科研能力等。这些能力的培养，既需要立足日常锻炼积累，也需要在培训课程设计中对已有经验加以提升。

3. 专业人格

班主任是学生精神生命的关怀者，是影响学生人格的重要他人。因此，关心、理解、尊重、信任、责任、为人师表等构成班主任的核心素养。班主任要有良好的专业人格，包括有良好的职业道德，对学生充满爱心，公平地对待每个学生，为每个学生的发展负责等。在培训课程中将教师榜样资源挖掘与运用，让优秀的人格在潜移默化的学习中加以转化。

2019年，习近平总书记在全国教育大会上强调："坚持中国特色社会主义教育发展道路，培养德智体美劳全面发展的社会主义建设者和接班人"。班主任在日常教育工作中肩负着学生思想政治教育的重要使命。班主任只有在思想上认同这些使命，才能在实际工作中发挥好育人作用。因此，在培训课程中，要引导班主任树立正确的教育观，厚植爱国、爱岗情怀，深化岗位认知，增强法治意识，提高师德修养，以保持教育的方向性。

4. 专业发展意识

班主任专业化的过程是一个永无止境的持续发展过程，班主任的自我专业发展意识是班主任专业化的动力和前提。自我专业发展意识是建立在自我认识、职业认同、自我效能感和成就动机基础上的综合反映，它对班主任的专业成长和发展起着导向、激励、规划、维持、调节与监督的作用。班主任自我专业发展意识的培育和形成对于班主任的发展起着至关重要的作用。

随着新时代课程改革的推进，班主任工作要从经验型走向专业化。因此，通过培训激发班主任的自主发展意识是使班主任专业化发展的重要内容，需要在课程设计与实施中加以重视和引导。

二、石景山区班主任对培训的现实需求

1. 班主任对培训的期待

在组织班主任培训的过程中我们发现，相对于学科培训而言，教师更愿意参加学科培训。究其原因有很多：一是与学科培训相比，班主任培训没有现成的课程体系，职称评定没有班主任序列；二是班主任兼任学科教师，工作任务相对普通任课教师更加繁重，集中培训时间有限；三是班主任工作本身特有的复杂性与多样性，决定其没有可以完全复制的经验，培训学习与实践应用不能精准对应。班主任们在参加培训时很有感触、也有共鸣，可一旦回到现实的工作场景中，面对身边的实际问题却一筹莫展，这在客观上影响了班主任对培训的认同。班主任们期待能有立足于岗位工作需求，解决工作实际问题的培训课程。

2. 石景山区班主任队伍现状分析

为了更好地了解石景山区班主任的队伍现状，以更好地开展培训课程设计，石景山区于2019年开展了班主任队伍现状调查。调查结果为我们设计和实施班主任培训课程奠定了基础。

1）石景山区中、小学班主任年龄结构与任职情况调研分析

通过问卷调研了解到，2019年石景山区现任班主任共有960人。其中，51～60岁的班主任有91人，占总人数的9.5%；41～50岁的班主任共有330人，占总人数的34.4%；31～40岁的班主任369人，占总人数的38.4%；21～30岁的班主任共有170人，占总人数的17.7%（图1）。

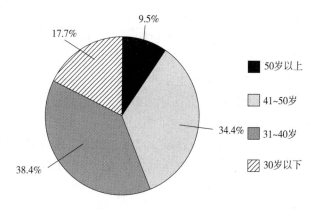

图1　2019年石景山区班主任年龄统计图

如图2所示，石景山区班主任任职年限1～5年的班主任270人，占总数的28.1%；任职6～10年的班主任255人，占总数的26.6%；任职11～15年的班主任119人，占总数的12.4%；任职16～20年的班主任77人，占总数的8%；任职21～25年的班主任79，占总

数的 8.2%；任职 25 年以上的为 160 人，占总数的 16.7%。

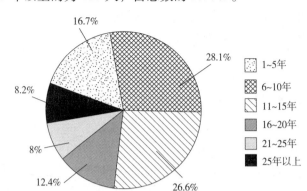

图 2　2019 年石景山区班主任任职年限统计

以上数据说明，石景山区的班主任以中年教师为主，老年教师与青年教师也占有一定的比例，班主任队伍具有朝气，担任班主任不同年限的人数分布比较均匀。刚入职的年轻班主任对成长的需要非常迫切，成熟的班主任也需要新的"成长点"，资深的班主任会遇到职业的高原。对于不同任期年限的班主任选取不同的培训内容，以满足他们的不同成长需求。

2）石景山区中、小学班主任任职情况及培训需求调研分析

通过问卷调研发现，石景山区 960 名班主任中，有 431 人主动承担班主任工作，占总人数的 44.9%；有 529 人是领导聘任从事班主任工作，占总人数的 55.1%。主动承担班主任工作的原因主要有以下几点：自己喜欢班主任工作，愿意和学生们在一起；自我成长，精神丰盈，实现价值；也有一些教师是由于职称评定的要求主动承担班主任工作的。不愿承担班主任工作的原因主要是"工作强度大""学生习惯不好，个性太强，屡教不改""家校沟通不畅，难以取得家长的理解和配合"。由此可见，石景山区班主任的工作状态是激情和压力共存。

关于培训内容需求方向主要集中在教育策略、班主任职业信仰、心理健康、家校协作以及德育研究几个方面。班主任希望多途径、多形式、多层次开展培训活动，强化理论的实践意义。

通过以上调研结果可知：第一，面对新时代要求，班主任培训课程首先需重新审视和定位班主任的角色；明确不同层次班主任的培养目标和素质要求，完善培训计划、丰富培训内容。第二，要重视班主任的政治方向性的引导，保证教师自身拥有正确价值取向，这是做好学生教育工作的前提。第三，要重视对班主任的专业培训，坚持基础知识、关键能力和科学方法并进学习。通过培训，普及更新班主任职业专业知识，促进班主任内化建构实践性知识。第四，要重视实践操作的培训，学是为了用，在"做"中学，在多次学习—反思—实践—再反思—再实践的过程中，将所学内容融会贯通。第五，重视班主任的个人成长和身心健康，要重视增强班主任的教育研究意识，在教育科研和深度学习中发展专业能力，把握学生成长规律，实现个人专业的可持续发展。

三、石景山区班主任培训课程的建构

1. 区域班主任培训的指导思想与总体目标

班主任专业化培训课程目标是班主任培训的方向和培训各个阶段应达到的标准。它不仅

要体现班主任专业化发展的方向,还要促使班主任主动建构自己的知识和能力体系,引导班主任培训学习不断走向深入。作为培训者,我们不仅要明确新时代背景下班主任这一职能岗位要达到专业化所应具备的知识结构,还应了解班主任对培训的主观需求。

建构班主任专业化培训课程时,我们应在顺应时代要求与班主任主观需求的基础上,引导、促进班主任的自我教育专业发展。由此分析,区域班主任专业化培训课程的目标逐步清晰:以"班主任专业化发展的时代要求与实际需求"为出发点,以提升班主任专业素养为核心,建构适合石景山区班主任专业发展及课程改革需求的培训课程体系,培养一支师德优秀、专业过硬的班主任队伍,发挥班主任在未成年人思想道德建设中的模范引领作用。

2. 依据班主任工作年限分层设计培训目标

培训是一种能在较短的时间内让教师进行专项学习、学有所得的研修活动。但是,如果参训人员各层次混杂,无法同时满足所有参训人员的学习需求。因此,根据调研结果采用了分段分层培训,班主任培训班以入职年限为依据设置三类普通培训班,即初任班主任培训班、青年班主任培训班、资深班主任培训班;以专业能力为依据设置两类进阶培训班,分别为骨干班主任培训班、首席班主任工作坊。依据每个阶段、每个层级学员的实际需求与发展需求,设定不同的培训目标,在相同的培训模块框架下侧重不同的培训内容(图3)。

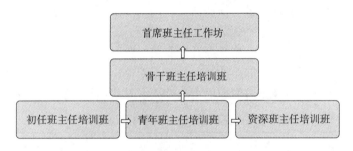

图3　石景山区班主任层级培训班一览表

初任班主任培训的对象是入职3年以下的新班主任。这个阶段是从新手班主任逐步成长为合格班主任阶段。这一阶段的班主任能够基本胜任班级管理工作,但缺少班级管理经验,处理问题缺乏灵活性。这一阶段培训的重点是学习班级管理基本知识和技能,并在实践中逐步积累经验,提高班级管理的技能和技巧,有一定的科研意识。

青年班主任培训的对象是从事班主任工作3~10年的教师。这个阶段是从合格班主任逐步成长为成熟的个性化班主任。这一阶段培训的重点是学习掌握班级管理新经验、新方法,创新工作理念和工作思路,提高反思能力和自我发展能力,具有科研意识,能结合日常教育工作进行科研文本表达。

资深班主任培训的对象是从事班主任工作10年以上的教师。这一阶段的班主任在工作中逐步形成了自己的特色,有一定的经验积累,但容易墨守成规,容易停留在班主任工作的高原期。这一阶段培训重点是焕发工作热情,更新、拓宽、加深教育理论功底,将工作总结经验提炼、升华为独特的带班育人理念。

骨干班主任培训的对象是区域内选拔出来的优秀班主任。首席班主任从骨干班主任中择优选拔。这两个进阶培训班的培训重点是扩大视域,继续提升班主任专业能力;梳理提炼专业个性;培养独立开展教育科研工作的能力,以及对其他班主任进行专业引领的能力,在区域内发挥引领辐射作用。

班主任的专业发展是一个循序渐进、不断深入的过程，不同发展阶段的班主任存在着不同的专业发展问题和需求。通过逐步实现不同阶段、不同层级培训课程目标，引导班主任有意识地朝着专业成熟方向持续前进。

3. 班主任培训内容体系

1）班主任培训内容设计依据

班主任专业发展的内涵研究为班主任培训课程的设置提供了参照的维度，培训不能只强调班主任的知识、技能，还要考虑班主任专业道德以及班主任的个性化发展。从表面上看，班主任个体对培训的主观需求与客观需求存在着较大冲突，班主任从主观上更倾向于直接解决问题的实践性知识，往往忽视教育理论、心理学知识等知识。然而现实中，班主任只有掌握了理论知识，才能依据学生身心发展特点和教育规律，对复杂多变的教育情境和千差万别的教育对象做出正确判断，有针对性地开展教育活动。因此，从本质上说，理论知识属于班主任的隐性个体需求。在对培训需求进行分析时，只有将显性和隐性两方面的需求进行有机整合，才能实现培训的针对性和实效性，促进班主任朝着专业化方向发展。

2）班主任培训内容模块设计

基于以上分析，我们梳理了班主任培训课程的基本要素，架构了班主任培训课程模块，具体分为职业道德、班级管理、主题活动、个人素养、德育研究五个类别（表1）。其中涵盖教育政策法规培训，完善专业人格、提升专业发展意识的师德师风培训，班主任岗位理想信念培训；提升专业知识与专业能力的教育学心理学理论培训、班主任专业技能培训、教育策略培训、德育科研培训以及提升履职能力的个人素养培训等方面的内容。

表1　石景山区班主任培训课程模块

课程类别	职业道德	班级管理	主题活动	个人素养	德育研究
课程模块	师德师风培训课程	班级建设课程	班会设计与实施课程	管理能力提升课程（情绪、时间、任务等）	德育科研意识课程
	理想信念培训课程	学生管理课程	主题活动的设计与实施课程	沟通能力提升课程	德育研究方法课程
	政策法规培训课程	突发事件处理课程	有特色的班级系列活动设计与开发	信息技术培训课程	科研文本表达课程

我们依据新时代要求与班主任专业发展需求整体设计培训模块框架，依据层级培训目标，细化每个阶段培训的具体内容及课时安排。然后，结合培训班的调研，调整完善课程内容安排。在培训中，各类别各模块内容重点不同，按需施训。

3）班主任培训特色内容

班主任培训的课程设置要为发展班主任的多种能力服务，并设计"以解决班主任工作实际问题"为中心的培训内容。培训内容以"来自实践的问题"为出发点，以班主任原有知识经验为依托；在对理论、技能、方法培训的基础上；在团队互动和培训者的指导调控之间建立一种"对话"关系。随着对问题的不断深入剖析以及解决策略的不断完善，经过数次独立思考、培训学习、个人反思、团队交流、案例实践的学习，最终解决实际问题，并掌握解决问题的基本路径，形成教育实践智慧。

四、石景山区班主任培训课程的设计实施

基于"从做中学"理论，我们采用"参与式"培训研修方式。美国教育家约翰·杜威认为人们思维的来源是生活中遇到的困难。也就是说，在生活中遇到难题了，人们才会思索解决疑难问题的方法，并在实践中去检验方法的正误，思维就是这样在解决问题的过程中产生并得到发展的。

1. "从做中学"理论

杜威认为"从做中学"也就是"从活动、经验中学"，它使知识的获得与活动过程联系起来。杜威指出："一种经验能够产生和包含任何分量的理论或理智的内容，但是离开经验的理论，甚至不能肯定被理解为理论。"杜威把教学过程看成"做的过程"。在活动中，学生为解决实际问题去搜集有关资料，确定问题所在，并提出各种假设。这种过程能使学生丰富自己的经验。为此，杜威提出了著名的"从做中学"五步教学法，包括：安排真实的情境（创设情境）、在情境中有刺激思维的课题（明确问题）、有可利用的资料做出解决疑难的假设（提出假设）、从活动中去验证假定（解决问题）、根据验证成败得出结论（检验假设）。

2. "参与式"研修模式

课程以"来自实践的问题与解决问题的实践"为主线，建构培训实施模式。我们依据"从做中学"理论中的五步教学法，制定了"参与式"班主任培训课程的实施步骤，即情境问题引入、提出现实问题；现象本质分析、聚焦问题解决；提出合理假设、尝试解决问题；思考交流研讨、总结梳理方法；反思交流提升、重构经验结构（图4）。

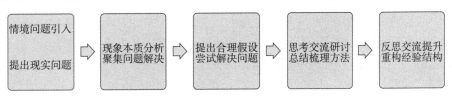

图4 "参与式"培训研修流程图

培训研修过程：第一，通过问卷、访谈，搜集学员在班主任工作中亟待解决的问题，将培训班中所有问题进行聚类，梳理问题的基本要素，培训班教师根据学习需要调整培训班课程内容；第二，每次培训后，学员将学习内容与亟待解决的问题建构联系，提出解决问题方法的假设，通过实践验证假设，此过程会随课程的推进重复多次；第三，在多次培训后，分小组交流阶段学习实践成果；第四，在培训班结业之前，通过交流回顾问题解决的全过程，更新学员知识结构，并引导学员明晰解决问题的路径，为其今后独立解决问题打下坚实的基础。研修过程中，学员不断将培训学习的内容与实际问题相联系，并经历思考与实践，真正做到理论与实践相结合。具体环节及操作方法见表2。

表2 "参与式"课程研修模式

环节		操作方法
发现	情境问题引入 提出现实问题	通过问卷、访谈，搜集学员在班主任工作中亟待解决的问题。在培训伊始呈现问题情境，学员以原有知识经验为基础，洞察、表述情境中涵盖的教育问题
探究	现象本质分析 聚焦问题解决	学员通过学习与思考，逐步厘清问题的性质与产生原因，梳理避免或解决此问题的基本要素，提炼相关的知识、方法、技能
探究	提出合理假设 尝试解决问题	学员利用学习到的理论方法，提出问题解决的思路，尝试解决实际问题
探究	思考交流研讨 总结梳理方法	学员在独立思考的基础上进行交流研讨，培训教师点评提升。回顾梳理问题解决的策略。通过撰写教育案例、教育故事、召开主题班队会、组织实施班级活动等形式呈现学习实践成果
提升	反思交流提升 重构经验结构	学员撰写自我成长故事，回顾反思学习过程及问题解决过程。学员之间开展深度对话，学员从学习过程、学习成果等方面进行自评与互评，指导教师参与其中，引导学员梳理学习过程以及获取的新知识、新方法，更新知识结构

五、新时代班主任培训的效果及体会

班主任培训是为了提高班主任队伍的整体素质和班主任工作水平，促进班主任专业发展，进而实现班主任专业化，落实立德树人根本任务。在班主任培训工作中，培训课程的设置是重点，它是实现培训目标的基础，也是提高培训针对性和实效性的关键。设计实施符合区域实际需求的班主任培训课程是提升区域班主任培训品质、促进班主任专业发展的重要手段。

石景山区德育心理研究中心在培训过程中，从班主任的专业成长角度出发设置课程，帮助班主任在个人职业成长中逐步获得更多的专业支持与锻炼，积累更多的职业成长财富，进而实现从合格到专业、从专业到卓越的职业发展过程。在课程实施过程中，通过8个环节开展过程监控，保障培训规范有效。8个环节分别为：通知招募学员、组建班级建立学员档案，考勤、日常作业、总结反思、整理成果、总结表彰展示、学员进行课程评价。

"十三五"时期石景山区德育心理研究中心举办中、小学初任班主任培训班、青年班主任培训班、资深班主任培训班、骨干班主任培训班和首席班主任工作坊共23个培训班，培训人数587人，培训1481学时，固化成果近69项。石景山区班主任参加北京市班主任基本功、北京市主题班会设计培训与展示交流等活动，获得市级以上奖项36人次，获特等奖2人次，一等奖5人次，获奖比例名列前茅。

我们深知，通过专业的培训可以加快班主任专业成长的步伐。专业培训的核心是要设置科学的培训课程，并且课程的设置不能一劳永逸，需要不断审视班主任专业的发展，与时俱进。"参与式"课程研修模式在石景山区处于刚刚起步的摸索实验阶段，我们将在实践中不断探索，补充完善。

参 考 文 献

[1] 刘铭. 小学班主任专业行为能力现状及对策研究［D］. 延边：延边大学，2019.
[2] 卓月琴. 以破解问题为主旨的班主任培训课程研发［J］. 中小学德育，2018（12）：63-64.
[3] 张红. 班主任应该具备哪些"专业素质"［J］. 班主任杂志新浪博客，2016（9）.
[4] 王静. 班主任专业化：现状及其实现［J］. 上海师范大学学报（基础教育版），2008，37（5）：60-63.
[5] 杜晓华，曹杰. 浅谈班主任专业化建设中的几个问题［J］. 科教文汇，2008（12）：8,17. DOI：10.3969/j.issn.1672-7894.2008.12.010.
[6] 教育课题组. 深入学习习近平关于教育的重要论述［M］. 北京：人民出版社，2019.
[7] 约翰·杜威. 民主主义与教育［M］. 武汉：长江文艺出版社，2018.
[8] 朱文学. 班主任专业能力：目标与策略［J］. 人民教育，2011（12）.
[9] 兰云波，苏文虹. 教师专业发展对中小学教师培训课程设置的启示［J］. 继续教育，2009（9）.
[10] 王颖. 助推班主任专业成长的路径探索［J］. 江苏教育，2017（05）.

专家点评

　　班主任是落实立德树人根本任务的核心骨干力量。然而，长期以来，班主任专业化发展面临着诸多困境，培训模式相对比较单一，培训效果欠佳。在新时代教育改革背景下，班主任的培养和培训被提到了突出位置。基于新时代对班主任素质的要求，宋雪设计了基于新时代班主任专业化发展班主任培训课程体系及"参与式"课程培训研修模式，以提升区域班主任培训品质、促进班主任专业发展。该体系以当代学习理论与研修理论以及石景山区班主任调研数据为依据，整体设计系统有机，突出了班主任的工作特点和学习需求，有效促进了班主任专业化的发展，是一个将科学性与操作性有机结合的培训课程设计，对区域开展班主任培训课程有较强的借鉴意义。

首都师范大学　杨朝晖

创新模式 优化课程 提高区域教师培训实效
——北京市房山区"十三五"时期中学英语教师培训的实践探索

北京市房山区教师进修学校 任国青 郭冬红

【摘 要】 培训模式的创新与培训课程的优化是学科教师培训顺利实施的关键。通过梳理、总结农村地区英语学科教师培训实践做法与成功经验，本文提出了从立足合作体策略、采用混合培训模式、构建闭环管理机制三个方面保障教师培训的实效性。

【关键词】 教师培训，线上线下，合作体，混合式，闭环管理

随着教育领域综合改革的不断深化，尤其是《北京市关于深化考试招生制度改革的实施方案》和《北京市中小学英语学科教学改进意见》文件颁布之后，北京市中、高考政策对英语考试的调整突出表明，英语学科的教学和考试要回归英语的工具性作用的方向。这对远郊区（县）农村地区英语教师的专业素养提出了更高要求，将英语教师的专业发展提至前所未有的高度。

为了全面深化房山区教育教学改革和教育创新发展要求，进一步适应新课程改革和中、高考英语学科改革的需要，房山区教委在"十二五"时期英语教师培训基础上，进行顶层设计，引进优质教师培训资源，创新培训模式，优化培训课程，实现区域英语教师的专业内涵不断丰富、专业结构不断改善、专业能力和专业水平不断提升，促进区域英语教师专业化发展。

一、培训需求分析与设计

1. 行政推动，实行"项目化"运作

任何一个大规模培训项目，在实施过程中，都会涉及人员配置、资金保障、关系协调等一系列现实问题，如果没有相关政策的支持和领导的顶层设计，项目很难持续高效运转。房山区教委高度重视英语教师的专业发展，行政领导亲自挂帅，参与项目洽谈、规划与研讨，使得后续项目的顺利、高效运转成为可能。

2. 调研先行，解读培训需求

为了增强培训针对性与实效性，掌握区域内英语教师全面信息，了解教师知识与能力自我提升需求以及对培训的态度，项目组精心设计调研问卷，召开一线教师及教研员座谈会，深入一线听课调研，组织专家客观分析调研结果，为培训目标确定、课程设置、组织形式做

好充分前期准备工作。

3. 学习借鉴，厘清培训思路

培训方法直接关系到培训效果与教师参与程度，是教师培训能否高质量实施的重要因素之一。研读大量关于英语教师培训方法与途径的文献后，总结得出以下成功组织英语教师培训的结论。

中学教师们对示范观摩和研讨、案例分析、角色扮演和游戏、讲授课的授课方式认可度较高，专家讲、学员听的单项信息的传输方式为主的培训模式已经不能满足教师们的需求。

培训内容是教师培训的精华所在，他们比较喜欢的培训内容包括中西方文化差异、语音语调、阅读写作、教学技能与方法。

配备学习和生活双班主任进行培训管理也是文献研究中指出的保障培训顺利实施的重要因素。

培训后建立发展性评价制度，通过多种形式对培训进行全方位评价十分必要。

同时，文献中也总结出了培训实施过程中遇到的共性问题：一是教师工学矛盾问题；二是对学员的考核评价问题；三是培训后对培训项目效果的整体评估。

项目组认真分析成功培训经验及问题，力图在借鉴前人智慧的同时，破解在培训工作中存在的共性问题。

4. 明确方向，确定培训目标

在培训需求调研的基础上，项目组制定了《"十三五"时期房山区英语教师培训目标》：一是发展教师听说读写四种语言技能，重点提升听说能力；二是提升教师听力及口语教学能力，发展学生综合语言运用能力；三是开发精品培训课程、典型课例、教师口语视频集等，物化培训资源及成果。

5. 总结传承，凝练培训经验

房山区在"十一五"时期和"十二五"时期就与国外相关培训机构合作，开展了两轮英语教师全员培训，各级领导高度重视英语教师的专业成长，无论在资金还是政策方面都给予了支持，英语教师具有较高的持续学习与发展的习惯与意愿，教学观念也发生了根本性转变，培训管理部门也积累了丰富的项目设计与管理经验。"十三五"初期，项目组本着传承创新理念、优化项目设计与实施、实施集中与分散结合、线上与线下结合的策略，计划分学段、分期、分层开展英语教师培训。

6. 深化管理，构建培训管理闭环机制

成人培训的管理一直是培训部门面临一个难题，我们可以借鉴 PDCA（Plan，Do，Check，Act）戴明循环理论和闭环管理理论，结合区域学科师资现状，构建区域学科培训管理闭环机制（图1）。

由图1可以看出，培训管理闭环机制主要由测试、诊断、反馈、提高四个相连的工作环节构成，并形成连续不断的、周而复始的循环上升状态，各环节相互制约，互为补充，保证培训质量的持续不断不提高，具有系统性、连续性、动态性、可控性特点。

（1）测试环节。测试包括培训前测和后测，这是培训评价的一种有效方式，具有量化水平高、科学性强、收集资料快捷等特点。测试前要制定系统的测试方案，包括测试工具、专家团队、组织架构、职责分工、测试流程、测试相关管理办法和制度等。同时，还要对参

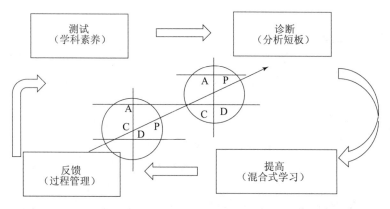

图 1 教师前、后测口语各级别人数对比一览表

加测试的全体教师进行动员与指导，测试中严格按照测试方案进行，并安排相关专家、领导、管理人员进行全程监督检查，测试后两天内整理好系统或专家测试数据。

（2）诊断环节。根据前测的数据，从培训者的角度，科学客观分析区域学科教师的优势与短板，找出不足与存在的问题，完善培训目标，结合前期需求调研情况，采用合理培训方式，科学设置培训课程。从学员的角度，尽快了解自己与本次培训目标及其他学员间的距离，进而制定自己的学习和发展计划。根据前、后测的数据对比，培训者检验培训效果，反思培训目标的达成和培训方案实施的得失，为制定新的教师培训方案及实施提供依据。学员通过自己前后测对比，感受到培训的收获与不足，引发对学习过程的思考，增强职业自信，进而确定今后发展目标。

（3）反馈环节。反馈内容既包括对学员评价测试、作业完成等学习情况，也包括学员考勤、课程评价、信息宣传等管理情况，确保反馈时间的及时性及反馈对象、反馈形式的合理性。反馈环节是培训部门对培训过程实施监督管理，保证培训公平、公开顺利实施的重要抓手。

（4）提高环节。提高环节指按照培训方案具体执行、实施的阶段，该环节需要各部门协调一致，全力推进，以培训过程、效益最优化为目标。在培训过程中，以教师为主导，学员为主体，始终关注学员参与培训的主动性、自主性、创造性。组织开展丰富多彩的教学活动，进行个性化学习指导，引导学员自我监控学习过程，自我评价学习效果，采用各种激励机制，为学员学习质量提高保驾护航。

二、创新模式，提高培训实效

项目基于国际混合式学习（Blended - Learning）理论，采用混合式培训（Blended - Training）模式，将传统面授（Face - to - Face）学习和在线（on - Line）学习有机结合，将单一施训与测试相结合；将单方管理与协同管理相结合。

1. 线上、线下，双轨并行

为了延展学习教师时空，解决工学矛盾，让教师们有更多自由支配的学习时间，项目采用线上、线下双轨并行机制，即每位教师寒暑假参加 18 天集中面授课程学习，同时参加一年期在线自主学习。

教师们在学习过程中，通过人机互动方式，体验英语数字化学习（E - Learning），达到从知识的输入到能力的输出的在线循环；利用 40 多种不同的练习方式帮助大家从听、说、读、写，以及词汇、语法等各个方面综合提升语言水平。重复输入性练习以让教师们适应即将开始的计算机化考试。

2. 前测后测，多元考评

为了增强培训的针对性、实效性，真正做到分层施训，培训实行前后测机制，即每位教师在参加培训前和完成培训任务后，要进行朗读、口试、听力三个不同维度的英语语言能力评测。

口语测试对照"欧洲语言教学与评估框架性共同标准"（CEFR）的"三一口语"标准进行。听力测试使用"罗塞塔石碑"（Rosetta Stone）平台开发的在线听力测试系统。

前测成绩作为学员分班分组、确定在线学习内容级别（10 个等级）的依据，后测成绩作为衡量学习效果的重要指标。同时，在面授培训过程中，每三天进行一次课程满意度及学习情况问卷调查，通过教师的数据反馈，详细了解教师对专家课程内容的认可度与学习效果，及时与授课教师沟通改进。

3. 大课、小课，各有侧重

根据教师前测成绩，把参训教师分成不同层次的班级和学习小组。每天集中大课学习后，分小组开展学习活动。集中大课内容以专家讲座为主，外教课程以班级形式开展，语言巩固练习则以小组活动形式进行，大小课、长短课的结合设置，既减缓了教师疲劳，保持了教师长时间学习的积极性，又有效提高了学习效果。

4. 电话追踪，反馈辅导

在一年在线学习期间，学员每两周自学完成一个话题后，在线平台辅导教师进行一次一对一电话辅导，每次辅导时长 10～15 分钟，全英文沟通，针对线上学习内容进行回顾、答疑与阶段性评测。旨在通过电话聊天的方式，督促教师学习，引导教师反馈学习情况，巩固学习内容，提升英语听说能力。

5. 实践总结，反思提升

在每天课程结束前小组活动的最后 10 分钟，辅导教师统一让参训教师们用英文撰写个人研修日志，总结当日收获与反思，并在微信群进行分享。在完成整个面授和在线学习前，每位教师需要提交个人研修成果，包括文本类（教学论文、教学设计、教学案例等）和视频类（主题演讲、课堂实录、英语微课、指导的学生英文校园戏剧等），旨在督促教师把所学知识与技能及时应用于自己的课堂实践。通过实践，不断反思，进一步提升自己的专业素养及学生的英语语言应用能力。

6. 制度保障，协同管理

项目实施之初，项目组就制定了《房山区"十三五"时期英语教师专业素养提升培训班考评实施办法》《房山区"十三五"时期英语教师研修成果评审细则》《房山区"十三五"时期英语教师研修现场微课评价标准》《房山区"十三五"时期英语教师研修手册》，在每一期培训面授课开班仪式上都要详细解读，并在培训过程中严格执行。

培训实行双班主任管理模式，每天公示前一天的考勤情况，对于考勤不合格的参训教师，将随下一期进行补课，培训管理真正做到了公平、公正、公开，一把尺子量到底。

在线学习的监控则通过项目组定期数据反馈、公示、电话沟通、网上通知等形式督促教师学习，保障学习进度与学习质量。同时，项目组也给每个学校主管领导开通了一个管理账号，方便学校管理人员随时了解本校教师学习情况，实现全方位、全过程在线学习管理模式。

三、优化课程，提升专业素养

项目组基于培训前期调查问卷数据分析及学员前测成绩，遵循英语学习规律，构建了"层级式"的英语培训模块课程。

1. 量身定制网络课程

网络课程基于权威欧洲大陆语言框架（CEFR）设计体系，利用 Rosetta Stone 软件系统，首先开展在线测试（on-Line Testing），评测结果即时反馈。项目组依据每一位教师在线学习（E-Learning）前测成绩，量身开放相应级别的在线必修课程模块。

每个级别的网络课程均包括 12 个模块必修课和 20 个模块选修课（表1、表2）。必修课程因人而异，级别不同，内容不同，难易程度不同。选修课程完全是人机对话形式，由易到难，随着模块进度难度逐渐增加。

表1　网络课程必修课内容（以9级为例）

模块	课　题	模块	课　题
1	Delegates（代表）	7	A Busy Thursday Morning（一个忙碌的星期四上午）
2	Market Research（市场调查）	8	A Defective Product（一个有缺陷的产品）
3	Helpful Contacts（有用的联系人）	9	Service Problems（服务问题）
4	Flight Information（航班信息）	10	Project Risks（项目风险）
5	Company Strategy（公司战略）	11	A Green Challenge（一个绿色的挑战）
6	A Difficult Visitor（一个困难的访客）	12	Sales Training Analysis（销售培训分析）

表2　网络课程选修课内容

模块	课　题	模块	课　题
1	Talk about Family（谈论家庭）	11	Rent a Car（租辆车）
2	Answer Questions（回答问题）	12	Handle Travel Trouble（处理旅游麻烦）
3	What's for Lunch（午饭吃什么）	13	Change a Plane Ticket（换机票）
4	Make an Appointment（预约）	14	Get Technical Help（获得技术支持）
5	Reserve a Table（预定一张桌子）	15	Make a Deal（做个交易）
6	Return a Product（返还一个产品）	16	Arrange a Delivery（安排交货）
7	Join a Company Team（加入一个公司团队）	17	Come to a Compromise（达成妥协）
8	Organize a Trip（组织一次旅行）	18	Persuade a Client（说服客户）
9	Organize a Meeting（组织一次会议）	19	Defend Your Opinion（捍卫你的意见）
10	Interview for a Job（求职面试）	20	Find out about a Car（找一辆车）

项目组要求每一位参训教师必修课完成率达到100%,正确率达到95%;选修课完成率达到85%,正确率达到100%。在必修课程达标的基础上,对教师开放选修课程,选修课程全部以人机对话形式开展学习。为满足级别较高、学习能力较强的教师需求,项目为半年内达标的老师,开放高一级别模块的学习内容。

2. 系统设计面授课程

面授课采取系统设计、分层落实方式开展。培训主题聚焦"英语语言、人文素养与教学能力提升",从口语与听力入手训练教师的英语口语水平,并加入文化的解读、视野的扩展及教学能力提升。

培训内容主要包括英语语言能力、人文素养及教学能力三个模块。英语语言模块旨在纠正教师们的英语发音,巩固提升英语口语水平;人文素养模块则从文化主题切入,引领教师们了解中西方国家文化差异,培养国际视野,了解语言背后的内容,为更好地掌握语言提供文化支持;教学能力模块从英语教学法入手,以案例为主线,分析听说读写课堂教学中常见问题,多维度为教师们提供方法,提升课堂教学能力(表3)。

表3 房山区初中英语教师培训面授课程表

类别	主题	培训目标	课程内容	课时	合计
模块一	英语语言模块	丰富表达内涵,完善语言能力,提升思维品质	英语语音语调	16	44
			英文原著阅读	8	
			英文演讲	16	
			英文写作	4	
模块二	人文素养模块	开阔视野,建立跨文化交际所必需的知识库,提升跨教学能力,为学生英语学习提供文化载体	英语国家国情与文化解读	48	64
			英文戏剧表演与课堂教学结合	8	
			英文电影赏析	4	
			压力应对到幸福获取	4	
模块三	教学能力模块	发现并分析教学中常见问题,探讨应对策略,提升教学技能	文本解读与活动设计——案例与分析	16	36
			名校英语课程设置与教学活动实施	4	
			课外分级阅读指导实验研究	4	
			英语教师教学研究案例分析——从选题入手	4	
			初中英语课堂教学常见问题分析	4	
			中考英语听说考试命题及解题方法指导	4	

3. 精心打造活动课程

《北京市中小学英语学科教学改进意见》中明确指出:初中阶段要广泛开展英语角、英语阅读活动、听说园地、戏剧表演、英语演讲等活动(第十条)。高中阶段要用好外籍教师和国际学校资源,广泛开展英文校园电台、歌曲演唱、英语辩论、英语沙龙等活动(第十一条)。为了丰富研修形式,让参训教师们通过参与活动巩固学习内容,同时在亲身体验的基础上，能够在日常教学中更好地组织、引导学生广泛开展英语学习活动，项目组精心打造了活动课程。

在大班教授基础上，通过小组练习和辅导、活动和比赛形式开展活动课程。每天上、下午最后一小时为参训教师们活动课程时间，以 10 人左右的小组形式开展，每一组由专职英语辅导教师负责，所有辅导教师针对专家面授课程内容以及中高考英语改革要求，集体备课，分组实施，开展针对本组教师英语水平的听说读写训练，以纠音、语音练习、听写、朗读、课堂活动演讲、绕口令、知识竞赛、微课展示、阅读工作坊等形式开展。活动课程既是对教师主课程知识的巩固，又是让参训教师完全以学生身份接受专业训练的体验，更是提升教师英语语言知识与教学能力的重要途径。

4. 合理组建师资团队

"闻道有先后，术业有专攻"，专业的人，做专业的事，一个学科培训项目的实施需要有专业的设计、管理与师资团队。英语教师培训项目的面授课程师资配备比例分别为：教授 10%，副教授 30%，外教 30%，讲师和培训师各 15%（含一线特级、骨干教师及教研员）。所聘请的每一名授课教师都是基于项目整体课程内容框架之下的相关领域专家。在培训过程中，项目主要负责人员全程听课，对于个别现场培训效果不好、满意度测评相对不高的课，项目组负责人员会及时与授课教师沟通改进，或者及时予以更替。合理的师资队伍比例，雄厚的专家团队，保障了面授课程的研修质量。

四、成果转化，提升区域教育教学能力

项目组通过对参加培训的初中教师问卷调查的统计结果、个性化访谈及深入一线追踪等形式反馈的信息的梳理，总结了培训对初中英语教师的作用。

1. 提升了教师英语听说能力

通过培训，教师听说能力大面积提升。参加培训教师在线机考成绩满分 10 分，前测平均分为 6.35 分，后测平均分为 7.16 分，平均分提高 0.81 分，80.6% 的教师后测成绩相比前测有明显提升；从口试前后测成绩对比来看，100% 教师口语后测成绩超过前测成绩，经过培训，教师的口语能力得到大面积提升。

2. 提升了促进学生发展的教育教学能力

培训的最高境界是培训前后，教师的教育教学行为发生了转变，教师的专业成长带动了学生学习能力的提高与全面发展。

为了提高学生英语听说能力，老师们按照自己参加培训测试的模式，回校组织学生英语口语考试，规范了口语考试形式，为学生听说能力提升奠定了基础。良乡二中、房山四中等多所学校开展了学生课本剧表演、演讲、朗诵等活动，既激发了学生英语学习兴趣，又极大地提升了学生英语听说实践能力。以教师培训撬动中考英语改革，以教师的专业成长带动学生能力提高目标初步显现。

3. 提升了教学反思、实践研究能力及成果提炼能力

面授课程培训期间，每位参训教师撰写了 18 篇英文反思日志，共计 150 多万字。教师们在日志中记录自己的学习收获与感悟，反思自己的教学行为，规划调整自己的教学实践。

教师做微课展示 36 节，36 名教师进行了现场英文演讲，18 名教师进行现场诗歌朗诵和绕口令展示。

为了培养教师英语教学理论与英语课堂教学实践相结合的能力，更好地积淀培训成果，项目组要求教师立足自己的课堂，运用培训所学教学理念与策略，吸纳多样培训方式，边学习边实践，以学校英语教研组为单位开展丰富多彩的英语教学实践与研究活动。项目结束时，参训教师共撰写教学论文 185 篇，提交教学设计 83 份，录像课、演讲、学生课本剧展示等视频 74 个。这些成果的呈现，有效说明了通过培训，教师无论是在日常教学反思与行动方面，还是在研究成果提炼方面的能力都有显著提升。

4. 产生了良好的社会效益

在该项目实施两年期间，受到了广泛关注，无论从参与培训教师还是一线学校领导，乃至参与项目的领导、管理人员及授课专家，在不同场合，以不同的方式，对项目的设计、实施过程及培训效果均有较高的评价。房山区初中教师分三期完成了全员培训，每一期的参训教师对在线及面授课程内容的实用性、难易度、培训组织管理的满意度均达到 98% 以上。房山进校微信平台共发布该项目信息 10 条，共计 8 992 字，学通房山发布信息三条，北京外国语大学国际微信平台发布新闻稿共计 16 343 字。项目赢得了较好的口碑与认可度，产生了良好的社会效应，为有效开展区域学科教师培训项目提供了典型案例。

五、区域探索，保障学科教师培训实效的建议

1. 立足培训合作体策略

不同地区的培训资源存在严重不均衡，尤其教育水平薄弱地区，如果单靠区域内师资很难保障高质量的培训效果。因此，区域培训部门在调研基础上，寻求与能满足本地区培训需求的高校或专业培训机构合作。把高校的人脉、前沿理念与区域的需求、实践经验相结合，构建科学的课程体系，共同研制切实可行培训方案，组成合作共同体，取长补短，形成培训合力，最大限度地发挥培训的作用。

2. 采用混合式培训模式

混合式培训（Blended – Training）模式包括三个层次。

第一个层次是指线上线下的混合（E（E – Learning）＋ C（Classroom），即以学员在线（Online）自主学习与面对面（Face – to – Face）课堂教学为基本培训形式。

但是在具体实施过程中，不能把线上线下割裂开来，而是要把两者加以整合。一是把线上学习形式与线下学习内容结合起来，如以阅读带写作，把线上写作与线下原著阅读结合起来。二是把线上学习内容与线下辅导形式结合起来，如把在线听说学习、人机对话的话题与线下专家电话追踪辅导、讨论内容结合起来。三是把线上线下学习内容与考核评价结合起来，要通过培训前测摸清学员专业基础，量身定制在线学习内容，分层开展线下课堂培训，培训周期结束后，要通过培训后测对培训效果进行考核评价。

第二个层次是指"学"与"习"的混合。学员通过"习"将学习的内容应用到实践中，从而达到混合式学习的真正内涵，这是培训的最高层次的目的。

第三个层次是指参加培训与日常工作的混合，也可以称为"嵌入式"的培训。从某种

意义上来说，工作本身就是学习。作为培训管理者，我们应该积极推动学员这个层面的混合，如可以通过收集、评比培训应用案例、学员课堂实录、指导学生课本剧及学生演讲等一系列措施来促进学员边学习、边应用、边总结、边分享、边创新。

混合式培训是一种有效的培训方式，但如果混合的策略过于简单，则达不到预期效果，混合的方法过于复杂，项目也难以深入开展。所以要深入理解混合式培训的内涵，把握其实施特点，结合区域实际，制定有效的混合培训策略。

六、问题反思，探讨区域培训需研究和突破的问题

1. 线上、线下融合培训课程设计还需要进一步研究

在互联网技术的支撑下，实施混合式培训已经发展成了一种有效的研修手段。我们培训部门积极探索教师混合式培训模式，力求通过线上、线下融合课程设计与实施，助力实现区域英语教师素养提升。但是由于我们没有自己的教学平台，而是通过租用的现成的英语学习软件实现了线上课程的实施。主要目的是突破时空限制，解决教师工学矛盾，通过人机互动学习实现教师素养持续提升。我们并没有在培训之初就实现培训课程内容的线上、线下整体设计，在实际培训过程中，线上、线下两条线同时开展，线下培训也是单独设计开发，培训内容并没有真正实现融合互补。

2. 培训效果的评估还需要进一步完善

教师培训效果是指达到培训目标预期的内容和程度，是专家引领、同伴互助、个人反思的效果的总和。房山区中学英语教师培训项目尽量从教师在培训过程中的即时反应、学习过程成果、前后测成绩对比、工作表现及学生发展等层面阐述培训效果，但培训不是物质生产，并不能清楚地计量，培训效果往往是隐性的、长远的、模糊的、多样的。我们缺乏深入学校跟踪评价，也没有建立培训后续跟踪服务评价体系和学员发展性评价制度。因此，如何科学、准确评估一个培训项目的效果和质量，在理论、方法和技术上都需要进一步研究和完善。

参 考 文 献

［1］李方，钟祖荣．教师培训研究与评论［M］．北京：北京师范大学出版社，2010．

［2］吴薇．促进骨干教师专业提升的培训要素及其实现路径分析——以北京市中学英语骨干教师培训为例［J］．中小学教师培训，2019．

［3］继教网．中小学学科骨干教师现代信息技术专项培训［J］．网络和移动教学环境下的学习方式变革，2019．

［4］姜卫芬，金宗强，王有惟．我国普通高校大学生体育健康测试管理闭环机制的设计［J］．平顶山学院学报，2012（02）：118-122．

［5］Watson M．戴明的管理办法［M］．台北：天下文化出版社，1997．

［6］周艳艳．完善农村中学英语教师培训体系的研究［J］．继续教育研究，2011．

专家点评

文章完整呈现了房山区教委组织的区域英语教师培训项目实践。该项目将高校专家引领、区域英语教师的专业发展需求、"十二五"时期间培训实践经验相结合,确立了新时期区域英语教师培训以提升英语听说能力为重点目标,构建了系统的、面授与在线结合、系统讲授与活动课程配合的课程体系。

研究的亮点在于,从培训设计到培训实施,都是经过系统设计的,构成了需求分析、设计、实施、效果评价的闭环设计。不仅设计了课程体系,同时制定了一套保障培训顺利实施的方案,包括"测试、诊断、反馈、反思、提高"的学习流程,以及注重过程管理、学习状态追踪、及时反馈的培训管理机制。这些都是项目取得突出培训效果的重要原因。论文逻辑结构清晰,展现了清晰的培训场景,文章中可见深刻的思考,对区域教师培训有较高的实践参考价值。

国家开放大学　林秀钦

第二章

变革培训模式，引领"现代化"培训

朝阳区随班就读教师培训模式研究

朝阳区特殊教育中心　王桐娇　李文荣

> **【摘　要】**　随班就读是指残疾儿童少年进入普通学校普通班级进行学习，它是全纳教育理念在我国的一种实践模式，经过二十多年的发展，已经成为我国残疾儿童少年接受义务教育的主要形式。但是，这却给承担随班就读工作的普校教师带来了极大的挑战，随班就读教师亟须接受相关专业的培训。本课题以朝阳区的研究为个案，通过访谈、调查了解朝阳区内随班就读教师专业培训的现状及存在的问题，通过原因分析，提出了进一步的改进对策。这些对策的提出能帮助本区进一步完善随班就读教师专业培训，同时对其他地区开展随班就读教师专业培训也有一定的启示和借鉴作用。
>
> **【关键词】**　随班就读，教师培训，培训模式

一、问题提出

1. 研究背景

1) 特殊教育的发展格局，决定了随班就读成为主要安置形式

随班就读是全纳教育理念在我国的一种实践模式，经过二十多年的发展，已经成为我国残疾儿童接受义务教育的主要形式。20世纪80年代，在党和政府的重视下，我国特殊教育发展迅速，受回归主流与全纳教育的直接影响，我国特殊教育改变了百余年来以建设特殊学校为唯一发展途径的做法，大力推进随班就读模式，这一模式的转变，使长期的隔离变为融合，极大地提高了残疾儿童的入学率。依据朝阳区特殊教育中心提供的数据，截至目前，朝阳区有持残疾证随班就读的学生1 532名，没有持残疾证随班就读的学生更多，涉及的随班就读教师5 062名，而接受过随班就读师资培训的教师约占1/4。

2) 随班就读教育质量令人担忧，随班就读教师专业培训亟待加强

随班就读安置模式的推行，一方面有效地提高了残疾儿童少年的教育入学率；另一方面促进了全社会教育观念的转变，使我们对教育的功能、教育的价值进行了重新认识和思考。但是在随班就读实践过程中也不可避免地出现一些问题。由于随班就读学生的成绩不计入班级总分，加之随班就读教师没有特殊教育知识，这就导致他们的学习常常是处于无人问津的局面，随班就读变成了随班就座、随班混读，其受教育质量令人担忧。如果说，最初我国提

出随班就读政策的初衷主要是为了解决残疾儿童有学上的问题。那么，现实挑战则是，如何提高残疾儿童少年随班就读教育的质量，尤其是随班就读学生的教学质量。因此，在基本实现了形式上的安置后，关注随班就读学生的教育质量问题，将成为随班就读研究领域关注的焦点。

3）随班就读教师培训流于形式，专业水准有待提升

随着国家和市区随班就读政策的相继出台，随班就读教师必要的专业培训均已落实，但研究者结合自身已有的对随班就读教师培训的经历，发现随班就读教师的专业培训存在以下一些问题：一是鉴于专业力量少，目前业界培训多以落实政策为主的形式培训和通识培训，真正能帮助随班就读教师解决随班就读问题和提高随班就读专业水平的有效性培训甚少；二是随班就读教师对提高特殊教育专业化发展的意愿并不强烈；三是培训者不能选择适切有效的培训内容；四是对随班就读教师培训缺乏政策保障机制。

2. 研究问题

20世纪80年代以来，推行随班就读政策，解决了大量特殊学生入学难的问题，而且也增进了社会对特殊群体的了解，减少了歧视，促进了融合。但是在具体实践中，随班就读也难以避免一些问题的存在。普通学校接收特殊学生，对学校和教师来说极具挑战，由于对特殊学生身心特点不了解，教师无法对特殊学生采取有针对性的教育、教学指导和支持，使得特殊学生的发展受限，随班就读成了随班就座、随班混读。在这个过程中，承担特殊学生所在班级教育教学任务的教师就亟须得到特殊教育方面的知识与技能的培训，从而提高特殊需要学生的学习效率。本课题正是关注承担特殊学生所在班级教学任务的随班就读教师的专业培养问题，预期通过3×3模块化培训+云平台线上培训模式，提高朝阳区内5 062名随班就读教师特殊教育专业培训水平，目的是对全区随班就读学生提供有质量的融合教育支持。

3. 研究目的和意义

1）进一步丰富了教师专业化发展的研究领域

教师专业化已经成为世界教师发展趋势和潮流，但是目前关于教师专业化研究基本集中在普通教育教师的专业化发展问题，话题大多聚焦在"什么是教师专业化""教师专业化标准是什么""教师专业化发展的途径有哪些"以及大量的关于如何促进教师专业化发展的案例研究等。本研究将研究视角聚焦在普通教育与特殊教育的交集地带——随班就读教师的特殊教育专业化发展上，关注了一个特殊群体的专业化发展，对教师专业化研究领域来说是一个更为深入的细化，可以进一步丰富教师专业化研究领域。

2）关注了随班就读研究领域较为核心的问题

自随班就读推行之后，其质量问题越来越受到人们的关注。随班就读的教育质量除了受办学经费等物质条件制约外，教师专业素养不高是一个非常重要的因素。而教师方面需要解决的问题是对有关的教师进行专业知识和技能的培训。可是目前朝阳区的实际情况是，只有不到1/4的随班就读教师接受过有效的专业培训，这对随班就读的教育教学质量必然有极大的负面影响。纵观随班就读研究领域，以往的研究较多集中在政策理论、现状调查、工作总结、教育教学个案等，以随班就读教师专业培训为切入口的研究不多。因此，本研究以随班就读教师的专业培训为命题，抓住了随班就读研究领域较为核心的问题，可进一步充实随班

就读研究领域，促进朝阳区随班就读教师师资水平的发展。

3) 立足随班就读工作的实际问题，具有较强的实践意义

从全市乃至全国层面来看，随着1988年"建立以特殊学校为骨干，以普通学校附设特殊教育班和随班就读为主体"的特殊教育新格局的提出，全国各地相继开展随班就读工作。据2015年"全国教育事业发展统计公报"显示：目前我国在普通中小学随班就读和附设特教班就读的残疾学生占特殊教育在校生总数的54.2%。由此可见，残疾儿童在普通学校就读已成为必然趋势。但是在随班就读推进过程中，都遇到了随班就读教师对随班就读学生缺乏有效专业支持手段、随班就读学生教育质量难以获得有效保障的问题。

因此，本研究立足于随班就读教师培训中存在的现实问题，通过实践探索、经验总结，积极寻找归因、改进对策，不仅可以对随班就读工作的发展起到积极的推动作用，也可以对其他地区随班就读教师的专业培养提供可借鉴的经验教训。

二、文献综述

1. 国内外研究现状述评

1) 国内研究现状

马红英、谭和平等特殊教育专家学者对随班就读教师所需的专业培训内容作了需求调查，并参照国外融合教育教师的培训内容，认为融合教育教师的知识与技能培训应注重三个方面：①理论层面，重点介绍特殊学生的生理、心理特点以及教育需求；②知识层面，重点介绍不同障碍类别学生的学习特点和学习能力、特殊学生的评估基础知识、特殊的教学策略、融合教育班级的管理、个别化教育计划制定、特殊学生环境适应等；③操作层面，重点培训教师个别化教育计划的实施方法、特殊学生的教育评估操作，特殊学生行为观察、记录与分析技术，教学具制作，特殊学生自理能力训练法，特殊学生行为矫正技术，特殊儿童机体康复技术，特殊学生的交往技巧等。杨家昌指出需要更新教师培训的理念，要以科学的教育思想观念和理论为指导，改革教师培训的内容、方法、手段和途径等；需要整合教师培训的资源，增强见识培训的力量；需要采用多样化的培训模式和方法。

培训是否有效，还需要看教师是否真正获得了专业化发展。一般，教师专业发展的动力源主要有三个方面：一是教师在日常生活中所遇到的必须解决的问题；二是教师自身对专业发展的主观追求；三是外界的各种教师教育支持。要让随班就读教师将从专业培训中获得的陈述性知识转化为内在的程序性知识，主要还在于激发随班就读教师自身对专业发展的主观追求。但是，研究者认为提供足够的外界教育支持，可以对教师的专业发展意愿有所促进。

2) 国外研究现状

大多数国家在特殊教育师资培养方面采取的途径一般分为两种：一是"叠加法"培养模式，在普通教育师资培育的基础上，补充特殊教育知识、技能和分门别类的特殊教育能力；二是"专门化"或"定向"培养模式，通过专门的特殊教育机构或学校教育途径进行培养和训练。由于特殊教育对象和内涵发生了根本的变化，世界各国都加大了在职教师的专门化训练和继续教育。

美国十分重视从事特殊教育教师的职后培训，主要通过短期非学历培训、校本培训等多种形式对教师进行培训。美国特殊儿童委员会每年都会在全国举行两次针对特殊教育

者的培训项目，包括专业研讨会、专业会议、继续教育课程等，目的在于提升他们的专业知识技能以满足特殊学生不断变化的需求。同时，为了保证特殊教育师资的专业发展，美国特殊儿童委员会还要求教师每年至少要参加 25 小时专业领域的学习和培训，及时更新专业知识。

在特殊教育模式与我国比较相似的新加坡，对普通教育教师同样有接受特殊教育技能培养的要求。从 2005 年开始，新加坡教育主管部门为普通学校教师推出"特别学习需要课程"，由新加坡国立教育学院开班，修读这个证书课程的教师必须完成 108 小时特别学习需要训练。教育部门计划 2016 年让 20% 的教师完成此类训练课程。如此强制的培训力度，为全纳教育的成功推行提供了师资保障。

综上所述，对教师在职专业培训是必需的，它在一定程度上提升了教师特殊驾驭专业知识与技能。从中可以得到三点启示：一是教师的特殊教育专业知识技能发展是一个终身学习的过程，并非只靠一两次培训能解决的；二是专业培训需要注重组织形式的多样化，培训内容要满足实际问题的解决需要；三是专业培训需要分层进行，满足不同层次教师的需求，培训才能更有针对性。

三、研究设计

1. 研究目标

以朝阳区随班就读教师培训为个案，通过访谈了解随班就读教师培训中存在的问题，针对问题寻求改进对策，从而改善随班就读教师培训现状，以专业的内容、专业的师资、专业的评价，促进教师专业知识、专业技能、专业情意的发展，最终保障全区随班就读教师的专业成长。

2. 研究内容

（1）将培训的方向界定为三类内容，即理论课程、实践课程、综合实践课程，见表1。

表1 随班就读教师专业培养课程三级提纲

一级提纲	二级提纲	三级提纲
理论课程	特殊需要儿童的概念及教育意义	特殊需要儿童的概念
		特殊需要儿童教育的意义和形式
		特殊教育的政策、法律、法规依据
	智力落后儿童的身心特征及教育需要	智力落后的概念、分类
		智力落后儿童的教育诊断与评估
		智力落后儿童的生理特点、心理特点与学习特点
		智力落后儿童的特殊教育需要
		培智学校各学科课程标准

续表

一级提纲	二级提纲	三级提纲
理论课程	自闭症儿童的身心特征及教育需要	自闭症的概念、分类
		自闭症儿童的教育诊断与评估
		自闭症儿童的生理特点、心理特点与学习特点
		自闭症儿童的特殊教育需要
	学习困难儿童的心理特征及教育需要	学习困难的概念、分类
		学习困难儿童的教育诊断与评估
		学习困难儿童的生理特点、心理特点与学习特点
		学习困难儿童的特殊教育需要
	情绪与行为障碍儿童的心理与行为特征及教育需要	情绪与行为障碍的概念、分类
		情绪与行为障碍儿童的教育诊断与评估
		情绪与行为障碍儿童的生理特点、心理特点与学习特点
		情绪与行为障碍儿童的特殊教育需要
实践课程	个别化教育计划的制定与实施	个别化教育计划制定的意义
		个别化教育计划如何制定
		个别化教育计划如何实施
		个别化教育计划如何评价
	课堂教学策略的调整	课堂教学的策略及理论
		认知前提的准备和学习动机的激发
		照顾差异的挑战性教学目标
		教学内容的调整和随班就读学生自主选择
		兼顾不同学生需要的教学策略
		提高教学效率的策略
	特殊儿童训练与潜能开发	学习能力的培养与训练
		良好行为习惯的训练与培养
		潜能开发与智力、能力的培养
		劳动技术教育和职业技能训练
	随班就读学生行为改变与管理	随班就读学生常见的不良行为表现
		建立平等参与的学习环境
		行为改变技术
		有效的课堂管理

续表

一级提纲	二级提纲	三级提纲
实践课程	随班就读学生的沟通与合作	沟通方法与技巧
		师生合作策略
		普通儿童与特殊需要儿童的合作
	如何为随班就读学生构建支持性教育系统	教育资源的利用
		教师的辅导
		同伴的帮助
		家庭的配合
		社区、社会资源的利用
综合实践课程	促进随班就读教师特殊教育观念的案例学习与讨论	如何撰写随班就读学生成长案例及论文
		结合实际谈谈随班就读学生的学习特点与特殊教育需要
	提高随班就读教师实践能力的案例学习与讨论	如何为随班就读学生创设良好的学习环境
		如何矫正随班就读学生不良行为及情绪问题
		怎样制定一份适切的个别化教学计划

(2) 将培训的内容界定为三个层次。

①专业知识，主要指从事随班就读工作必需的特殊教育专业理论知识，包括特殊教育、融合教育、全纳教育、随班就读等概念，各类特殊儿童的概念、身心特征与教育需要等。

②专业技能，主要指从事随班就读工作必需的特殊教育专业技能，这是随班就读教师专业能力的重中之重，包括个别化教育计划的制定与实施、如何在课堂教学中实施差异教学、教育教学诊断与评估、智力落后儿童教育康复与潜能开发、随班就读学生行为改变技术、随班就读班级管理、随班就读学生家长沟通策略、营造良好的教育环境等方面。

③专业情意，主要指从事随班就读工作的态度、情感，包括对融合教育、全纳教育、随班就读的观念、对特殊学生的接纳态度及自身对随班就读教师专业发展的意愿等。

四、研究成效

1. 研究发现或结论

本研究以朝阳区为个案，通过访谈、调查的方法，对本区随班就读教师专业培训进行了现状调研，发现本区在随班就读教师专业培训方面已经取得了一些成效。例如，已经探索并尝试了一些培训途径，对培训对象、培训频率也有一定的规定，能根据培训需要采用多种培训方式等，但是在实际开展过程中还是存在一些问题，而且这些问题影响了培训的实效。例如，教师参与培训的出勤率较低，培训没有全面展开；培训内容选择比较随意，缺乏系统性；培训方式不利于有效调动教师信息加工的主动性。

通过原因分析，发现导致本区随班就读教师专业培训存在问题的原因主要有：培训机构缺乏对随班就读教师的评价考评机制；培训缺少专项经费，激励机制缺乏；学校随班就读教研缺乏监督；教师自主研修缺乏引导；培训机构缺乏对培训目标和培训内容的整体规划；培训方式缺乏与实践研究的紧密联系；各类培训人员资质有所欠缺等。

2. 改进措施

1）提高随班就读教师的积极性是开展好专业培训的首要条件

这不仅与教师本身对特殊教育、随班就读等缺乏发展意愿有关，同时还与培训的激励制度和刚性要求有关。在随班就读教师专业培训开展过程中一定要充分激发教师对特殊教育的专业发展意愿，让他们看到发展特殊教育能力的必要性，从而建立从事随班就读工作的信心。同时，还需要为培训建立一定的评价机制和鼓励措施，以确保专业培训研究的顺利进行。

（1）明确教师培训目标，分步实施。在制定教师培训目标时要根据教师的实际需要，从教师专业发展的角度，进行明确清晰的制定。依据教师专业发展的阶段理论，即"适应阶段、探索阶段、建立阶段、成熟阶段与平和阶段"，应对处于不同阶段的教师确立不同的培训目标。例如，对新任随班就读教师，应该进行政策与法规、特殊儿童的身心特征以及心理特征培训等。而对于骨干教师，应该进行特殊教育诊断与评估、个别化教育指导等方面的培训，只有这样有针对性地进行培训，才能最大限度地调动老师们的参与积极性。

（2）培训内容要适应实际需要。首先是要调研教师所需，只有真正了解一线教师所需，才能有针对性地解决教师的问题，教师在培训时才能投入，培训工作才能更好地开展。其次是教师培训的内容要具有实践性和针对性，参加培训的教师都是一个个不同的个体，培训内容的确定要有针对性，避免宽泛和理论性，才能满足教师的实际需求，并且最大程度调动教师的积极性。

2）要持续、有侧重地为随班就读教师提供专业培训

随班就读教师专业能力的发展不是一蹴而就的，也绝不是通过几次培训就能解决的，每个随班就读教师都需要持续的、分散的培训。同时，随班就读教师所教学生的特殊性，也决定了其遇到问题的特殊性，而且随时都会有新的问题出现，随时需要得到相关专业知识的培训和指导，这就要求培训内容需要根据每个阶段随班就读教师遇到的实际问题进行调整。因此，应根据实际需要确定每个阶段的培训侧重点，为随班就读教师提供针对性的持续化专业培训。

（1）建设完备的课程体系。①在课程建设方面，课程范围应该面向随班就读教师，无论是学前教育、基础教育还是中等教育相关专业的随班就读教师都需要学习相关课程，培养涵盖各个学段、各个学科的随班就读师资；课程内容要更加充实，除了为培养聋、盲、智力落后三类特殊学校师资而设置的课程外，还要增设面向有其他特殊教育需要的随班就读学生的课程，如针对学习障碍、情绪障碍和自闭症等类型学生的专属课程；课程类型要多样化，理论课程、实践课程和研究课程都要包含在内，注重实践技能与教师科研能力的培养。②在课程选择方面，必修课与选修课也应包含在内。为了保证教师获得随班就读教学基本的知识技能，需要设置相应的必修课模块，必修课程要设置所有随班就读教师普遍需要掌握的理论及实践技能课程；选修课程是供教师自由选择的课程，可以根据自身专业需要，选择相应课程学习。此外，还应设置相应的学分标准，引导教师根据自己的兴趣选择相应的课程并在规定的时间内完成课程。③课程的考核可以通过教师提交的作业、在线交流与在线测试等方式进行，为教师进一步提升自己的专业能力与完善课程设置提供依据。

（2）加强制度建设，改善现有机制。一是规范培训制度。教师培训要遵循常规化、制

度化、法制化和规范化。为了促进教师素质的提高和专业的发展，学校和培训单位应该将校本培训规范化，让培训成为老师们的常态。二是建立长效的沟通机制，使培训单位能随时了解教师实际教学中的情况或好的经验，教师也可以随时向培训者寻求帮助和支持，从而促进教师素质的全面提升。三是完善培训评价机制，要通过多种有力措施转变评价观念，可以设立多种奖励政策刺激教师进行培训，如优先晋级、优先评职等，根据管理学中的激励理论，设定良好的培训评价机制，激励教师参加培训，并且学有所获。

3）随班就读各类培训途径间要相互协作，发挥培训的整体作用

随班就读学生在普通学校的数量不多，随班就读教师在普通学校的占比也不多，所以很难确保每所学校都能开展随班就读研究。因此，可以采取"校际合作""网上教研"的途径，进一步充实随班就读教师专业培训网络，发挥培训的整体功能。

（1）设立专门性组织——随班就读网。成立随班就读网，有利于促进随班就读教师的专业成长和经验积累。随班就读网可以设置多个模块，包括对随班就读教师的专业培训、随班就读教学资源、专门的常规性活动以及对随班就读工作中取得的研究成果进行展示等，随班就读教师通过不同模块的学习都能获得专业成长。首先，在专业培训上，可以对随班就读教师进行有周期规律的短期培训，并且充分调研随班就读教师的培训需求；其次，根据实际情况，每次培训的主题尽可能不同，培训的形式和内容尽可能丰富多样，充分调动教师学习积极性，使随班就读教师获得全面的有关随班就读教学知识与技能相关的培训。

（2）建立专门的随班就读教师在线论坛。随班就读教师在线论坛是为了促进随班就读教师的专业成长而设置的教师在线交流平台，是以随班就读教师为中心的合作交流学习平台，不同于随班就读网。在线论坛可以更加便捷地进行在线交流研讨，是获取信息和表达自己观点的重要平台。在信息化时代，在线论坛的功能逐步完善，可以通过词语聚类的方法发现在线论坛中具有较大影响力的主题，以及个性化信息推荐等功能，使随班就读教师能够及时、便捷地获取重要信息。此外，在线论坛具有非实时性和异步性的特征，使随班就读教师能够有充足的时间来进行学习、交流和反思，方便了随班就读教师与教师之间、教师与专家之间的交流。在线论坛可以定期举行在线讨论活动，也可以不定期随时随地进入论坛进行问题讨论或经验分享，促进随班就读教师的专业成长。

（3）建立家校合作网络平台。随班就读教师的专业成长离不开随班就读学生家长的专业支持，建立家校合作网络平台能够进一步促进随班就读教师的专业成长。家校合作网络平台的参与者包括家长、教师、学生，可以设置聊天、留言、建议献策以及专门的教师成长等模块。教师可以通过各个版块从家长和学生处获得相关的理论和实践知识。在网络平台下，家校合作突破时空限制，教师可以随时向家长了解学生的校外表现，在课后与学生沟通，使教师对随班就读学生有更为全面的了解，提升自己的理论水平。另外，教师也可以将随班就读学生在学校各方面的表现及教学中遇到的难题向家长反馈，家长有着丰富的经验和一定的职业背景，可以为教师分享相应的建议和解决问题的对策，有利于提高随班就读教师处理问题的专业实践能力。

4）依托信息化平台，促进教师培训的开展

在信息化平台下，随班就读教师在职培训不仅仅是理论知识的学习，还需要建立一个"学—教—评—学"系统化的流程式学习平台，以促进教师实践技能的动态提升。"学"是指随班就读教师在丰富的资源库中选取相应的专业知识进行学习；"教"是指将学到的专业知识运用到教学之中，将理论知识指导教学实践，包括随班就读课堂教学、个别化教育计划

的制定等;"评"是指通过教学实践对理论知识学习情况和教学实践进行评价;"学"是指随班就读教师根据评价结果再次进行有针对性的学习,可以通过资源库进行学习,也可以利用各种移动工具同随班就读专家和一线随班就读教师进行在线讨论交流,从而达到提升专业水平的目的。

(1) 开发完善的学习资源库。想要促进随班就读教师的专业发展,首先要解决的问题就是学习资源缺乏的问题。在信息化平台下,建设一个专门的随班就读学习资源库具有重要现实意义。首先,在信息化平台下,可以通过信息化管理平台、教师成长信息化档案等大数据资源,获取随班就读教师专业发展需求信息;其次,在获取随班就读教师需求资源的基础上,可以有针对性地建设网络资源库,实现培训内容与培训需求的对接。虽然我国已经建立了一些关于特殊教育的网络学习资源,如中国特殊教育、中国特殊需要在线等网站,但专门针对随班就读教师专业提升的资源较少。在信息化平台下,开发质量与数量并重的网络学习资源是促进随班就读专业发展的基础。在建设资源库的同时必须利用相应的指标,如学习内容的广度、深度和实时性,对资源库实用性作相应的评估,并在实践中不断补充完善,建设一个实用性较强的随班就读教师专业发展资源库(图1)。

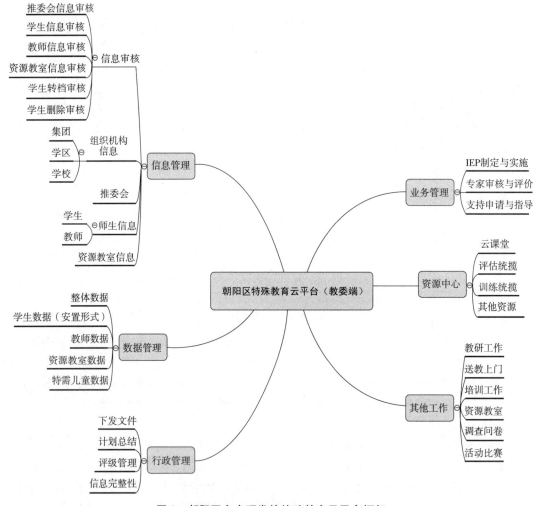

图1 朝阳区自主研发的特殊教育云平台框架

(2)建立随班就读教师培训系统。随班就读教师培训系统是指以数据为驱动的完整随班就读教师培训管理系统,该系统可设置教师信息、培养方案、课程学习、互动信息、评价反馈等模块。这些模块的设置需要覆盖整个随班就读教师培训系统,为随班就读教师的专业发展提供全面的服务。教师信息是指建立随班就读教师的电子档案,档案的内容包括教师的学历、教龄、随班就读教学经验、参加过的相关随班就读培训与自身的培训需求等方面,通过电子档案的建立可以为随班就读教师推荐相应的特色学习课程,而且教师的档案要定期进行管理。培养方案是在电子档案的基础上建立起来的随班就读教师的学习和培养计划,包括培养目标、学科学习与实践活动所要达到的基本要求以及推荐学习的课程与书目。根据随班就读教师的教学经验、教学需求等不同,培养方案也应有一定的差异。

参 考 文 献

[1] 邓猛. 双流向多层次教育安置模式、全纳教育以及我国特殊教育发展格局的探讨[J]. 中国特殊教育,2004(6):1-5.

[2] 邓猛. 从隔离到全纳——对美国特殊教育发展模式变革的思考[J]. 教育研究与实践,1999(4):41-44.

[3] 北京市教育委员会,北京市人民政府教育督导室,北京市残疾人联合会. 关于进一步加强随班就读工作的意见. http://zhengwu.beijing.gov.cn/gzdt/gggs/t1298617.htm.

[4] 华国栋. 残疾儿童随班就读师资培训用书[M]. 北京:华夏出版社,2006.

[5] 谭和平,马红英. 上海市随班就读教师专业发展需求的调查研究[J]. 基础教育,2012(4).

[6] 杨家昌. 建立校本研修支持系统 促进教师专业化发展[J]. 小学校长,2008(2).

[7] 肖非. 中国的随班就读:历史·现状·展望[J]. 中国特殊教育,2005(3):6.

[8] 王伟. 全纳教育实践研究:英美两国经验的比较[D]. 上海:华东师范大学,2007.

[9] Magra P. Training professionals to work in inclusive setting, in OECD, Inclusive Education at work: Including students with Disabilities in Mainstream Schools, Paris, 2009.

[10] Marchesi A. Quality for all: some comments about inclusive schools from Spanish educational reform, in OCED, Implementing Inclusive Education, Paris, 2010.

专家点评

随班就读是我国特殊教育的重要办学形式,是在普通教育机构中对特殊学生实施教育的一种形式。教师根据随班就读学生的特殊教育需要给予特别的教学和辅导,使他们学有所得,与大多数同龄同学一起成长。这对教师提出了更多更高的教学专业要求。

本文在朝阳区随班就读的实践基础上，以其随班就读教师培训为样本，采用访谈了解目前随班就读教师培训工作所存在的问题，分析产生问题的原因，提出了明确教师培训目标、培训内容适应实际需要、建设完备课程体系、加强制度建设、设立专门性的随班就读网、建立专门的随班就读教师在线论坛、建立家校合作网络平台、开发完善的学习资料库、建立随班就读教师培训体系等系统对策，这些对策有助于完善与丰富随班就读教师专业培训工作。

北京青少年研究所　余逸群

做受欢迎的"聚享生态"教学研究

——海淀学区小学学科教研基地建设的思考与实践

海淀学区管理中心　彭　欣　陈雨嘉

> **【摘　要】** 随着时代发展，教师职后教育培训忽视个性需求、互动性差、组织形式模式化等问题逐渐凸显。海淀区为创新教研管理模式，丰富教师的培训形式，于2017年开展小学学科学区教研基地建设工作。学区学科教研基地的诞生，是对区级教研的延展和补充，打破校际教研相对封闭的现状，带动区域教师整体水平的全面提升。但是，开展学科基地教研，存在着很多的难题。海淀学区充分挖掘区域教育资源优势，发挥学区学科教研基地"五好"特质，通过组织形式、教研模式和研究状态的改变，探索圈内、外联手共研、跨校专题生态发展、校际教师动态培养、青年教师任务驱动、搭建"乐说"平台等方式，打通教育资源间的联系，突破"五难"境地，营造受到普遍欢迎的"聚享生态"教学研究。
>
> **【关键词】** 海淀学区小学学科教研基地，教师培训，区域教育资源，聚享生态

一、研究背景

党的十八大以来，习近平总书记始终高度重视教师队伍建设。习近平总书记在2014年9月9日到北京师范大学看望师生时讲话中提道："百年大计，教育为本。教育大计，教师为本。国家繁荣、民族振兴、教育发展，需要我们大力培养造就一支师德高尚、业务精湛、结构合理、充满活力的高素质专业化的教师队伍，需要涌现一大批好老师。"

1. 教师培训结构存在的不足

教师的职业特点决定了教师必须是终身学习者，我国教师培训机构（省（市）的教育学院及其区（县）的教师进修学校）和区域科研机构，以及教师所在学校组织的教师继续教育、区域教研、校本教研等构成了我国教师职后教育的主要部分。随着时代的发展，这三种教师职后教育培训形式存在的问题不断凸显。

1）教师培训机构开展培训的不足

培训内容以知识体系为主，对学校教育生活中的具体问题和情境关注不够，注重系统理论学习，忽视教师的实际需求。培训方式虽在不断创新，但基本形式还局限在集中培训、教师讲授的方式为主，缺少培训参与者的互动与智慧分享。在组织形式上具有强制性，容易让

部分教师产生抵触情绪。

2）区域教研开展培训的不足

培训时间地点和议程固定，因参与人数多限制，缺乏互动。教研员与少数骨干教师策划筹备教研活动，大多数普通教师难以参与教研活动的研究过程。难以照顾教师的差异性，很难满足教师个性化需求。学期活动次数有限，实际问题很难及时解决。

3）校本教研培训的不足

校本教研流于形式的现象比较普遍，只有分工缺少合作研讨，研讨课更多的是习惯性互相吹捧，面对问题避而不谈。校本教研模式化：开学布置任务，听课、评课、阶段总结、表彰，传统流程的重复失去每个学校的独特性。校本教研存在被动性，学校根据整体发展规划制定教研计划、启动教研，但是多数教师只是名义上参与，缺乏足够的积极性。日常事务挤占时间，缺乏时间保障。

2. 学科基地成立的意义

1）教育均衡发展需求

海淀学区地处海淀区核心区域，辖区居民对优质教育资源的需求高。海淀学区拥有非常丰富的社会资源及教育资源，是全国知名的集团校、中、小学的汇聚之地，这些学校教师培训体制完善，教师整体素质较高。同时，也存在一些规模较小、起步较晚的发展中学校，由于人员、经费等多方面的原因导致缺乏系统的教师培训，教师发展动力不足、教育发展不均衡的问题在区域内明显存在。

2）学区职能定位要求

海淀学区是隶属于海淀区教育行政部门的独立法人机构，是教育行政部门、学校、社区之间的重要枢纽。其主要职能为：统筹规划区域教育改革与发展，组织学区地域内各界人士协商共治；统筹协调学区内义务教育阶段入学工作，切实保证适龄儿童少年免试就近入学；组织开展学区内中小学教育教学交流研讨；配合区教育督导室开展督导评估和质量评价工作；统筹学区内各类教育资源，推进设施、课程、师资资源等多种资源共享。

3）教师专业发展需求

教师是教育成功的关键，高质量的教师队伍是实现高质量办学任务的决定性前提和重要保障。学区内除一所特殊学校外，共5所小学，专任教师人数720人（根据2019—2020学年北京市海淀区教育事业统计资料）。随着近几年社会对优质教育资源需求增大，各校都在不断扩大招生人数，以满足入学需求。随之而来的就是师资数量的不断补充，各个学校均存在新任教师人数不断攀升的问题。新任教师发展，需要得到专业的指导和帮助，他们在学校中分散在不同学科，校本集中培训不能满足他们的个性需求，个别指导又缺少足够的时间、人力、物力。学区学科基地教研的补充能将各校新任教师相对集中在一起，针对在学科教学中存在的共性问题开展更加有效的研究。

海淀区教委于2017年开展了小学学科学区教研基地的建设工作，海淀学区于2017—2018年连续成功申报小学数学、英语、语文、体育四个学科基地。学区学科教研基地的诞生，是对区级教研的延展和补充，在尊重学校个性发展的前提下，充分依托学区内丰富的特级、市、区级骨干教师资源团队，以优秀学科教研团队为核心，组织学区教师开展教研、培训、交流活动，为更多的教师搭建交流提升的平台；打破校际教研相对封闭的现状，提升学科教研品质，形成区域教研的良好态势；构建理念共通、资源共享、和谐共生、合作共赢的海淀学区教师发展共同体，带动区域教师整体水平的全面提升。

二、学区学科教研基地成立的困难与优势

1. 学区学科教研基地成立的困难——"五难"

对于并不具备专职教研员的学区来说，要想成立学科教研基地，开展区域教研存在着很多的难题，一般有以下"五难"。

（1）缺少组织开展教研的引领专家。为了保证教研活动的专业性，学区必须依赖区域内学校的教学干部及各级骨干教师。

（2）教研时间和地点没有保证。学区缺少相对固定的教研活动时间及场地。同时区级培训隔周一次、校级培训各校都有相对固定的时间，开展学区级学科基地活动没有时间保障。

（3）研究选题难确定。学区学科教研基地作为区级教研的延展和补充，不能把区级的选题直接拿来用，也不能单起炉灶另开张。区域内各校校本教研各具特色，视角不同。学区的选题既要在区级课题引领下，同时还要兼顾各校研究方向。

（4）教师参与活动难。工学矛盾突出，教师工作压力大，学区教研作为任选课程怎么保证学区组织教研有人参加？

（5）缺少资金支持，难为无米之炊。

面对这么多的难题，在区级教研和校本教研夹缝中生存的学区学科教研基地教研显然有些"尴尬"。

2. 学区学科教研基地成立的优势——"五好"

如此多的困难，海淀学区又凭借什么样的优势能够在两年内一举申请下四个学科教研基地？凭借的就是海淀学区特有的"五好"资源优势。

1）好的领军人物

领军人物是团队形成和发展的关键，在区域教研中承担引领方向的责任和义务。优秀的领军人物善于发现、解决问题，对专业有自己独到见解与分析，对未来中短长期目标有详细规划；能鼓舞士气，传授经验，是团队的"精神标杆"。海淀学区在确立领军人物时不仅考虑专业能力，更关注领导力。每个学科一位首席教师加上至少一位指导教师，语文、数学、英语、体育四个学科共9位教师均是区域内学校的教学干部，均为市区级骨干教师。这样的领军人物不仅保证了教学业务精良，同时每位教师在各校都具有出色的学科引领能力和组织能力。

2）好的教研团队

独木不成林，一人不为众。有好的领军人物，还需要有强有力的教研团队保证区域教研整体发展动力。学区根据学校专职教师人数比例，每校聘请1~6名青年骨干教师代表为学区兼职教研员。这支兼职教研员团队年轻有朝气，研究能力强，具有很好的发展空间，需要展示交流的平台，在每次教研活动中均承担重要工作（表1）。

表1 海淀学区学科教研基地兼职教研员基本情况统计表　　　　　单位：人

学科	人数	学历		年龄情况			骨干情况		
		本科	硕士及硕士以上	<35岁	35~45岁	>45岁	校级	区级骨干带头人	市级骨干
语文	19	12	7	15	4	0	14	5	0
数学	22	17	5	10	11	1	12	10	0
英语	7	6	1	2	5	0	4	3	0
体育	3	3	0	2	1	0	1	2	0
合计	53	38	13	29	20	1	32	20	0

数据来源：海淀学区学科教研基地2018年9月数据统计。

还有一支教研团队在学区教研中起到了引领和带动作用，那就是教研基础较好的校级研究团队。这些校级研究团队已经具备了较好的研究基础，在学区学科基地的活动中给其他学校的教研团队带来了全新的理念；同时，这样有研究力的团队也自带引力，吸引其他的教师团队加入，形成海淀学区教师发展共同体。

一支是可以推动校际联动的兼职教研员团队，另一支是学校内部的校本研究团队，这样的两支"内外兼顾"有研究力正能量的"小团队"在学区学科基地"大团队"教研中产生很强的"蝴蝶效应"。

3）好的话题研讨

一个好的话题，可以自然而然让大家围绕话题展开讨论。因此，海淀学区学科教研基地在确定学科研究话题上花了一番心思。这个话题一定要紧密结合区教研的主题不跑偏；还要跟各校的校本教研不冲突；同时需要大家都感兴趣。话题的出炉经历了几个阶段：首先调研各校的教研主题；然后组织首席教师和指导教师提出研究方向；其次与各校教学干部研讨可行性，达成共识后让区教研室把关才向大家公布；最后每学期按照计划具体实施推进。在实施过程中，学区会通过各种渠道征求干部教师意见，一旦在实施中出现问题，及时组织各校反复研究分析，再把关—再确定—再实施，形成良性闭环机制（图1）。

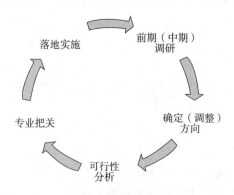

图1　学科基地研究话题确定流程

资料来源：《海淀学区学科基地活动管理制度》，2017年12月。

4）好的制度保障

俗话说：没有规矩不成方圆。没有纪律，就不能成为一个有战斗力的团体。海淀学区学科基地有一套良好的运行制度，细致的分工，完善的工作流程，基地教研在服务支持方面有规可循。确定每次的活动方案细节、对教研活动发言人的前期指导、敲定活动场地、聘请专家、撰写通知、签到计分、会场布置……都是教研活动开展的后勤保障内容。至少提前三天下发通知，至少提前一天确定参与活动教师人数，每次活动都会及时进行微信报道、档案留存……这些细节都由《海淀学区学科基地活动管理制度》进行规范的制度保障。

5）好的情感交流

刚性的制度可以使学科教研基地活动的推进有序，柔性的情感交流会让学科基地做得更有温度、有情谊，增强校际干部教师的凝聚力。海淀学区学科基地的运行既有制度，更有温度。每学期初、学期末，学区都会组织学科首席教师、指导教师以及各校教学干部一起座谈，上班约在单位会议室，下班约在咖啡厅。大家很享受这个时刻，在忙碌的工作之余能够以一种轻松的心态聚在一起，回顾本学期学科基地的活动，设计好新学期的活动方向。这样的交流有别于传统的计划分享交流会，扔掉 PPT、发言稿，大家在看似无准备的闲谈中更自然地提出需要，同时也很容易得到同伴的回应和帮助，在需要与被需要的互动中，各校干部教师间产生工作之外的情感共鸣，建立起融洽的合作关系，主动建立起干部教师与学科教研基地的情感联系，也对学科教研基地后续的活动充满期待。

三、海淀学区"聚享生态"学科教研基地的思考与实践

1. 概念界定

美国哥伦比亚大学师学院院长劳伦斯·克雷明于 1976 年在《公共教育》一书中正式提出"教育生态学"（Ecology of Education）一词并列专章进行讨论。教育生态学是教育学与生态学的交叉学科。对于我国的教育生态研究，学者认为，教育生态学是"研究教育实践活动的主体（人或人组成的教育结构单元）与其外部社会、自然界及内部人群、个体之间进行物质、能量、信息交换与动态平衡的规律"。以学科基地作为推进形式的区域教研，就是在区域教育生态系统里的重要分支。

传统教师专业发展模式强调教师教学的取向和实践后反思的发展模式。这种教师专业发展模式基于教师个体层面的理论研究，关注教师专业发展的内部因素及其相互影响，而从教师外部环境对教师生命成长的影响的研究还比较薄弱。然而，教师是教育环境中的关系人，不能离开环境及其社会关系来谈教师生命成长。

海淀学区自成立以来提出"聚享"理念，其内涵可以分为两层：第一层，立足学校发展和师生成长需要，聚集学区内的优质人力、物质、文化资源，让学区内的学校和师生都能够享受到优质教育资源，从而促进均衡教育的发展；第二层，基于学区可持续发展绿色教育生态的发展目标，聚享可以节约资源，让享受者达到教育共识，优化教育软环境，形成学区特色。

海淀学区小学学科教研基地是依据"教育生态学"的理念，在海淀学区"聚享"理念的引领下推进落实的。海淀学区学科教研基地努力创造教师个体成长与不同学校的教师群体互动相关的样态，以期达到促进区域优质教育资源均衡可持续发展的教育生态环境，即做

"聚享生态"学科教研基地教研。

2. "聚享生态"学科教研基地摆脱"五难"的三个转变

海淀学区学科教研基地要想摆脱"五难"境地,发挥"五好"优势,必须在传统教研活动形式的基础上,有所突破和改变。

(1) 组织形式的改变。海淀学区学科教研基地不过度依赖某所学校校本教研,简单地将校本教研外延扩大的方式仅仅是增加了听众的人数,久而久之,一味单方面的输出会丧失参与兴趣,影响教师参与研究的积极性,不能有效促进真实研究的发生。"聚享生态"学科教研基地把过度依赖由某所学校牵头、将校本教研扩充成学区教研简单的共享方式,转变为由学区统筹规划,组织安排,聚焦共同的话题研究,这样区别于各校的校本教研,学区主责,学校协助,每个学校机会均等。这样的改变使不同的学校教师团队间有了互动共进的灵魂,实现了在同一个交流平台上共同发声。

(2) 教研模式多样化。研究课观摩、专家讲座是最常用的教研模式,两种模式可以及时了解前沿教育改革与发展的形式,直观感受课堂中的预设与生成,但是两种观摩形式也存在很明显的弊端。首先专家来源众多,理念各异,讲座很难保证论点的一致性,不利于教师形成统一的研究方向和思想;其次聘请专家需要资金支持,在资金紧缺的前提下,专家讲座的形式很难开展。而研究课观摩的形式,教师在活动中仅仅是旁观者,互动性和参与性差。海淀学区"聚享生态"学科教研基地在设计教研模式时将更多的机会提供给参与教研的每一位教师,各校围绕主题的研究经验分享、随机分组研讨、主题工作坊等研究模式的有效补充,聘请来的专家也不再是以教师身份的"教",而是以导师方式"导",围绕教师在研究中出现的问题和困惑,专家辅助指导帮助。教研模式的转变将单一的培训变为团队共研,从旁观到认同,将无声的冷场变为有话想说、有话敢说、有话可说。

(3) 研究状态的调整。在学科教研基地启动初期,对于活动形式的改变很多老师不适应,她们更习惯旁观,不愿在活动中发言,没有信心站在台前。最初只能通过统一要求来落实,经过一段时间的参与,当教师们在研究中获得肯定、取得成绩后,短期的畏难即转变为长期信任。教师们慢慢习惯了这样平等互动的方式,产生了对研究本身的需求动力,逐渐建立起研究自信。

3. "聚享生态"学科教研基地运行方式探索

海淀学区"聚享生态"学科教研基地教研关注区域教育资源的充分调动,在尊重学校自主发展的前提下,打通各个教育资源间的联系,推动各校教师队伍的良性发展。

1) 圈内圈外联手共研

区域教育既有边界,又有开放性。海淀学区内、外的教育资源与学校教育资源相互联系,形成区域教育生态系统,这个生态系统中,教育资源间不断发生物质、能量、信息的输入与输出。

海淀学区地处海淀区海淀街道和海淀镇辖区,属于海淀区核心区域,区域内教育资源数量多、类型全,既有海淀法院、检察院等政府部门,同时也有很多知名的教育机构。新东方教育集团作为海淀学区内优质教育资源,具有很强的英语培训师资,在英语课堂教研中也有很多的研究成果。学区整合新东方的优质资源,与海淀区万泉小学联合策划了一次基于教材单元整合备课的教研活动。这种来自"圈"外的资源对"圈"内教师来说极具新鲜感,给区域内英语教师带来了很多的灵感和启发，同时教师们也可以通过客观的比对找到自身的优势，增强自信，扬长避短。活动也得到了教师们的热情回应，不仅本学区的英语教师全员参与，也吸引了周边学区英语教师的主动加入。海淀学区还将新东方教育集团的师资优势开发为区域师资培训项目，为学区英语骨干教师设计开展适合教师发展需要的定制语言文化培训，分两个阶段共计40学时的培训，20余位骨干教师参与，取得了良好的效果反馈。

2）跨校专题生态发展

区域生态系统不仅是教育资源与学校资源之间的互动，学校优质资源的调动就如同"打通任督二脉"，能盘活整个区域学校教育的崭新生机。

海淀学区专家型教师资源丰富，体育学科小、初、高各个学段均有特级教师引领。学区将这样的专家型教师资源进行整合，以学区为组织者，发挥各学段特级教师的引领作用，开发了同一主题下的跨学段学科教研活动。这样的活动不仅得到了是区域内教师的关注，更吸引了区域外的教师参与，升级成为市区级的学科教研活动。

如果把学科基地的运行比喻成一个人的血液循环系统，那么血液的良好运行，不能仅仅依靠大动脉的循环，更需要比大动脉更丰富的"毛细血管"的"微循环"。小学语文、数学、英语学科教师大部分承担班主任工作，组织大型学科教研很难保证全员参与，同时由于人数较多，每次活动的参与度不能得到很好的保证。海淀学区创造性地开发了"微循环"的跨校年级组间教研。学区首先在数学学科基地进行尝试，在保证大型区域教研开展的同时，各校在学期初将学校的研究主题、各年级组的主要研究单元进行分享，兴趣相同的年级组就建立起了合作共研的"微循环"小团队。海淀区万泉小学与海淀区西颐小学数学四年级组、中关村三小与北京市八一学校小学部二年级组等多个年级组形成"微循环"小团队。这样的"微循环"教研营造了相对自由的时间和空间，教师间联系紧密，相互交流，共享共生，形成区域教育生态性的发展趋势。

3）校际教师动态培养

一个可持续发展的学科基地教研，必然是专家、教师、学校高度复合，有序共生。教师流动可以有效促进学科教研基地的良性发展，在空间上以教师队伍发展为核心，调动各校、各个发展层级的教师共同构建研究团队，实现优质教育资源的和谐共享，在精神上坚持尊重个性、遵循规律、协同共生、动态平衡。

学科教研基地首席教师是来自区域教研伙伴的专业引领。学科基地教研开展以来，首席教师通过组织区域教研、校本教研邀约等多种形式走进兄弟学校开展校本教研的指导，为教学干部不足的学校提供更贴心的专业指导和帮助，促进区域教育优质均衡发展。例如，英语学科基地聘请的指导教师李影老师，受邀与北京市八一学校小学部英语教研团队一起策划学科基地教研活动，成功组织开展了以"海报资源在绘本教学中的开发与利用"为主题的教研活动，受到学区英语教师的欢迎，同时也促进了北京市八一学校小学部校本教研成果的有效推广。

团队与团队间的联系，是促使海淀学区学科教研基地形成"聚享生态"的基础。海淀学区学科教研基地的每次活动绝不是以学校的校本教研代替区域教研，每学期的研究主题都会促进相应的校本教研的发生。各校在活动中将研究经验与兄弟学校的教研伙伴分享交流，互通有无。这样的教师流动是一个相互启发、多向滋养的过程，构建起了更大范围的学校、教师之间的合作关联平台，在合作交流的研究中，不仅加强了教研切磋，更加深了彼此精神层面的相互影响。

4）青年教师任务驱动

通过调研了解到学区每个学校发展中的共性问题，青年教师需要发展机遇和平台，学区学科基地在整体设计上给予青年教师更多的"偏爱"。学区级兼职教研员的聘请优先考虑35岁以下青年骨干教师，这些教师在学区学科基地教研中均承担重要工作。以2018—2019学年第一学期为例，小学语文、数学、英语、体育共四个学科教研，14次活动，近60名教师站到了台前进行研究课或经验分享，其中52名为海淀学区聘请的兼职教研员。

教师最理想的发展方式就是合作，在群体中不断接触相互交流，与伙伴进行信息、资源等多方面的积极互动能实现教师自身的生态提升。海淀区小学数学教研室尝试开展青年教师成长训练营活动，学区共7位青年教师参与。为给这些青年教师更多成长机会，海淀学区承办区级的研究活动，这次活动的组织和策划全部交给来自5所学校的7位平均年龄不足30岁的青年教师。崭新团队因共同的任务而成立，第一次真正会面明确策划任务后，7位青年教师迅速自愿分成策划组、运营组和主持组开展行动，大家在合力完成任务的过程中，不仅锻炼了策划、沟通、组织、协调能力，更在团队建设中获得珍贵的友谊。

5）"乐说"平台多元呈现

每个教师的成长都具有主体性、差异性、独特性，每一位教师的成长都应该得到关注。但传统教师发展平台仅仅局限在各层级的赛课、论文评选等方面，这些机会往往只属于学校里的少部分教师，大多数教师默默无闻充当分母的角色，缺少促进发展和多元对话的平台。海淀学区学科基地教研为教师自主发展提供多元、共享平台，利用学区微信公众号线上资源创办了"乐说"专栏，在这里教师可以畅谈自己的教育理想，分享教育、教学经验，还可以提出自己的困惑与问题。栏目征稿不限文体，鼓励图文并茂的互动方式，短短的几行文字交流一个丰富生动的课堂小实录、一个班级管理的小妙招、某位特殊学生的教育心得，三言两语的心得获得教育的启示，小小的随笔蕴含着教师的智慧。小小的"乐说"栏目，为每位教师提供了平等对话的机会，建立了方便快捷的分享通道，提供了"无门槛"的展示舞台。自2018年10月30日海淀学区微信专栏创立以来，共收到区域内教师、学生发来的稿件近500篇，推送微信173篇。其中，教师稿件占总量的62%，文章内容涉及班级教育与管理、教学研究反思、社团组织、青年教师成长等多个领域。

四、结束语

海淀学区充分利用区域内可利用的优质教育资源，并加以整合运用，把学科基地做得有规矩、有温度，通过建立海淀学区教师发展共同体，形成良性的"生态"平衡，实现"聚享生态"学科教研基地目标。学科教研基地不仅关注教师专业发展，更强调通过群体的、动态的、和谐的、持续的观点和视角，倡导同伴之间互助交流，群体协商，情感互动，强调教师在生态群中促进自身成长。这些改变意味着"权利共享"：共享资源、共享决策权、共享成果。很多时候大家都会觉得做到权利共享是很难的，可能会影响到"分享者"的利益。但"权利共享"让曾经在教研中长期没有发言权的教师团队和个体从中获益更多，活动过程更有活力，教师们参与时更有责任感，活动获得了更高的满意度，也对促进校本教研的持续发生带来更长远的影响。对于存在着疑虑的"分享者"来说，并没有因此减少他们的资源和成果,"权利共享"给"分享者"带来了更多研究伙伴。这样的改变也成就了海淀学区"聚享生态"学科基地教研的独特味道。

参 考 文 献

[1] 吴卫东. 体验式培训:教师培训的新视角 [J]. 教育发展研究,2008 (15).
[2] 詹青龙,祝智庭. 教师培训的新思路:培训课程活动化 [J]. 教育发展研究,2007 (11).
[3] 周培植. 好的教育 [M]. 北京:教育科学出版社,2015.
[4] [美] 乔恩·科尔科. 好产品拼的是共情力 [M]. 赵婷,译. 北京:中信出版集团,2019.
[5] [英] 彼德·泰勒. 如何设计教师培训课程–参与式课程开发指南 [M]. 陈则航,译. 北京:北京师范大学出版社,2006.
[6] 孙洪峰. 教师研修让教育更有生命力 [M]. 长春:吉林大学出版社,2013.
[7] 陈霞. 教师培训课程设计 [M]. 上海:上海教育出版社,2019.
[8] 杨茜. 教育生态学视域下教师生命成长探析——基于学生态群的实践认识 [J]. 中小学教师培训,2016 (2).

专家点评

论文结合已有校际教研相对封闭的现状,如区域教研普遍存在缺少引领专家、教研时间地点难保证、研究专题难选择、工学矛盾突出、缺少资金支持等问题,进一步探讨学科教研基地建设的重要意义。进而具体阐述海淀学区小学学科教研基地建设充分挖掘区域教育资源优势,发挥学区学科教研基地"五好"特质,通过组织形式、教研模式和研究状态的改变,探索圈内、外联手共研、跨校专题生态发展、校际教师动态培养、青年教师任务驱动、搭建"乐说"平台等方式,打通教育资源间的联系,突破"五难"境地,营造受到普遍欢迎的"聚享生态"教研。论文选题具有实际意义,研究过程清晰,研究结果对引导区域教研具有一定的实践意义。

首都师范大学　乔爱玲

"立德树人"背景下的教师队伍建设
——"SPECIAL"教师培训模式的实践与思考

北京市第十二中学 蒋炎富 赵 展

【摘 要】"兴国强师"是新时代以习近平同志为核心的党中央提出的重要论断。全面开展教师队伍的培育与培训,提高教师的专业发展水平,关乎深化教育改革的成败,关乎"立德树人"的教育使命,关乎民族的教育质量,意义重大。在北京第十二中学(简称北京十二中)联合总校的领导下,北京十二中始终高度重视教师队伍的建设,把建立起一支师德过硬、能力出众,能够承担"立德树人"时代重任的优秀教师队伍作为工作重点,创新地以"SPECIAL"教师培训模式为依托开展各项工作,力争使每一位教师都能在教育工作中创造优异成绩、实现人生价值,为伟大祖国教育事业的砥砺奋进贡献力量。

【关键词】"SPECIAL"教师培训模式,教师队伍建设,教师专业发展与成长

一、"SPECIAL"教师培训模式的酝酿

1. 教师成长之呼唤

近年来,在国际教师专业化运动和国内"国培计划"工程的推动下,教师培训与教师专业发展越来越受到重视。同时,教育部多次发文明确指出:通过教师培训,加强教师队伍建设,提高教师专业水平和教学能力是我国的基本国策之一。在这一背景下,教师培训专业化成为助力教师专业发展的必然选择。

2. 学校发展之必要

从学校发展角度,伴随着集团化办学实践的不断深入,北京十二中也步入了快速发展的新时期。为了支持总校各校区(新建校、薄弱校)的教师队伍建设和教师专业成长,学校派遣一大批优秀干部和骨干教师进驻各校区,即"削峰填谷"。这种做法虽有效促进了各校区的教师队伍建设工作,但也的确造成了北京十二中部分优质教师资源的流失。为进行有效填补,培养更多的优秀教师,组织开展教师专业培训活动迫在眉睫。

从教师专业成长角度,自2017年起,学校每年面向全国各高校招聘的应届本科、硕士、博士学历及以上毕业生至少30人,新入职教师人数逐年递增,因此加强新入职教师培训和青年教师培训工作成为学校可持续发展的重中之重。同时,倾全校之力培养一批有着高尚师

德且教育教学业务精良的教师更是学生全面发展成长和发展的核心保障，更是落实"立德树人"根本任务的重要实践。

二、"SPECIAL"教师培训模式的实践

"SPECIAL"意为"特殊的，特别的，不寻常的"，北京十二中在探索教师队伍建设的过程中也总结出了具有北京十二中特色、不同以往的"SPECIAL"教师培训模式（图1）。

图1　北京十二中"SPECIAL"教师培训模式

"SPECIAL"教师培训模式聚焦教师专业成长与发展过程中的一系列问题、难点，全面要求、重点推进，以教师专业发展中心作为依托，以青年教师论学班为主体，通过青年教师队伍的培育和建设拉动中青年骨干教师和特级以上教师的相关培训；实施项目制发展模式，并与教师专业发展阶段相结合。"SPECIAL"教师培训模式是北京十二中教师培训和教师队伍建设之路上的有益实践。

二、"SPECIAL"教师培训模式概述

1. "S"之制度共振

强调规则、制度的约束和督促。建立教师培训和教师队伍建设工作的外部制度保障，激励教师队伍自我发展的内在精神动力，通过内、外因素的共同作用促进教师的全面发展。

1）实施之规范

教师培训工作要以明确的规章、制度为支撑，逐步规范化、规则化，使教师的培训与发展内化为学校和教师的意识和理念。

作为教师培训和教师队伍建设的重点，青年教师发展的主要依托就是青年教师论学班。论学班以入职五年以内的青年教师为主体，教育、教学培训同时推进，不仅实现一年规范、三年成熟、五年有一技之长的青年教师个体成长目标，而且培养出一批教学能力、教研能力

与教育能力俱佳、教学实践拔尖、研究成果丰硕、德育效果突出的卓越青年教师。通过卓越青年教师的培养与发展，为本区、本市卓越教师的培养提供示范参考作用，实现全区著名、全市闻名、全国知名的发展效应。

（1）丰富的活动内容。教师基本功提升工程、德育素养提升工程、优秀青年教师带动工程三大核心工程贯穿每学期始终；专家讲座、特级教师经验分享、青年骨干教师巡讲、学段衔接体验、微格教学、说课展示、同课同构、同课异构、汇报课、展示课、案例讨论、心理辅导、团建拓展等活动异彩纷呈；"真、善、美"征文比赛、青年教师演讲比赛、青年教师板书比赛、说课比赛、优秀课例评比等活动实现以赛代培、以赛促培、以赛提升；班主任管理工作、学生活动、团队建设工作等领域全面覆盖、全面渗透……论学班的活动始终聚焦青年教师的成长与发展，充分利用学校内外各类优质资源，并以青年教师队伍的建设作为纽带，加强青年教师队伍与中年骨干教师和特级以上教师队伍的联系和相互促进，调动各方面积极性，提升论学班的"育师"效果。

同时，为助力青年教师的职业发展，支持新手班主任的持续成长，建构学习、反思、互助的成长氛围，2019年秋季学期，学校策划并举办"班主任沟通效能提升"工作坊，旨在帮助新手班主任深入了解学生、成就优质教育、提升教育效能感、增强工作幸福感。

（2）严格的管理评选。论学班的日常管理除学校相关领导直接负责外，还进行班级的自主管理，由论学班学员干部承担班长、学习委员、宣传委员、生活委员等职务，集中统一的管理让论学班的日常运营稳定有序。每次活动都坚持严格的考勤管理，高考学科未上过高三年级的教师、中考学科35岁以下、国际部高考学科35岁以下教师、每年新入职教师必须参加论学班的各项活动。每次活动安排专人负责做好活动记录，留下青年教师在论学班成长与进步的足迹。

对论学班学员的各项考评坚持公平、公正、公开的原则，从出勤、作业完成、教案检查、高考题考试成绩、各类教育教学比赛成绩、各类公开课的展示频率和级别、学校各项任务的承担、教育教学效果、工作态度、职业道德、同行及学生评价等方面每学期进行一次总体评价，评选出优秀学员。

（3）广泛的平台宣传。2019年秋季学期起，"北京十二中青年教师论学班"微信公众号正式启用。除了记录论学班各类日常活动外，还广泛刊登青年教师成长优秀案例，如教育教学感悟、优质学科课例、班级建设经验总结、各类科研论文等。同时，在2020年春季延期开学期间，论学班公众号更成为青年教师在特殊时期的精神家园。结合此次疫情，公众号发布了"战'疫'路上的青春印记"青年教师抗疫主题优秀作品、北京十二中"空中课堂"系列课程等。由此可见，论学班微信公众号已成为传递青年教师声音、展示青年教师风采的"大舞台"。

2）制度之落实

在教师培训工作中要注重教师对规范的教育教学、教师行为规则及相关制度的学习，以严格的教师标准来督促、要求教师群体，树立良好的教师形象，凝聚集团教师队伍核心文化，形成集团教师队伍共同的精神家园。

2. "P"之项目共营

强调在教师培训和教师队伍建设统一理念和目标下，全面实施项目制发展模式，以种类繁多、精彩纷呈的教师培训和工程调动教师成长与发展的积极性。如学校"五步走"优质教师培育项目。

"道不远人,薪火相传"新教师职前培训工程

随着学校的发展,一大批刚刚走出校园的应届毕业生加入我们的教师队伍。新鲜血液的融入既是机遇,同样也是挑战:新时期准教师的多元特点与培养体系的滞后脱节,师范院校的教师培养方式远不适应当前中小学教育教学改革的形势,大批非师范类毕业生进入中、小学教育教学一线,大批传统师范教育模式下的新教师奔赴新课改实施中的新学校……新教师的职前培训工作势在必行。

1)项目目标

针对新入职教师,学校将总的项目目标确定为"在一定程度上首先要解决这些新教师胜任教育教学的'补课'任务"。

(1)贯彻党的十九大和相关文件精神、落实立德树人根本任务,为造就一支党和人民满意的师德高尚、业务精良、创新能力强的教师队伍打下良好基础。

(2)深研新教育课程改革和新一轮高考的目标要求,初步掌握教学新方式、新技能、新手段,形成新的教育教学能力。引导新教师在工作中加强现代教育理论学习,拓宽学科基础知识和学科前沿知识,全面发展。

(3)感受和了解北京十二中悠久的办学历史、深厚的人文底蕴和辉煌的办学成就,加强新教师对新工作环境的认同感和归属感,将学校"求真 崇善 唯美"的办学理念迅速内化成对自我的要求和约束。

2)项目特色

(1)目标明确,指向清楚。新任教师职前培训活动以党和国家精神为指导和蓝图,以造就一支党和人民满意的师德过硬、能力出众,能够承担立德树人时代重任的优秀教师队伍为根本目标,加快青年教师队伍建设,增强新任教师的教育教学能力,加强新教师对学校文化、教育事业的认同感和使命感,尽快胜任学校各项工作并逐渐成长为学校发展的中坚力量。

(2)领导重视,组织到位。在职前培训活动启动前,学校有关负责领导召开专题会议,认真研究部署此项工作。成立新教师培训工作小组,由校长主抓此项工作,其他成员为学校业务主任、各教研组长等,分项落实责任,明确具体工作任务。待全体新入职教师就位后,学校统一召开新入职教师动员会,确保培训工作有序、顺利地开展。

(3)能力模块,层次递进。职前培训项目将新教师胜任工作所需的各项能力进行模块划分,按能力模块的要求进行专题式培养,重视职前学习与职后培训的衔接,强调知识本位和能力本位两种取向,使得培训活动兼具整体性与模块性、全局性与阶段性。以师德规范、教学培训、学校文化及制度、班主任工作及德育、青年教师引领、生涯规划教育、团队建设七大模块贯穿始终。通过模块式培养使得新教师立体式、全方位地接受成为一名合格的人民教师所需能力的认知与训练,达到培训内容丰富且具实用性、全面且具逻辑性的良好效果。

(4)综合能力,全面提升。除教育教学基本能力外,职前培训还关注新任教师综合工作能力的全面提升。在培训中,每天都会安排专人负责当天活动的新闻稿和摄影工作。撰写新闻稿不仅是为了记录当天的培训活动,更是为了日后在撰写学校微信公众号文章及班主任工作中班级宣传和班级微信公众号的建设提前预热。除新闻稿外,摄影工作也极为关键,通过摄影方面的培训,新任教师们学习到如何拍摄出符合要求且兼具美感的照片。在培训活动

中新任教师的文案撰写能力和活动宣传能力也得到了充分锻炼。

（5）严格管理，培养习惯。在职前培训中，这些刚刚走出校园的新任教师身上还有着学生的影子，但工作单位不同于校园生活，为严格要求、规范管理，培训活动中坚持每天两次点名，记录新教师的出勤情况，如有特殊情况需要请假必须提前向主管校长提出请假申请并上交假条，不得无故缺席培训；每天傍晚在新任教师微信群中发布后一天的培训安排，使新任教师们明确各自任务；每周定期检查新任教师的听课记录本和教案本，详细记录完成情况，及时反馈与探讨撰写教案过程中存在的问题，要求新任教师间互相学习和借鉴。

（6）收集整理，档案发展。新任教师培训小组在认真做好培训、监督等工作的同时，还进行新任教师入职教育的档案管理工作，严格按照既定方案开展培训活动，并及时做好培训活动记录，收集新任教师的培训发言稿或提纲、学习心得和笔记、研讨案例、教师教育教学案例、个人职业生涯规划等材料，充实教师成长发展档案袋，为新任教师日后的继续培训、学习奠定基础。

3）项目延伸

第一步：新任教师职前培训

新任教师职前培训是青年教师成长的开始，也是后期"发现自我，定位自我"新任教师启航工程和"发现自我，融合自我"青年教师出师工程的预备工程。职前培训使新任教师迅速了解学校，由外而内督促自我尽快胜任教育教学工作。

第二步："发现自我，定位自我"新任教师启航工程

该工程所面向的群体是刚刚入职且处于实习期的教师。由总校牵头成立转正评估委员会，通过上课、答辩、学生评价、组内教师评价、年级组教师评价等一系列转正考核环节对实习教师是否具备转正资格进行综合考评，同时注重项目实施过程中的引导与培养，以教材教法为核心，以岗前培训、月度调整、年中展示、年度考核等活动快速提升实习教师的教育教学工作综合能力。

第三步："发现自我，融合自我"青年教师出师工程

该项目所面向的群体是工作3~5年内第一次执教高三年级的青年教师。学校站在对学生和教师成长负责的高度，将没有执教过高三年级的青年教师都定位为没有"出师"，要求此类青年教师制定符合自身实际情况的出师计划和措施，并以课程或教育教学中某些实际问题的研究与解决为焦点，学校为其配备相应的导师并提供帮助，同时在青年教师第一次执教高三年级结束后要进行相应的"出师"评估和展示，并评选一定比例的"优秀青年教师"。

第四步："发现自我，提升自我"骨干教师腾飞工程

该项目所面向的群体是工作10年以上的教师。学校为其配备一名特级教师为导师，充分提供教师展示的平台（市级公开课、示范课等各类展示课）和继续发展的空间，帮助他们分析自我的优势及特点，并提出持续发展的方向与建议，使此类教师加强理论与实践的结合，逐渐形成个人的教育特色。

第五步："发现自我，超越自我"学术共同体工程（特级教师引领工程）

该项目所面向的群体是特级教师、学科带头人或市级骨干。总校为其组建校内的特级教师工作室或名师工作室，由部分特级教师及学科带头人或市级骨干担任顾问，引领一批积极上进的教师在其影响下迅速成长和发展，并以课题、问题、专题或话题研究为切入点开展学术共同体活动，每三年开展一次学术共同体论坛研究会。

以上就是北京十二中"五步走"优质教师培育项目。北京十二中真正站在教师发展的出发点上，关注每一位教师的成长，为其制定符合其自身实际情况的成长与发展计划，具备扎实的理论基础和实践可行性。同时，通过"五步走"优质教师培育项目研究优秀教师发展的轨迹，总结出带有一定规律性的发展模式，创造机会将其应用到更多的教师身上，使更多中青年教师受益于学校的教师培训项目。

3. "E"之经验共享

经验共享，意味着在教师培训的过程中，培训者与参训教师间以及参训教师相互之间都带着资源而来，彼此分享交流，共识共进。在联合总校的带领下，近年来北京十二中成绩斐然，学校越来越多地汇集了各方面的优质资源，学校各项工作和活动的开展也成果丰硕，积累了众多宝贵的经验。就学校来说，过往发展所汇集的资源与经验需要在学校内部进行共享，让广大教师广泛受益，为学校的发展增添更加强劲的动力，这是教师队伍建设的必然要求，也是学校可持续发展的未来趋势。

科研年会——经验与资源的大碰撞

作为联合总校每学期开学前的一场学术盛宴，科研年会的举办备受瞩目。三天的时间里，全体教职员工共同聆听来自各行各业佼佼者的精彩故事，共同学习教育领域最新思想、最新理念、最新模式，共同吸收总校内部的丰富经验与成果。北京十二中的科研年会已成为教师相互交流、相互借鉴、相互学习的大讲堂，更成为教师培训和教师队伍建设的一个大型场域，真正实现了"全员学习、共同研究"的预期目标，全体教师对教育教学研究的热情与积极性也被充分调动起来。

与此同时，教师队伍在接受最新理念、掌握最新动态后，便会将其融入自己的日常教育教学工作中，那么学校所培养的学生也会在潜移默化中受到影响，理念逐渐更新、视野逐渐开阔。也就是说我们的教师培训和教师队伍建设工作不仅指向全体教师，更指向全体学生，以教师的成长促进学生的成长。

"站在巨人的肩膀上看世界"，不仅是"站得高，看得远"，同时有了前人的经验，更能有效指导后续的工作和生活。对于教师队伍建设来说，资源和经验的利用是必不可少的，更是我们实现"弯道超车"的重要法宝。

4. "C"之文化共育

在教师培训界有这样一种说法："三流的培训请专家，二流的培训做课程，一流的培训育文化"。这里的"育文化"有两个层面的含义：一是指学校优秀传统文化的传承；二是指新的教师培训文化的创造。

文化——传承与创造

文化的传承。"百舸争流，奋楫者先；千帆竞发，勇进者胜。"拥有86年悠久建校历史的北京十二中在新教育改革的浪潮中始终昂立于浪尖，一代代因梦想而敢于改革创新、探索实践的十二中人创造了一项又一项辉煌成就，在锐意拼搏中形成了北京十二中极具特色和富有感染力的学校文化。作为传承学校优秀传统文化的载体，广大教师有义务、有责任深入学习和了解这所学校的悠久历史，树立"十二中人"的荣誉感、责任感和使命感，并为学校更加辉煌的明天而努力奋斗。

文化的创造。在教师培训和教师队伍建设中,"文化共育"不仅是学校优秀传统文化的传承,更是全新的教师培训文化的塑造。北京十二中十分重视教师培训文化的塑造:①确定教师培训使命。在教师队伍内部建立起使命担当意识,明确教师队伍应该承担怎样的重大责任。②树立教师培训愿景。教师培训愿景是"希望做出怎样的培训"的表达。学校教师培训和教师队伍建设始终坚持学术化、信息化、成果化、专业化、特色化的专业发展方向,希望做"有温度、有色彩、有质量"的培训,增强吸引力、增强人文关怀。③创新教师培训理念。教师培训就是"支持教师学习",所以学校将教师培训的理念转化为"以学习者为中心、以学习为核心、以问题为导向",凸显教师在教师培训中的主体地位,凸显教师学习的主动性与积极性,凸显教师培训的科学性和实用性。

虽然切入点不同,但是文化的传承和文化的创造都强调文化在教师培训和教师队伍建设过程中的重要性。此外,教师队伍作为团体,适当的团队建设活动和心理拓展活动也是增强团队凝聚力、加深成员相互了解的有效方式。

5. "I"之智慧共融

智慧共融,是教学相长、实践反思后的实践理性的提升,是教师群体在教师培训过程中教育教学智慧的凝结和分享,更是对教师培训和教师队伍建设的极大助力。

"众人拾柴火焰高"——社群学习

生态学认为,完全孤立的、个体的自我实现是不存在的。由此可见,教师的培训和学习也应该是参与社会性群体的学习。而作为成人的教师,其社群(也称为共同体)的形成与运行是基于学习环境与任务需求的。传统接受式的听讲座类学习个体可以独立完成,而当教师面对某个特定的学习项目或教育教学中复杂的教学问题时,个体的经验、能力无法解决,这时个体寻求其他个体的协助,社群初步形成,并在项目学习和问题解决类的学习中,分享彼此,建立学习伙伴关系。

学校在教师培训工作中也充分发挥了"社群学习"的优势。以青年教师论学班为例,每次集体活动中的一个重要环节就是交流、研讨,目的就是充分集思广益,引导每个成员源源不断地输出自己的想法和观点,使得个体智慧无法解决的、教育教学中的实际问题能够通过论学班这个社群得到深度会谈,并获取问题解决之道。论学班的存在不仅产生群体智慧,更培养了青年教师利用群体智慧的能力,"授人以鱼不如授人以渔",能力的掌握比知识的获取更为重要。同时,随着当今科学技术的发展,"智慧"不仅指人的"智慧",也指机器的"智慧"。学校在教师培训工作中积极利用信息技术最新成果,创新培训模式,提供学习平台,拓展学习空间。以学习者为中心,通过主题研讨、任务驱动、经验分享、学术沙龙等培训方式,帮助教师实现深度参与、深度学习;通过线上线下相结合的混合式培训方式,帮助教师形成混合式学习方式;利用微信、微信群等创新教师培训沟通方式,随时随地学习、随时随地培训;基于手机、平板电脑等移动终端的使用形成培训新业态,将教师学习由单一的书本、课堂拓展到网络空间,提高教师在信息化时代的学习力。

6. "A"之行动共生

强调教师培训和教师队伍建设工作要以"行动研究途径"为理论指导,强调教师应该是教育教学的研究者：教师对自己的教学实际应采取探究的态度，通过探究，澄清教学中的实际问题，了解现象，获得领悟，并将获得的教学知识和技能应用于教学实践。

行动研究途径——教师群体的自我更新

在教师培训中，教师自我更新的能力和水平也是重要一环，教师由内而外、主观上的革新与改变也尤为关键。教师主观理论的改变代表着教师教学知识和技能的发展，教师培训的作用也在于促进教师主观理论的改变。在"行动研究途径"模式的影响下，学校逐渐摒弃在课程专家、教研员等外在因素的控制和主导下用另外一种有效的科学理论去"交换"或"替代"有"缺陷"的主观理论，转而注重以各年级、各教研组、各备课组等教师群体形式加强教师对教学实践活动的反思，使每一位教师从自己的角度出发，经过自己的反思与实践行动来修正或改变自己所持有的主观理论，并不断地把一些新的理念、知识、信息和价值观念整合到现存的主观理论中去，这样不仅能够产生理论知识，也能主动地加以验证并进行重建。

随着新课程改革的深入，教师"研究者"的角色越来越重要，而要实施新的课程改革，就必须首先要加强"以教师为焦点"或"以学校为本位"的教师培训工作，让教师在实际教学中、在参与新课程研究和发展的过程中，充分地了解、学习和研究新课程，掌握教材，反思教法，提升教学能力，实现教师群体的自我更新换代。学校在教师培训中充分强调教师自我反省、自我发展的过程，充分发挥教师教育实践活动研究者的作用，充分激励教师在现实教育教学情境中的思考和探究，从而增强教师培训的真实性，有效促进教师的专业发展和成长。

7."L"之展示共行

强调教师培训和教师队伍建设不仅为教师个体成长与发展创造条件，更为教师提供能够发光发热的平台，让每一位教师都有机会成为各自岗位上的"明星"。的确，每个个体都有获得认同和认可的需求，都有追求自身存在价值的渴望，当这些需要和渴望得到满足后，将会提升个体的自信、增强自我效能感。对于教师培训来说，给予教师展示自己的机会也是锻炼教师的重要手段之一：通过组织各类比赛、演出节目、展示课等活动，督促教师在展示前积极准备（准备的过程也是一个成长的过程）；在展示过程中也是对教师心理素质、临场应变能力、处理能力等的全方位锻炼；在展示完毕获得认可后，教师内心得到满足，教师个体的自我效能感就会大大增强。"人人都有机会展示，个个都有舞台展示"的公平、暖心氛围成为学校教师成长与发展的温润土壤。

同时，学校每年都会举办各类比赛、展示活动，包括教学基本功的展示、教育能力的展示、演讲比赛、板书比赛等，力争使每位教师都能找到展示自己的舞台，都能得到锻炼。这些比赛活动既是督促教师加强自身教育教学功底的机会，也是教师成长与发展不可或缺的必要环节。

三、"SPECIAL"教师培训模式的思考

"SPECIAL"教师培训模式作为北京十二中广泛应用和普适的教师培训模式，是学校86

年发展历程中教师培训思想和理念的结晶。但是在实际操作中,受学校发展等条件的限制,此模式仍存在局限性,如部分教师参与培训的积极性不强、培训内容未完全符合实际需求、缺乏妥善的培训考核办法与培训评估等。

针对以上在工作中发现的问题,学校也进行了广泛的调研与探究,进一步从教师成长与发展的初衷再出发,逐渐探索出了一些更具操作性和实效性的教师培训方法,为教师队伍建设尤其是青年教师队伍建设提供了新的思路。比如,在每年的新入职教师培训中,学校考虑到,新教师们作为这所学校的新成员,短时间内熟悉学校、融入学校,其实并非易事,因为很多事情、很多情况都需要老师们亲自去了解和实践。为此,学校在新教师入校之初,为每位老师都配备了一位优秀学长,帮助新教师们迅速了解学校,熟悉各项工作。这位"学长"就是学校入职在三年以内的青年教师。学校这样的安排主要是考虑到,学长和新教师们的年龄相仿,有共同的经历,沟通和交流起来比较顺畅,同时学长们作为青年教师,也能给新教师们提供教育教学方面的小贴士,分享工作中的一些感受和收获,帮助新教师们了解学校工作的常态,尽快熟悉学校,减少陌生感。这种优秀学长指导新教师的培训方法,是学校教师队伍建设工作的一种创新,更重要的是体现了一种"全员参训"的理念,对于新教师的培养是学校面向全体的一项工作。

四、结束语

"经师易得,人师难求"。一个人一生遇到好老师,这是这个人的幸运;一个学校拥有好老师,这是这个学校的光荣;一个民族拥有源源不断的好老师,这是这个民族发展的根本依靠、未来依托。为此,我们必须从战略高度认识加强教师队伍建设的重大意义,坚持把教师队伍建设作为学校工作的重中之重,完善教师培训模式,提升教师综合素养,引导教师做"四有"好老师,做"四个"引路人,使北京十二中的教师队伍逐步发展成为一支贯彻落实"立德树人"根本使命、师德高尚、业务精湛、结构合理、充满活力的高素质、专业化教师队伍。

"夯基固本育英才,高瞻远瞩兴伟业"。北京十二中始终坚持"立德树人"根本任务,不忘初心,牢记使命,在民族复兴的接续奋斗中砥砺前行,书写时代和人民交付的伟大答卷,汇聚起教育事业改革发展和人才培养的磅礴力量,坚定托起民族未来的希望!

<h2 style="text-align:center">参 考 文 献</h2>

[1] 何君辉. 试论教师培训文化的建构 [J]. 湖南科技学院学报, 2016 (01).
[2] 朱祥平. 教师培训文化的重塑 [J]. 教学与管理, 2010 (36).
[3] 程明喜. 教师学习:新时期教师培训文化建构的理念、内涵与路径——以吉林省中小学幼儿教师培训中心为例 [J]. 吉林省教育学院学报, 2019 (08).
[4] 王金云. 论"主观理论"下的两种教师培训模式及其启示 [J]. 河南师范大学学报(哲学社会科学版), 2015 (01).
[5] 宋秋前. 行动研究:教育理论与实践相结合的实践性中介 [J]. 教育研究, 2002 (7).

专家点评

  北京十二中高度重视教师队伍建设，始终把建设一支师德过硬、能力出众的优秀教师队伍作为学校工作的重中之重。经过长期的实践与探索，树立了"SPECIAL"教师培训模式的品牌。该模式聚焦教师专业成长与发展中的一系列问题，全面要求，重点推进，以青年教师论学班为主体，通过青年教师队伍的培育助推中青年骨干教师和特级以上教师的培训工程，实施项目制发展模式。SPECIAL意为"特别的，不寻常的"，具有北京十二中自身特色的"SPECIAL"教师培训模式，为本校、本区教师培训工作发挥了指导和示范作用。

北京青少年研究所 余逸群

"供给侧改革"视域下区域骨干教师培养路径探究
——以石景山区骨干教师培养为例

北京教育学院石景山分院 陈绪峰 刘 红

> 【摘 要】 区域骨干教师培养中存在供给侧和需求侧不协调的问题及培训双方割裂的现象,"供给侧改革"是以需求促供给进而实现双方和谐统一发展的重要路径。本文以石景山区骨干教师培养为例,阐述了通过析分梯队分层供给、完善制度保障供给、立体多元优质供给、任务驱动高效供给等"供给侧改革",开展区域骨干教师培养的思考和实践。
>
> 【关键词】 供给侧改革,骨干教师,教师培养,培养路径

骨干教师是教师队伍的核心力量,是教师队伍中的关键少数。建设一支高素质、创新型的骨干教师队伍,是实现教育高质量发展的重要保障。中共中央、国务院《关于全面深化新时代教师队伍建设改革的意见》指出:"教育大计,教师为本。"为提升教师队伍建设水平,要"转变培训方式""改进培训内容,紧密结合教育教学一线实际,组织高质量培训……促进教师终身学习和专业发展。"

教师培训中存在着培训内容和培训方式不能很好适应教师专业发展需求的现象,在区域骨干教师培养中,也存在施训供给和受训需求不相匹配的结构性矛盾。因此,作为区县教师培训工作者,着眼于"供给侧改革",促进骨干教师队伍的发展,意义重大。

一、供给侧改革

供给侧(Supply side),本身是经济学术语,意思指供给方面。与之相对应的是需求的一侧。供给侧结构性改革旨在调整经济结构,使要素实现最优配置,提升经济增长的质量和数量。

教育领域的"供给侧改革"是深化基础教育领域综合改革的重要组成部分,其核心是扩大优质教育资源供给,优化教育资源配置,给受教育者提供更多、更好的教育选择,从而化解教育中的问题。

教师培训"供给侧改革"强调的是在深度关注、大力激励教师有效发展需求基础上,更新与改进教师培训服务,利用更高质量的培训资源、更具实效性的培训活动,满足受培训者个性化的发展的需求。同时,促进受培训者的专业成长,实现双方共赢。骨干教师作为教育教学素养和能力突出的教师群体,对培训的要求更高,更加渴求优质、高效的培训供给。

二、"供给侧改革"视角下教师培训相关文献

我们以"供给侧改革""教师""培训"为关键词,在 CNKI、小学数字图书馆查询到 48 篇文章。

1. 关于"供给侧改革"视角下教师培训面临问题的梳理

龙宝新认为,我国当前教师培训服务供给侧面临的主要问题是:产能过剩、过度培训、满意度低、服务同质化等。张蜜芳将"供给侧改革"视角下教师培训的现实困境归纳为三个主要矛盾:培训师资的局限性与学员多样化知识需求之间存在供需矛盾,培训模式的单一性与学员多元需求之间存在矛盾,培训主体的多元性与学员专业化需求之间存在矛盾。陈超则对当前教师培训供需失衡的现状进行了分析:方案制定不精准,课程设置不精确,方式运用不精当,管理服务不精细。

2. 关于"供给侧改革"视角下教师培训改革路径的探索

刘利民提出了"供给侧改革"的三个行动路径:第一,以需求满足为出发点,建构主题式、人本化的培训课程,实现教师培训工作从"粗放供给"到"精准供给"的转变;第二,以方式变革为切入点,探索体验式、一体化的培训策略,实现教师培训工作从"低效供给"到"高效供给"的转变;第三,以资源整合为突破点,建构协同式、信息化的培训模式,实现教师培训从"封闭供给"到"开放供给"的转变。

张蜜芳则从培训"内容""模式""制度"三个维度提出"供给侧改革"的方案:立足内容供给,优化教师结构;立足技术供给,丰富培训模式;立足制度供给,统筹施训。陈超认为,保证教师培训的有效供给有五个手段,一是实施量身定制的"订单式"培训模式;二是实施以点带面的"辐射式"培训模式;三是实施个性化的"诊断式"培训模式;四是实施"研训一体化"培训模式;五是实施"三网相通"培训模式。龙宝新从教师培训服务供给侧改革方面提到要"培优"(质量提升)、"变构"(结构优化)、"入市"(培育市场)、"创新"(服务创新)、"改制"(推广 PPP 模式)。

综上所述,专家学者从培训人员、制度、内容、模式、管理等各方面提出了教师培训供给侧方面存在的问题及解决思路,对提升教师队伍培养质量具有很强的指导意义。不过,对于骨干教师这一特殊群体的培养,相关文献并不多见。我们在前面所提相同网站以"供给侧改革""骨干教师"为关键词查询到文章只有三篇,相对契合主题的只有《谈教育供给侧改革下,幼儿园骨干教师的发展与提升》一篇。因此,聚焦供给侧视域下骨干教师的培养路径探索,具有一定意义。

三、"供给侧改革"视域下区域骨干教师培养路径探索

在区域教师队伍培训工作中,骨干教师常常只是被作为一个整体、一个层级看待,培训中往往不再进行更加细致的分层、分岗乃至分人的个性化设计和实施;培训者的着眼点和精力往往聚焦在完成上级布置的培训任务和根据培训者本身的业务专长设置相关课程上,忽略被培训者的真实而鲜活的需求,忽略被培训者作为培养对象的主观能动性和创造力,忽略对

培训活动本身的有效评价，忽略培训双方的相互促进和共同成长。

因此，区域培训机构应该充分重视培训供、需两方面的协调统一问题，为骨干教师提供高质量、有效率、创新性的服务，使培训内容贴近他们的需求，培训方式适合他们的要求，满足其个性发展的需要，不断提升学员乃至被培训者的实际获得感，解决供给侧与培训需求侧不相衔接的结构性矛盾，实现从需求侧的拉动到供给侧结构性改革推动的转变。

1. 析分梯队，分层供给

《教育部关于大力推行中小学教师培训学分管理的指导意见》提出了要"以教师发展阶段为基础，以能力诊断为依据，根据教师年度发展和周期性发展需求，进行递进式设计，推动教师持续成长"的要求。虽然文件针对的是所有教师，但是我们认为对于骨干教师队伍同样适用。为此，把骨干教师分为四个梯队：青年创新人才、骨干教师、区域名师、特级教师，并根据每个梯队骨干教师的特点，针对性开展培训。

（1）青年创新人才。这类教师指在市、区级各种大赛、科研和教学成果评比中取得优异成绩的青年教师。他们学历高，受过比较系统的科研训练，接受能力强，求知欲强。据此特点，我们与北京师范大学等高校合作，关注课堂、关注小课题研究，采用理论培训和课堂实践结合的方式开展集中培训。同时，与北京教育科学研究院合作，分别开展主题为"基础教育学业质量测试与评价"和"教师核心素养提升"的培训项目。通过理论学习、下校参观、课例研修、说课指导等途径，帮助教师了解并掌握多元化的教育及教学评价方法，提升教师的教学创新和研究能力。

（2）骨干教师，是指有市区骨干教师称号的成熟期教师。其特点是教育教学经验丰富，业务能力强，自主学习能力强。但是由于任务重，责任大，部分教师有职业倦怠的情况，出现瓶颈现象。

据此特点，我们一方面选取优质网络资源，加大资源供给量，开展了"骨干教师综合素养提升远程培训班"；另一方面让老师根据自我需求，自主选择课程学习，并进行相应的考核。

此外，我们还采取走出去和引进国外高端教育资源的方式，赴高校与国外进行培训考察，开设了综合课程领导力提升、基于核心素养的教师教育教学创新能力提升、中小学教育科学与实践能力提升培训、基于学生心理特点的教师核心素养提升等课程，提升了这个骨干群体的综合素养和教育教学指导能力，开阔了他们的国际视野。

（3）区域名师，是指在区域内有较大影响力，有自己初步教学思想的、有意愿、有能力评选特级教师和正高级教师的骨干教师。该群体的特点是教育教学和科研能力俱佳，在区域内有较好声望和影响力，在一定范围内承担着比较重要的教育教学引领任务，各方面认可度高。为此，在严格选拔的基础上，石景山区持续开展了四期名师培养工程，以任务驱动的方式，加强其科研能力，尤其是教育教学成果提炼能力。

（4）特级教师，是指包括有特级教师称号和正高级职称的专家型教师。在教委政策资金的支持下，成立区级学术委员会和特级教师工作室，同时要求每位专家成立自己的工作室。通过各种活动，发挥其在区域教育改革，尤其是教师队伍建设中的引领与辐射作用，以培养、集聚一批在全国、北京市具有影响力的名教师和学科领军人才，带动区域教师队伍素质的整体优化与提升。

2. 完善制度，保障供给

骨干教师的培训尤其离不开行政和业务部门的通力合作。而建立健全相关规章制度，则是"供给侧改革"顺利开展的重要保证。

（1）在区域培训整体规划中突出骨干教师培养。例如，《石景山区"十三五"时期教育事业发展规划》《石景山区"十三五"时期中小学教师培训工作实施意见》和《石景山区教师培训者队伍管理》中，都有对骨干教师培训的专门阐述。

（2）形成工作机制。制定了《石景山区教师培训工作联席会制度》，石景山区教师培训中心与石景山区教委人事科、基础教育科以及石景山分院各业务部门密切联系，彼此紧密合作，集行政和业务部门之合力，打好骨干教师培训工作的"组合拳"，提升教师培训的综合效益。

（3）确立需求分析制度。对每个梯队骨干教师的需求开展调研，包括他们关注的问题、期待的培训课程、实施的方式以及对培训的建议等。

（4）建立培训评估制度。在每个骨干教师培训项目开展前、中、后都要有监督考核。实施课程备案制度，严格执行开课申请备案审批、讲义备案、评价与反馈、结业授分等程序，定期组织专家对培训课程进行科学、严谨、有效的评估。

（5）建立资质筛选制度。针对骨干教师需要高端培训的状况，引进竞争机制，制定《三方询价和招标制度》等，确保教育资源优质。

3. 立体多元，优质供给

1）全方位筛选优质教育资源

骨干教师成长更需要高端教育资源，只有充分利用好各种优质教育资源，用其所长，才能更好地服务于骨干教师的发展。石景山区根据市区相关制度要求和教师需求，整合了以下四方面的优质资源，为骨干教师专业发展提供服务：①加拿大高桂林教育局、加拿大煌桥教育集团等境外教育机构；②清华大学、浙江大学、北京师范大学、华东师范大学、东北师范大学、中央音乐学院等知名高校；③中国教育科学研究院、北京教育科学研究院等研究机构；④北京中科启智教育科技有限公司、北京科教立新教育科技有限公司等专业机构；⑤中国教师研修网、中小学教师继续教育网等教育机构。依据每个培训项目、每个培训班的需求，有目标地选择其中的培训资源开展专项、专题培训，保证了培训的高质量。

2）针对性采用适合的培训方式

不同梯队的骨干教师，对培训方式的要求也有差异。所以，在培训之前，要通过召开座谈会、调研、问卷调查、网络调查等形式对每个梯队、每位骨干教师的培训需求进行全面细致的分析，区分教师发展中的"真正需求"，从而针对性设计培训方案。

例如，针对青年创新人才头脑活跃的特点，我们采用体验式培养模式。以问题为导向，确定每位教师的研究小课题，发挥培训教师的主体性、参与性、实践性，让参训教师不仅了解科研的基本过程，还能在老师和同学的帮助下，拿出课题的解决方案，满足青年骨干教师的需求。而对名师的培养，则采用"双导师制"。一方面与高校合作进行科研能力提升培训；另一方面与北京市教育科学研究院合作进行学科能力培训。科研培训采取集中讲授、参与式研讨、个别指导、线上答疑相结合、项目式合作学习与个人探究相结合的学习方式，并且每个模块中都精选一两次专家集中讲座的内容，配套一两次小组活动，及一两次个别指导，促进导师、学员在实践情境中活用理论知识，在研究问题、解决问题的过程中创造性的实践和理论知识。

3）开设真实情境的时效性课程

（1）源于教育实践的时效性主题课程。骨干教师是区域教育的宝贵财富。他们往往担负着更重要的教育教学任务，对培训的现实意义要求更为迫切。为此，我们引进优质资源，用专业的视角引领骨干教师解决现实问题。例如，针对所有骨干教师开发的"危机管理培训课程"，便是教给骨干教师在自媒体发达的今天如何有效应对身边发生或者被发生的一些事件，内容包括"当前我国的舆论环境与传媒政策、突发事件的内容分类与舆情研判、突发事件舆情引导的基本原则、新闻发布的形式和渠道选择、与媒体打交道的方法与技巧"等，满足骨干教师群体的现实需求。

（2）源于教学实践的问题解决课程。为了满足骨干教师队伍实际需求，为骨干教师提供满足其需求的精准培训，我们将培训与教学实践相结合，在培训中工作，在工作中培训。例如，名师工作室学科能力提升方面，研修内容主要围绕"发展学生核心素养的有效教学策略；如何以课例研讨为载体，提升以落实学科素养为核心的教学设计水平；以培养学科素养为目的，进行单元整体备课的设计与实施；在课堂教学中对学生学科核心素养发展状况进行有效评价的实施策略；进行课堂教学诊断分析的基本思路与有效策略"五个主题展开，学习效果明显。

4）针对兴趣的个性化供给

骨干教师更渴求更高质量的培训资源、更具实效性的培训活动，以满足其个性化的培训需求。而专题培训是个性化供给的有效手段。个性化供给的具体内容如图1所示。

（1）国外教学热点专题培训。如"中小学戏剧文化教育教师素养提升培训项目"和"科学与实践教育教师能力提升培训项目"，目的是提升骨干教师对中外戏剧文化和科学素养的认识，教师根据兴趣爱好和需要自愿参加。

图1　个性化供给示意图

（2）跨领域跨专业专题培训。采用公开招标的方式，择优录用教育培训机构，开展石景山区教练型教师培训。通过教练型教师的相关理论和教育策略的培训，受到骨干教师中负有管理责任的教师，尤其是担任班主任工作教师的欢迎。

（3）前沿科技专题培训。根据国家政策和教育技术发展趋势，开设人工智能专题培训班，不仅帮助骨干教师掌握一些先进的教学手段，更帮助他们了解了科技的发展对未来人才的需求，更新了教育理念。

（4）人文素养专题培训。为缓解骨干教师压力，增强人文情怀，开展人文素养培训班，内容涵盖古典文化、经典导读、教师礼仪、插花技能、家教知识、茶道香道等。

4. 任务驱动，高效供给

根据美国学者埃德加·戴尔的"学习金字塔"理论，主动学习、实践应用是高效的学习策略。培训实践也告诉我们，坚持实践导向，采用任务驱动的培训原则，是成人培训的重要原则。为此，我们打破培训者和受训者的界限，将骨干教师作为重要的培训资源，在教育教学和科研的实践中，加速其成长。

1）在担任区级兼职培训教师中发挥辐射作用

按照北京市区（县）教师培训机构建设水平标准的要求，区（县）教师培训机构，专兼职教师的比例为1:1。而区域内骨干教师队伍，无疑是合适的人选。我们明确了兼职培训教师的工作量，对骨干教师作用和潜力的发挥起到了督促作用。

2）在学科骨干岗位上发挥引领作用

（1）在课题活动中担任指导教师，提升科研能力。对教育科研骨干教师，即承担过市规划课题以及学校科研室主任这些教育科研的骨干教师，采用任务驱动的方式促进其专业成长。石景山教育科学研究所邀请他们与市级专家一起参与开题论证、带题授课指导、结题鉴定交流等科研指导活动，让他们开阔眼界、提高他们评价指导课题的能力。

（2）在大赛中担任评委，强化对青年教师培养。石景山区自2002年开始，每年组织一届教育教学基本功大赛展示活动。该活动针对青年教师群体，为区域青年教师在教学基本功和能力的提升方面提供交流、展示和成长的平台。骨干教师通过做评委工作，提升了综合能力。

（3）主持论坛，提升专业素养。石景山区每学期举办一次全区性的德育论坛，以总结推广交流优秀班主任教师在班级建设、学生管理等方面自主生发的先进经验，进一步探索市场经济条件下班主任工作及学生管理方面的新路子，实现经验共享。区级班主任首席等骨干教师在主持论坛过程中，引领辐射作用得以发挥。

3）在项目实施中促进专业发展

"十二五"规划末期开始，依托北京市教委教育科学研究部门支持初中学校发展项目，石景山分院基础教育研究中心、石景山区科研中心及德育心理研究中心对石景山区四所初中校进行了针对性指导。石景山区教育分院的教研员（均为市、区骨干），以示范课、听评课、专题讲座和专题研讨等方式，在教学理念和教学设计、教与学的方法、教学反思等操作层面，进行了全方位的示范和指导。他们深入第一线，走上讲台，与教师学生零距离接触，深切感受了教育教学实际，对反思自身工作定位、研修活动设计起到了积极作用。

4）在对口支援培训中提升专业素养

"十三五"以来，石景山区承担了对口支援江西省赣县、内蒙古宁城县、河北省南宫市、河北省顺平县的教师培训工作，超过500人次教研员和一线骨干教师参与了相关培训的讲座、跟岗指导活动。另外，还组织多期赴内蒙古宁城、内蒙古莫旗、青海省称多县的送教活动。所有授课和指导教师在完成任务的同时，提升了奉献精神、责任意识和专业素养。

5）在课题研究和成果提炼中提升学术功力

（1）主持和参与课题研究，提升学术水平。石景山区重视课题研究工作，在骨干评选中，主持课题是重要的硬件。强有力的政策支持，保证了广大骨干教师积极参与课题研究，而每个课题又都吸引一批教师为课题组成员。在学习、研究、实践活动中，一批批科研骨干教师迅速成长成熟起来，区域教科研水平和学术能力稳步提升。

（2）提炼和推广研究成果，提升学术水平。通过培训与任务驱动，"十三五"期间石景山区涌现出一批丰硕的教育科研成果，获得北京市基础教育教学成果奖一等奖两项，获得北京市教学成果奖二等奖七项。2017年，启动了石景山区研训成果丛书项目，已有6名特级教师、市学科带头人及市骨干编撰出版了研修成果。石景山区还将在进一步促进优秀教师业务水平的基础上，更大范围内宣传、推广区域骨干教师的优秀教育教学成果。

6）在学习共同体中开发主题课程

骨干教师本身多为一线把关教师，在一定范围内，发挥大家的聪明才智共同开发课程，现实意义更大。例如，区里倡导骨干开展的"垂直整合类培训课程"，促使每位骨干教师了解不同年龄段学生的心理特征和认知特点，整合小学、初中、高中不同学段的课程要求，形成新的、可供他人借鉴的主题课程。

习近平总书记说，一个人遇到好老师是人生的幸运，一个民族源源不断涌现出一批又一批好教师则是民族的希望。骨干教师在知识和能力方面具有了好教师的素质，如何根据其职业生涯发展特点和需求，通过供给侧的结构性调整来提升培训活力，提高培训的实效性和吸引力，激发骨干教师的职业发展动力，是一个值得不断研究和探索的课题。

参 考 文 献

[1] 李奕．北京"深综改"：基于供给侧结构性改革的整体性变革［J］．中小学管理，2016（01）．

[2] 陈捷．教师培训的"供给侧改革"［J］．中小学信息技术教育，2016（05）．

[3] 戴礼章．教师培训供给侧改革要关注四个焦点［J］．人民教育，2017（23）．

[4] 崔铭香，蓝俊晴．论成人学习理论视域下的教师专业发展［J］．职教论坛，2018（2）．

[5] 范朝霞．基于转化学习理论的成人远程教育发展路径［J］．中国成人教育，2018（14）．

[6] 韩冬梅．基于专业发展的中小学教师培训课程开发研究［J］．长春教育学院学报，2019（7）．

[7] 张小云．构建多元共同体　助力教师专业发展［J］．教育管理，2019（30）．

[8] 庞维成．具身认知视角下区域教师教育方式和机制创新［J］．现代基础教育研究，2019，36（12）．

[9] 刘蓓，李晓迎．"供给侧改革"视域下中职教师主题式培训模式构建［J］．江苏教育研究，2020（1）．

[10] 朱宁波，秦丽楠．新时代中小学教学名师的培养策略［J］．教育科学，2020（2）．

[11] 刘利民．基于供给侧改革视域的教师培训行动路径探析［J］．当代教育科学，2017（5）．

[12] 张蜜芳．"供给侧改革"视角下的教师培训探索［J］．教育家，2018（43）．

[13] 陈超．供给侧改革视域下的教师培训新探索［J］．教学与管理，2019（1）．

[14] 龙宝新．论教师培训服务的供给侧改革［J］．当代教育科学，2017（10）．

专家点评

本研究以"供给侧改革"视域下区域骨干教师培养路径开展研究，从区域骨干教师培养中存在供给侧和需求侧不协调的问题入手，结合"供给侧改革"的思路与方法，以石景山区骨干教师培养为例，探索需求促供给，进而实现双方和谐统一发展的重要路径，总结了通过析分梯队分层供给、完善制度保障供给、立体多元优质供给、任务驱动高效供给等供给侧改革，开展区域骨干教师培养的思考和实践成果。选题研究具有一定的实践意义，研究思路清晰，方法得当，结果具有较强的应用价值。

首都师范大学　乔爱玲

依托"学习强国"APP 提升党员教师教育素养的研究
——以怀柔区党员教师为例

北京市怀柔区教育科学研究中心　于晓龙　闫　杰

【摘　要】"学习强国"APP 自 2019 年 1 月 1 日正式上线以来，已成为媒体融合背景下提升政治传播能力、营造党员教师学习氛围的一次有益尝试，至今取得了"现象级"的传播盛况。《依托"学习强国"APP 对党员教师教育素养提升的研究》是怀柔区师训办结合教师培训工作确定的对党员教师培训的研究方向。利用"学习强国"APP 学习平台，通过组织、宣传让怀柔区党员教师学古人、学先进、学技能、学法律、学科普，使其潜移默化地传承中华民族文明的博大精深文化，虚心重拾中华文明之精华，成为他们广为认同的精神支撑，从而进一步提升党员教师的教育素养。

【关键词】"学习强国"APP，素养，教育素养

一、问题提出的背景

习近平总书记说过："中国共产党人依靠学习走到了今天，也要依靠学习走向未来。"党员教师更应该多学习，多参加培训。"学习强国"APP 以其权威的信息、丰富的内容吸引了怀柔区教育系统广大党员教师在第一时间下载注册，进行实名认证，并积极开展学习活动。在此基础上，怀柔区教委召开会议强调了建设此平台的重要意义，明确了学习方法和学习要求，搭建起了区教委、各院校党组织、党支部三级组织工作体系，确保在职党员教师使用率达 100%。

因此，怀柔区师训办结合教师培训工作，经过讨论确定了《依托"学习强国"APP 对党员教师教育素养提升的研究》的研究课题。党员教师培训是一项重要基础工作和长期战略任务，由于载体滞后、方法单一、资源不足等，已经不能完全满足基层党员教师日益丰富化、多样化的学习需求。在这个信息化迅猛发展的时代，"学习强国"APP 是由中共中央宣传部主管的学习平台，其功能多样，内容丰富，能够高效抓取党员教师学习教育的关注点、敏感点和兴趣点，从而有针对性地改进方式方法、创新载体平台、规范制度体系，使党员教师的培训紧跟时代的步伐，富有时代性和体验感，政治性强，深受我区党员教师的好评。

本课题的创新之处是选题基于当前的大环境，借助"学习强国"APP 培训的力量，把党员的党风廉政建设与教师的德育教育结合，调查党员教师的需求，利用知识竞赛、座谈会、论文征集等活动，促进 APP 平台的培训效果，富有挑战性。

下面介绍核心概念的界定。

（1）"学习强国"APP。"学习强国"APP是中共中央宣传部建设的信息化学习平台，教育系统要求党员教师统一运用"学习强国"APP的手机客户端进行学习，手机客户端由"学习""视频学习"两大板块38个频道构成，聚合了大量可免费阅读的期刊、古籍、公开课、歌曲、戏曲、电影、图书等资料，具有综合性、即时性、便捷性、互动性、可检测性等特点和优势。

（2）素养。素养是指个人在天生素质的基础上，由训练和实践而获得的技巧或能力。

（3）教育素养。教育素养是指教育方面由训练和实践而获得的教育技巧和能力。包含三个层面，即文化底蕴、教育追求、教育智慧。教育追求和教育智慧都只能从人们内心生长出来，其长势如何取决于土壤的肥沃程度——个人的文化底蕴，包括学识修养、心性修养、精神修养。

二、文献回顾

1. 国内外研究的现状

经调查，目前我国的中、小学教师培训城乡普遍采用的培训模式主要有两种。一是办短训班进行短期培训。参培教师集中在县以上培训机构（包括教育学院、教育科学研究中心）参加面授学习。二是业余自修和面授学习相结合的模式。国外的教师培训模式主要分为两大类：一类是培训者对学员的培训，这是院校培训模式；另一类是学员对学员的培训，这是校本培训模式。培训者对学员的培训立足于院校，或以远程教育的方式展开；而学员对学员的培训则是立足于学员所任职学校。无论是国内还是国外的教师培训都存在共同之点，概括起来有三个：一是统一计划，统一课程，统一授课，便于管理；二是培训内容理论上比较系统、完整，参培教师通过努力在理论方面能得到较快的提高；三是培训时间大多不长，参培教师容易拿到结业证书。但是，国内外研究者也早就认识到教师培训模式的不足并进行了积极的研究，多数培训都是专业素质的培养，是教师教育素养的一部分，而教师教育素养的提升却是个缓慢的过程，不是一朝一夕的事情。

苏联大教育家苏霍姆林斯基的《给教师的100条建议》中的第87条《谈谈教师的教育素养》谈到，"教育素养首先是教师对自己所教的学科要有深刻的知识。只有当教师的知识视野比学校教学大纲宽广得无可比拟的时候，教师才能成为教育过程的真正的能手、艺术家和诗人。"这说明教师的文化底蕴不仅要"渊"要"深"，更应强调"博"和"广"，要各个层面都要有所涉猎，并消化吸收，除了要广收博采，更要"整合"，自成一家，形成自己对生命、对历史、对社会的独特理解和信念，长成自己身上的人文骨髓。这样教师面对学生方能得心应手，举一反三，旁征博引，左右逢源，而授予学生的东西，也是教师自己人文思想的独特理解和感悟，讲课才能深入孩子们的心灵；反之，就谈不上教育素养。就像我们经常说的"给学生一杯水，教师就要有长流水"说的就是这个道理。关于教育素养国内外已有很深的研究，而"学习强国"APP在2019年1月1日上线，依托这个平台对党员教师进行教育素养的培养，国、内外暂时还没有此类项目的研究。

2. 待解决的难题

习近平总书记指出："教师作为人类灵魂的工程师，要教好书，还要育好人，各方面都要为人师表。"怀柔区教育系统党员教师近几年的工作积极性、主动性、创造性、竞争意识和参与意识明显增强，无私奉献成为教师队伍的主流。但也应看到，党员教师队伍建设还存在一些不可忽视的问题："一手硬一手软"，多数学校注重学科建设、教学研究和学科带头人的培养，容易忽略党风建设的培养；注重党员教师通过学生工作实际实现教育目标，而经常忽视党员教师的党员规范；喜欢突出教研成果、著书立说而疏忽思想政治工作、道德素质建设的灵魂地位，在处理"德与智""红与专"的关系中，只强调"智与专"的重要性，而忽略"德与红"的能动性，导致教学、科研工作"一手比较硬"，思想道德建设"一手比较软"的状况，缺乏构建大德育体系的紧迫感。

三、研究的方法与过程

1. 研究措施

以"学习强国"APP 为切入点，运用"学习强国"APP 的理论和方法，通过调查问卷、座谈、知识竞赛、论文征集等途径，最终实现了党员教师教育素质提升的目标。本课题虽属于教师培训范畴，但要借助党组织的力量开展课题研究工作，具体做法如下。

（1）加强组织领导，推广平台使用。根据上级领导安排，积极开展工作部署，怀柔区教育部门的下属单位利用党员大会、党课、小组等会议，组织全体党员参会学习，由党务工作者对平台的注册、使用方法做详细介绍，动员党员教师下载使用该平台，做到平台的下载使用基本全员覆盖。

（2）加强组织学习，营造良好氛围。怀柔区教委党委促进完善各单位党员教师管理制度，"学习强国"APP 作为筑牢意识形态工作阵地的有力抓手，安排专人担任学习管理员，引导党员教师强化学习，通过线上分享学习内容，交流学习心得，总结学习体会，让"学习强国"APP 学习成为常态，在辖区营造浓厚的学习氛围，使党员教师学习不流于形式，落到实处。

（3）加强考核制度，提高学习效果。为了调动党员教师学习积极性，各单位每日在党员教师微信群发送学习积分，按周发布"学习排行"，对排名靠前的予以表扬，对排名靠后的予以勉励。同时，不定期组织开展学习内容测试，督促党员教师开展学习活动，确保党员教师在学习时能够入脑、入心，达到提升素养的良好效果。

2. 研究方法

（1）调查研究法。通过《怀柔区依托"学习强国"APP 提升党员教师教育素养调查问卷》进行深入调查，了解各单位党员教师实际学习情况，制定促进党员教师"学习强国"APP 培训的具体措施。

（2）经验总结法。在实验探索"学习强国"APP 培训过程中不断总结，定期进行综合分析，及时调整和改进具体方案。例如，学习初期，各位老师对该软件都不太熟悉，区级党委要求各单位党支部经常安排学分高的教师分享自己的学习经验，分享主题包括"如何在碎片化时间里有效快速地完成学习""提高挑战答题正确率"等。

（3）行动研究法。党支部结合每月学习主题，推荐学习一些优秀视频和文章。"学习强国"APP 中有非常丰富的学习资源，不仅局限于时事政治。各学科带头人根据所需，从中寻找合适的教学资源推荐给青年教师，推荐一些优秀电影和德育素材推荐给相关部门下发到党员教师群里学习，营造了各部门全学科共同分享的学习机制。

四、研究发现

1. 理论意义

"学习强国"APP 是党员教师贯彻落实习近平总书记关于加强学习、建设学习大国重要指示精神、推动全党全面学习的有力抓手，是新形势下强化理论武装和思想教育的创新探索，是推动新时代中国特色社会主义思想学习宣传贯彻不断深入的重要举措，为党员教师打造了干事创业的理论宝库、强魄铸魂的精神家园。怀柔区教育系统内全体在职党员教师争先创优，整个系统呈现出"学习强国"APP 每日积分学习状态，增强党员教师培训活力，拓宽培训渠道，创新学习管理方法，切实将"学习强国"APP 成效转化为统一思想、凝聚人心、激发干劲的自觉行动，转化为推动高质量党员教师培训的强大正能量。使每名党员教师都学有所获、学有所悟、学以致用，结合本职工作，不忘初心、牢记使命，努力写好新时代教育奋进之章。

2. 实践意义

教师的教育素养直接决定着学生学习成绩的提高和良好品德的自然形成，因此，怀柔区依托"学习强国"APP 提升党员教师教育素养具有很强的实践意义。

（1）内容详细扎实，丰富多彩。打开"学习强国"APP，在欢迎页面上，是出自《论语》的"学而时习之，不亦乐乎"；在内容上由"学习""视频学习"两大板块 38 个频道构成；在板块上包括推荐、要闻、新思想、时政综合、发布、实践、订阅、经济、人物、科技、文化、图片、党史、人事、法纪、国际、党的十九大、纪实、用典、时评、思考、军事等频道。丰富的内容，使党员教师可以根据自己的工作需要选择学习的方向。

（2）深层次诠释思想，全面深入。"学习强国"APP 堪称新时代中国特色社会主义思想的信息库。它全面呈现了习总书记关于改革发展稳定、内政外交国防、治党治国治军等重要思想，涉及社会生活、思想文化的方方面面，紧贴时代脉搏。

（3）全覆盖党员学习，与时俱进。党员教师可以通过手机客户端、开展开放式学习、互动式交流，通过"线上学""线下学"相结合，推进学习教育在基层党员中实现日常化、经常性和全覆盖。

五、研究的结果与分析

课题研究初期，课题组调查利用问卷平台，设计了 10 项单选、三项多选、一项针对《依托"学习强国"APP 提升党员教师教育素养》有何意见和建议的问答题，对全区两千余名党员教师进行问卷调查，其中 1 959 名在职党员教师参与调查，有效率为 100%。通过研究与调查问卷了解到怀柔区依托"学习强国"APP 提升党员教师进行培训，需求度很高，对于教师教育素养提高有一定的效果。

如表 1 所示，在接受调查的党员教师当中，男性占 35%；女性所占比例较大，占 65%，较为符合怀柔区教师实际男、女比例。

表1 调查对象的性别

选项	回复情况/人	所占比例/%
选项1 男	684	35
选项2 女	1275	65
回答人数	1959	

如表2所示，以教学为主的党员教师1 375人，占调查总人数的70%；以管理为主的党员干部299人，占调查总人数的15%；行政后勤人员285人，占调查总人数的15%。一线党员教师占调查总人数的85%，由此看出此项调查具有很重要的实际意义。

表2 调查对象的岗位

选项	回复情况/人	所占比例/%
选项1 一线教师（工作以教学为主）	1375	70
选项2 学校干部（工作以管理为主）	299	15
选项3 行政后勤人员	285	15
回答人数	1959	

如表3所示，在被调查者当中，16年以上教龄党员教师所占比例较大，有1412人，所占比例为72%；6~15年教龄的党员教师为391人，所占比例为20%；年轻的党员教师为156人，占调查总人数的8%，比较符合实际情况。

表3 调查对象的教龄

选项	回复情况/人	所占比例/%
选项1 0~5年	156	8
选项2 6~15年	391	20
选项3 16年以上	1412	72
回答人数	1959	

如表4所示，被访者中33人为市级骨干教师，占调查总人数的2%；区级骨干312人，占调查总人数的16%；校级骨干163人，占调查总人数的8%；非骨干教师占调查总人数的74%，是怀柔教育的骨干力量。

表4 调查对象的骨干情况

选项	回复情况/人	所占比例/%
选项1 市级	33	2
选项2 区级	312	16
选项3 校级	163	8
选项4 否	1451	74
回答人数	1959	

如表 5 所示，调查对象中高级教师也占 26%；一级教师 1053 人，占较大比例（54%）；二级教师及未评级的教师占很少一部分（19%）。由此可以看出，党员教师是全体教师中职称比例比较高的。

表 5　调查对象的职称情况

选项		回复情况/人	所占比例/%
选项 1	高级教师	513	26
选项 2	一级教师	1053	54
选项 3	二级教师及未评级	365	19
选项 4	其他	28	1
回答人数		1959	

如表 6 所示，调查的 1959 人中，1205 人非常关注"学习强国"APP 中的内容，占调查总人数的 62%；关注和比较关注的人数之和为 714 人，占调查总人数的 36%；不太关注和不关注的人数只有 40 人，比例极少，说明多数党员教师对此平台关注度很高。

表 6　调查对象关注"学习强国"APP 的开展情况

选项		回复情况/人	所占比例/%
选项 1	非常关注	1205	62
选项 2	关注	505	26
选项 3	比较关注	209	10
选项 4	不太关注	36	1.8
选项 5	不关注	4	0.2
回答人数		1959	

如表 7 所示，自觉学习的党员教师为 1221 人，占调查总人数的 62%；偶尔会主动关注的人数为 529 人，占调查总人数的 27%；被动接受和不关心的人只有 209 人，占调查总人数的 11%，说明党员教师是很重视"学习强国"APP 学习的。

表 7　调查对象对"学习强国"APP 学习态度如何

选项		回复情况/人	所占比例/%
选项 1	自觉学习（当天学分够了还会继续学习）	1221	62
选项 2	偶尔会主动关注（当天学分够了偶尔看看）	529	27
选项 3	被动接受（当天学分够了就不再学了）	195	10
选项 4	不关心	14	1
回答人数		1959	

如表 8 所示，646 名党员教师在"学习强国"APP 活跃时间段来学习，占调查总人数的 33%；而多数被调查者随时学习，共 1184 人，占调查总人数的 60%，比例较大；极少的被

调查者完全不学习。通过访谈了解到，这部分教师年龄大，教学任务、平时的材料和培训就很繁重了，没有精力用上"学习强国"APP学习。

表8　调查对象在"学习强国"APP上学习时间是如何安排的

选项		回复情况/人	所占比例/%
选项1	活跃时间段为主学习	646	33
选项2	工作时间段为主学习	122	6.7
选项3	随时学习	1184	60
选项4	完全不学	7	0.3
回答人数		1959	

如表9所示，在调查对象中，"学习强国"APP对怀柔区党员教师职业发展起着一定的促进作用，89%的党员教师认为"学习强国"APP对自身发展有很大帮助，认为帮助不大或者没有帮助的只占调查总人数的11%。

表9　调查对象认为"学习强国"APP对自身今后的发展

选项		回复情况/人	所占比例/%
选项1	非常有帮助	788	40
选项2	有帮助	964	49
选项3	帮助不大	187	10
选项4	没有帮助	20	1
回答人数		1959	

如表10所示，在调查对象中，很想参加"学习强国"APP相关的征文、竞赛等活动的党员教师406人，占调查总人数的21%；可以参加的党员教师1145人，占调查总人数的58%；不想参加活动的只占调查总人数的21%。

表10　对于举办"学习强国"APP相关的征文、竞赛等活动，党员教师的态度

选项		回复情况/人	所占比例/%
选项1	很想参加	406	21
选项2	可以参加	1145	58
选项3	不想参加	408	21
回答人数		1959	

如表11所示，在调查对象中，60%以上的党员教师非常关注国内外形势、党史党建、先进模范事迹、教育的路线方针政策与工作动态、关于教育教学方面的内容；而少数党员教师对文化、娱乐感兴趣，说明党员教师在"学习强国"APP中汲取了很多自己所需要的知识。

表 11　调查对象对"学习强国"APP 中感兴趣的内容

选项		回复情况/人	所占比例/%
选项 1	国内外形势	1564	80
选项 2	党史党建	1050	54
选项 3	先进模范事迹	1081	55
选项 4	教育的路线方针政策与工作动态	1382	71
选项 5	关于教育教学方面的内容	1420	72
选项 6	文化、娱乐	898	46
回答人数		1959	

如表 12 所示，怀柔区党员教师经过"学习强国"APP 的学习提高思想政治素质的人数为 1613 人，占调查总人数的 82%；提高理论政策水平的人数为 1462 人，占调查总人数的 75%；提升业务素质和工作能力的人数为 1464 人，占调查总人数的 75%。综上所述，党员教师已自觉利用"学习强国"APP，对不断提高自身党性化水平是很有成效的。

表 12　调查对象希望通过"学习强国"APP 培训可以达到目的

选项		回复情况/人	所占比例/%
选项 1	提高思想政治素质	1613	82
选项 2	提高理论政策水平	1462	75
选项 3	完成组织要求的培训任务	1105	56
选项 4	提升业务素质和工作能力	1464	75
回答人数		1959	

如表 13 所示，影响党员教师参加"学习强国"APP 活动的因素：工作很忙没时间学习的人数所占比例较大，有 1809 人，占调查总人数的 92%；没有需求的占调查总人数的 4%；想学习，但觉得帮助不大的党员教师有 260 人，占调查总人数的 13%，符合当下党员教师的工作情况。

表 13　影响调查对象参加"学习强国"APP 活动的因素

选项		回复情况/人	所占比例/%
选项 1	工作很忙没有时间	1809	92
选项 2	不想学习，没有需求	87	4
选项 3	想学习，但是"学习强国"APP 对我帮助不大	260	13
回答人数		1959	

六、研究的结论与建议

1. 研究结论

通过研究可以看出,"学习强国"APP作为开放、共享、权威的信息平台,是怀柔区党员教师思想武装的便携充电宝、移动的精神园地,可以通过以下几个方面说明。

1)扩大了对党员教师培训的覆盖面和影响力

"学习强国"APP上线推广以来,怀柔区党员教师加入学习培训的任务,手指点击屏幕,翻看平台内容,频道众多,内容丰富,既有文字、视频、党史理论,也有电视、电影、科教短片,通过平台学习储知识、评论抒己见、答题测能力、积分比先进、点通换福利,海量的知识,生动的方式,实现了党员教师有组织、有指导、有管理、有服务的学习,提高了党员教师的思想觉悟、文明素质和科学素养。在各层级部门的推动下,怀柔区党员教师均积极参与,形成了"比、学、赶、超"的良好氛围,"学习强国"APP的学习应用蔚然成风。

2)推进了党员教师培训的信息资源互联、互通

党员教师培训需要统筹协调,有了"学习强国"APP的优势,课题组将很多政策法规及时有效地结合起来。利用"学习强国"APP集成了各省学习平台和各大新闻媒体的强国号,统一管理信息的发布,并将信息加以分类,以专题形式推送,既避免了单个平台重复发布,也消除了每次培训党员教师时"数据孤岛"的问题,使得培训工作省时、省力、清晰、高效。从而依托"学习强国"APP提升党员教师教育素养,还是具有良好的效果的。

3)关联了"钉钉"提升党员教师培训的工作效率

基于"钉钉"的内核,课题组积极推进怀柔党员教师将"学习强国"APP与"钉钉"相关联,充分发挥了两个APP的优势,拥有强大的工作功能、友好的处理界面和方便的操作体验,将党员教师与日常工作紧密结合起来,在学习的同时兼顾工作,依托学习组织架构,上下级组织互联、互通,学习要求一键发布,学习情况一目了然,学习宣传工作真正地落到实处。

2. 研究建议

经过问卷调查,党员教师在"学习强国"APP运用过程中发现以下问题。

在"学习强国"APP运用培训的过程中,学习项目设置过多,一线教师工作太忙,应有针对性引导党员教师对几个重要板块的学习。例如,对论著、论文、教育教学理论知识、鉴赏内容、专业课等资料的引导学习,增加学习的实效性。"学习强国"APP不仅党员教师要学习,普通教师也应该开展"学习强国"APP学习活动,提升每位教师的素养。

参 考 文 献

[1] 习近平."中国共产党人依靠学习走到今天,也必然要依靠学习走向未来",学习一定要学到底.求是网:http://www.qstheory.cn/llwx/2020-04/15/c_1125857188.htm,2020(4).

[2] 老刘tdrhg.个人图书馆.官方网站:http://www.360doc.com/content/18/0624/17/

4958641_765036095.shtml 2018（6）.

［3］黄国春. "学习强国"传播模式与主流媒体的融合传播.《青年记者》中国知网：http://www.cnki.com.cn/Article/CJFDTotal-QNJZ201922038.htm，2019（22）.

［4］刘汉俊. 以媒体融合优势做强"学习强国"学习平台.《先锋》龙源期刊网：http://www.qikan.com.cn，2019（2）.

专家点评

> 《依托"学习强国"APP提升党员教师教育素养的研究——以怀柔区党员教师为例》一文对如何依托"学习强国"APP提升党员教师素养开展了研究。为了解"学习强国"APP使用情况，作者针对党员教师使用"学习强国"APP的情况进行问卷调查，调查内容包括关注APP情况、学习态度、学习时间安排、对自身发展的影响、感兴趣的内容、效果等，并在此基础上提出了建议。该研究具有较强实践意义，并为该议题积累了实证材料，对如何有效依托"学习强国"APP提供了参考意见。
>
> 北京师范大学　周金燕

以数综研究为例浅谈基于教师专业发展的教研模式转型

北京市密云区教师研修学院　郭　喆

> **【摘　要】** 为有效提升密云区初中数学教师数学综合题的解题及教学能力，促进教师专业发展，本文结合初二年级数学教师的线下线上一体化教研的研修活动，从密云区数学综合题的教学现状、研究意义及数学研修的方法和过程等维度，采用问卷调查和行动研究等方法，对密云区初二年级数学教师的数学综合题的解题和教学能力的发展情况进行了研究。结果表明，数学研修活动对发展初中数学教师数学综合题的解题及教学能力是有效的，主要体现在：①教师对常考数学综合题命题意图和特点的把握更加明确，解题能力明显提高；②教师对数学综合题的教学能力得到了较好发展，反映在学生数学综合题的得分率对比有所提升。
>
> **【关键词】** 数学研修，以终为始，数综研究

"十三五"时期，教育部全面启动了以核心素养为中心的课程改革。具体到数学学科，《数学课程标准》（2011年版）中明确指出："学生是数学学习的主体，在积极参与学习活动的过程中不断得到发展"，数学教学"要关注学生的差异，把每堂课教学知识置于整体知识体系中，处理好局部与整体的关系，体会某些数学知识可以从不同层次进行分析和理解""让学生学会独立思考，体会数学的基本思想和思维方式，增强分析问题和解决问题的能力，增强创新意识和实践能力"等。为了更好地落实这些新要求，笔者结合密云区当前数学学习和教学现状，以提升初中基础年级教师综合题教学能力为切入点，提出了"真题演练—反思问题—研读课标—研讨教法"的线上与线下相结合的教师研修模式，并进行了实践探索。

一、密云区当前初中数学综合题学习与教学现状

（1）密云区初中生数学综合题得分率偏低。从近三年来数学中考试题基础题型和综合题型（综合题型指的是中考试卷代数综合、几何综合、代数几何综合题）的全区平均得分率来看，密云区基础题型平均得分率保持平稳，接近80%；而综合题型平均得分率基本在50%以下，密云区三道综合题的平均分较低，大部分学生对于数学综合题的解题苦于没有解题思路，无从下手，失分率较高。这一数据说明数学综合题成为影响密云区初中数学中考成绩的一大因素。那么，这一现状与教师的教学有怎样的关联呢？在教师自主参与、探讨交流的研修过程中，我们逐渐观察发现了教师身上暴露出的问题：①课标研读不够，教师对课标

理念及每一知识要素的要求把握不准，对知识的整体体系没有深入思考，碎片式教学严重；②教师解题技能不足，存在教师不明确中考命题意图、综合题不会解、考虑问题不全面、计算不准确等现象；③教师教学缺乏问题和活动设计，不利于学生自主思考、发现、分析和解决问题，没有形成解决数学综合题的活动经验。

（2）部分教师面对数学综合题的教学略显力不从心。受城乡差异、学生基础知识和能力等多方面因素的影响，大部分学校无法利用标准课时在课堂上开展数学综合题的教学，需要教师课下付出更大的艰辛给学有余力的学生单独辅导。然而，即便如此，受数学综合题包含知识点多、覆盖面广、逻辑关系复杂、解法灵活等题型特点的影响，学生经常出现讲的就会、不讲不会的现象，使得数学教师付出较多，但收获不大，成就感偏低。针对这一现状，我们将研修中计划设计"数学综合题的解题及教法探讨"的研修思路对全体初二数学教师进行了调研，将近90%的教师对攻克数学综合题这一难点及开展教法研究，具有信心和研修的欲望，对我们这一设想的提出表示认可和期待，从而更加坚定了我们的研修信念。

同时，凭借我们近几年研磨模拟题和中考题的经验，发现数学综合题还是有技可寻的，而且在我们对所做的近百道综合题的分类和整理中发现，初三中考和模拟中的数学综合题所涉及的知识要素，除部分知识是初三年级的内容外，大部分知识要素源于基础年级。若在基础年级研修活动中，增加数学综合题分析和教法研究，势必为初三综合题解题分散难点，为初三数学教师和学生减缓巨大的备考压力。之后，我们还解答了近三年北京市各城区基础年级期末真题，发现基础年级期末试题中也早已对数学综合题进行了考查，并且难度和思维量趋近于中考，说明在基础年级对学生逐步渗透和培养综合题解题能力，提升教师数学综合题教法研究这一思路是可行的。

二、有关数学综合题教学的相关研究

数学综合题在数学中考当中的价值体现尤为突出。从2018—2019年北京市数学中考试题整体来看，在突出考查数学核心概念和"四基"的基础上，更加关注学生数学素养、学习能力和思维品质的发展。其中，数学综合题具备"立意高、能力要求高"的特点，其在考查学生综合运用核心知识解决问题、提升学习能力等方面体现尤为突出，一直是近年来中考考查的热点问题。

同时，在我们查阅的相关文献研究中，对如何落实综合题教学提出了具体的教学建议或策略。荣彬通过对中考数学试卷结构、题型的分析，提出了"立足课程标准、重视基础回归教材、关注核心内容及创新意识培养"的教学建议。张洁的研究提出：教师培养学生综合能力的教学策略应注重厘清重点知识间的内在联系，发展学生的数学认知结构，重视数学发现的过程、数学思想方法的渗透和数学应用能力的培养。全春花的研究给出了更为具体的可行性教学建议：对题干和问题进行剖析、挖掘题目隐含条件，加强学生语言转换能力和问题转化能力的培养，注重对概念本质的教学，构建策略性知识结构，注重作图教学等。这些研究结果显示，更多的建议和策略都是引导教师如何开展数学综合题的课堂教学，但教研员如何指导教师提高数综题的研究力，进而改进课堂教学的相关研究少之甚少。

从教研角度来看，研修是提升教师教学、帮助教师更好迎接课程改革的重要途径。总结密云区过去开展的研修活动发现，体验、参与、探讨的研修模式相比单纯的听讲模式更加有效。尤其对于数学综合题这类较难知识的教学，共同研讨的教研转型模式更加有利于清楚地了解教师的问题和困难，从而有针对性地给予指导，改进课堂教学。

三、线下研修目标的确定与研修过程的实施

基于当前密云区初中数学教学存在的问题及相关的文献学习，我们摸索出一套"真题演练—反思问题—研读课标—研讨教法"的数学综合题的线下、线上一体化的研修思路。希望通过研修实现以下目标：提高数学教师在基础年级结合相应教学内容落实中考基本考点的大局意识；提高教师数学综合题解题技能，在自身错误中发现问题，反思教学，改进教法；将以往"一人讲"的研修模式向"共同学习、共同研讨"的研修模式转型。因此，在任务驱动问题的引领下，我们把初二年级第二学期四个章节的教学内容与数学中考有机融合，规划并设计了如表1所示的研修任务，以促使教师主动参与课标学习和教材使用，促进教法和研修质量的提升。

表1　初二年级第二学期章节研修活动规划表

次数	研修内容	时间/小时	研修流程
1	基于"反比例函数综合试题分析"研讨"一次函数"章节教学	3	真题演练 ⇩ 反思问题 ⇩ 研读课标 ⇩ 研讨教法
2	基于"四边形专项试题分析"研讨"四边形"章节教学	3	
3	基于"根的判别式试题分析"研讨"一元二次方程"章节教学	3	
4	基于"统计专项试题分析"研讨"频数与方差"章节教学	3	

下面主要以"一次函数"章节教学教法研修活动为例，具体介绍线下线上一体化教研的过程与方法。该研修活动聚焦"反比例函数小综合"的命题特点分析，不断引导教师对教学中存在的问题及一次函数的教学教法进行探讨交流，力求在基础年级初步体会函数小综合的命题特点及考查形式，为初三年级函数综合题的突破奠定了基础。教研过程如下。

1. 教师真题演练，体会命题特点

如图1所示，在平面笛卡儿坐标系中，直线 $l: y = kx + k$（$k \neq 0$）与 x 轴，y 轴分别交于 A、B 两点，且点 B 坐标为 $(0, 2)$，点 P 在 y 轴正半轴上运动，过点 P 作平行于 x 轴的直线 $y = t$。

（1）求 k 的值和点 A 的坐标；

（2）当 $t = 4$ 时，直线 $y = t$ 与直线 l 交于点 M，反比例函数 $y = \dfrac{n}{x}$（$n \neq 0$）的图像经过点 M，求反比例函数的解析式；

（3）当 $t < 4$ 时，若直线 $y = t$ 与直线 l 和（2）反比例函数的图像分别交于点 C，D，当 CD 间距离大于等于 2 时，求 t 的取值范围。

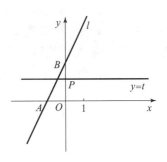

图1　教师真题演练题目

首先,出示某区初三模拟试题"反比例函数"真题,全体初二年级数学教师(共计65人)根据题目要求独立作答,并在作答后罗列出本题所考查的知识要素,根据自己的解题过程提炼思路和方法,体会"反比例函数小综合"试题中"如何利用数形结合解决参数值或取值范围问题"的命题特点。

2. 教师研讨,展示分析解法

教师独立解题之后,首先,以小组为单位,在组内针对自己的解法进行交流,汇总不同的解题思路和方法;然后,每组选派一名教师代表阐述本组的解题方法和分析策略(图2)。

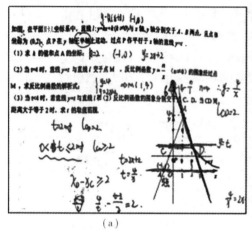
(a)

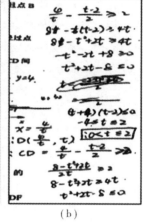
(b)

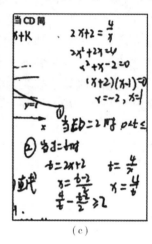
(c)

图2 部分教师解法举例

从教师的展示以及后续统计来看,有部分老师对本题解法是通过代数思想,利用解析式确定 C、D 两点的横坐标,利用两点坐标差表示两点间距离,从而列出一元二次不等式解决 t 的取值范围。这种解法在无意中增大了计算量,且学生对一元二次不等式的解法在初中阶段并没有触及,这种解法无疑在中考时给学生加大了难度和做题时间。所以,从教师的真题演练中可以发现,部分教师对中考"运动观点、动手操作"的命题意识把握不准,不能抓住"反比例函数小综合"问题的考查本质。

3. 发现本质,反思教学问题

针对教师解题过程中出现的问题,大家以小组为单位,对本题的解题本质进行深入的讨论。在讨论过程中,这些教师通过画图操作发现,借助 $y = t$ 这条直线的运动便可以确定 t 的取值范围。这种运动的操作过程,明显比不等式要简单得多,使部分教师初步感知数学中考对"反比例函数小综合"的命题特点。然后,在经验教师的交流分析过程中,我们明确了常见的"一次函数与反比例函数小综合"的题型特点:以考查待定系数法求参、求解析式、求与坐标轴交点坐标为基础,重在结合函数图像,借助图形运动,从特殊(边界值)到一般解决参数值或取值范围等问题。

由此,教师通过反思学生在解决此类问题中出现的"不会算、不会画、不敢动"的学习现状,发现自身教学存在的问题,明确在基础年级逐步渗透函数问题中的图形运动思想,力求让学生敢于动手操作,初步渗透中考考查的综合问题的解题思维。然而,初二年级还没有学习反比例函数,这一问题又如何解决呢?

4. 变式训练，形成教学教法

针对教师的困惑，为使教师更深刻地理解中考命题意图和数学知识的本质，引导教师在"变"中发现"不变"的本质，从"不变"的本质中探究"变"的规律，在研修过程中，根据上述函数问题出示了如表2所示的变式训练，教师们再次在解题过程中体会运动思想及命题特点，有效落实操作理念及教学教法。

表2 变式训练举例

题号	变式题目
1	当 $t=4$ 时，直线 $y=t$ 与直线 l 交于点 M，直线 l_1：$y=mx+n$（$m\neq 0$）的图像经过点 M 和点 C（2，2），求直线 l_1 的解析式
2	当 $t<4$ 时，若直线 $y=t$ 与直线 l 和直线 l_1 的图像分别交于点 D，F，当 DF 间的距离大于等于 2 时，求 t 的取值范围
3	称直线 $y=t$ 与直线 l 和直线 l_1 的图像围成的封闭图形为 W，当 $t<4$ 时，在 W 内（不含边界），若整点（横纵坐标均为整数）的个数恰好为 5 时，求 t 的取值范围
4	过点 M 作垂直于 x 轴的直线，若直线 $y=t$ 与直线 l、直线 $x=1$ 和直线 l_1 的图像分别交于点 D，E，F，且 D，E，F 三点的横坐标分别为 x_1、x_2、x_3，则在点 P 的运动过程中，直接写出 $x_1+x_2+x_3$ 的值
5	点 Q 是 x 轴上任意一点，过点 Q 作 x 轴的垂线，与直线 l 和直线 l_1 分别交于 G、H 两点，若 G 点在 H 点的上方，结合图像直接写出 Q 点横坐标的取值范围

教师们通过对以上变式训练的解题与探讨，明白可以将反比例函数变式为一次函数渗透图形运动思想，进一步明确了中考的命题意图及特点。另外，借助变式训练的题型剖析，在动手操作的过程中体会"界点和界值"的确定方法，使教师们对利用图形运动解决函数综合问题的理解也更加清晰。最后通过研读课标、研磨教材，教师们初步确定"一次函数"的章节教学目标，在落实基础知识与基本技能的基础上，将函数图像的画法贯穿整个章节教学始终，重视对学生画函数图像、实践操作等动手能力以及综合题型中边界值的确定方法的培养与落实，力求在基础年级提高学生对函数问题的分析能力及图形运动的实践探究能力。同时渗透数形结合、分类讨论等数学思想方法，达到了积累活动经验、落实一次函数教学、提升学生学习能力的目的。

四、借助线上研修持续跟进，巩固教研效果

网络研修具有开放性、灵活性、多元性的特点，为教师学习提供了一种新的途径与方法。这一特点有效弥补了线下研修的局限性，有助于促进教师专业化发展与教师终身学习教育体系的构建。在上述"一次函数"的线下教研设计过程中，为继续保持教研温度，促进教师课堂落实，后续又设计了一系列跟进式网络研修活动，真正达到教研目的，助力教师专业成长。具体活动设计如下。

1. 课程推进，确定内容

首先借助教育云平台，开设初二年级数学教师网络学习研训一体课程："思中考命题意

图,促一次函数教学",使教师进一步了解当前新中考形势要求下函数的考查现状,并结合密云区考试数据分析及学生存在问题进行教学反思,找准问题根源,改进教法。在这一背景下,教师共同探讨确定初二年级教学主题"与一次函数有关的点线运动问题",希望借助这一教学内容的实施,提升教师开放性教学活动的设计能力,为落实中考函数考查要求奠定基础,同时确保后续研修的跟进和优化。

2. 针对选题,完成初备

基于《2011版数学课程标准》,结合学情分析及教学前测数据,围绕教学内容,以教师个人主动探索和设计为主,由初二年级骨干教师王某某作为主备和主讲教师完成"与一次函数有关的点线运动问题"一课的初稿设计。

3. 精心打磨,协同备课

结合王老师"与一次函数有关的点线运动问题"一课的初稿设计,组成初二年级青年数学教师研讨小组,分别通过网络平台线上协同备课、线下团队研讨的形式展开研修活动。教师们积极参与,对课程设计与教学各抒己见、共同研讨,形成修改建议,先后改进教学设计五稿有余,形成本课说课材料。通过研修,教师们对课程内容的把握得到提升,对教学方法形成共识。

4. 网络议课,区域联动

当时,王老师根据反复修改后的教学设计,完成课堂实录,并上传至教育云平台,全区初二年级数学教师进行网络视频课例观摩评课议课活动,并将自己在观课过程中的体会、感受或建议在云平台上进行发言交流,以便教师们互相借鉴学习,促进青年教师整体发展。同时,在网络议课之后,王老师将本课所有相关资源上传至教育云平台,供初中年级全学段数学教师网上学习和资源共享。

这一课例研修以线上线下混合教研为抓手,无论是在教材分析、教法改进、协同备课,还是视频课例点评部分,不同学校的老师可以实时交流看法,提出疑惑和建议。通过阶段性的活动开展,有助于汇聚研修智慧,促进优质课堂和优质资源的生成,同时促进不同层次的校间互动和内涵发展,真正达到提升密云区初中数学教师专业发展的目的。

五、线下与线上一体化研修成效及反思

一年以来,我们逐步在数学研修活动中推动初中数学教师数学综合题解题及教学能力的发展与实施,已略显成效。一方面,教师对常考数学综合题命题意图和特点的把握更加明确,解题能力明显提高;另一方面,教师对数学综合题的教学能力得到了较好发展,反映在学生数学综合题的得分率对比有所提升。但是,在线下、线上一体化教研的过程中,仍然存在以下不足:①教学中需要基于单元整体教学目标的落实,适当融入中考最新考点,将综合能力培养分解到基础年级的课堂教学,但是教师在新中考教学资源的整合及运用上还缺乏整体规划。②数学综合题研修的推进过程没有照顾到个别校情、学情薄弱的学校,教师落实的确存在困难。因此,在后续研修过程中,会继续围绕数综研究的思路,推进中考试题的解题或说题研究,从而把握中考命题意图,提高教师认识,将培养教师分析问题、解决问题的能力渗透到常态研修活动中。同时,根据各校学情特点,开展适合不同层次学校的"学区片

教研",并辅以教学设计、教师研究课观摩与展示、试题命制等活动,持续推进数学综合题的解题策略及教学教法研究,提升教师教学能力,提高学生数学综合题解题策略,促进学生数学思维的发展。

以终为始,在基础年级渗透中考思维,并不是强加于学生解题技能,而是想借助中考的题型特点及其蕴含的数学思想方法,贯穿初中阶段教学始终,培养学生的学习能力,落实数学核心素养。数学综合题往往注重背景材料的选择与设计,突出对学生逻辑思维与创新意识的培养与考查,计算与推理互融、能力与素养并重,充分体现数学学科的育人价值。因此,在具体教学中,教师要以促进学生个性化与和谐发展为本,为学生长远利益着想,为学生的后续发展和终身发展奠定认知基础、积累活动经验,优化思维品质和拓宽数学视野,让数学的核心素养在我们的课堂落地生根。

参 考 文 献

[1] 中华人民共和国教育部. 义务教育数学课程标准(2011年版)[S]. 北京:北京师范大学出版社,2012.
[2] 荣彬. 新课标下数学中考命题趋势与解题关系的研究[D]. 成都:四川师范大学,2014.
[3] 张洁. 初中数学综合题教学研究[D]. 兰州:西北师范大学,2007.
[4] 全春花. 初中生解决函数与几何综合问题的障碍研究[D]. 吉林:延边大学,2017.

■ 专家点评

文章针对密云区初中数学综合题教学较为薄弱的现状,为提升教师综合题的解题及教学能力,设计了"真题演练—反思问题—研读课标—研讨教法"线下与线上教研结合的教师研修方法,取得了一定的成效。研究的问题较为"聚焦",深入分析问题及原因,使得研究有了较好的问题起点,研究思路和过程也较为明确。所提出的小组研修方法,突破了单一讲授式研修的方式,对学校、对区域数学教研都有一定的实践参考价值。如果研究能够明确研修每个阶段的目标,并分享研修过程中遇到的问题,则更有实践启发意义。

国家开放大学　林秀钦

第三章

设计培训策略,探索"多样化"培训

以课例研究促骨干教师成长的实践与思考

东城区教师研修中心　江　萍

【摘　要】 新课程要求教师要形成开放的教学研究的工作方式，经常开展教师间的合作与研究，相互学习，共同反思，协同进步，共同提高专业能力。我们在骨干教师工作室的研究活动中结合骨干教师现状与发展需求，尝试了课例研究，通过"以学生学习为中心"的教学规划、课堂观察、教学研讨、课后反思等活动，努力推动工作室教研活动的开展，推动骨干教师专业发展。

【关键词】 课例研究，专业成长，骨干教师

一、研究背景

近年来，教师培训越来越受到学校领导和教师的重视。培训活动越来越多，其形式往往是众人一起聆听讲座，或者是工作坊式的，又或是观摩研究课。课后由一些学科专家或者教研员进行点评，即使有互动也仅仅停留在表面。这样纸上谈兵式的教研培训活动使教师很难深刻理解和把握一些课的本质，更无法将学到的知识和技能运用到日常课堂上。如果教研培训活动不能有效地开展集体研讨，仅仅靠以往的就课说课的教研和培训活动，将无法激活每个成员的智慧，不能满足老师急需发展的需求，更不能成为教师专业水平提升的平台。

近些年，作为教师专业发展的重要媒介，课例研究在教研活动以及一些教师培训中被广泛使用（张东娇，2009；胡定荣，黄晓，徐昌，2010）。课例研究的本质在于解决实际问题。课例研究的途径主要是发现什么问题就分析、解决什么问题。课例研究活动是"做中学"的活动，它可以将教师研究、教师培训和日常教学实践紧密结合，在研究中增长教师的实践智慧。此外，也有研究者指出，课例研究不仅能够改进教学，而且是一种促进教师专业发展、提升学校效能的文化工具（张东娇，2009）。

我们在日常课堂观察中发现，即使是有着多年教学经验的骨干教师，他们在如何开展充分体现新课程理念的课堂教学，应对课程改革，面对新挑战方面也是具有很多困惑的。帮助教师实现从理念到行为的转变是保证课程改革有成效的关键，也是促进教师在职发展的关键。面对骨干教师需要突破自己继续提高的状况，我们急需尝试新的活动方式促进教师专业发展。本研究以基于课例研究的骨干教师成长与发展为例展开，希望通过经常开展教师间的合作与研究，相互学习，共同反思，共同提高专业能力。同时，可以达到以课例为载体、依托课例研究推动骨干教师专业发展的目标。

二、研究设计

1. 数据收集

本研究遵循课例研究开展的过程进行课题研究并收集相关数据。课例研究是一个教师集体对课堂教学的系列研究，是通过对一系列课的实践改进进行的，目标在于提升教与学的质量，提升教师的行动智慧。课例研究过程是教师集体共同研讨备课，集体课堂观察，面对教学共同评议，反馈以求改进方法，是"教学设计—课堂观察—反馈评价"的循环学习过程。因此，我们首先确定了行动研究的基本模式，梳理了本研究的五个基本步骤，即确定主题、拟订方案、集体观课、专家研讨、分享收获。具体如下：①团队研讨提出课题内骨干教师目前存在的突出问题并认真分析问题的形成，根据问题确定教师急于研究解决的方向。②在研究主题确立后，课例提供者即骨干教师开始准备课例，团队成员帮助研究制定教学方案，供课例观察者进行观察记录。团队研讨是课例研究至关重要的环节。我们倡导在明确研究主题的前提下，观察者结合主题分享观察记录，提出优势、问题，这个环节中最重要的是提出合理改进建议，供课例提供者及所在团队进行反思、修改方案。③团队观看课例，此时，课例提供者上课，研究者进行观察、记录。④专家团队研讨，再次明确主题，课例提供者反思；观察者分享记录内容，并提出主要优势、问题和建议。⑤团队分享收获，由课例提供者撰写教学反思，观察者撰写研修日志，共同交流研讨。

依照上述基本步骤，每位课例提供者即骨干教师在选定主题后，要进行两三轮的课堂实践。其中，导师和所有研究团队的成员要依据课堂观察结果开展讨论和反思，与授课教师一起找到教学优势和问题，并寻求解决问题的突破口；然后通过后续的课堂研究与课堂观察发现变化，总结提炼。

本轮研究收集了多种数据，如课堂观察、教学设计文本、课堂实录、教学研讨、反思日志等（表1）。其中包括每位课例提供者在学校教研组内的试讲、一两次的核心团队研讨、公开授课、现场观摩活动以及每次授课后的研讨交流活动。

表1 第一轮实验数据情况

活动方式	教师/分钟			合计/分钟
	景泰乔媛	一师附小王金芳	培新张颖	
小范围试（一）	40	40	40	120
核心组研讨	50	80	80	210
小范围试（二）	45	40	40	125
核心组研讨	50	80	40	170
公开课	40	41	43	124
现场研讨	50	60	70	180
教案资料	每次试讲及公开课教案、课件共三份	公开课的教案、课件	每次试讲及公开课的教案、课件共三份	8份
教师及团队反思/份	1	2	1	4

2. 组织过程

在课例研究过程中确立研究主题是保证每一次研讨活动高质量的前提。一般来讲，主题的确定可以从以下几个方面入手：首先从课型上，对话课、阅读课都是我们关注的内容；其次从教学策略上，课本与绘本的结合、阅读策略、口语交流策略也都是老师们需要研究的；最后从关注学生表现方面，学生的课堂学习状态、学生参与活动的程度等，这些覆盖教学内容、教学方法、学生学习策略等方面的内容，都是教研活动的重要内容，也是确立主题的重要依据。

我们按照组建研究团队、分析教学问题、确定研究主题、准备教学方案四个步骤带领骨干团队开展工作。

（1）组建研究团队。按照要求，参加课例研究的骨干教师需要首先在校内组建核心研究小组，确保集中精力协同骨干教师共同开展课例研究。

（2）分析教学问题。每位参与课例研究的骨干教师都要认真反思自己的课堂教学，明确急需解决的问题并通过问题分析，提出解决的方案。例如，参与本轮课例研究的2号教师，是本区一所优质资源学校的教师，教师素质较高，而且学生的语言基础比较好，接受能力较强，已经初步具有交际能力和合作能力。对于该校学生而言，平时使用的国家课程，北京版《小学英语》教材所提供的语言情境过于单一，不能为学生提供充分的语言运用的机会。课例提供者即本研究中的一名骨干教师，在分析了学生学习状况及原因后，申请并立项了区级研究课题《单元整体视角下的绘本与教材融合的研究》，旨在引导学生将英语教材与绘本整合，有效促进小学生的阅读兴趣和阅读动机，并提升学生审美能力和多元价值观。因此，绘本与课本有效结合并逐步形成学校课程体系成了该团队教师急需关注并研究的方向。

（3）确定研究主题。一般来说，课例研究的中心任务是帮助学生解决学习中的难点，或是帮助教师解决教学中的困惑。上面提到的团队，在分析了学生目前存在的学习需求和教师需要关注的教学问题后，将本次课例研究的主题确定为"单元整体视角下绘本与课本的有效结合"，以此促进学生的积极参与，引导深度学习，帮助学生获取更多的成功体验。

（4）准备教学方案。大家通过协商决定，本轮课例提供者由工作室一位教龄28年的骨干教师，即2号教师担任，团队其他成员为课例观察者，大家共同备课，打磨教学方案。

三、实施研究的过程

本轮课例研究遵循"以学生学习为中心"的原则，规划教学方案、实施课堂观察、开展研讨交流、改进教学设计，将课例研究置于教师的常态教学工作中，帮助教师透过课堂现象，发现教学问题的本质，并努力改进教学。

1. 规划教学方案

在大力倡导以学生学习为中心的课堂设计中，合理规划教学方案的前提是学情分析。目前，大多数教师在教学设计中有学情分析的意识，我们也在教学指导中不断帮教师明确学情分析的方法，如访谈、前测、观察等。

本次学情分析时，教师结合教材学习内容考虑了学生的已有知识、已有能力和已有经验，在此基础上确定了学生的学习需求。在规划教学方案时，课例提供者突破了原来只关注教师如何教的局面，增加对学生如何学的思考。课堂的聚焦点在学生，规划教学目标时更多地考虑了学生的学习需求、学生的展示效果和学生的情感体验。

2. 实施课堂观察

在确定了学习方案进入学习过程时，课例提供者进行授课，其他观察者进行课例观察。本次课例研究以学生学习为中心，通过观察学生的学习表现透视教师的教学效果。在实施课堂观察时，我们将学生的学习活动作为一个重要的观察点。为此我们引导课例观察者记录教师布置任务的有效性以及学生参与活动的真实状况，以方便课后研讨时分析主要优势和问题。

3. 研讨教学过程

我们倡导的研讨活动并非是以往的说优点、提缺点的评课活动，而是要通过仔细分析团队成员记录的课堂中学生活动和教师活动的有效性，来反思、改进教学。因此，观课前，我们对团队听课教师提出了明确的要求：①基于课例研究的主题进行听课分析；②确立以学生学习为中心的思想，发现影响学生学习的主要问题；③围绕研究主题思考改进的措施。在研讨过程中，我们和其他团队成员一起讨论彼此的观察发现，共同分析学生学习过程中出现的问题，然后共同协商帮助学生解决学习问题的方法。

4. 改进教学设计

在共同经历了磨课、听课、研讨交流的课例研究过程之后，课例提供者进入修改教学设计的阶段。这是一个重复循环的过程，一般要经历两三次循环过程，不断地从原始的磨课数据中悟出教学行为改进的突破口，这样才能将行动与思想真正协调起来，修改后的教学设计才能更加聚焦自己的研究主题，更加体现为学生学习服务的原则。

四、研究成效

1. 课例研究活动满足了骨干教师的发展需求

课题研究之前在与骨干教师访谈中，参加研究的骨干教师说："理论是我们最缺乏的。我们无论授课还是撰写论文，都会遇到要么是经验总结型，要么是理论和实践脱节的问题，如何解决？"针对大家的问题。我们认为，要解决这些骨干教师专业发展中的问题，需要采纳以课例为载体、强调专业引领与教学行为跟进的培养体系。

课例研究是基于"实践中的理论"进行的，是架起理论与实践相结合的桥梁有效的路径。课例研究打破了教育理论与实践的分离模式，突出教学实践性知识，但这并不意味着教育理论在课例研究中不重要，相反，没有教育理论作为教师行动与思考的支撑，课例研究只能在低水平上重复。因此，我们在课例研究过程中，课例提供者的教学并不是常规的公开教学或示范教学，听课的教师也不是泛泛地听课，每一位教师都要学习科学的设计理念、科学的观课评课理念、科学的反思改进方法。通过这个过程，教师们学习教育理论并运用教育理论的需求得以发展。

2. 课例研究活动提升了骨干教师的专业成长

教师专业发展不能仅靠师资培训，也需要教师自身具有专业发展的意识。课例研究的方式，正是通过课堂教学观察、学习，分析骨干老师的教学活动特点、教学行为等，让教师学到更多的技巧、方法。同时，也正是通过这样的学习进行反思总结，发现自己与他人教学的差距，从而对自己的教学有更深一步的认识和思考，扬长避短，养成教师的自我反思精神，促进专业发展。

本课题在一年多的时间里，重点进行了三所学校三位骨干教师9节课的观摩，有针对性地结合每位教师的研究主题进行了相对应的研讨活动。一个有趣的现象是，当问及什么对他们的课堂教学影响最大时，教师的答案几乎都是自己经历上课这一遭。综合这些研究活动以及教师对课例研究的看法，毫无疑问，有效的课例研究促进了教师专业反思。教师对教学的思考已经超越了传统意义上教师所面临的困惑。教师从思考如何完成教学任务转向对教学的反思。课例研究互动可以促使教师对一些教学关键问题进行深入思考。例如，自己选定的教学内容与之前学生已有知识有哪些关联？与前面的单元内容有哪些关联？与跨学科领域的经验有哪些关联等。如果他们不做课例研究，就很少去思考这样的问题，这就势必会导致我们常说的即使是骨干教师也只关心用什么方法教，不考虑学生已有知识、已有经验、已有能力，更不考虑学生的学习困难。课例研究恰好给老师们带来了一个深入思考教学内容和深入分析学情的机会。因为，我们通常会在研讨时启发老师思考，"我到底想让我的学生在这节课上学到什么"。

参与课例研究的广大教师是在基于课例的教学改进的学习和思考中进行自我发现、自我诊断、自我成长的。对于骨干教师来说，针对自己的教学问题，不单纯依靠经验来分析教学，而是通过研究和思考来诊断自我，诊断课堂，这就促使骨干教师不断学习、思考、实践、反思。

3. 课例研究活动构建了工作室新型的教研文化

新课程对于教师来说机遇和挑战共存。教师都有挑战与发展的愿景，课例研究平台与课程标准所倡导的教研方式吻合，就是开展合作与研究，共同反思，相互支持，相互学习，共同提高业务素质。这样的研究形式，教研团队中的成员必须和睦相处，大家在和谐平等的人际环境中提高教学效率、提高研讨效率，一种新型的团队教研文化悄然形成。

在整理分析研讨记录中，我们能看到课例提供者、课例研究者、课例观察者的谈话视角、对课的态度、评课时反映出的教学理念等的不断变化，这都源于我们的课题研究方法和近一年研究的效果让大家看到了课例研究对教师专业发展的帮助作用，所以大家明知道辛苦，也愿意参与实践。同时也发现了团队在研讨时的和谐、民主、相互鼓励的氛围对高效开展课例活动起到了重要的作用。

五、研究结论与反思

课例研究以课例为载体，研究的是一节节精心打磨的课例，但最终解决的是教师面临的真实的操作问题。大家相互交流、研讨，在不断对他人和自己的教学行为进行反思、总结、找差距及明确进一步努力方向的过程中，实现个人和研究团队的共同发展。由此可见，以课例研究为载体的骨干教师课例研讨活动收获的不单单是一种教师培训的方式，更大意义上的收获在于大家对课例研究产生兴趣，唤起教师们专业意识的自觉。

本轮研究利用行动研究的方法，通过课堂观察、文本分析等对骨干教师进行了为期一年多的研究。本部分从三个方面呈现研究结论。

（1）课例研究对骨干教师的教学理念和教学行为有促进作用。

（2）课例研究通过影响骨干教师的教学理念，来改变其教学实践。教师的课程资源观、学生观、教研观、发展观均有不同程度的改变。在课程资源方面，以本轮2号教师为代表的骨干教师在初期使用绘本与课本结合时是存有困惑的，到后期转向二者的融汇合一。教师从关注如何教转向关注学生的发展，研讨适合学生学习的方法。这些有效的课例研究促进了教师专业反思。教师对教学的思考已经超越了传统意义上解决所面临的困惑，课例研究互动促进了教师对一些教学关键问题进行深入思考。

（3）影响课例研究的因素多样，其中研讨环境、课例提供者、校本研究是较为突出的影响因素。这将是后期研究中要重点关注以确保研究实效的内容。

参 考 文 献

[1] 安桂清. 以学为中心的课例研究 [J]. 教师教育研究, 2013（7）: 72-77.
[2] 张东娇. 课例研究: 提升学校效能的文化工具——以北京市丰台区三所小学的课例研究为例 [J]. 中国教育学刊, 2009（10）: 21-25.
[3] 胡定荣, 黄晓, 徐昌. 课例研究如何取得实效——对七位初中教师课例研究经历的反思 [J]. 中国教育学刊, 2010（10）: 66-69.

专家点评

《以课例研究促骨干教师成长的实践与思考》一文通过实际开展课例的实证研究对如何促进骨干教师成长进行了思考和探索。该研究不仅收集了课例相关数据，还详细报告了课例开展的组织过程（组建研究团队、分析教学问题、确定研究主题、准备教学方案）和研究实施过程（规划教学方案、课堂观察、研讨教学过程、改进教学设计）。此外，该论文还报告了课题研究的成效，指出课例研究不仅满足了骨干教师的发展需求，提升其专业水平，而且能构建工作室新型教研文化。总体来看，研究过程丰富，论证清晰，具有很强的实践参考意义。

北京师范大学　周金燕

教师评价素养的现状与提升策略研究

北京市西城区教育研修学院　张逸红
北京师范大学第二附属中学　张　彤
北京市育才学校　刘　巍　崔辉辉

> 【摘　要】　北京作为教育高地，是全国高考综合改革的第一梯队，也是高中统编历史教材首批使用地区。在推进"教学评一体化"中发现，"评"成为制约实施的薄弱环节。对此问题，首先通过把握教师评价素养的现状，明确其构成和存在的问题；其次借鉴已有做法，并结合西城区的区情，探索出区域提升教师评价素养的若干有效做法，主要包括强化区校研修制度，将评价素养列入培训内容；开发评价素养提升课程；搭建实践平台提升操作能力等。基于调研和实践，在提高教师评价素养方面提出如下建议：重视教师评价素养的问题，顶层设计、专人负责；发挥研训机构的作用，集中力量，研发一批提升教师评价素养的培训课程，并实施分层实践培训。
>
> 【关键词】　评价素养，教师培训，试题命制

一、问题的提出

进入21世纪，中国基础教育加快了改革的步伐。《（2010—2020年）国家中长期教育改革和发展规划纲要》提出："努力造就一支师德高尚、业务精湛、结构合理、充满活力的高素质专业化教师队伍。"2012年发布的《中学教师专业标准（试行）》，明确指出教师教育评价能力是专业能力要求之一。教学评价作为教学过程的重要环节，是当前教学改革的焦点，更是撬动国家教育变革的杠杆。近年来教师"评价能力"上升到了"评价素养"的更高要求，即教师在教学评价活动中具备的关于评价的知识、评价理念及评价技能。

其次，核心素养的培养对评价素养提出了更高的要求。2018年公布的高中各学科课程标准：一是凝练了学科核心素养；二是更新了教学内容；三是研制了学业质量标准，并且提出"教、学、考有机衔接，形成育人合力"的要求。评价是对已学知识、所培养能力以及核心素养具备程度的检测，具有检视教学效果、促进教学提升的作用，关系到核心素养能否真正落地。

但是多项研究表明，当前中学教师平均评价素养总体欠佳。华东师范大学崔允漷教授指出，长期以来我国中小学教师培训，关注最多的是"如何上课"，忽视"如何评价"，以及如何将课程标准、备课、上课、作业与评价建立起内在的必要联系。这种低水平与缺失所带

来的后果是：有些教师无视国家课程标准的严肃性与重要性，意识不到清晰的目标对于教材处理、课堂教学以及作业、命题考试的指导作用，造成教学如无轨电车，评价过于随意，作业布置无视目标，考试测验缺乏方向……直接影响到课程改革的成败，影响到国家基础教育的质量，影响到国家意志或育人目标的落实。

作为专业素养的重要组成部分，提升教师评价素养既是教师自我发展的内在动力需求，也是新时期国家和社会对教师专业能力的必然要求。北京作为教育高地，是全国高考综合改革的第一梯队，也是高中统编历史教材首批使用地区。西城区新获批准成为国家新课程新教材示范区，笔者作为历史教研员，负责区域历史教师培训和命题与检测工作，深感教师评价素养低下对于教学改进的制约。因此，在当前新考试方案不断推进、统编新教材正式使用的现实需求和机遇下，一方面，通过调研，把握教师评价素养的现状，明确教师评价素养的构成及其存在的问题，以引起相关部门及一线教师的重视；另一方面，从命题与讲题入手，结合区情，尝试探索出区域提升教师评价素养的有效做法，促进西城区历史教师的专业成长，并为后续研究提供基础与借鉴。

二、研究的方法与过程

本研究主要使用了两种方法，同时展开研究。

1. 调查法

关于当前"中学历史教师教学评价素养"的问题，采用调查研究法。①2018年4—8月搜集已有研究成果，筛选出能反映当前中学教师评价素养的数据，综合分析其原因，将应对策略进行归类，为下一步的实践研究提供借鉴；②2019年9月，设计问卷对西城区高中历史教师进行抽样调查，涉及34所学校，55位高中教师，从教师任教经历等基本情况、教师对于评价的态度、知识、技能等维度展开；③2019年10—11月，对教师自行命制或改编的试卷进行分析，进一步明确西城区历史教师评价素养的问题。

2. 行动研究法

整合西城区的优质教育人力资源，研究开设相关课程及实践项目提升教师评价素养的策略：①2019年7月，设计与实施新入职历史教师培训课程，探讨如何通过短期课程帮助新入职教师了解中学评价要求，迅速与本区的教学要求接轨；②2019年9月—2020年7月，围绕评价素养提升开设各类层次的高中历史教师相关培训课程，研究培训课程的目标与内容体系，并在实施中积累相关的课程资源；③2019年7月—2020年7月，研究如何借助项目推进的方式，建构研发共同体，提升教师命题和讲解的能力。

三、研究的结果与分析

1. 历史教师的评价素养现状

从总体来看，中学教师的评价素养总体欠佳，具体表现在以下方面。

（1）评价态度总体是积极的，基本认同评价的积极作用，但受外部考试影响较大。绝大部分（89.47%）历史教师都认同准确的评价可以促进学生的学习，有较强的引导学生参与评价的意识，能利用评价结果改进教学等。但在评价认识上仍存在一定偏差，如在回答"评价主要是评价学生的知识掌握程度"时，有58.47%的教师表示认同或非常认同；在回答"围绕考试进行评价是非常必要的"时，有77.96%的教师表示认同或非常认同。

数据表明，教师的评价态度在很大程度上受外部考试影响。在当前取消考试大纲、统编历史教材变化较大的背景下，52.9%的西城区历史教师认为"不知道最后如何考试"是最大的困难。

（2）教师的评价知识不成体系，知道学习目标的知识，但是缺乏评价方法知识和量化知识。在上课前要设计学习目标或者评价目标，在选择学业评价方法时，大部分教师能从是否实现教学目标来考量。但总体来说评价知识比较欠缺，表现在评价方法知识和量化知识的缺乏。58.47%的教师不知道表现性评价的主要用途，42.37%教师不知道百分制分数的意义，33.05%的教师不知道诊断性评价的作用。教师在对能力与策略维度的评价方法选择上表现不佳；平常考试主要考查学生知识点掌握情况，对于问题解决和能力方面的评价不擅长。

（3）评价技能方面，借助试卷分析学生掌握知识内容能力较强，但是评价设计能力较弱。教师对试卷分析工作很重视，如所教的两个平行班在某次考试中，其中一班成绩明显低于另一班时，有87.29%的教师会采用分析试卷、诊断问题、寻找原因、改变教学策略与方法，只有2.54%的教师会简单采用加大练习量的方法提高学生成绩。但在评价设计技能上存在欠缺，几乎所有教师在学期开始前或课前都没有进行评价方案的设计，导致课堂上对学生表现的评价很随意。在命题方面，有近30%的教师没有编制过试题，有60%的教师不知如何运用双向细目表来控制试题难度。

2. 对教师评价素养低下的原因分析

对以上关于历史教师评价素养低下的原因进行分析：①教师的评价素养并未得到应有的重视，教师评价素养欠佳与评价基础较弱有一定关联。如图1所示，55%的教师没有学过教育相关评价课程；38.90%的教师没有参加过评价相关培训。新任教师工作时间短，情况更不乐观，74.58%的教师从来没有参加过与评价相关的培训。②入职后缺少提升的机会。63.58%的教师没有主持或参与过评价相关的项目或课题研究，大部分新任教师（90%）没有参与过与评价有关的项目或课题研究。调查表明，教师更多的是在教学实践中自我摸索展开评价活动，日常考试命题更多还是凭经验。而通史培训主要是以测验理论为主要内容，与学科实际联系不够，收效也不大。

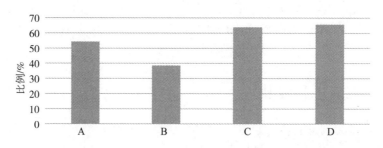

图1　当前中学教师与参与评价课程、培训或相关项目的调查数据
A. 没有学过教育评价相关课程；B. 没有参加过相关评价培训；C. 没有参与过评价相关的项目或课题；D. 认为亟须组织教学评价的研讨活动

通过调查可以发现，教师有提升自身评价素养的较强愿望，65.60%的教师认为很有必要"组织有关教育教学评价的教研活动"。由此可见，一方面是教师的评价素养不尽如人意；另一方面是教师有提升愿望但缺少培训和相关实践。因此，相关培训部门应承担培训的责任，及时补上教师评价素养这一短板。

3. 主要对策研究

对已有研究成果进行整理发现，目前提升教师评价素养的研究成果主要包括两个方面：一是制定评价素养标准，指引教师发展方向；二是通过各种渠道，采用多种方式提升教师的评价素养。前者是关于教师评价素养的政策性问题，需要顶层设计予以解决，我们将深入研究相关政策，并继续跟踪最新研究成果，如2018年中共中央、国务院印发《关于全面深化新时代教师队伍建设改革的意见》《高中历史课程标准（2017年版）》对于评价的建议；教育部关于加强和改进新时代基础教育教研工作的意见等。

对于后者，西城区多年的教师培训经验及近两年历史学科开展的实践表明，从现有在职教师研修制度方面入手最为有效。下面结合已有成果和西城区的教师培训实施展开分析。

1）强化区校研修制度，将评价素养列入培训内容

目前，教师评价素养并未得到应有的重视，因此，发挥中国教育特色的教研制度的优势，强化市、区级和校级研修制度，将评价素养纳入教师培训的内容，使教师评价素养的提升得到制度保障。

如图2所示，职前培养主要由高等师范院校承担。而入职教育和职后培训阶段，教师的评价素养主要是靠教育主管部门（主要是教研机构）的入职培训和职后培训，以及学校的校本培训等得到提升。其中，教育主管部门——研训机构的责任重大，应将二者结合起来，统筹设计安排。一方面，每年7—8月，西城区教委都组织全员新入职教师进行培训；另一方面，职后培训已建立起常规教师评价研修制度，为提升教师评价素养提供实施渠道。

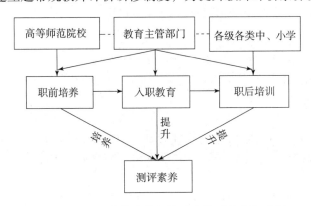

图2 教师测评素养培养与提升力的"他主"路径

综观当今世界各国的教师专业标准，无不把教师评估与评价的能力作为重要组成部分。西城区作为教育先进地区，已及时跟上时代发展的需要，将教师测评素养纳为学科培训内容之一。

2）开发实施评价课程，快速夯实教师评价知识基础

针对教师评价基础欠缺的问题，开发短期和长期相结合、分层的评价课程，帮助教师们加强理论学习，提高评价意识，与教育改革新政策、新要求迅速接轨，以便更好地适应当前

基础改革深化的时代需要。课程内容设计要从教师评价素养的三大要素入手,即评价态度、评价知识和评价技能,逐渐扭转原先"轻评价、重上课"的趋势。

第一类:新入职教师评价素养提升的短期课程

新入职教师已储备了一定的测评知识和技能,但仍停留在理论层面,而且随着新课程改革的不断深入,各地区中考和高考采用多种方案,在不同时间段内推进。因此,在职前全员培训的学科培训板块里,有必要纳入有关评价素养的内容,对新入职教师进行本土化的培训。

具体做法是在学科培训中,将如何评价与如何上课相结合,分解课程标准、精准定位目标、创设情境、了解学情等相联系,并且专门安排半天或一天,针对评价问题进行专题讲座和训练。内容包括:一是充分利用近年中考和高考真题作为课程资源,通过新入职教师现场答题与培训员即时解读,增强新教师对于当前基础教育和考试改革的感性认识;二是探讨历史试题的本质特点与水平层次划分,帮助新教师建构基本的评价理论框架;三是从命题立意等角度解读若干经典的中考和高考试题,同时展示教师如何给学生讲解题的思路与答题方法,将理论与实践相结合,提升历史教学实践力。

第二类:职后教师评价素养提升的长期课程

北京市西城区教育研修学院作为全国继续教育示范基地,已探索出较成熟的教师继续教育课程体系,依托传统教研方式,加入评价素养提升的相关内容(表1)。

表1 西城区历史教师评价素养提升相关课程

分类	具体内容
学科课程	(1) 了解历史试题命制的基本流程和策略; (2) 研讨《高中历史课程标准(2017年版)》的相关评价理念,解读与研讨《中国高考评价体系》及说明; (3) 了解当年中、高考试题的特点与趋势
年级课程	(1) 了解本学年的课程内容及评价要求; (2) 分单元进行教材分析,将"教学评"结合; (3) 研讨将教学过程与评价相结合的课堂教学课例

学科课程将通识性的评价知识和技能方面的内容放在学科课程内进行,加强初高中的衔接,了解最新考试改革趋势,营造研讨评价的良好氛围。例如,每学期的第一次研修活动,都将当年高考、中考题和学生答题情况、教学反思等在全体历史教师范围内进行沟通,做到初高中贯通培养。

针对各年级具体的教学内容和评价要求来开展,注重评价目标与教学目标的一致性,尽可能使教学和评价围绕学生学习这一中心展开,使"教、学、评"相互促进,共同服务于学生历史学科核心素养的发展。

3)搭建评价实践平台,提升教师评价操作能力

基于评价实践研究与评价素养之间存在着正向相关性,培训特别注重在评价实践中将已学的评价理念和知识理论付诸实践,在实践中不断反思、学习和探索。为了提高实践的针对性和实效性,应分层进行,我们的具体做法如下。

西城区中学历史教师评价素养提升实践的四个层次如图3所示。

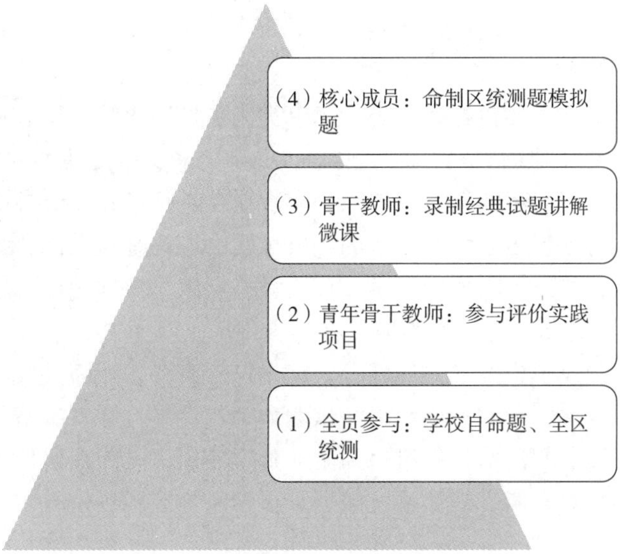

```
        (4) 核心成员：命制区统测题模拟
            题

        (3) 骨干教师：录制经典试题讲解
            微课

        (2) 青年骨干教师：参与评价实践
            项目

        (1) 全员参与：学校自命题、全区
            统测
```

图 3　西城区中学历史教师评价素养提升实践的四个层次

第（1）层，全员参与学校层面的自命题，以及全区的统测和数据分析。

每学期的期中测试由学校进行，期末统测由区教研室组织。针对学校的自命题，在命题前统一给予指导，试题命出来后，由教研员（或组成团队分配）一对一加强评价案例实践分析以及指导，以教师真实评价案例问题为导向。

区域内的统测是全体老师的学习提升机会，一是组织老师理解命题意图讨论评分标准，达成一致后进行阅卷，记录学生问题，进行数据分析，并由命题人的教研员或骨干教师展示试卷讲评课，进一步提升以试题为检测手段，反思和改进教学。

第（2）层，青年骨干教师参与评价实践项目或相关课题。

基于不同年龄教师的评价素养呈递减趋势的认识，首先要重点培养积极性较高、有一定潜力的骨干教师，以达到以点带面的目的。一种是区域教研室组织的评价项目，其特点是有可持续性，主要是学习辅助资源的研发。另一种是借助区外的评价实践项目，其优点是平台高，而且成果转换较快。例如，2018—2020 年西城区历史教师参与了两个规模较大的项目，如表 2 所示。项目组采用"教师设计＋专家指导"的方式，培训与实际操作相结合，在明确任务后，由教师先行设计，然后由北京师范大学、北京教育学院、北京教科院基教研中心、中国地图出版社等专家提出修改意见，再完善设计。专家的指导，以及优秀教师团队的研讨，使青年骨干教师们成长迅速。

表 2　2018—2020 年西城区历史教师参与的命题相关的项目

项目名称	教研员参与人数/人	教师参与人数/人	主要任务
中国地图出版社项目	2	25	研发统编高中历史必修教材和选择性必修教材配套的地图册和填图册
北京师范大学未来教育高精尖创新中心项目	2	14	围绕高中历史核心概念录制微课，并命制相应层级学习能力的检测题

第（3）层，录制经典试题讲解微课。

2020年上半年，围绕核心素养评价和培养，录制出一批（约30节）讲解经典试题的微课，在西城研修网共享，主要包括两大类：第一类为走进历史学科核心素养的微课，分别从历史学科五大核心素养（唯物史观、时空观念、史料实证、历史解释和家国情怀），结合中国高考评价体系、北京市高考的特点、要求和实现途径进行讲解，给高中学生学法和答题的方向性指导；第二类为体现核心素养要求的经典试题的讲解答题微课，针对以上五大核心素养提升，将经典试题分类讲解，兼顾题型、核心素养层次，给学生以答题指导的有效方法。

第（4）层，核心成员命题能力的提升。

每学期全区测试题或模拟题的命题任务，出于保密需要，能够参与的教师仅为极少部分核心成员。通过研究教学问题和考试趋势—试题命制—组卷打磨—实施测试—试卷讲评—数据分析等流程，既保证命题出恰当的测试为全区师生使用，又能在研讨和试题打磨的过程中提升参与核心成员的命题素养，最后通过数据分析诊断全区和各校教学情况，进一步为教学改进提出意见。

四、研究的结论与建议

基于以上调研分析和实践探究，主要发现总结如下：当前教师的评价素养较低，不能适应新时代基础教育改革的需要。同时，一线教师有提升自身评价素养的较强愿望，因此市区级教研部门应承担起培训的责任。通过完善区、校研修制度，将评价素养列入培训核心内容，营造重视评价的氛围，能够较快地提升教师们的评价意识；西城区区学科教研室开发实施评价课程，是夯实教师评价基础的快速有效途径；搭建平台，分层次推进教师的评价实践，能够较快提升教师评价操作的能力。

综合本文的研究结果分析及存在的问题，对有关教师培训方面提出建议如下：

1. 重视教师评价素养的问题，顶层设计、专人负责

教师评价素养提升是一项综合工程，需要政府、教研部门、学校以及教师各方面的共同努力，特别是对接好学业评价政策改革，进行顶层设计，专人负责推进。在职教师的继续教育不同于教师职前的理论学习，以"育人为本""实践取向""终身学习"为指导思想，要体现出整体性、层次性、适切性和可操作性。一方面，了解区域内教师所具有的评价素养状况，以保证能更好地开展教学评价工作；另一方面，以需为本，弄清需要达到的目标，需要在哪些方面着力。重视评价不仅仅是中考、高考的终结性评价，同时应关注过程性评价即过程质量监控。随着中考、高考改革的不断深入，教师在学生学业评价中将扮演更为重要的角色。

2. 发挥学科教研室的作用，重视开展关于评价的研究，以提升教研质量

教师评价素养的提升既需要专业的支持，也需要教师自身在教学和研究实践中的不断探索。由区教研室牵头，组成研究团队，构建学习共同体，通过多种渠道帮助教师掌握评价知识技能，提升教师的评价实践能力。此过程也是优秀教师群体的培养过程，因此提倡价值引领、聚焦专业、合作共赢的团队精神。

3. 市级范围内集中力量，研发一套教师评价培训课程及课程资源

在本课题研究过程中，深感优质课程资源的极度缺乏。一是高校教师缺乏学科背景，专业性的讲座让老师们望而却步；二是区域培训者以教研员为主，素质水平也有待提高；三是考试命题在当前仅较少部分老师参与，其数据成果往往不公开，区域内培训也难以请到外区高水准专家坦诚传授。以上这些都需要在市级更大范围内组织专门力量予以统筹解决，制定教师评价培训课程大纲和培训方案，加强与高校的合作，研发一套包括线上和线下的教师评价培训基础课程，服务于全市所有教师。从历史学科来看，需要以下类似的课程：长期课程——《历史教育的评价与测量》，这是教师评价素养基础课程，主要讲授教育评价的基本理论和基本方法知识；短课时课程，如《历史教育科研中的量化方法》《历史课堂评价方法与设计》等，以帮助教师获取专业性的评价知识和基本评价技能，引领教师形成正确评价观，形成初步的评价素养。

综上所述，当前中国基础教育改革进入了关键时期，而课程实施的关键是教师，"教学评一体化"是当前课程改革提倡的新理念，是促进核心素养达成的关键。因此，必须通过各种方式尽快补齐教师专业素质中评价素养这块"短板"，真正将课程标准、备课、上课、作业与评价建立起内在的必要联系，提高教学质量，合理减轻师生的负担。

参 考 文 献

[1] 金娣. 初任历史教师评价素养的培养策略研究 [J]. 历史教学问题，2016（6）：121-123.
[2] 何穗，闫亚瑞，庄璟. 中学教师评价素养测评与分析 [J]. 上海课程教学研究，2020（2）：65-70.
[3] 米云林，陈明英，熊文俊，等. 教师教学评价素养的现状与对策 [J]. 教育科学论坛，2016（11）：57-60.

专家点评

该论文尝试对教师评价素养的现状和提升策略开展研究，具有重要的现实意义。作者针对教师评价素养领域出现的问题，用问卷调查法对教师评价素养的态度、知识、技能等开展了调查分析，并在此基础上进一步用行动研究法开展如何提升教师评价素养的策略研究，详细地探索了如何将评价素养列入培训内容、开发实施评价课程、搭建评价实践平台等。该论文为该主题的研究和实践提供了较丰富的探索经验，是一篇论证清晰、结构清晰并具有实践价值的论文。

北京师范大学　周金燕

以开题为契机提升区域教研员科研素养实践研究

北京市西城区教育研修学院　徐云知

> 【摘　要】　教研员素有"教师的教师"之称，科研从前瞻站位和前沿引领两个方面，保障了教研员职业生涯示范引领作用的持续发挥。本文基于基础教育对教研员专业素养的要求和区域教研员科研素养亟待提高的现实背景，以"规范中深化，反思中前行"为目标，以西城区教育研修学院 2019 北京市教育科学规划立项课题的开题及其常态培训为例，围绕教研员立项课题集中会议开题的特殊性、依据调研确定集中会议开题的教研活动目标、赋能教研活动方式方法提升开题实效、理解多方认知冲突的价值、现场培训以引导教研员合理吸纳专家意见等方面，探索有效提升西城区教研员科研素质的方法策略与技术路径，为丰厚和稳进区域教研员的职业生涯"保驾护航"。
>
> 【关键词】　开题及其培训，区域教研员，科研素养

一、研究背景

中国基础教育阶段有一支有别于世界其他国家的教师队伍，即教研员，他们的理想定位于"全面理解国家教育大政方针，做教育政策的宣传者""助力缩小课程落差，做课程实施的护航者""深入开展教学研究，做教学创新的先行者""指导日常教学活动，做教师发展的引领者""切实开展教学评价，做教学质量的促进者"，因其多由一线优秀教师选拔而来，素有"教师的教师"之称。

1. 基础教育对教研员专业素养的要求

教师专业标准只界定了教研员职业角色的专业底线，实际工作中对教研员专业素养的要求远远高于教师专业标准（见 2019 年 11 月，教育部印发的《教育部关于加强和改进新时代基础教育教研工作的意见》中关于教研员专业标准）。尤其是教研员的科研素养，因其从前瞻站位和前沿引领两个层面保障了教研员职业生涯示范引领作用的持续发挥，更彰显出其在教研员专业素养中的重要性（图1）。

图1　教研员专业素养

普通教师有相对完善的继续教育培训持续跟进其职业生涯，教研员的专业发展更多基于其自主成长，提高教研员专业素养（尤其是科研素养）既是国家基础教育发展的大势所趋，也是改变区域和学校发展样态的必然要求，更是改变教师思维和行为方式的现实使然。

提高教研员专业素养的渠道和措施很多，例如"在文化认同中""在教研转型中""在组织教研活动中""在同伴协作中"。本文以西城区教育研修学院（下面简称"本院"）2019北京市教育科学规划立项课题常态集中会议开题为例，"在项目（课题）研究中"深入探讨教研员科研素养的提升策略，寻求增进教研员工作效率的实践智慧。

2. 区域教研员科研素养亟待提高

2019年，西城区教育研究学院有S和P两位教研员（教研员S和教研员P均为在一线工作10年以上、担任教研员工作7年以上的成手，其中教研员S是高中语文特级教师，教研员P负责初中生物学科）的课题在北京市教育科学规划作为一般课题获批立项。立项课题开题是本院常态的院本教研活动，既是贯彻落实"文化立院，学术先导"办院宗旨、持续推进学院科研建设的必由之路，也是规范教研员的研究观念和行为、解决教研员科研中遇到的具体问题、深化课题研究学术含金量、提升教研员的科研素质、更好地指导一线学校教学工作、全面服务本区教育的院本常规培训。

由于立项课题不同、学科不同、教研员不同，每个教研员面临的困境也不相同，需要通过调研准确了解教研员的需求，既可以目的性非常明确地邀请课题适配专家，使专家能够在开题时给予教研员恰到好处的指导，同时同伴互助的现场培训环节又可以做到有的放矢因势利导，实现双赢。

我们基于本院"十二五"时期教研员立项课题的管理经验，尤其2019年上半年开题中发现，教研员在课题研究中普遍存在研究设计不合理、文献综述功底薄弱、核心概念界定不严密、拟创新点无创新等问题。这次调研发现，这些问题在教研员S和教研员P的身上同样存在。这些问题背后既隐含着教研员的师生观、课程观、教育观和发展观等问题，也隐含着教研员习惯于依赖其一线实践经验的"知其然"、教研员角色赋予其基于学科的"知其所以然"、更有其缺乏系统学术研究训练的"知其所以然而然"的问题；究其实质，是立项课题研究的规范问题。至此，"规范中深化"成为本次开题的主题之一。

教育部2018《教育信息化2.0行动计划》"推进'互联网+教育'，坚持信息技术与教育教学深度融合，构建网络化、数字化、智能化、个性化、终身化的教育体系，建设人人皆学、处处能学、时时可学的学习型社会，实现更加开放、更加适合、更加人本、更加平等、更加可持续的教育"，既是顺应智能环境下教育发展的必然选择，也是日新月异的信息技术对教研员的挑战。不但要求教研员S和教研员P要以更快的速度"充电""蓄电"，以保证持续站在潮头引领教育教学实践，更要反思教育永恒不变的内涵，回观教师成长的规律，进而科学理性地观照自身的发展。至此，"反思中前行"成为本次开题的主题之一。

二、研究目标

"规范中深化，反思中前行"是基于调研为S和P两位教研员确定的本次开题的主题，也是本文的研究目标。基于参加本次开题人员（两位课题负责人、课题组核心组成员；外请的专家、内定的专家；组织者如本文作者、观摩者和到会表示支持的学院主要领导）成分的多元化，本着"以教研员 S 和教研员 P 实际获得（顺利开题）为中心，力争让每一个参会者皆有所得"的初衷，我们从"教科研合一"出发，确定了本次开题教研活动目标：借鉴专家基于学科思想、内容、方法等整体与细节等方面的专业性指导，促进学科研究；借鉴专家基于课题研究范式、方法路径手段及研究设计等方面的规范性指导，增进对教育的理解；以浸入式研修，体会科研助推教研提质增效，助推教研员专业成长，提升教研员的科研素养。

为此，我们根据教研员 S 和教研员 P 的学科背景，精心设计了开题组专家构成：邀请的三位专家背景，一位中文、一位生物、一位教育，希望学科专家能给予教研员在学科专业上的拔高，希望教育专家能给予教研员在研究思想学术理路上的点拨；在专家组"去同质化"的同时，让教研员"跳一跳，够桃子"，切身体会到"科研助推教研提质增效"，进而实现真正引领教研员专业成长的目的。

三、研究过程与内容

1. 理解教研员开题的特殊性

常态情况下本院教研员同一机构同一级别的立项课题多在两项及以上，基于教研员工作的特殊性，集中会议开题成为多快好省的首选。教研员立项课题集中开题与师范类高校及教育研究机构学历教育（研究生）相比，有三个特殊性。

（1）开题多一个环节。相同之处，在于二者都有开题报告陈述和答辩两个环节，不同之处在于教研员开题多一个环节，即开题结束后的现场培训。这也就意味着研究生开题将开题报告陈述和答辩分成两个半场即可，但教研员开题需要将这两个环节变成上半场，答辩结束后的现场培训成为独立的下半场。

（2）多一个推广论证。如果说"开题报告陈述"相当于研究设计说明书，指明了课题研究的方向、基础、逻辑思路和可能性，那么"答辩"相当于课题研究执行说明书，确定了研究是否可行、是否可继续推进，研究的可能性能够在多大程度上转化为现实性；"现场培训"则是进一步确认研究还需要哪些辅助、研究用以指导一线教学的可操作性，以及研究的普适范围、交流推广界限。

（3）多一个学习共同体。研究生的答辩环节是导师组基于专业的高屋建瓴的权威指导，这种居高临下的指导导致开题常见的情形是研究生或只听无辩、或少答不辩、或少答少辩，罕有研究生舌战群儒式的激辩，这意味着研究生开题自始至终只有师生这样一个"异质"学习共同体。截至答辩环节，教研员开题与此相似。此后的现场培训环节，实是教研员间同伴互助，多了一个"同质"学习共同体。另外，无论"异质"还是"同质"，学习共同体都指向问题解决：既有心平气和的平等交流，也有针锋相对的审辩质疑，更有基于学术性与操作性及普适性等多因素纠缠在一起的错综复杂的激辩。这种情形，既是教研员"联系理论和实践的桥梁和纽带"这一职业角色使然，更是教育实践的复杂性使然。

2. 理解多方认知冲突的价值

参会人员构成的多元化，意味着认知冲突的不可避免。即便是 S 和 P 两位课题负责人，存在的问题也不尽相同，既存在共性的"文献综述"功底欠缺、实验设计太过粗糙的问题，也存在需要具体问题具体分析的个性问题。两位教研员和专家之间、与作为组织者的我们之间、和其他参会者之间也存在认知冲突。但是，在"解决问题"上三方认知方向的一致性，为组织者灵活调整认知冲突提供了便利，也使开题现场始终充溢着"如切如磋，如琢如磨"的研讨氛围。

作为组织者的我们既鼓励专家畅所欲言，把开题当成培训和交流，也鼓励课题负责人充分阐释自己的观点，把开题当成学习和提高；既鼓励专家和教研员之间相互质疑，也鼓励教研员同伴之间开展"头脑风暴"。作为组织者的我们既欣赏专家组和教研员团队与众不同的看问题的角度，也钦佩教研员大胆尝试、勇于探索、敢于批判的精神。

3. 接纳教研员的"逻辑"起点

开题报告既是一份研究工作计划，也在一定程度上证明了教研员的研究实力；开题报告既是一份具有契约性质的承诺，也在一定程度上框定了教研员未来研究工作的评价标准。

S和P两位教研员的立项课题虽然学科不同，但开题报告均严格遵照北京市教育科学规划的统一要求，形式整齐划一，符合规范。只是形式上的规范不意味着内容上的无懈可挑，一份好的开题报告一定是形式与内容的完美统一。

教研员的研究思路常常摆脱不掉一线教师惯有的工作逻辑：从方法"怎么办"切入，直奔结果"怎么样"而去，行不通时再思考"为什么"，接下来琢磨到底应该"有什么"，最后才涉及最主要的"是什么"。有的教研员绕一圈或许能回来，有的教研员经常是忘记了为什么出发，实践中教研员多走的是轨迹而非位移。

开题过程就是我们尝试着和教研员一道，变工作逻辑为学术逻辑的过程，即将"怎么办——怎么样——为什么——有什么——是什么"的轨迹变为"是什么——为什么——有什么——怎么办——怎么样"的位移，但这种逻辑改变非常之难，教研员常常处于"骑门槛"的尴尬境地不能自拔。

答辩环节结束后，专家离会，我们围绕专家意见、重新修改开题报告的现场培训随之展开。此时，我们的角色已不仅仅是组织者，也不可能局限于学习者，更不可能成为旁观者；角色发生了本质的转换：教研员立项课题的参与者、教研员扶持者和其背后的助推者，与同伴共同成长。

4. 引导教研员合理吸纳专家意见

不同级别的立项课题，结合实际要求，难度有一定差异。教研员S和教研员P虽然为北京市教育科学规划一般课题，但文理不同，难度存在差异，挑战性也存在差异。任何一位出席开题的专家，都不会因为两个课题学科不同而人为地降低研究的难度投放，否则满足不了专家组通过开题引领教研员团队成长的需求；也不可能毫无依据地人为提高研究的难度系数，使研究团队因望梅止渴、望洋兴叹而画地为牢止步不前；多是从教研员开题报告这一个"原点"实况出发，有的放矢地助推教研员成长。对于组织者而言，这个"度"非常难以把握。

现场培训重在趁热打铁，有效梳理并合理吸纳专家意见。针对专家和教研员之间的认知冲突，笔者和教研员进行充分的研讨。察知教研员的"最近发展区"，从不同的视角切入，促进教研员换位思考、辩证思考，在潜移默化中实现思辨的常态渗透；以教研员能够接受的方式，共同商讨修改完善开题报告，使每一位承担课题的教研员都有获得感：在专家和教研员之间搭一座理解的"桥",让教研员以严谨规范但相对轻松的方式顺利"过桥",是现场培训环节的归宿。合理吸纳专家意见,主要遵循以下两个原则:

(1) 实事求是。专家就是专家,专家组在学科的科学性、学术研究的规范性上把关已经足够,作为课题负责人的教研员不能苛求专家全能;教研员就是教研员,教研员的学科实战之长毋庸置疑,但学科专业的科学性和逻辑性与学术研究的规范性和严谨性还要加强,这也是事实。

(2) 守望成长。专家的意见固然高屋建瓴,但在多大程度上能被教研员理解、消化和吸收,还需要在跟教研员的沟通过程中慢慢了解。在梳理专家意见过程中,我们和教研员明确两点:一是无论专家的意见多么中肯、多么富有建设性,如果不能被教研员以其自己的方式同化到其已有的知识结构中,这样的意见最好暂时"搁置",留待后续研究中慢慢理解、消化和吸收;不能唯命是从人云亦云,也不能生搬硬套囫囵吞枣,要考虑吸纳的合理性和有效性。二是教研员持保留态度、或持反对意见的那些专家建议,既不能自说自话也不能顾此失彼,同样需要暂时"搁置",留待后续研究中慢慢理解、消化和吸收;不能唯我独尊固守一隅,也不能画地为牢割席而坐,要为后续发展的可能性和可行性留出空间。归根结底,适合教研员现状并能促进其发展的,才是最好的。但是,专家提出的重点一定落实,如围绕研究目标确定研究内容;专家提出的难点不能回避,如结合研究内容选择适当的研究方法。我们既要取长补短扬长避短,也要因地制宜因势利导:不唯上不唯书只唯实,不唯教不唯学只唯发展。

四、研究结果与结论

1. 研究结果

始终把目标当成靶子来瞄准来发力,使开题的每一个环节上的突破都能越来越接近目标本身。从活动现场效果看,教研目标及研讨内容是在教研员原有经验和认识水平基础上逐层展开逐渐推进的,教研员在陈述、倾听、思考、交流、研讨中不但达成了本次教研活动目标,而且不同程度上提升了对自己研究课题的认识,参会者亦在课题负责人与专家的交流、研讨和碰撞中多有心得。

2. 研究结论

依据调研结果确立"规范中深化,反思中前行"教研活动主题和目标,选择集中会议开题并赋能"浸入式"教研方法、理解多方认知冲突的价值、以现场培训引导教研员合理吸纳专家意见有助于提升区域教研员的科研素养,为丰厚和稳进教研员的职业生涯"保驾护航"。

综上所述,本院教研员在一定程度上早已摆脱了"领导工作检查的陪同员、教学资料的收集员、教辅资料的推销员、教学成绩的统计员"等无足轻重的角色,教研员所从事的专业性活动"既不是单纯以既定的目标或方式维护既有体制的活动,也不是以构建所谓完整的教育理论体系、试图制造出更多的教育知识为目的的活动;而是具有形而上学意义,需要高超的实践智慧,在家国天下的宏大视野中身体力行地去实践的成人、成己的活动"。但是,教研员的专业发展是"首先要善于把偏重于认识的基本理论,转化为对实践具有行为指导意义的应用性理论（不只是操作，还有策略、方法、工具等）。二是善于从实践工作者那里吸取实践的智慧，并把个别的典型的案例与经验，上升到类结构的层面，进而丰富应用研究的理论"。距离"将科研作为教研员专业发展的重中之重融入其专业生活"还有很长的一段路要走，我们一直在路上。

参 考 文 献

[1] 鲍银霞. 新时代基础教育教研员的使命与担当［J］. 教育视界，2019（11）.
[2] 莫景祺. 新时代教研员的使命、任务与专业素养［J］. 中国教师，2020（1）.
[3] 吴维煊. 教研员"发展乏力"如何破解［N］. 中国教师报，2020-04-29.
[4] 刘旭东. 行动：教育理论创新的基点［J］. 教育研究，2014（5）.
[5] 叶澜. 思维在断裂处穿行：教育理论与教育实践关系的再寻找［J］. 中国教育学刊，2001（8）.
[6] ［美］沙伦·费曼·尼姆赛尔，D. 约翰·麦金太尔，等. 教师教育研究手册：变革世界中的永恒问题［M］. 范国睿. 译. 上海：华东师范大学出版社，2017.
[7] 杨小微. 教育研究的理论与方法［M］. 北京：北京师范大学出版社，2008.
[8] 金生鈜. 教育研究的逻辑［M］. 北京：教育科学出版社，2015.
[9] 陈向明. 质的研究方法与社会科学研究［M］. 北京：教育科学出版社，2000.
[10] 朱旭东. 中国现代教师教育体系构建研究［M］. 北京：北京师范大学出版社，2014.

专家点评

　　论文以区域教研员科研素养提升为研究主题，依托开题这个研究点开展研究。研究以"规范中深化，反思中前行"为目标，以西城区教育研修学院"2019年北京市教育科学规划立项课题"的开题及其常态培训为例，围绕教研员立项课题集中会议开题的特殊性、依据调研确定集中会议开题的教研活动目标、赋能教研活动方式方法提升开题实效、理解多方认知冲突的价值、现场培训以引导教研员合理吸纳专家意见等方面，探索有效提升西城区教研员科研素质的方法策略与技术路径。论文选题合理，研究方法恰当，研究过程清晰，研究结果具有一定实践意义。

首都师范大学教育学院　乔爱玲

新时代教师师德教育的问题与改进策略研究

北京市海淀区教师进修学校 郝国强

> **【摘　要】** 师德教育是围绕教师职业道德开展的各类培训与教育活动，是提升教师师德水平的重要途径。当前我国师德教育存在运动式、"一刀切"、说教化和"两张皮"的现象，影响了师德教育的成效。为此，基于新时代教师队伍的实际情况、教师培训的发展趋势和成人学习的基本特点，在开展师德教育的过程中，要健全师德培训内容，改进培训组织方式，创新培训实施模式，推进培训效果落地。
>
> **【关键词】** 师德教育，内涵，存在问题，改进策略

教师职业道德，简称"师德"，是教师在教育教学工作中需要具备的道德品质与遵守的行为规范。师德是教师素质的关键维度，是评价教师的首要标准。师德教育是围绕教师职业道德开展的各类培训与教育活动，是提升教师师德水平的重要途径。进入新时代，教育改革与发展对教师师德提出了新要求，师德教育也面临新的问题与挑战。通过探究师德教育内涵，分析当前师德教育存在的问题，寻求师德教育的改进策略，为新时代基础教育在职教师师德教育提供出路和方向。

一、国家对师德教育不断提出新要求

教师职业道德教育，简称师德教育或培训，是指依据社会对教师的职业道德要求，有目的、有计划地对在职教师施加系统的教育和影响，帮助他们树立正确的职业道德观和教育信念，将教师职业道德规范转化为自身职业道德品质的活动，并在职业活动中表现出来的过程。

进入21世纪以来，师德教育与培训越来越受到重视，教育部有关文件明确规定，将师德教育纳入教师教育课程体系，师范生培养必须开设师德教育课程，新任教师岗前培训开设师德教育专题，在职教师培训把师德教育作为重要内容，记入培训学分，确保每学年有师德师风专题教育。

关于师德教育的主要内容，党和国家不断提出新的要求，可以从近年来国家有关师德的政策文本中梳理出答案，文件列表如表1所示。例如，2005年，《教育部关于进一步加强和改进师德建设的意见》指出，加强和改进师德建设要"以提高教师思想政治素质、职业理想和职业道德水平为重点""在加强和改进教师思想政治教育、职业理想教育、职业道德教育的同时，重视法制教育和心理健康教育"。2013年，《教育部关于建立健全中小学师德建设

长效机制的意见》要求,在师德教育中要"重视法制教育、心理健康教育和民族团结教育"。2019年,《关于加强和改进新时代师德师风建设的意见》明确提出,师德建设要"突出规则立德,强化教师的法治和纪律教育"。纵观这些文件中涉及的师德具体内容,主要包括思想政治素质、职业理想、职业道德、法治素养、纪律要求、心理健康、民族团结等。

表1　新世纪以来以师德建设为主题的国家文件

序号	时间	文件名称
1	2005	《教育部关于进一步加强和改进师德建设的意见》
2	2008	《中小学教师职业道德规范》
3	2013	《教育部关于建立健全中小学师德建设长效机制的意见》
4	2014	《中小学教师违反职业道德行为处理办法》
5	2014	《严禁教师违规收受学生及家长礼品礼金等行为的规定》
6	2015	《严禁中小学校和在职中小学教师有偿补课的规定》
7	2018	《中小学教师违反职业道德行为处理办法（2018年修订）》
8	2018	《幼儿园教师违反职业道德行为处理办法》
9	2018	《新时代中小学教师职业行为十项准则》
10	2018	《新时代幼儿园教师职业行为十项准则》
11	2019	《关于加强和改进新时代师德师风建设的意见》

由表1可以看出,政策语境中的"师德"内涵,在教师职业道德基本内涵的基础上,进行了适当的扩展和延伸,特别是立足世情、国情和党情的实际,增加了思想政治素质、法制意识等方面的内容,既反映了党和国家对教师素质的新要求,也体现了中国特色社会主义教育的鲜明特色。这种较为宽泛的师德要求,也对师德教育提出了挑战。

二、当前师德教育存在的问题

进入新时代,师德教育已经成为教师职后教育的重要内容,各地开展了多种多样的师德教育活动加强教师的师德师风建设。但是,由于师德属于道德的范畴、师德教育涉及的内容比较抽象,需要在意识和理念层面给教师施加积极影响,增加了师德教育的难度,在此过程中也出现了一些问题,影响了师德教育的成效。

1. 运动式

所谓运动式,是指一些地方开展的突击式、散漫化的师德教育。一是按照上级的要求,开展一次性的普及教育;二是鉴于突发的师德事件,开展应景式的全员培训;三是在教师节等重大节日,大搞形象化的师德教育工程。应当说,运动式的师德教育能够在短期内造成巨大的声势,获得良好的舆论效应。但是,对于教师而言,却很难有实际的获得,还造成了额外的负担。当然,利用一定的契机开展师德教育是必不可少的。但是,如果是为了教育而教育,缺乏整体考虑和系统规划,就很难调动起教师的积极性,师德教育效果就会大打折扣。

2. "一刀切"

所谓"一刀切",是指在开展师德教育的过程中采取一锅端、齐步走的方式。教师队伍是一个非常复杂的群体,不同地区、不同学校、不同发展阶段、不同岗位的教师,师德发展水平是不同的,对师德培训的需求也是千差万别的。但是,"一刀切"的师德教育方式,却忽视了教师群体的这种复杂性和差异性。采取同样的课程对所有教师进行师德培训,先不论课程质量如何,这种实施方式本身就违背了培训的基本原则,影响了教师参训的积极性,而且缺少针对性的师德培训,也不能解决教师面对的实际问题。

3. 说教化

培训方式说教化一直是教师培训中普遍存在的问题,在师德教育中尤为明显。师德理论、师德规范等培训内容本就比较抽象、枯燥,在开展培训的过程中,如果单纯采取专家讲座的形式,生硬地、机械地空谈理论,将教师视为被动的接受者,必然会让教师产生抵触情绪。教师是具有一定生活经验的成人,需要的是基于个体经验的再学习,而且这种学习应该是指向实际问题解决的。说教化的师德教育,忽视了教师的个体经验和实际需求。在培训过程中,也没有调动起他们作为学习者的主体性,其培训效果可想而知。道德知识的传授并不等同道德教育,直接的道德教学只能形成关于道德的观念,而不能形成道德观念。

4. "两张皮"

所谓"两张皮",是指师德教育和教育教学实践结合不紧密、融合不顺畅,各弹各的曲,各唱各的调。师德教育的直接目的在于提升教师的师德水平,最终目标是服务于教育教学实践。但从实际的培训效果来看,师德教育的落地还存在不足。一方面,师德教育没有与教师的实际工作紧密结合,脱离了教师工作情境和实际问题的培训,很难引起教师的共鸣;另一方面,师德培训更多关注培训过程中教师的表现,而忽略了训后的实际改进,缺乏长期的指导与跟踪,这也不利于教师实际问题的解决。

三、师德教育改进策略

针对师德教育中存在的以上问题,基于新时代教师队伍的实际情况、教师培训的发展趋势和成人学习的基本特点,结合实际的师德教育培训工作,提出以下的改进策略。

1. 健全师德培训内容,实现系统化、课程化、生成化

针对师德教育中存在的运动式的问题,要推进师德教育的系统化、课程化和生成化。①实现师德教育的系统化。师德教育应该是一项整体性的工作,要具有长远的规划和系统的思想,绝不能"东一榔头、西一棒槌",不论地方教师培训机构,还是一线学校,都要根据各地情况、学校实际和教师情况,实施顶层设计,进行统筹规划,科学制定师德教育的总体方案,不论外界怎么变化,都能有条不紊地推进师德培训工作。②实现师德教育的课程化。基于泰勒的课程理论,改变师德教育运动式、散漫化的现状,将一次次分散的教师培训活动,整合为相互关联、前后衔接的培训课程,明确师德教育的目标、内容、方式和评价,实现师德教育的进阶式。③实现师德教育的生成化。在系统化、课程化的基础上,还要根据上级要求和现实需要,适当把握师德教育的时机,开展生成性的师德教育活动,并将其纳入整体的师德教育课程,这样就能避免突击式培训的弊端。

2. 改进培训组织方式，实现全员化、分层化、分类化

针对师德教育中存在的"一刀切"的问题，在推进师德教育全员化的基础上，实现师德教育分层化、分类化。①保证师德教育的全员化。师德教育的对象要覆盖所有学校、学段、学科、岗位的专任教师，这也是最基本的要求。不仅要开设面向所有教师的通识性师德培训专题课程，让每位教师知晓最基本的师德要求和师德规范，而且将师德教育作为重要内容贯穿于教师培训的全过程。②实现师德教育的分层化。教师的专业发展是有阶段性的，从新手到熟练，从熟练到成熟，从成熟到卓越，教师的成长需要时间和实践的历练，在此过程中，教师对人的认识、对爱的理解、对美的领悟是渐进深化的，不同生涯阶段或专业发展水平的教师，师德水平与需求并不相同，师德教育要精准施策，确定不同的建设重点，采取不同的策略。要根据教师专业道德发展的阶段及其特征，对新任教师、骨干教师、名师等不同发展层次的教师进行针对性的师德教育。③要实现师德教育的分类化。分类化强调的是依据教师群体在学校、学段、岗位、区域上的不同，开展分类别的培训，使培训更加贴近教师的实际工作。例如，特殊教育学校需要结合其教育特点开展师德教育，乡村教师要依据其区域教育特点开展师德教育，教学辅助人员也要结合其岗位特点开展师德教育。

3. 创新培训实施模式，实现互动式、体验式、众筹式

针对师德教育中存在的说教化的问题，要充分尊重教师的主体地位，实现师德培训的互动式、体验式和众筹式。作为成年人，教师学习具有鲜明的成人学习特点。例如，学习方式的自主性、学习动机的多样性等，同时具有目的明确、经验丰富、理解力强等优势。因此，在开展师德教育的过程中，要充分尊重教师学习的特点，真正做到以教师为中心。①开展互动式培训。师德教育应该是一个相互对话、互动交流、教学相长的过程，要充分调动教师参与的积极性，创设冲突性情境，设置开放型问题，让参训教师可以自由表达自己的观点和想法，在发现问题的基础上对教师进行引导。②开展体验式培训。体验式培训强调的是"先行后知"，是一种通过个人在活动中的充分参与，来获得个人体验、提升认识的培训方式。例如，开展走进特殊教育学校、工读学校等师德教育基地的活动，让教师现场感受优秀教师的师德魅力，在体验中实现情感共鸣和师德提升。③开展众筹式培训。起初，众筹模式主要用于产品筹资，应用到教师培训领域，主要采取工作坊的形式，通过适当的引导，充分挖掘参训教师的经验，让他们的智慧成为培训的资源，让参训者同时成为培训者。例如，可以让教师分享师德方面的经历、事件或观点，小组共同讨论，进行思维碰撞，形成学习共同体，这样既可以调动参训教师自主学习的积极性，又可以丰富师德培训的资源。

4. 推进培训效果落地，实现协同化、一体化、融合化

针对师德教育中存在的"两张皮"的问题，要加强培训与实践的双向互动，实现二者的协同化、一体化、融合化。师德是根植于教师工作场域的概念，也只有在职业生活中，师德才有存在的意义。因此，师德教育也应该与专业实践紧密结合，实现师德教育与教学实践的协同化、一体化和融合化。①师德教育要与工作实践协同化。很多教师在师德培训的过程中，对相关的师德规范和法律要求了然于胸。但是，在实际工作中，却出现这样那样的师德失范问题，想的、说的是一套，做的是另一套。因此，师德教育要围绕教师实践中的师德问

题，引导教师深入思考师德规范，提供帮助教师践行师德的策略，推进师德教育与工作实践协同发展。②师德教育要与教育教学一体化。将教师师德训后实践纳入整个培训周期，实施"大培训"，训前、训中、训后一体化，建立起完善的训后跟踪指导机制，培训者要成为教师训后实践的积极介入者和培训效果转化的积极促进者。③师德教育要与专业生活融合化。高水平的师德教育，其实是将师德教育直接纳入教师的教育教学，将两者交叉融合在一起，最佳的方式就是采取校本研修，在工作中落实师德教育，在师德教育中推进教学实践，这样既有利于教师师德的完善，又有利于师德教育的落地。

综上所述，新时代的师德教育要紧紧围绕党和国家对师德提出的新要求，针对存在的各类问题，从教育内容、组织、方式和效果四个方面进行改进、完善和创新，不断提升师德教育的成效，全面提高教师思想政治素质和职业道德水平，为打造"教师敬业立学、崇德尚美新风貌"提供有力支持和保障。

参 考 文 献

[1] 贺春湘. 当前师范生师德教育研究［D］. 重庆：西南大学，2010.
[2] 中华人民共和国教育部. 教育部关于进一步加强和改进师德建设的意见. ［EB/OL］. ［2005－01－13］. http：//www. moe. gov. cn/srcsite/A10/s7002/200501/t20050113_145826. html.
[3] 中华人民共和国教育部. 教育部关于建立健全中小学师德建设长效机制的意见［EB/OL］. ［2013－09－02］. http：//www. moe. gov. cn/srcsite/A10/s7002/201309/t20130902_156978. html.
[4] 中华人民共和国教育部等七部门印发关于加强和改进新时代师德师风建设的意见的通知［EB/OL］. ［2019－12－06］. http：//www. moe. gov. cn/srcsite/A10/s7002/201912/t20191213_411946. html.
[5] 于进，于源溟. 从灌输到交往：师德培训问题的对策［J］. 当代教育科学，2014（10）：42－46.
[6] 黄艳梅. 师德教育要见人、见爱、见美［J］. 江苏教育，2018（46）：1.
[7] 檀传宝. 论教师"职业道德"向"专业道德"的观念转移［J］. 教育研究，2005（01）：48－51.
[8] 杜秀芳，任淑红. 成人学习的特点分析［J］. 中国成人教育，2007（15）：121－122.
[9] 吴卫东. 体验式培训：教师培训的新视角［J］. 教育发展研究，2008（Z4）：57－60.
[10] 郝国强. 试论我国中小学教师培训的三个基本走向［J］. 教师教育论坛，2016，29（12）：66－69.

专家点评

师德教育是当前教师发展的重中之重。该论文以新时代对教师职业道德提出的要求为依据，对当前我国师德教育存在的运动式、"一刀切"、说教化和"两张皮"等现象进行了精准的梳理,并依据当前教师培训发展趋势和成人学习对上述问题提出了系统的策略建议。在内容上提出要实现系统化、课程化、生成化;在方式上提出要实现全员化、分层化、分类化;在实施模式上,要实现互动式、体验式、众筹式;在培训效果落地上,实现协同化、一体化、融合化。这些策略针对性强,论证环环相扣,逻辑层次清晰,论述的站位点也较高,对于推进师德教育课程培训效果落地具有很强的借鉴意义。

首都师范大学　杨朝晖

通州区教师个性化培训策略的研究

北京市通州区次渠中学　李万峰
北京市通州区教师研修中心　肖　月

【摘　要】 通州作为北京城市副中心建设的加速发展，对于学校的教育教学质量提升和教师的专业发展提出更高的标准和要求。面对新方位、新征程、新使命，通州区的教师队伍建设还不能完全适应人民对公平而有质量的教育的需求。因此，在分层分类分岗培训原则的基础上，要满足不同层面教师个性化的发展需求，不断适应区域定位带来的变化，快速提升教师的专业素质。

本文通过对区域教师专业发展个性化需求的调研分析，以及对个性化培训内容结构化、序列化的整体建构，初步探索有效的个性化教师研修与培训策略，不仅丰富教师培训理念，而且不断形成适合通州区发展实际的个性化教师培训的一套基本做法，凸显其特色，促进教师的专业发展。

【关键词】 通州区教师，个性化，培训策略

一、问题的提出

1. 教育改革形势的要求

近年来出台的一系列教师队伍建设改革文件，直接指向教师的专业发展，为教师培训指明了方向。

2018 年 1 月，中共中央、国务院《关于全面深化新时代教师队伍建设改革的意见》指出：立足我国国情，借鉴国际经验，根据各级各类教师的不同特点和发展实际，考虑区域、城乡、校际差异，采取有针对性的政策举措，定向发力，重视专业发展，培养一批教师。

2018 年 9 月，中共北京市委、北京市人民政府《关于全面深化新时代教师队伍建设改革的实施意见》指出：采取分类指导，精准施策工作原则。坚持问题和需求导向，借鉴国内外先进经验，根据各级各类教师的不同特点和发展实际，采取有针对性的政策举措，定向发力，确保实效。

2019 年 2 月，中共中央、国务院印发的《中国教育现代化 2035》提出了推进教育现代化的八大基本理念：更加注重以德为先，更加注重全面发展，更加注重面向人人，更加注重终身学习，更加注重因材施教，更加注重知行合一，更加注重融合发展，更加注重共建

共享。

2. 通州区教育发展的需要

1）区域定位对教师专业发展提出更高标准与要求

通州区作为北京城市副中心的区域定位，对于学校的教育教学质量提升和教师的专业发展提出更高的标准和要求。2019 年，北京市教委制定的《关于全面深化新时代教师队伍建设改革的实施办法》指出："随着城市副中心建设深入推进，北京城市副中心教师队伍建设关注度持续增高，人民对公平而有质量的教育的向往更加迫切。要构建科学合理的教师全员培训体系，加强顶层设计，依据教师发展阶段、岗位和年龄特点，一人一案按需施训，打造具有副中心特色的教师分层、分类、分岗培训体系。"

2）区域学校教师发展的不均衡，为全面系统谋划教师专业发展带来紧迫感

通州作为北京城市副中心，因名校、名师的大量引入，教师的结构、层次以及专业发展需求等都发生了显著变化。通州区的教师分布在城镇或农村，有引进的名校办分校，有本土的示范校、普通学校，而更多的教师身处农村学校，因此学校办学规模、水平不一，教师的专业发展程度不同，接受培训的频率和效度差异比较大。因此，教师队伍建设还不能完全适应人民对公平而有质量的教育的需求。

在培训过程中也发现，虽然培训项目众多，但以往因培训的驱动力大多源于教育行政部门或师训部门，在培训过程中难以发挥教师的主观能动性。在这种情况下，出现不少一线教师缺乏参与培训动力的现象。一方面，部分教师认为继续教育学习就是"浪费时间"，培训不过是"走走形式"；另一方面，教师工作任务繁重，无暇深入研究，认为培训内容不能解决自身存在的实际问题，造成参与培训的主体意识不强，更不能在工作中很好地应用、实践和转化。

因此，如何在分层分类分岗培训原则的基础上，满足不同层面教师个性化的发展需求，不断适应区域定位带来的变化，快速提升教师的专业素质，是教师培训部门的重要职责和使命。在区域定位变化与教师追求专业发展过程中，一线教师遇到的真正困难与需求是什么？对于不同地域、不同层次、不同教龄的教师该采取怎样的培训方式满足他们个性化的发展需求，以助推他们的专业成长？鉴于此，我们力求就"通州区个性化教师培训策略的研究"进行深度探索，从而更有针对性地开展教师培训工作，为北京城市副中心建设过程中教师的专业发展做好指引。

二、文献综述

1. 国际研究

重视教师教育，培养高素质教师是世界各国的共同认识。1963 年和 1980 年世界教育年鉴的主题分别是"教育与教师培养"和"教师专业发展"，可见，教师专业发展是国际教育组织一贯强调和重视的问题。1971 年，泰勒在《教师在职教育的回顾与展望》一文中回答了培训"为什么"问题："未来的在职培训，将不被看作是'造就'教师，而是帮助、支持和鼓励每个教师发展他自己所看重、所希望增强的教学能力。"罗伯特等认为，教师在职培训包括三个方面的内容，除了作为教学培训与发展之外，还有个体发展和组织发展两个方

面。也就是说，教师培训不能仅仅把教师作为一个"组织人"和"教学人"来看待，也要关注其"个体人"的身份和状态。

新加坡政府对每个教师每年参加培训的时间有明确规定，政府设教师培训专项经费，由政府制定统一的培训方案、课程，但培训项目是根据教师的发展水平分设不同的层次、类型，如教学设计、教学研究、教学管理等，基本上能满足全体老师的需要。培训有相对固定的培训机构、培训地点和培训时间，并要求承担培训任务的机构为教师提供既能满足其教学能力提升的课程，又能提供满足其素质发展需要的可选课程。承训机构每年向社会公布所有培训项目的培训方案，通过双向选择的方式确定每个项目参训人选。这种培训组织方式充分体现出了教师培训的主体性、民主性、针对性、选择性，可供我国市区教育行政部门借鉴和参考。

2. 国内研究

教师发展阶段理论认为，教师专业发展过程随时间轨迹呈现出阶段性，不同阶段的教师有着不同的发展特征和独特的发展需求。然而，我国基础教育教师培训范围较广、人数众多，一般的教师培训只能解决共性问题，培训内容着重对教师进行教育理念的灌输，而忽视了对他们在特定教学情境下解决教学问题能力的培训。尽管也开展了不同类型、不同层次的培训，但彼此之间在培训目标、培训内容上没有统一规划、密切联系，更谈不上与职前培养的整体设计、有机结合。培训目标过分强调教师专业发展的应然需求而忽视其实然需求，使得培训缺乏对不同层面教师的针对性指导作用。

在教育教学改革形势下，我国多地教育行政部门和教师培训机构越来越重视对教师个性化培训的研究与思考。例如，个性化教师培训模式探究、关于开展个性化培训的思考等，为教师培训提供了借鉴依据。我国学者苏文虹在《教师专业发展理论对中小学教师培训课程设置的启示》中建议，根据学习起点与培训需求等表现出不同层次的特征来确定不同的培训目标。"根据现代社会对高素质专业化教师的要求以及教师职业发展的阶段性需要，进行全程规划，选择合理的课程类型，力求形成多元化的格局，既要体现出教师的共性需求，又要考虑教师个性发展的需要；既有选修课程，又有必修课程；既有理论课程，又有实践课程；既有工具性课程，又有修养性课程，培训课程结构应该模块化。"这些观点对个性化教师培训在培训内容构建上有较强的指导性。

针对个性化培训，我们做了深入的研究。目前，有些地区为满足教师个性化专业发展的需要，已开展个性化教师培训的理论研究和实践，对在培训中如何发挥参训教师的主体作用进行了有益的尝试。例如，青岛市在教师继续教育中，用个性化培训引领教师专业发展，让教师培训真正成为促进教育发展的助推剂。培训者将培训内容交给教师自己决定，这种按需的个性化培训，不仅大大提高了教师参加培训的积极性，更重要的是这种按照自己意愿选择培训内容，能够有效弥补教师教育教学的短板，提升教师专业水平。

根据对国际和国内研究的分析，本课题与同类课题的共同之处在于注重不同阶段的教师具有不同的发展特征和独特的发展需求的研究，关注并支持每个教师的发展，分层规划，按需施训；而区别在于本课题将在培训目标、培训内容上统一规划，加强个性化培训内容结构化、序列化的整体建构；同时，积极探寻信息技术条件下的个性化培训的策略方法，丰富个性化培训资源。

三、研究过程及成果

本课题自 2019 年 4 月进入研究的实施阶段，至 2021 年 4 月结题。按照研究的实施步骤和具体路径，下面呈现阶段性研究成果。

1. 把握教师个性化发展需求

全面了解教师的专业发展需求是做好教师个性化培训的前提条件和关键要素。为了准确把握教师的真需求，采取大数据诊断分析、问卷调研和个性化访谈等方式，发现规律，积淀资源。

1）数据诊断，全面分析

依托北师大未来教育高精尖中心所做的通州区教师队伍现状分析，可以全面把握各学段、各学科、各层次教师的专业发展需求，从而为运用理性思维去审视并整体构建通州区的教师培训起到引领和创新的目的。

下面以初中学段为例，进行系统分析。

如图 1 所示，通州区初中学段总计 1526 名教师，30 岁以下年龄段教师共计 340 名，占总体比例为 22.28%；30~40 岁年龄段教师共计 568 名，占总体比例为 37.22%；41~50 岁年龄段教师共计 520 名，占总体比例为 34.08%；50 岁以上年龄段教师共计 98 名，占总体比例为 6.42%。因此，针对初中教师的培训，要分层设计培训课程；尤其要加强成熟期教师的重点关注和培训，充分发挥其示范引领作用，提升教师参训的积极性和主动性。

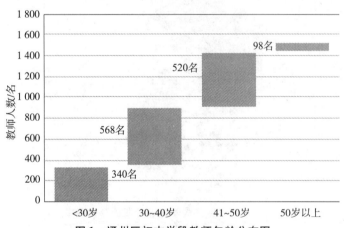

图 1　通州区初中学段教师年龄分布图

如图 2 和图 3 所示，通州区 1526 名初中教师中，86.5% 的教师拥有 3 年以上教龄，说明整个区域初中教师的教学经验相对丰富，但也要注重新老教师间经验的交流分享，以此提升教师队伍整体力量。通州区初中教师本科以上学历为 98.82%，仅有 18 名教师为大专学历。3 年以内教龄的教师共计 206 名，学历全部在本科以上，其中硕士研究生 143 人，说明新教师的学历层次越来越高，要注重加强新入职教师的培养，基于自

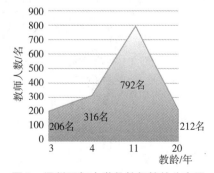

图 2　通州区初中学段教师教龄分布图

身需求和发展愿望，尽快提升其胜任力，并快速融入副中心的教育发展。

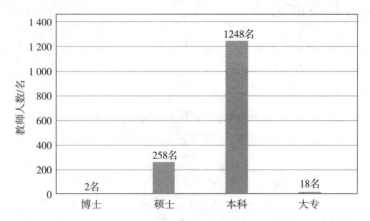

图3 通州区初中学段教师学历分布图

如图 4 和图 5 所示，通州区初中学段共有高级教师 324 名，占整体的 21.23%，无职称的人数占比为 8.65%，教师职称分布较均匀。但是，教师领军人才较少，仅有 29 名教师为市级优秀人才，149 名区级优秀人才，需要重点加强对骨干力量的培养。通过提供多样化、系统化的培训平台，分层打造，促进教师的专业成长。

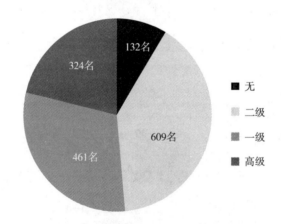

图4 通州区初中学段教师职称分布图

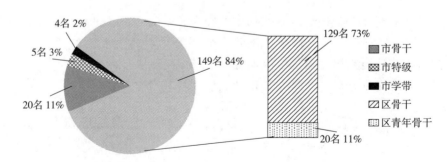

图5 通州区初中学段市+区级优秀人才分布图

2）校本调研，对话需求

通过走进通州区的各级各类学校，创新个性化调研指导路径，以此了解教师专业发展的现状与需求，以点带面，发现教师成长规律。

2019年共走进9所学校进行校本调研，其中幼儿园三所、小学二所、中学四所。90名教师参与问卷调查；27名教师参与访谈。针对问卷调研和做不同发展阶段教师的访谈，从而形成教师专业发展需求调研分析报告。

(1) 问卷调研，把握教师发展需求。选取每校10人参与的问卷调研，旨在全方位了解和把握教师对校本培训的感受和收获，为切实感知教师的专业发展需求，不断增强校本培训的实效性奠定基础。

例如，教师普遍认为专家引领式培训、课题研究式培训、经验共享式培训、跟踪式培训是最适合校本培训的活动方式。在校本培训过程中，认为问题较多的方面分别是：人员紧、教学任务重、不好安排；培训考核制度不完善；缺少培训激励机制；培训者水平有限等。而且教师期待通过参加校本培训能够提高科研能力、教学能力，开阔教育视野，更新教育理念，解决自己在教育实践中遇到的问题。

因此，作为学校和培训机构，要建立科学的总体规划和培训考核、激励机制，研究教师的培训需求，加大校本研修的力度，满足教师的专业发展需求。

(2) 专项访谈，了解教师个性需求。深入到学校进行个性化访谈，主要结合新教师、骨干教师、成熟期教师这三个重要的教师专业发展阶段来进行专项研究，以此真实把握教师培训需求，发现教师专业发展规律，为形成区级系统培训整体框架，实施精准培训奠定坚实的基础（表1~表3）。

表1 针对新教师的访谈

访谈内容	教师反馈
基于深综改和副中心建设的背景，在教育工作中遇到的最大困惑是什么？	学生管理问题；如何营造和谐的教学氛围、激发学生学习的兴趣；如何尽快提升自身专业知识水平；如何更有效做好身份的转变，规划自己的职业生涯
工作中积累了哪些宝贵的教学和管理经验？	掌握教学流程；训练教学语言；了解和学生相处之道；教师的自我管理；对校本课程的了解
印象最深的培训是什么？	学校育人理念培训；读书交流活动；校本特色课程
当今教师培训中存在的主要问题是什么？	培训不具有针对性，有些不能满足个性化的需求
对市级和区级培训有什么建议？	根据学科特点，以及教师发展的困惑点进行培训；提供外出参观学习机会，观摩优秀教师课例

表2 针对骨干教师的访谈

访谈内容	教师反馈
基于深综改和副中心建设的背景，在教育工作中遇到的最大困惑是什么？	副中心标准高、要求高，自身能力有待提高；家校配合问题；科研理论与实践的脱节；如何增强学生获取知识的渠道；中高考压力大，其中涉及教材内容的变化；学科特殊性和实践能力的研究

续表

访谈内容	教师反馈
工作中积累了哪些宝贵的教学和管理经验?	把握与家长沟通的原则;掌握教学方法;拥有一定的教学风格;师生关系较和谐
印象最深的培训是什么?	骨干教师示范课;团队合作活动;骨干讲坛
当今教师培训中存在的主要问题是什么?	培训缺乏系列化;如何扩大受众面;培训成果如何转化并在工作中有效落实
对市级和区级培训有什么建议?	多采用课例实践的培训方式,加强针对性指导;走出去开阔视野

表3 针对成熟期教师的访谈

访谈内容	教师反馈
基于深综改和副中心建设的背景,在教育工作中遇到的最大困惑是什么?	遇到教育瓶颈期,涉及教育理念的转化;思维不够灵活,不能从根本上转变教学方法
工作中积累了哪些宝贵的教学和管理经验?	班主任工作经验丰富,善于与学生沟通;教学经验较丰富
印象最深的培训是什么?	教学方法策略培训;参加国培项目——封闭式培训
当今教师培训中存在的主要问题是什么?	理论性讲座多,不容易记住且有效实施;培训不系统;有些培训内容不符合需求
对市级和区级培训有什么建议?	多提供参加市、区级培训的机会;加强培训针对性

从表1~表3中可以看出,目前培训存在的问题:①培训内容上缺乏系统性和针对性,不能满足教师专业发展的需求;②培训形式单一,理论性讲座偏多,不能有效指导教师的教学实践;③培训效果和转化应用上,缺乏实操性,使教师的实际获得感不强。

同时,从表1~表3中可以把握各层次教师的专业发展需求:①基于学科特点和教学困惑,提供个性化专业指导;②搭建广阔的学习平台,开阔教学视野;③采用课例实践方式,提升专业能力。

总之,通过多种方式,系统梳理在北京城市副中心建设背景下教师队伍面对的新任务、新要求,把握教师个性化专业发展及培训需求。在此基础上,为制定有针对性的培训计划,为培训课程体系的构建与培训策略的创新实施提供广阔的空间。

2. 初步探索个性化培训策略

在把握培训真需求,构建培训课程框架的基础上,努力探索教师个性化培训的策略,形成适合通州区发展实际的个性化教师培训的基本做法与有效途径,努力提升个性化培训品质。

1)基于需求,精准支持策略

了解教师需要什么,才能给予精准支持,促进其专业能力的提升。依据各层面教师的发展需求,通州区整体规划设计支持路径,提升个性化精准支持的效益。

如面对新入职教师急需融入北京城市副中心的教育事业,逐步适应从学生到教师角色的转变，全面建构师德修养、必备能力和专业基础，为上好第一节课做准备。因此，新教师岗前培训的定位注重在北京城市副中心大背景下的使命与担当，强调师德为先，责任为重，助力新任教师的专业成长。通过建构通识培训、学科培训、拓展培训等专题课程，解决新教师入职后的成长困惑，收获对于北京城市副中心教育发展形势、课改走向、成长路径等全方位的信息与素养；锤炼新教师的核心素养，强化师德教育、团队合作和教学基本功训练，不断提高教学能力。

遵循"不培训不上岗"的原则，通州区把新教师培训按学科和学段的不同进行划分，围绕课程标准解读、学科教材教法指导、教案编写与课堂实践训练等，进行"分学科培训"，促进个性精准研修目标的落实。在拓展培训课程实施环节，着眼于提升新任教师的综合素养，以"教师个性化精准培训"理念为指引，精心设计打磨培训课程，在各种团队活动中增强教师的合作意识、责任感和荣誉感。同时，为每位新任教师建立"专业成长档案袋"，统一收纳每位新任教师参加培训、教研活动、听课、做研究课等活动的过程性材料，记录他们个性化的成长轨迹。

2）基于问题，专业引领策略

新课改要求教师站在学科领域的前沿，把握教学的方向。而教师置身于教学改革之中，往往在学习与接受新的思想或知识等方面存在困惑，极大阻碍了教学改革的进程。如何基于问题，给予教师专业的引领，促其个性化提升是培训部门重要的职责使命。

例如，通过调研访谈了解到，科学课上呈现的学生参与率低、缺少合作、活动的设计思维容量不够等问题困扰着教师，教师迫切需要新方法、新技术的培训。因此，面对中学理化生教师实验技能和科学素养比较薄弱的现状，通州区精准定位，顶层设计，依托中科院资源实施全员轮训，给予专业引领，充分展现个性化培训的实效，彰显副中心培训的高品质。

（1）培训内容体现个性化培训的精准对接；培训前提供课程需求菜单，教师自主选择课程内容，满足个性需求和问题解决。因培训课程内容涉及学科领域前沿或中高考改革方向，极大促进了教师参与的积极性和主动性。

（2）培训方式体现个性化培训的精准引领；培训过程中，专家高端讲座、分学科探访各科研院所、分组开展实验设计和实践体验，使每位参训教师有真正实际的获得，从而达到丰富科学知识、提升实验技能、激发科研兴趣、开拓教学视野的目的。

3）基于发展，拓宽视野策略

面对"世界眼光，国际标准，中国特色，高点定位"规划建设北京城市副中心的理念，与之相适应的就是通州教育如何改变以往国际化培训少，教师接触不到国外专家亲自授课，以及面对面指导的机会。因此，通州区积极借助国内外优质资源，形成多方力量整合的培训新格局，不断提升教师的国际视野。

（1）立足薄弱学校，更新教学观念。"以学生为中心教学法的培训"，连续四期直接落地在乡村学校，并辐射京、冀两地教师，极大开阔了农村教师的教学视野。英国专家不仅传授先进教学理念，还示范引领，并一对一地跟进课堂进行个性化指导，使参训教师获益良多。这不仅是东西方教学理念与方法的碰撞与融合，更是北京城市副中心教师培训走向国际化、精准化的创新实践。

（2）立足深度研修，成就教学名师。在疫情期间，为了推进北京城市副中心教育国际化向纵深发展，不断提升骨干教师的国际视野和专业素养，在"通州区名师国际化素质提升高端培训"中,针对主题为"改变教学方法基于脑科学的教学"和"跨学科领域课程设计与教学"两项培训,采取教授实时、网络在线授课为主要培训形式展开。参训教师不仅在美国专家精心设计的培训内容中把握"脑科学和跨学科"的实质与精髓,更是通过参与不同组别、不同学段教师群的互动研讨、个性化作品的展示分享中,打破了思维固化的习惯,得到更多的教学实践灵感和启发,为成为副中心的名师做好积淀。

4)基于形势,输出辐射策略

通州作为北京城市副中心的区域定位,赋予着支持辐射引领全国各地教育共同发展的使命。因此,以输出式培训为突破口,通过精心设计培训项目,不断展现培训能力,为实施个性化培训积蓄能量。

输出式培训的价值就在于为骨干教师从优秀走向卓越搭建舞台,为区域教师培训从平凡走向卓越搭建桥梁。依托区域自身优势,为参训的全国各地教师量身定制理论型、实践型、文化考察型、交流互动型、观摩研讨型、问题探究型共六类课程;并邀请区域的骨干研修员、基层校的草根专家、本土文化专家,通过支教与送教的辐射形式为域外教师提供全方位多广角的专业服务,使培训主讲教师的个性得到彰显,展现培训品质。

例如,在多年的域外辐射培训中,培训者提炼出"望、闻、问、切"四步优质培训法:"望"是将培训内容定格并通过多媒体立体再现再研究;"闻"是为教师输送具有很强引领性、指导性的核心精华内容,听他们想听的内容;"问"是问一问教师的需求,不仅能听到教师的心声,还能为创新培训形式提供参考,彰显培训的研究功能;"切"是培训应立足师情,切合实际,着力为教师提供问题解决的方式方法。这样就使培训更接地气有实效,更为培训者实施个性化培训提供可复制、可借鉴、可推广的模式。

虽然在研究中总结出一些基于教师专业发展需求的个性化培训策略,但是随着北京城市副中心教育对教师专业发展的标准越来越高,今后还要进一步完善区域教师个性化培训体系构建。在分层、分类、分岗的基础上,不断丰富、创新个性化、精准化培训理论与实践体系;要继续开展基于精准服务的系列调研活动,了解学校在不同发展阶段的困境和实际需求。针对不同群体的培训展开有针对性的研究,细化研究内容,探究实施策略,为更精准实施区域教师培训开辟路径。

综上所述,教师培训工作是教师专业成长的助推器,只有在新的形势下以满足教师个性化发展需求为出发点,不断创新教师培训策略,真正解决教育教学问题,才能加快教师的成长速度,实现培训的高质量。

参 考 文 献

[1] 赵明仁. 国际视野中教师专业发展状况及对我国启示——基于 TALIS 2013 报告的分析 [J]. 教师教育研究,2015,27(159):100-106.

[2] 王树乔,王惠. 基于个性化研修的教师继续教育模式研究 [J]. 成人教育,2013(10).

[3] 张居震. 关于开展个性化培训的思考 [J]. 中国培训,2006(11).

[4] 宋凤宁. 个性化教师培训模式探究 [J]. 继续教育研究,2005(4).

[5] 王中华. 论个性化教育的误区及其正解 [J]. 课程教学研究,2012(12).

[6] 冯建军. 论个性化教育的理念 [J]. 教育科学,2004(2).

[7] 余莲, 等. 个性化教师培训刍议 [J]. 高等继续教育学报, 2013 (5).
[8] 孙迎武. 中小学教师继续教育存在的问题及发展策略 [J]. 继续教育研究, 2012 (2).
[9] 李泽宇, 等. 中小学教师培训中存在的问题与对策探究 [J]. 中小学教师培训, 2008 (11).

专家点评

北京城市副中心建设，承担着中心城区功能和人口疏解、拓展发展空间成为北京新的增长极、带动廊坊北三县发展推动京津冀协同发展等重要历史使命，承担着大城市新区建设典范的探索、示范作用。随着城市副中心建设的加快推进，对通州区基础教育的高质量快速发展提出了更高的要求。而教师发展是教育发展的基础。没有一流的教师队伍就不可能有一流的通州区教育，就不可能支撑北京城市副中心更高质量发展。《通州区教师个性化培训策略的研究》在教师分层分类分岗培训原则的基础上，为满足不同层面教师个性化的发展需求，通过问卷调查和深入访谈，通过对区域教师专业发展个性化需求的调研分析，以及对个性化培训内容结构化、序列化的整体建构，初步探索出有效的个性化教师研修与培训策略，并在工作中付诸实践，取得了积极的效果，为快速提升教师的专业素质提供了更多的发展空间。培训的目的是促进教师发展。我们应努力使广大教师自觉意识到教师自身发展的重要性，体会到终身学习的重要性，认识到教师发展和教师培训是教师个人发展的权利、责任和内在需要，教师个性化培训就是要让教师主动通过自学互学、校本研修、外出培训、教研科研等多种手段，不断提高自身专业发展。

北京教育学院　马宪平

输出式培训：成熟期教师专业发展的新路径

北京市通州区教师研修中心　闫德胜

【摘　要】 输出式培训是以教师教育经验即实践性知识输出为目标的培训，即在教师培训过程中，创设环境、激发兴趣，引导教师总结提炼并交流推广自己原有的教育经验，形成实践性知识的培训。输出式培训源于语言学习的输入/输出理论，非常适于感性经验丰富的成熟期教师。成熟期教师输出式培训的实施关键要抓住一个核心、四个环节、七项任务等要素。输出式培训为成熟期教师从优秀走向卓越搭建桥梁，成为成熟期教师专业发展的新路径。

【关键词】 输出式培训，基础教育，成熟期教师

目前，中小学教师培训中最困难的是40岁以上成熟期教师的培训，这部分教师大多具有本科及以上学历，职称问题基本解决（如副高职称），具有较为丰富的教学经验，大多工作业绩也不错。但是，他们大多进入高原期很难突破；大多由于年龄偏大，精力也不像年轻时那么旺盛；缺少了业务前进的动力；通常对于培训比较抵触，不愿意接受新鲜事物，经常成为"培训杀手"；跟不上教育改革的步伐，严重制约了课程改革和学生素养的培养。目前，对于这部分教师的培训除了学分、考勤等硬性规定外，还缺少行之有效的措施。成熟期教师培训中存在的问题既有其自身的因素，同样也有培训课程设计的因素。单纯的输入式的培训已经无法满足他们的需求，为此我们采用逆向思维，开发了以提炼和应用成熟期教师实践性知识为核心的输出式培训课程。

一、输出式培训的概念

输出式培训，是指以教师教育经验即实践性知识输出为目标的培训，即在教师培训过程中，创设环境、激发兴趣，引导教师总结提炼并交流推广自己原有的教育经验，形成实践性知识的培训。

输出式培训是我们针对输入式培训而提出的一种截然相反的培训方式。输入式培训是以知识的输入为目的的培训。其中，也涉及知识（教育经验）的输出，但是输出只是检验输入效果的一种方式。输出式培训是以教师个体教育经验（实践性知识）的输出为目的的培训，在输出中也涉及知识的输入，但输入只是辅助输出的手段。

二、输出式培训的缘起

输出式培训源于语言学习的输入输出理论。美国克拉申（S. D. Krashen）教授的输入假说认为，可理解性的输入是学习者习得语言的必要条件；而加拿大梅里尔·斯温（Merrill Swain）教授的输出假说则认为，习得语言输入是不够的，语言输出也是习得语言过程中必不可少的条件。因此，语言学习首先需要有输入作为基础，习得的效果需要在输出中得到检验和修正。

目前，国内、外对于学生的输出式学习有一定的研究，但是对于成人教师的输出式培训还没发现有人专门研究。为此，我们提出输出式培训的概念，并试图以输出式培训解决中、小学成熟期教师培训的困境，助推教师"二次成长"。这里所说的"二次成长"，是指进入成熟期的教师突破职业发展的高原期，成长为卓越型教师的过程。输出式培训的价值就在于为成熟期教师从优秀走向卓越搭建桥梁。

三、输出式培训的理论基础

输出式培训的输出内容是实践性知识，因此实践性知识的概念界定、构成要素与形成过程就成为输出式培训的理论基础。

1. 实践性知识的概念界定

1）实践性知识的内涵

申继亮（1999）认为教师知识应当包含本体性知识、条件性知识、实践性知识。

比较权威的林崇德、辛涛等学者认为，"教师实践性知识是指，教师在面临实现有目的的行为中所具有的课堂情境知识以及与之相关的知识，或者更具体地说，这种知识是教师教学经验的积累。"

我们认为教师的实践性知识是教师个体在教育实践中积累的感性经验，加以提炼后所形成的系统认识。

2）实践性知识的特点

实践性知识具有两个特点：①经验的特点——个性，即每个教师的实践性知识都是在其个体教育经验的基础上加工提炼的产物，必然带有其自身的个性特点；②知识的特点——共性，即实践性知识既然已经上升到知识的层面，就必然具有知识的共同特点，揭示特定的教育本质或规律，具有可借鉴性、迁移性。

3）实践性知识的本质属性

实践性知识的本质属性是知识，而不是经验。它源于经验而又高于经验。教育经验转化为实践性知识同样需要满足被验证过的、正确的和被人们相信的三个条件。也就是说，不是所有的教育经验都可以称为实践性知识。

4）实践性知识的外延

艾尔贝兹认为教师的实践性知识有五类：①关于自我的知识，即作为资源的自我、与他人相关的自我和作为个体的自我；②关于环境的知识，即课堂、政治环境和社会环境的营造；③关于学科的知识；④关于课程的知识，即课程的开发、组织、评价等；⑤关于授课的知识，即学习理论、学生和教学、师生关系等。

陈向明认为，教师知识包括理论性知识和实践性知识。其中，教师实践性知识包括教师的教育信念、教师的自我知识、教师的人际知识、教师的情境知识、教师的策略性知识和教师的批判反思知识六个方面。我们从教育实践的角度出发，认为教师的实践性知识主要包括教学实践性知识、管理实践性知识。前者关注的焦点是知识传授，后者关注的焦点人际关系。

2. 教师实践性知识的构成要素

陈向明认为，教师实践性知识构成的要素主要有：教师主体、问题情境、信念、行动中反思等。我们认为教师实践性知识构成的要素有：教师、学生、环境、行为。

3. 教师实践性知识的形成

王玉苗认为教师实践性知识的源于两个方面：一是来源于理论知识的转化。现代理论知识一旦被学习者理解掌握并能够指导他的教育实践，就表明理论知识已经转化为实践性知识；二是来源于教师一般的教育教学实践经验的积累。吴泠在《教师实践性知识形成机制浅论》一文中认为，教师的实践性知识是通过内隐学习与外显学习的共同作用得以形成的。在这个过程中，外显知识是通过同化与顺应形成的，内隐知识则更多的是在动态的建构—解构—建构中形成的。刘海燕在《试论教师实践性知识的生成机制》一文中指出，教师实践知识是教师自己主动建构的，是教师针对教学实践中的问题，结合自己的各种经验、学科知识以及教育学知识，以自己的方式去解决和处理的。

我们认为，教师实践性知识源于教育经验。教育经验包括三个层次：感性经验、理性经验和系统经验。感性经验就是成功的教育故事，它蕴含教师的教育智慧，通常是以教师的感性和直觉为基础的。理性经验就是成功的教育案例，即教育故事加反思，也就是增加了寻找到故事背后的理论支撑与本质规律这一环节。系统经验，同类理性经验的结构化，即针对某一系列教育故事进行反思，寻找到其中的本质和规律，形成的具有个人特色的系统经验。这种系统经验我们称之为教师实践性知识。

因此，教师实践性知识的生成分成四个阶段：①感性经验积累，即撰写教育故事；②理性经验生成，即对教育故事进行反思，形成教育案例；③系统经验提炼，即理性经验主题化、结构化；④系统经验的验证，严格地说经过再验证的系统经验才算是真正的实践性知识。验证包括教师个体验证和群体推广验证两个环节。

同样，实践性知识只能来自教师自身的教育经验。这种教育经验可以基于自身的理论知识、直觉或他人的实践性知识，但是必须经过自己的实践验证有效后才有可能转化为实践性知识。也就是说，教师自身的实践性知识离不开自身的实践。他人的教育理论和实践性知识只能是他人的，可以直接输入但不能复制，只能借鉴。因此，必须要经过学习、应用、内化、再造，才有可能转化为自身的实践性知识。绝不可能出现特级教师的实践性知识经过复制粘贴，从而造就一大堆特级教师的传奇。

四、成熟期教师输出式培训的操作方式

成熟期教师输出式培训在实施过程中要抓住一个核心、二大抓手、四个环节、七项

任务。

1. 成熟期教师输出式培训的一个核心

输出式培训的一个核心是帮助教师在已有的感性经验的基础上进行总结提炼，形成实践性知识并交流推广，从而唤醒他们二次成长的动机，激发他们的动力，提升教育品质，形成教育特色。进而助推成熟期教师成为教育工作的"振飞领头雁"，并建立"示范带动体系"，促进学校、校际和全区教师的专业成长。

2. 成熟期教师输出式培训的两大抓手

成熟期教师输出式培训的两大抓手：实验学校、任务驱动。

（1）实验学校。成熟期教师输出式培训离不开所在实验学校这个环境，离不开实验学校领导和同事的大力支持。所以建立实验学校，构建包括实验学校领导、教师在内的研究共同体至关重要。

（2）任务驱动。成熟期教师输出式培训同样也离不开任务驱动。那么，如何设计任务就非常重要。任务可以有不同的设计方案，但是一定要目标明确，分解到位；一定要入手容易，提升空间要大。任务梯度不明，初期太难，教师们会感到畏惧，影响积极性。任务后期的发展空间要大，对教师有挑战性，这样才能够激发教师们的兴趣，引导教师们过关斩将，逐步发展。

3. 成熟期教师输出式培训的四个环节与七项任务

基于成熟期教师具有丰富的感性经验的现状，我们设计了一套以教师实践性知识生成为核心的输出式培训的基本流程，包括理性提炼、实践提升、辐射升华、反思悟道四个环节和七项任务。

（1）理性提炼是指成熟期教师反思自己的教学实践，总结提炼自己的教学经验，通过理论的加工形成具有自身特色的实践性经验。

这一阶段重点设计两项任务：讲述一个"我"最难忘的教育故事；撰写一篇"我"最拿手的教育特色总结。

第一，讲述一个"我"最难忘的教育故事。成熟期教师最不缺少的就是教育故事，而且由于职业特点，教师们也非常善于写故事、讲故事。从教育故事入手总结提炼自己的教育经验，难度会大幅降低。每一个生动的教育故事都能够透视教师们的教育智慧。在这一环节最关键的是培训者要帮助教师实现思维的第一次飞跃，即从感性经验到理性经验的飞跃。每一个蕴含着教师教育智慧的教育故事都是教师们的感性经验，但仅有感性经验是不够的。通过访谈发现，成熟期教师大多非常不善于挖掘故事背后的本质和规律。培训者需要通过追问、通过"产婆术"，帮助教师深度挖掘这些故事背后的本质和规律，寻找理论支撑。

第二，撰写一篇"我"最拿手的教育特色总结。在这一环节最关键的是培训者要帮助教师实现思维的第二次飞跃，即由理性经验到系统经验的飞跃。培训者要帮助教师把众多的理性经验进行结构化的梳理：首先要凝练自己的核心概念；然后围绕核心概念建立指导原则、操作方法、评价方案等在内的理论体系。

完成这两个步骤，教师的感性经验就已经蜕变为系统经验，系统经验就是教师的实践性知识，它标志一个普通教师向卓越教师迈出了最重要的一步。

（2）实践提升是指成熟期教师在初步提炼自己的教育经验即实践性知识之后，再次应用到自己的教学实践之中，并且不断地完善。

这一环节设计一项任务：撰写一份"我"最感慨的教学反思。

教师们总结的教育经验只有在教育实践中得到验证才能有说服力，同时在二次实践中也可以进一步完善，撰写教学反思就是帮助教师验证和完善自己的教育经验的过程。每次验证性教育实践活动，教师都要制定详细的实施方案，并及时撰写反思记录，从其中挑选一份感受最深的教学反思进行交流。选择与交流的过程就是再次深度思考与研究的过程。

（3）辐射升华是指成熟期教师把自己的教育经验即实践性知识传递给同事，帮助同事共同发展，并在此过程中不断丰富和提升自己的教育经验和综合能力。

根据学习金字塔理论，"教给别人"是最好的学习方式。因为自己知道与教给别人之间存在一条巨大的鸿沟。为了跨越这条鸿沟，教师需要对已有的知识进行重新加工、整理、内化，然后重新编码、输出。这是一个极其复杂的过程，经历这一过程成熟期教师的实践性经验会再次升华，他们的综合能力会飞快地增长，经过几年的努力会很快脱颖而出，成为学习型、研究型、学者型的教师，这是一个绝佳的双赢合作方式。

这一环节设计三个任务：帮带一个"我"最欣赏的新教师徒弟；组织一次"我"最成功的校级交流展示活动；参与一次"我"最期待的区级学术研讨活动。

第一，帮带一个"我"最欣赏的新教师徒弟。选一位自己喜欢的新教师进行帮带，这是一名成熟期教师的神圣职责。把自己的教学经验传授给自己的徒弟，帮助其快速成长，是自己智慧价值的再次提升。这项任务的关键在于培训者与学校合作帮助成熟期教师制定带徒方案。

第二，组织一次"我"最成功的校级交流展示活动。教师教育才能的展现需要平台，学校可以为成熟期教师搭建一个最近的平台。组织校级的教育经验交流展示活动，通过展示课、说课、经验介绍等形式，教师们的教育经验会进一步提升，自身的影响力也会不断增强。这项任务的关键在于培训者与学校合作帮助教师制定展示的方案并提供支持。

第三，参与一次"我"最期待的区级学术研讨活动。组织区级学术研讨会，是给成熟期教师搭建的一个更大的展示的平台，同时也是对其自身能力的又一次挑战。学术研讨对于教师教育实践性知识的表达提出了更高的要求，激励教师把感性教育实践性知识再次加工升华，从而真正走向研究型、学习型教师。经过这一步，成熟期教师向卓越型教师迈出了坚实的一步。这项任务的关键在于实践性知识的再加工和研讨活动方案的设计。

（4）反思悟道是指成熟期教师定期参加输出式培训的总结交流会，交流自己的学习体会，感受教师专业发展的规律，形成持续发展的动力。

这一环节设计一项任务：写一份"我"最深切的活动总结反思。

这项任务，是帮助教师反思自己在实践性知识的总结和提炼过程中自身的发展变化，重点从成功的渴望、特色的经验、教育的效果、示范的作用四个角维度来思考。同时，在与同伴的交互中，彼此学习，相互借鉴，共同感悟，一起提升。其关键在于帮助教师体会到成功的快乐，体味到自我实现后的职业幸福感。在这一过程中，成熟期教师对教师专业发展的规律和本质会有进一步的认识，拓展其未来发展的空间，以便将来胜任更具挑战性的岗位。

五、成熟期教师输出式培训的关注要点

1. 成熟期教师输出式培训关注的四个策略

成熟期教师输出式培训要关注四个策略：
(1) 中小学成熟期教师教育经验理性提炼过程中的支持策略研究；
(2) 中小学成熟期教师教育经验实践提升过程中的支持策略研究；
(3) 中小学成熟期教师教育经验辐射升华过程中的支持策略研究；
(4) 中小学成熟期教师教育经验反思悟道过程中的支持策略研究。

成熟期教师输出式培训并不是一蹴而就的。教师们在输出式培训的四个环节中会遇到不同的困难，需要培训者为他们及时搭建支架，总结支持策略。例如，在教育经验理性提炼过程中如何总结提炼自己的教育经验、如何表达；在实践提升过程中，如何把教育经验融入教学设计之中，如何观测教学的效果；在辐射升华过程中如何设计帮扶计划、如何组织教学展示、如何撰写学术报告；在反思悟道过程中，如何撰写自己的反思报告，如何总结教师发展的规律等。这些关键问题的支架搭好了，输出式培训才能够顺利进行。这需要培训者建立沟通交流的网络，及时发现教师的问题与需求，协同各种资源，合理搭建服务支架。

2. 成熟期教师输出式培训关注的四项指标

成熟期教师输出式培训要关注四项指标：研究力、实践力、影响力、驱动力。

(1) 研究力，即教育研究力。成熟期教师教育经验即实践性知识的总结提炼的过程就是研究的过程，这是一个艰苦而有意义的历程。我们运用作品分析法，研读教师们所撰写的教育经验或论文，就可以发现他们成长的过程与变化的幅度。

(2) 实践力，即教育实践力。重点观察教师们是否可以把自己的研究成果转化为自己的教育生产力，提升自己的教育能力和教育效果。通过持续的课堂教学或教育活动观察即可得出结论。

(3) 影响力，即教育影响力。在这一环节中我们通过成熟期教师帮带徒弟、校级展示、区级研讨等活动中的表现和效果，可以看出其教育经验在内的影响力。这是评价一名普通成熟期教师蜕变为骨干教师、卓越教师的重要标准。

(4) 驱动力，即发展驱动力。成熟期教师的发展关键在于动力。这种动力从哪里来？其关键在于成功体验的积累。而输出式培训的目标直指其自身特色教育经验的总结提升，完成的是个体实践性知识的生成，改善的是自己的教育工作现状，提升其学术的影响力，这些目标的达成都可以帮助教师积累成功的快乐与自信，从而进一步形成可持续的发展动力。

3. 成熟期教师输出式培训关注的四大特色

成熟期教师输出式培训要形成四大特色：目标化、任务化、成果化、资源化（表1）。

表1　中小学成熟期教师的输出式培训内容结构表

目标化		任务化		
一个核心	四项指标	四个环节	七项任务	四个策略
实践性知识	研究力	理性提炼	讲述一个故事 撰写一篇总结	理性提炼支持策略
	实践力	实践提升	撰写一篇案例	实践提升支持策略
	影响力	辐射升华	帮带一个徒弟 组织一次展示 参与一次研讨	辐射升华支持策略
	驱动力	反思悟道	撰写一份反思	反思悟道支持策略
成果化、资源化				

（1）目标化。成熟期教师输出式培训目标要明确，即总结提炼教师个体的特色教育经验，形成实践性知识。

（2）任务化。成熟期教师输出式培训的目标要分解，转化为具体的学习任务，这样最终的目标才会落实。

（3）成果化。成熟期教师输出式培训要有成果意识，教师们的教育故事、教育经验、教学设计、教学反思、教育论文、帮扶计划等，很多过程性的纸质文件、音像材料都可以看作培训的成果保存下来。

（4）资源化。成熟期教师输出式培训的各类成果保存下来之后，还要进行分类整理，挖掘其内在的价值，把其中的精华转化为未来教师培训的资源，充分发挥成果的价值。

4. 成熟期教师输出式培训要关注一对关系

成熟期教师输出式培训要关注输入与输出的关系。

成熟期教师输出式培训强调的是输出，但并不是不要输入。而是着眼于输出，在输出的过程中发现问题，通过输入找到解决问题的办法。即以输出带输入，以输入促输出，在输出与输入的交互中达成培训目标，实现自我超越（图1）。

六、成熟期教师输出式培训促进教师培训的变革

成熟期教师输出式培训最终要实现了三个转变。

（1）从输入到输出的转变。输入式培训通常需要信息从培训者向学员流动，而输出式培训通常需要信息从学员向外部的培训者、学伴等输出。在这个过程中，培训者与学员的角色实现了转变，培训者成了设计者、支持者、引领者，学员成为反思者、行动者、研究者，学员成了学习的中心。

（2）从供给到需求的转变。输出式培训改变了教师培训供给与需求的关系，围绕教师个体特色教育经验的理性化（实践性知识的生成）这一核心，以经验的输出激活知识的输入，培训者需要根据学员的需求，给予有针对性的、个性化的课程支持，真正实现了教师培训的供给侧改革。

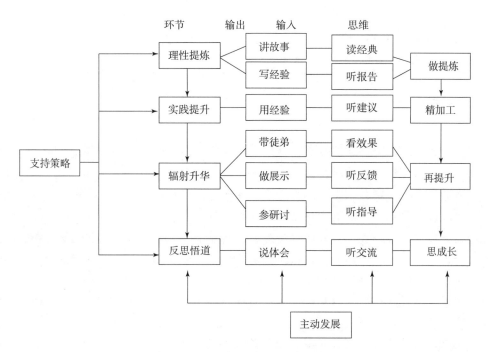

图1 输出式培训技术路线图

（3）从动机到动力的转变。输出式培训作为"能量的转换器"，唤醒了教师成长的动机，并把这种动机转化为学习的内驱力，促进教师实践性知识的自主建构与生成，产生了知识的增量，助力教师从优秀迈向卓越。这种内驱力的生成最大限度地改变了教师以混学分为动机的被动学习局面。

综上所述，成熟期教师输出式培训是针对成熟期教师的特点和需求而开发设计的一种培训方式，从培训目标、培训内容、培训方式、培训评价等几方面都发生了根本性变化。输出式培训是对于传统的输入式培训的一种重要补充和发展。成熟期教师适于输出式培训的原因在于他们经历了大量的输入式培训、形成了大量的感性经验。输入式培训帮助教师积淀了输出的内容，输出式培训帮助教师掌握了输出的方式。我们对于成熟期教师输出式培训的探索采用课题推进的方式，目前已经完成了理性的构想并开始了实验。希望在实践的过程中，进一步总结出一套完整的实施策略，探索一条成熟期教师专业发展的新路径。

参 考 文 献

[1] 陈惠惠. 我国成人学习理论研究综述 [J]. 高等教育学报，2016（2）：39-43.
[2] 田春霞，张贯之. 基于输入输出理论的互动式教学在英语听说教学中的运用探究 [J]. 佳木斯教育学报，2013：204，224.
[3] 刘英昕. 有效输入与输出理论指导下的大学英语口语抛锚式教学探析 [J]. 语文学刊·外语教育教学，2014：103，104，106.
[4] 韩倩. 马尔科姆·诺尔斯的成人学习思想研究 [D]. 石家庄：河北大学，2017.
[5] 刘艳君. 输入和输出对中国大学英语学习者词汇习得的影响 [D]. 兰州：兰州大

学,2011.
[6] 王茹冰.输入式和输出式形式聚焦任务对英语词块习得影响的实验研究[D].南京:南京师范大学,2014.

专家点评

  成熟期教师已进入职业生涯的高原期,传统单一的输入式培训方式难以适应他们的发展需要。怎样做好成熟期教师的培训工作?输出式培训,是本文给出的解决此问题的思路和方法。输出式培训,是以教师教育经验输出为目标的培训,即在教师培训过程中,创设环境,激发兴趣,引导教师总结提炼并交流推广自己原有的教育经验,形成实践性知识的培训。它能唤醒成熟期教师二次成长的内驱力,激励他们的动力,提升他们的教育品质,形成他们的教育特色。输出式培训的实施过程关键在于抓住一个核心、二大抓手、四个环节和七项任务等要素。

  输出式培训是传统的输入式培训形式的重要补充与发展,是针对成熟期教师自身特点与需要而开发设计的一种新型培训方式,从培训目标、内容、方法和评价等都发生了根本性变化。相信经过对这种新型培训方式的实践和探索,能够摸索出成熟期教师培训的新路径,从而丰富和完善当下中、小学教师培训工作与机制,助力成熟期教师成为教育工作的"领头雁",发挥示范与引领作用,促成学校、校际乃至全通州区教师的专业成长。

北京青少年研究所 余逸群

"基于需求 课题引领促培训"提高区域综合实践活动教师指导能力的实践与思考

北京市顺义区教育研究和教师研修中心 王义清

【摘 要】 根据对顺义区学校、教师的需求调研与数据分析，作为以实践育人为主要任务的课程，学校在落实综合实践活动的课程理念、教师角色定位等新理念新思想方面还存在着困难和问题。为尽快提高区域综合实践活动教师的课程开发实施与活动指导能力，在开展教师研训活动中采用"基于需求课题引领，以目标为导向的教师培训策略"。本文着重介绍顺义区在开展教师研训活动过程中以研究课题《综合实践活动"三阶段六课型"课堂指导模式的实践与探索》为引领，通过"以课论课、观点分享、答疑解惑、以理服人、携手前行"五步法参与式研修模式开展区域研修活动的具体做法和主要成效。

【关键词】 需求，课题，综合实践活动，三阶段六课型，教师指导能力

2017年9月，教育部正式颁布了《中小学综合实践活动课程指导纲要》（简称《指导纲要》），《指导纲要》中明确指出综合实践活动课程是国家必修课程，是一门通过探究、服务、制作、体验等方式，培养学生综合素质的跨学科实践性的课程。通过对区内学校和教师进行有针对性的深入调研发现，作为一门以实践育人为主要任务的课程，学校在开设综合实践活动过程中在课程内容开发与实施、教师的活动指导策略、师资队伍培训建设等方面还存在着现实的困难和问题。为了尽快提高区域综合实践活动教师的课程开发实施与活动指导能力，提高区级研训活动的针对性和实效性，在开展教师研训活动过程中，采用"基于需求课题引领，以目标为导向的教师培训策略"。根据调研中发现的问题并进行深入分析，确定以研究课题《综合实践活动"三阶段六课型"课堂指导模式的实践与探索》为引领，以"五步法参与式研修"的模式开展研修活动。通过开展"三阶段六课型"的研究和培训，规范教师在课程方案设计撰写、活动内容的选择与规划、活动指导的策略与方法、学业评价目标的制定与落实等方面的做法，有利于教师更加系统、专业地指导学生开展综合实践活动。

一、调研现状需求是基础——分析问题根源，寻找解决策略

1. 精心设计调研内容，采用多种调研形式发现问题

目前，我们的调研采用问卷调研、访谈调研、课堂观察调研和报表调研等形式，调研的内容包括基本信息（职称、教龄、从事综实教学时长、专兼职情况），对课程的理解（课程

性质任务、理念认识、目标、指导实施策略等），对综合实践活动教学的理解（课程开发设计、组织实施、指导能力、课程评价、课题研究等），对研训需求（培训形式、培训内容等）。通过对全区综合实践活动指导教师的调研，发现的主要问题有以下几方面。

问题一：综合实践活动教师流动性较强，新任教师多，对课程理念的认识理解不深，影响课程的实施。通过统计对比全区2017—2020学年118名教师登记情况，任综合实践教学时长连续三年的教师数占被调查教师总数的24.34%。

问题二：在综合实践活动课程开发设计与组织实施方面能力不强。

问题三：教师在综合实践活动过程中的指导能力还有很大的提升空间。

结合调研数据和平时实地课堂观察调研分析得出，综合实践活动教师在课程资源的设计开发和活动指导方面还有近60%以上的教师存在着较大困难。综合实践活动课程的实施，教师课程内容设计的适切性与指导策略的有效性决定着实践育人的效果。

2. 结合调研需求，确定研训策略

根据调研数据和对问题的深入分析，在开展教师培训活动中采用"基于需求课题引领，以目标为导向的教师培训策略"。从2018年9月开始，将培训主题确定为《综合实践活动"三阶段六课型"课堂指导模式的实践与探索》。培训过程中，将培训活动、教研活动有机结合形成"五步法参与式研修"模式，研修相融开展培训活动。通过开展"三阶段六课型"的研究，规范教师在课程方案设计、活动内容选择、活动指导的策略与方法、学业目标的落实与评价方面的做法，有利于教师更加系统化、专业化地指导学生开展综合实践活动。

二、确定研究目标内容是关键——明确解题方向，研练指导策略

综合实践活动"三阶段六课型"课堂指导模式，是顺义区从2011年就开始研究的综合实践活动课堂指导模式，经过多年的研究和完善形成了目前综合实践活动"三阶段六课型"课堂指导模式。通过几年的研训实践，证明这个模式对教师迅速认识理解课程理念、掌握活动指导策略、学会设计开发课程内容有着良好的效果。在实际培训过程中经历三个步骤。

（1）明确研训目标。我们的培训以学年为单元确定为《综合实践活动"三阶段六课型"课堂指导模式的实践与探索》，在目标的指引下，设计具体内容和活动。

（2）明确研训内容。围绕《综合实践活动"三阶段六课型"课堂指导模式的实践与探索》的研训活动目标，具体内容如下。

（1）了解综合实践活动"三阶段六课型"整体架构，明确研训方向（表1）。

表1 综合实践活动"三阶段六课型"整体架构

	活动阶段	活动课型	培养意识	核心素养
综合实践活动	活动准备阶段	选题指导课型	问题意识	科学精神
		方案交流课型		
	活动实施阶段	方法指导课型	合作意识	责任担当 实践创新
		中期交流课型		
	活动总结阶段	展示指导课型	反思意识	学会学习
		展示交流课型		

简单来说,"三阶段"是指综合实践活动开展过程中,活动的准备阶段、活动的实施阶段和活动的总结阶段;"六课型"是指在活动的三个阶段中我们用六种课型对学生的活动加以具体指导,引导学生深入有效地开展主题实践活动的方法。具体来说,"六课型"指活动准备阶段的选题指导课型、方案交流课型;活动实施阶段的方法指导课型、中期交流课型;活动总结阶段的展示指导课型和展示交流课型,这样就形成了综合实践活动的"三阶段六课型"课堂教学指导模式。

通过"三阶段六课型"课堂教学指导模式明确了在活动过程中,教师的指导内容、指导策略方法,规范了教师的指导行为,让教师的指导更加具有系统性和针对性。同时在活动过程中使学生的问题意识、合作意识、反思意识得到培养和提高。通过整个主题实践活动的亲身体验和实践,学生的科学精神、责任担当、实践创新、学会学习方面的素养得到了增强和提升。表1中,每个阶段所对应的培养意识和发展的核心素养划分是相对的,在活动的每个阶段都需要有这些意识和素养的培养。

(2)了解综合实践活动"三阶段六课型"课堂教学模式的理论依据,提高理论认识。

设计综合实践活动"三阶段六课型"课堂教学模式的理论依据是《指导纲要》。《指导纲要》中明确提出综合实践活动的四种主要活动方式为考察探究、社会服务、设计制作、职业体验。每一种活动方式又列出了活动过程中的关键要素(表2)。

表2 综合实践活动主要活动方式、阶段任务、关键要素和活动课型

活动阶段	活动阶段的主要任务	活动方式及关键要素				活动课型
		考察探究	社会服务	设计制作	职业体验及其他	
活动准备阶段	提出感兴趣问题、构思选题,确立活动目标内容; 制定活动方案,讨论活动方案,评估可行性	发现并提出问题; 提出假设,选择方法,研制工具	明确服务对象与需要; 制订服务活动计划	创意设计; 选择活动材料或工具	选择或设计职业情境	选题指导课型 方案交流课型
活动实施阶段	创设真实的情境,提供亲身经历机会,经历多样化的活动方式加强对活动方式与方法的指导。指导活动过程的记录和活动资料的整理	获取证据; 提出解释或观念	开展服务行动	动手制作	实际岗位演练	方法指导课型 中期交流课型
活动总结阶段	选择合适的结果呈现方式; 对活动过程和活动结果进行系统梳理和总结; 促进学生自我反思与表达、同伴交流与对话; 反思成败得失,提升个体经验,促进知识建构	交流、评价探究成果; 反思和改进	反思服务经历,分享活动经验	交流展示物品或作品,反思与改进	总结、反思和交流经历过程; 概括提炼经验,行动应用	展示指导课型 展示交流课型

通过观察表2我们得到三点启发。

（1）明确了主题实践活动的开展要经历活动的准备、实施和总结反思三个阶段，教师针对每阶段活动要素都要进行有针对性的指导，才能保证活动的顺利进行，从而收到良好的实践育人效果，这一过程一节课很难深入完成。

（2）明确了活动不同阶段的具体任务。

（3）明确了不同活动方式的指导要素。"三阶段六课型"的设计与指导要素高度吻合。

考察探究活动方式的指导要素如图1所示。在活动过程中，针对每一个关键要素，教师都要给予有针对性的指导。"三阶段六课型"课堂指导模式的设计，解决了教师指导不规范的问题，形成了一套问题解决的思路和方法，使指导更加具有科学性和系统性，便于师生掌握和使用。综合实践活动"三阶段六课型"主要内容包括课型特点的研究、课程内容的设计与开发、教师指导的策略与方法、学生学业能力的评价等内容。这样的设计解决了教师在活动设计与活动指导过程中的系统性、科学性、连贯性、针对性方面的问题。

图1　考察探究活动方式的指导要素

三、适度分层分级做支撑——灵活运用培训形式

1. 人员分层、小组互促、共研提高

培训前，统计53名被调查教师，50.94%处于1~3年新任期，占被调查教师的1/2以上，因为教师任综合实践活动教学时间长短不一，对教学内容、指导策略方法、课程开发理念的理解不在一个层面上，所以将参训教师以卓越期、发展期、成熟期、熟练期、新任期的层次并按地域相近、校情相近、能力互补的原则分成小组，每个组包括这五个层次的教师，研训活动中根据不同教师层次设计不同培训内容，已达到各取所需，共同提高的目的（图2）。

图2　教师层次及教学中需要达到的目标要求

2. "五步法参与式研修"提高活动实效性，增强教师实际获得

教师参与活动的实际获得取决于活动形式的优劣和活动内容的适切性。研训过程中，在

活动形式上灵活采用"五步法参与式研修"模式，即"以课论课、观点分享、答疑解惑、以理服人、携手前行"五步。下面结合"三阶段六课型"课堂教学模式、指导策略及典型案例分析对"五步法参与式研修"模式加以说明。

以选题指导课型为例详细说明。

第一步：以课论课。结合现场授课、观摩分析，掌握课型特点，指导基本流程

课前，明确选题指导课型特点和任务。选题指导课型的特点和任务：一是培养学生的问题意识，提高学生发现问题、提出问题的能力，能将问题转化为研究小课题。学会明确研究方向，选择确定主题，树立科学的研究态度。从任务中不难发现，本课型的核心任务首先是发现和提出问题，将问题转化成研究课题。二是选择确定主题，明确研究方向。简单说就是明确干什么和为什么干的问题。在这里提示大家选题阶段是整个活动的关键阶段，教师要做好活动的顶层设计，保证活动设计突出自主性、实践性、开放性、整合性、连续性的特点。把握问题方向、实践意义和教育价值。课前，每组由卓越期教师带领进行深入备课研讨，内容包括：明确课型特点和任务、确定课程内容、梳理上课流程环节、选择指导策略、确定授课教师、做好上课准备。

现场授课体现出选题指导课型的教师指导策略及基本课堂流程。课堂基本流程是创设问题情境，发现提出问题；提供适切方法，分析梳理问题；明确表述思路，归纳提炼主题；考虑不同需求，分析确定主题四个环节。下面以"创设问题情境，发现提出问题"环节为例介绍教师指导策略。在这一环节中，教师要为学生发现问题、提出问题明确方向，建议从四个方面鼓励学生提出问题：①观察身边实际生活，发现并提出问题，如《书皮小调查》活动。在活动中，教师抓住学生每学期开学都会购买大量书皮的问题，带领学生进行调查研究。通过活动，第二学期，学生的书皮使用量急剧下降，学生的节约意识、环保意识得到了很大的提升。同时，在活动过程中，学生学会了问卷设计发放和统计的方法。《生活中的标志》解决了现实生活中学生不认识标志、不知道标志的作用的问题。②从热点问题入手提出问题，如《我为校庆做点事》《我是冬奥小使者》这两个主题，一个是学校热点问题、一个是社会热点问题。③从学校多种活动及社会大课堂活动入手，如《曾庄大鼓的调查与推介》，活动利用学校"非遗"社团——曾庄大鼓的资源开展调查活动，带领学生深入了解"非遗"。社会大课堂活动是学生每学期都要进行的活动，活动前对大课堂基地进行深入了解，结合所学内容，融合多学科知识利用项目式学习统筹设计，解决学生在校内学习不能解决的问题，让活动更加具有实效性。④教师提供问题供学生参考，如《探秘校园植物》活动，校园内经常种植大量的花草树木，但是学生对这些植物了解不深，甚至叫不上名字，对植物的作用、养殖管理更是不知。教师利用观察法，引导学生提出研究校园植物的问题，培养学生养成细心观察、科学探究的态度。但是，不管从哪个角度提出问题，都要引导学生学会从身边现实生活中需要解决的真实问题入手。

在做好充分的备课工作后，确定一名教师承担现场授课任务。

第二步：观点分享。即根据现场课内容，由授课教师和小组成员，分享对此种课型的理解和研究观点。内容包括：课堂流程设计、学生提问方法、主题转化方法、主题确定方法等教师指导策略，也包括为学生提供的工具，如思维导图、缺点列举法、情境触发法、观察法等。指导问题归类时，把问题归纳为现实问题型、创新改进型、生活需求型、问题解决型等。

第三步：答疑解惑。即回答教师提出的问题，由主讲教师、小组成员、教研员完成。参与活动的教师提出自己的观点进行讨论，利用这样的方式带领不同层次的教师达到学会指导

策略、使用指导策略和研究完善指导策略的目的。例如，对主题的表述指导交流，建议从两个方面进行：一是主题题目要鲜明具体，准确无误，能反映研究的范围、内容、方式方法；二是主题的语言表达要简短精练，尽量采用陈述句。主题的表述要学会应用学科专业语言表述研究问题。对于主题的表述方式我们可以从四个方面入手：①以活动涉及的主要对象为主题的表述，如《校园内一次性筷子使用情况的调查》；②以活动涉及的主要问题为主题的表述，如《改善校园周边交通环境我献计》；③以活动中学生的主要体验为主题的表述，如《做个校园小导游》（职业体验）；④以活动涉及的主要空间为主题的表述，如《走进河北村民俗文化体验园》（社会服务）。在确定主题的过程中，还可以为学生提供一些辅助的工具帮助学生选择确定主题，如《确定小组活动主题分析表》。确定主题的标准要遵循四个原则，即需求性原则、实践性原则、价值性原则、可行性原则。

第四步：以理服人。由教研员、卓越期骨干教师或聘请学科专家进行理论讲解，重点介绍一些教师指导策略的技巧和综合实践活动的前沿理论。

第五步：携手前行。突出研究协作小组的力量，这一环节是在活动后利用微信群反思交流，每次活动后利用微信群，由教研员或小组长作为主持人提出研讨话题进行拓展讨论，并汇总观点在下次活动时分享，以达到共同提高的目的，也让处在不同发展阶段的综合实践活动指导教师找到自己的位置和价值。

以上"五步法参与式研修模式"在培训过程中根据不同的教师层次，给每一位教师在活动中安排具体任务，灵活运用提高教师培训的效果。

以下介绍五种课型的具体内容，可以按照"五步法参与式研修模式"根据教师实际情况进行设计，提高培训的实效性。

（1）方案交流课型。方案交流课型的重点任务一是制定活动方案，二是讨论评估方案的可行性。在确定好小组活动主题后，制订一份切实可行的活动计划才能保证活动的顺利进行。通过这一课型提高学生对活动的设计规划能力。本课型活动流程建议设计如下活动环节：创设交流情境，明确交流任务；提供典型范例，了解方案内容；组内组间质疑，修改完善方案；现场互动展示，评估评价实施。具体来看，一份好的活动方案都包括哪些内容呢？一份好的活动方案包括的内容有研究主题、研究目标、研究内容、研究方法、研究过程、人员分工、可能遇到的问题、预期成果及成果表现形式等几方面，教师可以根据学生年龄的大小和开展综合实践活动的熟练程度指导学生设计规划活动方案，在设计活动方案时可以提供表格，也可以不提供表格，表3所示为某小组主题活动方案计划表，供大家参考使用。

表3 某小组主题活动计划表

班级　　小组

研究主题		计划记录人	
研究目标			
研究内容		研究方法	
研究过程及人员分工			
可能遇到的问题及解决策略			
预期成果及展示形式			

"五步分析法"交流完善方案。学生在制定好活动方案之后,要针对方案所涉及的内容逐一在组内、班内进行征求意见,改进完善。教师要引导同学们针对方案进行认真的交流,评估方案的可行性,也要给予充分的肯定。在交流方案的过程中,建议按照提问、分析、假设、验证评析、预设结论这五个步骤进行分析交流,评估计划的可行性,完善方案。这样的分析方法也称为五步分析法。关于活动计划,在指导学生设计活动方案时可以根据年级的不同提供不同难易程度的方案表供学生使用。

(2)方法指导课型。方法指导课型的任务包括两个方面的指导,一是对研究思路的指导。例如,怎样选择确定主题和如何围绕主题制定活动方案。二是对科学研究方法的指导(问题解决的办法)。例如,观察的方法、访问调查方法、问卷调查方法、科学实验方法、搜集处理信息的方法、设计制作等。本课型可以设计如下基本活动流程:创设多样导入方式,聚焦活动遇到问题;提供适切研究思路,共同分析方法策略;归纳交流活动方法,做好实践体验准备;畅谈活动感悟收获,总结评价拓展延伸。指导策略:掌握"度",点到为止。

例如,访谈法指导。开展访谈活动可以分为访谈前、访谈中、访谈后来进行,在访谈前,制定有效的访谈计划,准备好访谈所用工具,了解访谈对象信息,提前预约被访谈人。访谈的方式包括个别访谈和集体访谈两种,个别访谈包括面对面访谈、书面访谈、电话访谈、网络访谈四种方式,根据活动的需要和实际情况选择使用。关于访谈中和访谈后的指导,把这个问题留给大家进行思考,相信大家会有很好的指导策略的。

(3)中期交流课型。中期交流课型的重点任务是初步总结交流活动实施的效果,通过交流及时修正活动过程中发现的问题,进一步明确探究方向,包括活动目标的正确性、活动方案的可行性等方面。没有固定的流程,根据具体内容设计展示流程。因中期交流课型和展示交流课型相近,这里不做重点介绍。在中期交流课时,教师要重点关注学生汇报过程中对前期活动的总结与梳理,在活动方向是否正确、活动方法是否恰当、活动组织是否有序、活动效果是否明显等方面给予指导。中期交流课在大主题长周期活动中起到承上启下的作用。

(4)展示指导课型。展示指导课型的主要任务包括指导学生整理活动资料,梳理活动过程,确定展示内容和形式,做好展示分工和工具准备,促进自我反思与表达。到此,就进入了活动总结阶段。展示指导课型基本流程:组内交流展风采,研究过程细梳理;设定目标同研讨,内容形式多质疑;提供工具帮梳理,筛选整理巧加工;展示方案多样化,汇报反思更精彩。在展示指导环节,给学生提供恰当的整理工具会让学生整理资料更加有条理,学生在进行展示汇报时围绕主题活动进行有的放矢的展示(表4)。

表4 主题活动信息资料整理表

班级　　小组

资料收集类型	资料内容 (调查报告及过程记录、问卷统计结果及问卷、采访提纲记录、实验过程及结果的数据、实地考察的数据等)	资料记录形式 (文字、照片、录像、录音、实物等)	与主题相关的紧密程度	资料收集人
活动过程性资料				

续表

资料收集类型	资料内容 （调查报告及过程记录、问卷统计结果及问卷、采访提纲记录、实验过程及结果的数据、实地考察的数据等）	资料记录形式 （文字、照片、录像、录音、实物等）	与主题相关的紧密程度	资料收集人
活动成果性资料				
活动感悟与收获				

（5）展示交流课型。展示交流课型的重点任务包括：交流展示活动过程与成果，总结评价活动成败与得失，撰写活动报告，反思提升活动经验，促进知识建构，深化主题探究和体验。在这一阶段，建议要着重做好活动报告的撰写、活动成果的梳理与展示，同时积极促进学生对知识的重新建构，反思问题解决过程中综合运用知识的能力，培养学生创意物化的成果意识。建议活动基本流程：小组展示准备好，创设情境引交流；研究过程与成果，多种形式来呈现；组间质疑有深度，辅之方法导方向；感悟收获成报告，总结反思重建构。

在活动的开展过程中引导学生体验实践探究的全过程（提出问题、分析确定、计划步骤、实践操作、展示交流、反思改进提升），通过活动，学生在价值体认、责任担当、问题解决、创意物化方面的能力和意识也将逐步提升，综合实践活动课程实践育人的作用将发挥得更加灿烂。

四、促进合作与评价——反思提升培训效果

（1）合作是做事成功的基础，也是人交往的基本法则。在培训过程中，通过将处于不同发展期的教师编组形成有效的互补式研修团队，促进教师之间的相互学习。每次培训，小组承担明确的研究任务，每个人的角色都是学习者、参与者、指导者、研究者。活动后的评价按"听（演讲者的观点）——赞（发现优点与不足）——辩（观点分享）——做（我的做法）——思（拓展思考新做法）"的环节对小组成员的研修过程进行评价，目的是运用多种方式增强培训效果。

（2）及时反思物化培训收获与成果。在培训过程中，及时收集梳理学员的反思收获、教学设计、学生作品等成果，通过现场交流、投稿参赛等形式激励教师进行深入研究。2018年9月—2020年6月共有9位教师获得市区学科骨干教师、学科带头人称号。参训教师的论文案例或教学设计共有15篇在国家级、市区级刊物发表入选。共有184篇论文案例或教学设计获得国家级、市区级一、二、三等奖。共有32人次教师在国家级、市区级基本功培训与展示活动中进行说课或现场课展示。其中顺义区东风小学张金玲的《研学旅行方案我设计》2018年12月在成都全国综合实践活动学术研讨会上进行现场课展示，顺义区后沙峪中学吴静的《跟着节气去探究》获教育部2018年度"一师一优课、一课一名师"活动部级优课，顺义区南法信中学王丽的《书皮小调查——展示交流活动成果》获北京市基础教育优秀教学设计评选一等奖，顺义区北小营中学盛晶蕊的《小学综合实践活动中教师指导策略的研究》论文获北京市首届"基本功与智慧"教育教学成果研究一等奖。

综上所述，教师的教学能力决定着教学的效果，有效的教师研修活动是促进教师成长的基石。教师培训基于实际需求，分析问题根源，确定有效内容，辅之适切方法，关注实际收获，才能达到事半功倍的效果。

参 考 文 献

[1] 中华人民共和国教育部．中小学综合实践活动课程指导纲要［M］．北京：北京师范大学出版集团，北京师范大学出版社，2017．

[2] 北京教育科学研究院基础教育教学研究中心．北京市中小学综合实践活动教学指南［M］．北京：北京科学技术出版社，2013．

[3] 河南省教育学会中小学综合实践活动教学专业委员会．综合实践活动课程指导［M］．郑州：海燕出版社，2016．

专家点评

　　该论文清晰描述了在落实《中小学综合实践活动课程指导纲要》工作过程中，通过调研发现区域内中小学综合实践活动开展中存在的问题，抓住教师课程理念、课程设计方法、课程实践指导方面的能力欠缺等现状，精心设计教师培训方案，以前期课题形成的研究成果为核心内容开展教师培训。依据教师发展阶段，采用分层分级方式开展培训，在培训过程中通过"以课论课、观点分享、答疑解惑、以理服人、携手前行"的五步策略帮助教师掌握"三阶段六课型"的教学模式；根据每位参训教师特点，在培训中分别承担六种不同课程的展示任务，以小组合作方式对不同可行方案进行深入探索，理解和丰富已有的研究成果。注重培训实效性和成果的物化，鼓励学员撰写研修论文和研究课例，提升了学员课程设计与实施能力，促进了区域综合实践活动课程的有效开展。

　　该论文以调研发现问题，以研究成果为培训内容，通过研训一体方式开展培训，将培训与教学实践相结合，是一个开展区域综合实践活动教师培训的良好案例，值得借鉴与推广。

北京教育学院　伍芳辉

提升教师活力：问题、原因、对策
——基于北京市郊区某所完全中学的案例分析

首都师范大学附属中学永定分校　王　爽

> **【摘　要】** 教师是教育发展的第一资源，党和国家历来高度重视教师培养工作，并在多个文件中提出要着力培养充满活力的教师队伍。本文从实际出发，以北京市郊区某所完全中学为案例，把教师活力定义为教师在适应教育环境的过程中所迸发出的积极向上、蓬勃发展的教育生命力。具体包括持续的内生力、创新力、建设力和适应力。活力教师也是弥合城乡差距的重要资源，该校不断变革管理机制，通过科研课题引领，激发教师内生动力；建立积分银行，优化评价体系；设立项目负责人，调整管理重心。通过以上举措极大调动了教师队伍的活力，促进了教育教学质量的提升。
>
> **【关键词】** 教师活力，共同愿景，秩序规范，管理重心

一、引言

2019 年是"基层减负年"，在基础教育领域，为教师"减负"、赋能，营造良好的教育教学环境，释放并激发教师的活力，成为关乎学生健康成长、学校活力发展的重要议题。而在经济发展和社会转型中，人们对教师的要求不断提高——"既有技能，又有职业精神和献身精神"，教师的职责被无限放大，而教师的权能却有局限，教师队伍中存在着明显的活力问题：职业倦怠明显，且倦怠起始点不断提前；紧张焦虑情绪较多，教师疲乏懒散；三心二意、精力涣散，不能潜心教书育人；故步自封，得过且过，动力不足，发展定位不清晰……教师的内生动力不足，成为制约教师发展甚至学校发展的重要因素。

从教师发展环境因素对个体的影响上来看，现代社会信息的无界域传播，冲击了教师的知识结构，专业知识、技能的危机感为教师成长带来了危机感；在经济发展和社会转型中，教师普遍面临收入、住房、职称、城乡差距等多重压力；传统思维中的论资排辈、"铁饭碗"、非教育教学的杂务不断分解教师的专注力和施教热情，教师职业发展的"高原期"不断提前。另外，中、高考改革带来的不确定性，中学教师较其他学段教师压力更大，紧张、焦虑情绪多；郊区中学教师在职业期望和自我发展上的职业压力远高于城区教师，这些都影响了教师活力，特别是郊区中学教师的活力。从个体层面看，什么是教师活力，为什么会出现教师活力问题？从组织层面看，如何通过管理机制提升教师活力？在实践中采用何种方法提升教师活力？本文以永定分校活力教师培养为例，介绍以上问题。

二、什么是教师活力

大道至简,"活力"一词人们耳熟能详,其内涵深刻,意蕴丰富,适用广泛。活力(vitality)意指"旺盛的生命力",是生命体固已有之的,是促发并维系生命体的源泉。活力最早应用于自然科学领域,社会学者从中西方思想史的梳理中,把活力界定为是社会有机体的生命力,即"所有活的机体包括社会生存发展下去的基本力量",是"事物生气勃勃,健行不息的精神状态,也是事物永远向前发展永不耗竭的动力之源"。活力富含张力和动感,即一切行动主体在行为过程本身表现出来的积极的、有生机的努力和奋斗;而从静态角度,侧重于描述人的精神状态,由三个维度的能量组成,即体力、情绪能量、认知灵敏性。教师活力是指教师在教育教学活动中的活跃程度,即个体所拥有的持续更新的能力,可以从内外进行观察和测量。从形式上看,表现在教师"投入的时间与精力的程度以及工作绩效",就其内在维度而言,指的是"教师投身工作的动机、激情、价值取向与精神欲求等"。

《中共中央、国务院关于全面深化新时代教师队伍建设改革的意见》(简称《意见》)中对教师发展曾三次提到"活力",这是"以人为本"的理念在教育领域的具体体现,活力问题是对生命问题的追问和探寻。生命以一种动态的平衡延续着,生命体的各组成部分遵循着一定的目的性,相互协调、和谐共生,活力是生命体的本质特征,是它们的本性在"合适的自然环境条件下得以充分表现的状态"。本文把教师活力定义为教师在适应教育环境的过程中所迸发出的积极向上、蓬勃发展的教育生命力。具体包括持续的内生力、创新力、建设力和适应力。

这四种"力"相互作用,从教师和"自我"的关系来看,内生力和创新力是原动力系统,也是提升教师活力的关键。①内生力是指主观的意愿和能力,这是教育活力产生的先决条件,其强烈程度和品质高低决定了教师活力的大小;②创新力推动教师活力的持续发展,其更新速度和层级是教师活力的可靠保证;③从教师和外部的关系来看,建设力是指对教育活动的意义和价值而言,保证其活动具有积极的、正向的推动作用;④适应力是一个时空概念,既能"与时俱进",又能"因地制宜",进而实现"因材施教"。从而促进教育过程中各主体、各层面之间的健康、良好、有序的发展,和谐共生。因此,内生力是源泉,创新力是动力,建设力是方向,适应力是保障。

换言之,教师活力的出发点和落脚点是教育力,目标是培养出有活力的学生。活力教师队伍的培养和建设不断回应时代和社会需求,教育是人生命活动的一部分,是动态生成的一种"社会化"活动。教师通过"育己"以"育人",应树立指向人的生命成长的、动态的、整体的观念,不断回归"以人为本"的生命观、激发教育主体生命力的活力观,唤醒人自由、自主的天性,实现立德树人的根本任务,培养全面发展的自由人。"每个人的自由发展是一切人自由发展的条件",每个人都能得到全面而又自由的发展,会促进教育系统充分而又持续的发展,使得社会变得丰富多彩,蓬勃向上,充满希望。教师队伍建设的真谛和关键在于能否激发教师活力,释放教师的内在潜力,让教师在更为广阔的时空里培养出更多全面发展的自由人。

三、为什么会出现教师活力问题

教师作为教育的第一资源，是教育资源配置中最具活力的因素，对进一步推动教育的公平、优质、均衡的发展有着重要作用。党和国家历来高度重视教师培养工作，《乡村教师支持计划（2015—2020年）》明确提出要改革机制、激发活力；《意见》中三次提到"活力"；《教师教育振兴行动计划（2018—2022年）》提出要着力培养充满活力的教师队伍。有活力的教师可以培养出有活力的学生，最终决定一所学校的办学活力；活力教师亦是弥合城乡差距的重要资源。

对已有教师活力的问题研究进行梳理不难发现，教师活力的根本影响因素是内生动力不足。作为一项"费心伤神"的脑力劳动，教师的职业特性是在学生的成长中实现价值，而中、小学教师面对的群体是未成年人。教师在知识、经验、技能等方面占有绝对的优势，教育教学活动以"教师—学生"单向度的流动为主，学生成长中的问题类型化。师生问题的原因模式化，教师容易产生满足的心理，进而在教育教学中，"教师以一种近乎'独白'的形式来表述知识，把知识作为一个结论、一个结果呈现在学生面前；学生所需要做的就是以一种合理的、有效的方式去掌握、记忆这个结论、这个结果，忽视了学生个体的需求，忽视了师生之间的双向互动交流，淡化了认知过程中的智慧碰撞和情感冲突，导致了本应是丰富的、充满生命活力的课堂教学变得机械化、程式化，缺乏生机与活力"。

教育是慢功夫，不是一朝一夕可以见效的，周而复始的备课、上课、作业批改的教学工作，对学生行为、习惯，学生间关系等的处理，这些问题的反复性会消解教师的工作动力；由于历史和社会等原因，教师的政治地位、社会地位还比较有限，相对于其他热门行业，当教师不断为晋升职称苦苦无奈地挣扎、竞争、拼搏，时间稍长，职业的吸引力会磨损教师从教的原初力。当教师捧起了所谓的"铁饭碗"，对职业的规划和自我提升的迫切愿望就显得微弱了。

因此，发展愿景模糊是教师活力不足的直接原因。相较于其他行业，教师内部工作交叉现象较多，内部竞争激烈，相同或不同学科教师之间、相同或不同年级教师等，他们之间形成一种密集型的网络，彼此影响；自古有"文人相轻"之说，教育教学效果不只和教师的素养有关，也和学生的素养有关。所以，在生源的分配上，在教学资源的组合上，教师群体的合作共生成为一个需要调节和管理的对象；又由于发展机会的有限，教师们在职业生涯规划的时候经常会出现"漫无目的""当一天和尚撞一天钟""教好课就行了"等现象；对个人的成长没有长远规划，不热心于更新旧有知识系统，提升工作层次、拓展工作思路；或者单纯以其他教师为发展参照，而忽略了自身发展的特殊性；或者以学生成长代替教师成长，以学生成绩验证教师水平，没有建立个人发展的科学统筹，出现了"育人"和"育己"的错位。不能将个人的成长目标和学生的成长、组织的发展结合起来。

自主空间有限，导致教师的视野和思维有一定的局限性。教师的权责常被圈囿在教育教学的"一亩三分地"上，有些教师有一定的创新想法和特长，倘若有供其施展的发展空间，教师的自主发展能力会明显提高，并将自主研究、提升的成果辐射更多的教师、影响更多的学生。然而在现实中，教师们为学校的科层制管理体系所束缚，"上情下达"的时候多，"下情上达"的时候少，导致教师不愿意逐层申报，争取发展的空间，进而形成自主发展的惰性和阻隔，教师的声音逐渐消弭。而中、高考等学业的压力，形成一种舆论效应，对教师的评价往往捆绑在学生的成绩上，特别是学生在大型联考中的分数，久而久之形成一定的思维定式，只有课堂是教师的"正业"，其他的研究、活动或者培训都是"旁门左道"，教师自主发展的舆论空间也被屏蔽，形成了自我成长诉求的趋同化，甚至是消失。

其实，教育活力问题的研究可以追溯到1985年，彼时，改革开放的"红利"日益凸显：社会结构日益开放、富有弹性，社会的流动性增强，人民具有极大的积极性和热情，社会充盈着活力和效率。与此同时，教育体制的弊端凸现出来，1985年颁布的《中共中央关于教育体制改革的决定》明确指出了中国教育事业管理权限的划分问题：政府部门对学校统得过死，使学校缺乏应有的活力。要明确政府和学校权责的边界，实现"简政""放权""开放""竞争"，增强学校的办学自主权，密切学校与经济、社会、科技的关系，以"培养市场、社会、经济发展所需要的人才"。从教育活力的研究源头上可以看出，教育活力与教育的环境息息相关，但是可以通过管理机制进行调节的。而影响教师活力的个人层面的因由无一不和组织管理机制密切相关。

四、活力教师的样态

在职业生涯发展的理论中，人们越来越认同决定职业发展阶段的关键因素不再是年龄，而是个人学习的动机和能力。教师这一职业生涯的发展具有阶段性，这一阶段性不只是由教师个体的生命成长、成熟的过程而决定的，而更多取决于教师的精神成长、社会阅历、角色身份的变化，每个阶段的时间长短是因人而异的，与年龄的相关性不大，特别是现代学习途径的多元、信息的广融、技术的更新，使得教师的职业发展阶段更具有个性化的特点。活力教师的培养，模糊了年龄界限，融合了学历、学科、生活等的差异，从更高的层级不断地唤醒和激发，让教师最大限度地挖掘自身的潜力，最大限度地实现个体成长。但是，活力教师这一概念不只从教师个体成长的样态上进行描述，更从师生关系中活力教师的形象上进行细化，为教师队伍的培养提供阶梯式目标，这也更契合我国教育"立德树人"的根本任务。每一个目标都从"人"的维度进行关系和角色上的描述，总体分为两个层面——教师与自我、教师与学生，而后者是其关键，具体样态如下：

1. "活力教师"基本态——"自燃者"

学校是学习活动发生最集中的地方，不仅是学生生命成长的场所，也是教师生命成长的地方。日本著名的企业管理实践家稻盛和夫总结成就事业的经验，提出过要成为"自燃型"的人，不用"点火"，会自动燃烧。"自燃者"是活力教师的基本样态，具体来说有强、虚、恒三个特点。活力教师有强烈的自我成长欲望和学习动机，他们充满激情，对生活充满了热爱，敢于迎接挑战，有强烈的好奇心和求知欲，能够自我否定，不断更新理念。他们虚怀若谷，自我突破，敢于接受和调整已有的知识结构，并以此来激励学生，感染学生，与学生之间的关系不断回归人的本质，彼此尊重，相互信任、理解。"恒"是从时间维度进行考量，活力教师有持久的、衡常的能量，他们不断克服发展的怠惰，持续发力，攻关克难，最终成为学生发展"可靠"的人。

2. "活力教师"发展态——"点燃者"

这一阶段的目标是教师能够转化所学，让学生有兴趣、愿意学习。活力教师用自我蜕变不断影响学生，拥有"激发学生对探索求知的责任感，并加强责任感"，从而"唤醒学生的潜在力，促使学生从内部产生一种自动的力量"。教师的是学生成长的引路人，是学生学习过程中模仿的对象，教师的"自燃者"形象会感染学生，同时，教师的自我发展与成长，开阔的视野，广博的知识，能够更好地给教学内容增值，促发学生找到新的增长点，唤醒他们去破解难题，探索未知。而在情感态度和价值观上，活力教师的知识储备和技能锻造，让他们有更多的教学智慧和策略，拥有更大的格局，能够充分包容和鼓励学生，恰到好处地激发学生的活力，校园里洋溢着浓厚的"向学"的积极氛围。

3. "活力教师"理想态——"助燃者"

当学生的学习热情被点燃，学生会主动求索，但在探究的过程中，还需要教师在方向、方法、思维等方面的引领，让学生更好、更快地获得所需的知识，让学生会学，并真正的学会。这一阶段的活力教师，在前期的基础之上，成长为学法和某一个领域的专家，助推学生成长，既能"因学施教"又能"因材施教"。师生关系发生转变，不再是单纯的教与学的关系，更多的是学伴，师生之间互学共生，形成"学习共同体"，他们更关注人类的发展，更着力于和谐社会的建设，学校变成学习社区，形成一种良好的教育生态，正如苏霍姆林斯基所言："教育的最高境界是自我教育"。

这三种样态不是孤立存在，而是相互交融；不是阶段性的样态，而是递进式、混合式的样态。"自燃者"是基础，也贯穿始终，它随着教师在教育生涯中教育智慧的成熟螺旋上升，更好地辅助教师"点燃者"和"助燃者"的形象。正如《意见》中所说，要"造就学科知识扎实、专业能力突出、教育情怀深厚的高素质复合型教师"。因此，教师的职业地位必然提高，而社会地位和政治地位的提高也不再是难题了。总而言之，活力教师以其积极向上、主动创新等姿态不断改变、改进教育教学行为，进而深刻地影响学生，师生饱满的精神状态，是一个学校永葆生机的源泉，是教育现代化进程中的决定性因素。

五、一个活力教师队伍培养的案例

首都师范大学附属中学（简称首师大附中）永定分校原名为石门营中学，是生态涵养区门头沟区的一所"年轻的老校"，成立于1956年，1994年，借永定河命名为"门头沟区永定中学"。2007年，永定中学与首师大附中联合办学，更为现名——首师大附中永定分校，是门头沟区第一所公办完全中学，2014年获评北京市首批优质高中校，实现了"薄弱初中校"的蜕变。该校曾一度出现教师的活力问题，在一定的举措之后，骨干教师在近10年内翻了两番，打造的名师团队在区域内形成一定影响力，教师的科研素养、教学技能、综合素质得到了大幅提高；该校的"5＋X"课堂教学模式，荣获国家级基础教育成果奖二等奖，中、高考成绩名列前茅。学校秉持"为每一位学生的终身幸福奠基"的办学理念，打造幸福教育，活力是幸福感的动态反映。纵观该校近十年来对教师的培养，让我们对活力教师有了新认识。

1. 文化引领，树立共同愿景

该校首先为教师树立"生产幸福、培养幸福、传递幸福"的共同愿景，引导教师们在对幸福的理解和追求中，不断反思自我，反思师生关系，反思现在与未来的关系，通过教师论坛、魅力教师评比、教师社团等形式，给教师在精神上减压，营造轻松和谐、互助友爱的工作氛围，为教师活力的提升打造愉悦的文化空间；同时，塑造教师典型，打造公认的精神领袖。

"幸福"成为"人类生活的永恒情结"，对"幸福"的追求成为"推动人类发展的原动力"。幸福，是指一个人的需求得到满足而产生长久的喜悦，并希望一直保持现状的心理情绪，是人们在其自身的生存以及发展的过程中，探求物质和精神需要的同时所产生的一种高度的满足感。这种最高级别的追求，是在活力中得到确证的。活力教师对生活、工作是始终充满期待的，他们饱满的精神状态，不仅可以增添教师个人魅力，还可以感染同事和学生，让学校在蓬勃的发展中，实现幸福的传递。根据马斯洛的需求层次理论、奥尔德弗的ERG需求理论和"Y理论"，我们认为，每个教师都有自我实现的需求，有成长发展的需要，更有愿意承担责任、乐意为他人付出的本能，活力教师是一个意义概念，不是量化指标，而是鼓励教师不断地挖掘潜能。

2. 科研示范，激发内生动力

（1）以课题引领教研活动。学科组结合教学热点和学科前沿，确立核心课题，并细化研究内容，设计学科教研活动。例如，高中语文学科结合学科核心素养和学生实际，确立了传统文化的科研课题，并根据不同年级的特点，设计了各备课组的研究子课题：起始年级确定了古诗文中的传统礼仪文化与行为习惯的养成；高二年级结合必读名著，从名著中的衣、食、住、行看古人的生活文化；高三年级则结合时代热点，研究传统文化对现代人思想的影响。

（2）以课题升级研究层次。学校确立三级课题制度，鼓励每位教师根据学科组的研究热点，立足自身教学实际，申报校级课题。该校聘请共同体的专家为课题指导教师，指导教师进行"真研究"，促进课题成果转化，在一定的研究成果的基础上再申报区级、市级课题，该校不断规范课题研究流程，专家持续引领，搭建校内外交流互通的平台，极大程度激发教师研究热情。

（3）以课题助推学校的发展。历史、地理、化学、生物学科利用我区的地理资源优势，开展了系列课题研究：社会风俗、历史脉络、地貌地质、植被文化等，盘活了传统认知上的"小科""副科"，提供了新的增长空间。学校也在此基础上进行学科融合，申报建成了北京市地球科学开放式重点实验室，并作为市级开放性科学实践活动资源单位，惠及市区千余名学生。美术学科则从该区的传统艺术——剪纸出发，并鼓励美术教师立足自身所长，结合时尚元素，进行掐丝、烙画、油画、国画等课题研究，开设校本课程，师生作品多次在全市范围内展出，形成了一定的影响力，学校因此成功申报"北京市金帆书画院"。

信息爆炸时代对教师的隐性要求是，教师要具备问题意识，不能全盘接受外部信息，要有所筛检、有所批判，这也是时代对学生发展的要求。当教师具备问题意识以后，相应会产生研究的意识和证据意识，这三种意识既提供了原动力，推动教师的终身学习和自主发展，也是提升学校教育教学质量的关键。课题研究激励教师不断发现教育教学活动中的真问题，以此深入研究学科本质和教育本质，为教师活力的提升提供持续动力。

3. 积分银行，完善秩序规范

教师活力受环境影响，具有不稳定性，需要一定的秩序规范进行约束，保障活力的持续。学校不断健全量化考核制度，为每位教师设立电子档案，建立积分银行。量化考核指标主要立足学生视角，从促进学生成长、为学生服务等方面进行考评，既有工作量的统计，又有学生成长的评价，并根据影响范围的大小进行赋值，实现教师评价的可视化，真正促进教育教学质量的提高。

根据不同的评价主体，主要包括以下四个阶段：一是教师每天写工作任务清单，对工作效果和工作时长进行记录和反思；二是年级、处室负责人对教师的每日工作任务清单进行打分；三是教学处、德育处通过每日巡视，了解每位教师的工作状况；四是学期末通过民主测评、家长学生问卷等方式，对教师进行评价。综合以上信息，汇总得出教师的考评分数，增补到积分银行中。定期根据教师的本职工作情况、对学校发展的贡献、对学生的成长贡献、个体成长情况，折算成积分，在学校的评优评先工作中随时调取数据，增加评选的科学性、客观性，解决了传统职评中的痼疾，提高了工作效率。

该校对教师进行综合性考评，不唯结果，注重过程性评价；不唯成果，强调对学生成长的意义。同时，兼顾"量"和"质"，多劳多得，绩优多得，在教师队伍的建设上体现优质的理念，但也关注教师的全面发展，加大对教师的表彰力度，评选"感动校园"的教师标兵，从不同方面树立典型，对教师的工作产生渗透性影响，促进教师的渐进式发展。

4. 民主集中，调整管理重心

该校在城乡一体化的进程中，原有的传统的金字塔式的科层管理结构无法满足师生发展的需求，也不适宜管理变革的步伐。为广开言路，扩大教师的自主发展空间，为教师发展提供平台，学校实行了"项目负责人"制。调整管理重心，减少管理层级，优化管理结构，缩短信息沟通间距，由此形成了浓厚的民主氛围，激发了教师的自主性和发展潜能。

（1）明确领域，提高管理意识。学校先从年级组入手，实行年级组长负责制，通过政策宣讲、明确权能、提升待遇等方式，提高负责人的管理意识，也让全校师生形成共识，年级组的一切事务由年级组长全权负责，而年级组长可以直接和校长对话，也有权参与校长办公会。进一步确证了扎根基层、以人为本的治理理念，大大降低了信息和时间在传播过程中的损耗。同时，也让年级组长更有责任感，实现各年级竞相开放的局面。在年级试点取得成效之后，学校把此法推广到其他事务，通过行政会的研判，确定招聘项目负责人的领域。目前，已确定的领域有信息管理项目、创新人才培养项目、戏剧课程项目、金帆书画院项目、"1+3"培养项目、青年科研创新项目、国际交流项目等，明确边界的同时，也最大限度地集中优势力量，提质增效。

（2）双向选择，增强民主精神。确定领域之后，在全体教师中选聘，实行"自荐"与"他荐"相结合的方式：教师可以提交自己的提案，论证"经营项目"的思路，进行答辩；部门主管领导或年级组、学科骨干教师也可以推荐。在这一过程中，尽量降低对教龄、职称的限定，让更多教师看到自我发展的机会和希望，通过这种方式，激发了教师们的活力，特别是中、青年教师的活力，"论资排辈"的困境得到缓解，正如习近平总书记所说"让每个人都有人生出彩的机会"。

（3）组建团队，形成人员保障。项目依托职能部门，又打破部门间的界限，项目负责人自主招徕成员，职能部门参与服务，提供发展的保障。既有直接的对接体系，又有辅助管理人员，新老教师融合一体，不同学科教师各取所长，加快"知识—经验—创新—反馈"的流转，确保项目顺利开展。

学校还规定了"项目负责人"的发展路径：项目负责人—项目副主任—项目主任，项目主任比照处室主任给予相应的待遇，这对储备后备人才、涵养高素质教师、促进教师成长、激发教师队伍活力提供了发展保障。同时，对学校管理团队中"自主发展"与"团队进退"的意识与能力的提升，提供了激励机制，教师对学校管理团队的满意度逐渐提高。

六、启示和思考

教师"肩负着塑造灵魂、塑造生命、塑造人的时代重任，是教育发展的第一资源，是国家富强、民族振兴、人民幸福的重要基石"。《教育——财富蕴藏其中》指出："教师作为变革的因素……其作用的重要性从未像今天这样不容置疑，这一作用在 21 世纪将更具决定意义。"教师是学校发展的第一生产力，学校在打造活力教师队伍时要做到以下几点：①以人为本，注重教师在不同发展阶段的发展特征，体察教师合理的发展诉求，凝练核心价值，让教师在共同愿景中找到认同感、价值感和归属感。②以自主管理为依托，对教师充分授权、赋能，对教师形成个体激励，充分调动他们的积极性，教师在自主创新、和谐发展中不断体会到幸福感，增强职业成就感。③学校要充分发扬民主的氛围，实施扁平化管理，让教师有机会说实话，有意愿说实话，并且规范行使权力的方式和程序，让每位教师成为责任主体、权力主体和监督主体。④扩大学校开放和流通的渠道，让教师形成内部良性循环和内外交流的体系，真正盘活这一育人队伍。总之，在信息化愈加深入的今天，学校要不断探索教师培养和发展的新路径，完善管理机制，形成富有活力的管理文化，进一步落实"立德树人"的根本任务。建设现代学校的治理体系，要进一步以人为本，树立教师活力观，引导教师克服职业倦怠，激发工作热情，打造高素质有活力的教师队伍，充分调动每位教师的主动性与创造性，做好学生成长的"引路人"。

参 考 文 献

[1] 联合国教科文组织. 教育——财富蕴藏其中 [M]. 联合国教科文组织总部中文科，译. 北京：教育科学出版社，2014.

[2] 公秀丽. "社会活力"刍议 [D]. 北京：清华大学，2006.

[3] 董慧. 社会活力论 [M]. 武汉：华中科技大学出版社，2006.

[4] 王熙，王怀秀. 教师视域中的"学校活力" [J]. 教育学报，2017（1）：32 – 38.

[5] 虢剑波，银洁. 基于活力管理理论的高校教师积极性探讨 [J]. 湖南师范大学教育科学学报，2011（9）：92 – 95.

[6] 阎光才，牛梦虎. 学术活力与高校教师职业生涯发展的阶段性特征 [J]. 高等教育研究，2014（10）：29 – 37.

[7] 石中英. 学校的活力和源泉 [J]. 河北师范大学学报，2017（2）：5 – 7.

[8] 马克思恩格斯全集. 第 1 卷 [M]. 北京：人民出版社，1995.

[9] 张爽. 学校活力的表现和提升策略——基于两个案例的分析 [J]. 教育学报，2017，13（1）：39 – 45.

[10] 王志平. 高等教育也要充满生机和活力 [J]. 上海高教研究，1985（2）：18 – 19.

专家点评

　　本文围绕教师活力的问题、原因和对策展开了理论和案例研究。作者不仅论述了教师活力的概念，还对教师活力问题出现的原因进行了探讨和分析。在此基础上，作者以北京市郊区某所完全中学开展案例研究，总结了包括文化引领、树立共同愿景、科研示范、激发内生动力、积分银行、完善秩序规范、民主集中、调整管理重心等实践经验。本文不仅有理论思考，同时也有实践案例研究，为理解并提升教师活力提供了很好的参考意见，是一项很有价值的研究。

北京师范大学　周金燕

第四章

深耕校本研修,实施"针对性"培训

创新研修多元化模式　赋能教师全专业发展
——基于博雅教师素养模型的校本培训实践研究成果

北京市第一六六中学　王　蕾　项　东

【摘　要】 全面深化新时代教师队伍建设，是人才培养的活水源头和专业保障。打造一支师德高尚、业务精湛、结构合理、充满活力的高素质专业化教师队伍，是校本研修中的核心任务。本文依据校情、师情、生情，制定学校博雅教师专业素养模型，以学生的全面发展要求、教师专业化成长的需求，探索校本研修的课程建设、研修模式、评估体系，形成多元、开放的研修方式，探索教师队伍梯队建设的不同路径，为学校教育教学质量的全面提升提供基础保障，赋能教师全专业发展。

【关键词】 教师素养模型，研修模式，专业化发展

一、问题的提出

教师队伍的成长是推动学校发展的核心力量。在长期的办学实践中，学校始终把教师队伍的建设和发展放在第一位。新时代实现教育领域的改革和发展，进一步提高教育质量，就要更加注重立德树人，更加注重教育公平，更加注重改革创新。实现这一目标的基础就是要打造一支师德高尚、专业化、高质量的教师队伍，这是时代的要求与使命。

以《中共中央国务院关于全面深化新时代教师队伍建设改革的意见》为指导，明确教师队伍建设的重要意义，结合学校教师队伍建设的总体要求，形成校本研修的指导思想，使教师达成共识，进而付诸自觉的行动。

为了助力教师适应在发展中遇到的新形势，应对新挑战，形成基于校情和学情的学习共同体，本研修研制了博雅教师素养模型，研发出分层分类的校本研修课程，来深入研究教师的学习，探索共性与个性统一、引领与众筹统一的校本研修模式，赋能教师全专业的发展。在实践中探索新时代教师学习的方法和路径，为促进学校从优质走向卓越，提供了可持续的人才培养策略。

二、研究的方法与过程

1. 成立教师发展研究院，健全教师发展的组织保障和制度建设

教师发展研究院的目标是围绕教育教学、人才培养、教师发展等问题，开展理论与实践

研究，为教师研修与教师发展工作提供智库；充分挖掘和开发教师资源，提高教育教学质量，持续地促进教师专业发展。2017年，教师发展研究院成立以来，先后制定教师梯队建设等方面的教师专业发展规划及系列管理制度，使教师校本研修和专业发展有了组织上和制度上的保障。

2. 研制博雅教师专业素养模型，明确教师专业发展方向与核心指标

在"立德树人"的价值观引领下，依据学校发展目标，在对广大学生和教师持续（2016—2018年）调研后，研制了博雅教师专业素养模型。这既是培育学生发展核心素养的价值导向，也是教师专业发展的现实要求。博雅教师素养模型由一个核心、三个基本领域、13个素养指标构成。教师核心素养和能力建设研究，有助于教师专业发展，有助于聚焦目标，有助于提升教师队伍建设的效率。

师德是教师的第一素养，立德树人是教师的核心能力，也是新时代教育的根本任务。落实立德树人根本任务，需要教师提高自身专业发展的水平，发展教师核心素养和能力。

博雅教师的专业知识特别关注了学生知识，专业技能关注了课程研发力和学习反思力，以适应新时代教育改革发展的时代要求。在专业素养方面，特别聚焦了专业自觉，这是教师认知能力和专业品质发展的结合点，也是教师保持高昂的专业热情、深厚的教育情怀的重要指标（图1）。

图1 博雅教师素养模型

3. 组建教师素养提升工程专家顾问委员会，把脉校本研修顶层设计

2017年，学校组建了专家顾问委员会，顾问委员由来自全国、市区，学术引领作用突出的特级教师组成。专家顾问对学校博雅教师素养模型、校本研修课程研发、学科团队建设、骨干教师培养方案等进行全面的研讨和论证，确保学校教师发展的研究与实践有高位引领，进而精准实施。专家顾问是学术上的引领者，他们既可以为校本研修带来最前沿的发展趋势和前沿成果，又可以在理论上支持教师，进行深入学习和研究。有专业的引领和学术的支持，校本研修才会有本质的提升。实践与理论相结合，教师的专业发展也才能获得更大的空间。

4. 倾听服务对象心声，关注学生视角的教师发展

"十三五"时期，学校着力研究促进师生全面发展的学校自诊断体系的建设。"以学生发展为中心"8个维度的校本化自诊断工具，即文化、同伴、教师、课程、教学、资源、组织与领导、安全，其中4个维度都涉及教师的专业发展。诊断以学生的视角，帮助教师发现教育教学中的问题，引导教师积极面对问题，进行自我反思，意在改进提升教师的教育教学行为。每一个学期的教育教学专项诊断尤其为教师的专业发展提供了可以追踪的实践轨迹，为教师教育教学行为改进提供客观、全面的数据监控。诊断，是学校对教育教学的导向，在大量的数据中分析教师进步的经验和遇到的问题，成为校本研修课程设计的客观依据，也成为收集和推广优秀教师经验的资源库。

三、研究的结果与分析

1. 建构起共性与个性统一的研修课程

基于对博雅教师素养模型的研制，学校开发了共性与个性统一的四类、四维课程。四类课程包括通识类、涵养类、实践类、研究类（图2）。四类课程面对全体教师，通常以学校教育教学年会、教职工大会、教职工专项学习、学科组、年级组主题研讨等形式开展。

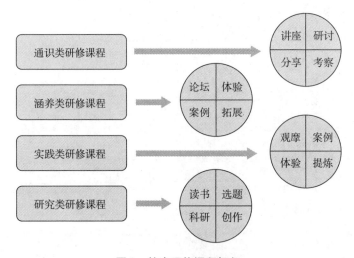

图2　校本研修课程框架

共性的研修：首先，强调的是教师的师德师风建设，教师育德能力的培养，把为人师表、立德树人作为全员研修课程最核心、最重要的必修课；其次，全员课程中还包括传统文化课程、时政在线课程、信息技术应用课程、人文素养提升课程等。

即使是共性课程，也按照教师年龄、能力、需求等差异，把每一类课程按不同形式、难易程度分成四个维度。这样在课程的选择上，教师就可以按照自己的实际状况，自主完成相应的课程。例如，研究类课程，对所有教师来说，可以参与并完成的就是读书，所以每一季学校组织的"阅读汇"课程就是研究类的一维度课程，但是科研、创新课程，教师就可以按照不同维度有选择地参与。经过实践我们发现，教师自主参与的课程，几乎都是可选择的课程，有选择，才有自主。例如，在通识课程中的"生涯规划"课程，我们就帮助教师梳理出自己教育生涯的愿景，形成自己的思想和教育主张。为教师诊断职业性格、职业认知、职业品质，帮助教师了解自己，从而有针对性地做出职业和生涯规划。在实践类课中，我们以多种形式助力教师在他感兴趣或是亟待解决的问题上进行持续的、深入的研究。例如，课例分析类课程、课题研究类课程、学生问题诊断类课程等，基于实践中的问题，共同寻找解决问题的方法是这一类课程的共同特点。

尽管对教师发展阶段有多种划分，但教师的专业发展大都会经历适应期—构建期—成长期—成熟期—再次生长期—持续稳定期。在不同的发展阶段，教师的专业发展需求是有差异的。我们深知，教师职业的特征是个体的实践者，让每个教师成为一位充满独特魅力的教师，是我们研修的目标之一。所以，我们尊重教师间的差异，通过课程设计，努力做到共性与个性的统一，创造和而不同的研修生态。

2. 探索出引领与众筹统一的研修模式

基于研修课程的设计，在实践中，我们探索出引领与众筹统一的研修模式。引领形式的课程包括：以骨干教师引领的"工作室课程"；以"紫禁杯"优秀班主任引领的班主任"工作坊课程"；以德高望重的前辈教师引领的"青蓝课程"；以专家顾问引领的"领航课程"。这些课程充分发挥了骨干教师、优秀教师的示范作用，有助于骨干教师自身提升其专业发展的空间，又能带动和促进其他教师的共同发展，形成教师间的良性互动机制。引领式课程的共同特点是：从"导学"到"共学"、从"领研"到"共研"，带动一群志于学、善于教、乐于研的伙伴，达到提升团队式发展成长。

在引领课程推进的同时，我们还摸索出教师自主的众筹研修模式。众筹的学习，强调的是互为供需，自主参与。

从研修内容上，以问题为导向，基于问题，研究问题，解决问题。以"班主任工作坊"课程为例，在优秀班主任的带动下，逐渐形成了青年班主任、青年教师自主研发的"传统文化背景下的班主任工作"系列课程、"学生发展典型问题"系列课程，"抗挫力"系列课程。这些课程弥补了教师专业知识结构的不足，丰富和完善了教师全专业发展中必备的知识。例如，"学生发展典型"课程，教师学习的是学生心理、学生认知、学生成长等跨学科的知识，而这些学生发展知识对于了解学生、懂得学生、走近学生具有重要的作用。

从研修形式上，以教师自组织为主，以灵活的交谈形式为主。例如，"青年论坛""四季沙龙""周五解忧杂货铺"都是众筹研修的模式。我们理解的众筹模式是：研修课程的需求与供给是相互依托的，教师既是需求的一方，同时又是供给的一方。"青年论坛"也好，"四季沙龙"也好，在这样一个平台上需求与供给完成对接，发问的人也是解决问题的人。这样生动的案例来自教师自身，却可能是大家都会遇到的问题，所以这样的共同学习和研究具有普遍价值和意义，极大地调动教师学习和交流的主动性和积极性。

同时，在众筹研修中，教师自己是受训者，同时又是培训者，这种培训资源会源源不断地自主生成，既保证了研修课程的精准定位和高效实效，又极大地促进了教师间的协同与合作。共同发现问题，合力解决问题，"去中心化"，消除教师对于自我水平的顾虑，有利于教师打破自我封闭，形成彼此赋能、相互借鉴的团队文化。

实践证明，教师的专业发展需要在团队中，需要在与他人协作中成就自己。校本研修是基于校情，基于学生面临的问题，基于教师群体需要发展的需要。教师处于这样的生态情境中的，团结向上的组织环境都能对教师的专业发展产生重要影响。

3. 形成了闭环与开放统一的研修路径

校本研修不是简单的培训现场，它是多个环节相互衔接、有机组成的统一整体。所以，学校始终以系统观念和全局观念规划和落实教师的研修。教师发展研究院依据学校整体工作要求，调研教师需求，制定研修方案。方案转变成研修课程，再经过课程实施的一系列改进回到教师发展研究院的课程改进和优化中（图3）。这个过程是严格的闭环管理，确保学校的教师研修规范化、制度化、程序化。一项课程的结束，恰恰是另一个课程的开始，因为有来自不同群体和不同形式的评估反馈，这样对于原有课程的改进与反思，就是孕育新课程的一个起点。以近三年的校本培训为例，我们做过全员培训的调研问卷超过千人次，以一个学期为单位，开展面对面访谈、线上线下相结合的询问式调查、培训专项诊断等，从不同角度，针对不同人群进行征询和跟进的反馈搜集，以期达到及时了解、及时改进的效果。

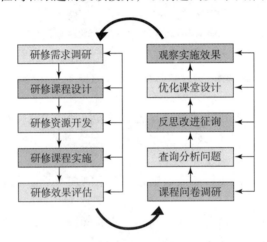

图3　校本课程研发实施流程

闭环与开放的统一，是我们对教师们的依赖和信赖。我们对课程的实施，从管理上是闭环，尤其是课程效果，会和课程目标一一对应，从教师那里搜集最真实的反映，进而指导新课程的设计。开放是对研修课程的反馈抱有的心态。无论在闭环管理的哪一个点上，我们都拥有开放的心态，根据教师的反馈，依据实际的效果，做出积极回应。只有这样，才能得到最有价值的改进策略。研修课程没有最好，但一定有最适合教师需要的。我们以严格的闭环管理，赢得更加开放的研修环境和研修效应。

4. 开创了多维与动态统一的研修评估

学校开展的教师研修，是基于研究导向的教师教育，目的是通过为教师量身定制的研修课程切实赋能教师专业素养的提升。但是，在实际上评估教师的专业表现时，往往回到为学而教的评价体系里。如何兼顾教师在研修中的进步和在教育教学中的发展呢？

（1）教师的研修评估基于教师是否有真实获得，是否能学以致用。对教师校本研修的评估绝不是定格在出勤、完成作业这样的外在形式上。我们把对教师的评估放在一个动态的过程中。例如，教师参加不同研修中角色的转化，是否有从受训者到培训者的变化；是不是有从参与论坛到主持论坛的变化；是不是从被动接受培训到示范引领他人。动态评估的过程是教师成长的过程，不是一个简单的结果，它体现了教师在学习中的发展性和成长性。动态，强调是一个全过程，而不是一次研修、一次研究课、一次经验分享就能完成的。它像全景式记录，把教师学习、反思、再改进的过程全部记录下来。这是教师学习的过程，也是思考、再实践的过程。这样的全景式的学习过程与动态的评价才是最真实、最全面的教师研修评估。它会让老师看到自己的进步，也会对其他教师起到鼓舞的所用。

（2）学校研制了适合师生发展的自诊断工具，对教师、教学、课程等方面进行全员、全方位的诊断。特别是每一个学期都进行的教育教学专项诊断，让教师清楚地看到学生眼里的自己。教师也会从学生的获得感受上发现自己的进步或问题。例如，对于教师的课程开发力，学校制定了"课程规划与设计""课程效果"专项自诊断工具，从教师和学生维度对学校课程的供给与效果全面诊断。教师维度包括目标共识、参与度、资源支持；学生维度包括能力获得、课程价值观和课程满意度。校本研修课程中会以诊断的案例作为教师学习的内容，对于典型的教师案例会以课程资源形式推荐给广大教师。对教师的改进也会进行跟踪，形成全景式评估记录。

5. 摸索出线上与线下统一的研修链接

学校的教师研修始终重视现代信息技术与教育教学的有机结合，特别是在教师的媒介素养培养方面，校本研修未雨绸缪，先后开设了"信息技术应用课程""思维导图的绘制""白板的应用"等信息素养课程。帮助教师们熟悉和掌握信息化工具以及应用，为线上、线下教学的优势互补，充分整合教育教学资源做了扎实的准备。

在 2020 年春季延迟开学的这段时间中，学校教师充分利用了各类平台，挖掘出线上教学的技术方法，保障了学生居家学习顺利、有实效地推进。同时，还开展了意在研究线上教学和创新学习方式的"云上年会"。举办了 7 次专家主题讲座，6 次青年论坛的专题研讨，推出了 15 节初高中线上教学研讨课程。其间，教师们还链接了美国冷泉港实验室生命科学试验课程、华东师范大学项目式学习课程，完成云上的跨国界、跨学科团队学习。

这次大规模线上研修，使教师、技术、资源之间的互动变成常态，极大助力了教师把信息化技术与教育教学相结合的能力，有力地推动了校本研修朝着更加有力的方向高质量地发展。这个发展，也是教师全专业的高质量发展。在延迟开学中，对学生居家课程学习的诊断中，学生和家长都认可教师们在线上、线下相结合的教学取得的良好效果（图4）。

四、研究的结论与建议

1. 研究的结论

1）从学校角度看，教师专业素养长足发展推动学校办学品质提升

"十三五"时期，教师们有百余项关于课程建设的研究论文或课例获得国家级、市级奖项。博雅课程建设成果获得北京市基础教育课程建设优秀成果一等奖，《高中生命科学实验班特色课程开发的实践研究》《心理素质与心理健康》均获北京市基础教育课程建设优秀成果二等奖。论文《课程融合，整体育人——回归生命本体、发挥实践课程的育人功能和价

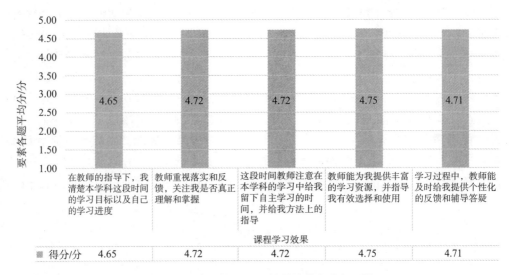

图 4　居家学习期间课程教学的学生诊断反馈

值》《发掘传统节日育人价值,创新开展传统文化教育——系列德育课程的开发与实施》等在《北京教育》上发表。

"十三五"时期,学校立项博雅课程建设相关课题国家级一项、市级四项、区级四项,形成了以科研引领、以实践导向的课程研发队伍。一位刚入职的青年教师曾动情地说:"我们工作后没有停止学习,相反我们有了更多的学习时间和学习机会。我们在一起更加关注生活的校园,关注学生的成长,关注自己的发展。我们在校本研修中不断吸收新的教育教学理念和知识,也相互借鉴赋能。通过一次次学习,我们逐渐懂得,从教育教学的角度思考如何将关怀社稷之心融合在日常的教育教学之中,这是我们力所能及的,更是我们理所应当的。我们将学生的成长与自我的发展结合在一起,与更多的教师和学生们一起进步。在校本研修中总有必须做点什么的愿望,这份责任与担当,注定会使我们成为孩子们的最好表率。"

实践期间,学校承办区级以上规模研讨会十余次,十余项阶段研究成果获得区级以上奖励。成果实践检验阶段,先后十余次在区级以上课程改革研讨会上介绍经验,产生了广泛的社会影响。2016 年,北京第一六六中学被评为北京市教科研先进学校,2019 年成为北京市中、小学教师教育基地学校(图 5)。

2)从学生角度看,教师专业能力提高不断促进师生关系发展

分析课程与教师、教学、资源要素,连续三次的基础诊断中都呈上升趋势(图 6)。说明学生对学校课程改革是认可的,特别是在课程综合改革中带动的教师发展、资源优化、课堂教学也得到了学生的充分肯定。

教师专业能力的发展,离不开课堂,离不开教学,更离不开学生。校本研修的效度如何,最终还是要从学生那里得到回答。在一定程度上,学生的认可和肯定,是对教师专业发展最大的赋能。因为越来越多的教师接受并认可来自服务对象的反馈,用户思维,即站在用户的角度来思考问题的思维,就是站在学生的角度、换位思考。我们惊喜地看到,校本研修带来的不仅是教师专业的更大发展,更看到教师教育观念的变化。这些变化直接带动了师生关系越来越亲近的改变,不断优化的教育生态反过来会更大地促进教师专业品质和专业能力的进一步提升。

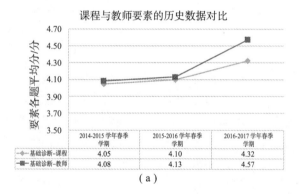

- 2011年
  - "整合德育资源，延伸德育空间"德育年会
  - 体育与健康教育论坛暨体育与健康教育联盟启航
- 2012年
  - 文学教育论坛暨高中冰心文学班起航
  - 科学教育论坛暨高中生命科学班启航
  - 艺术教育论坛暨艺术教育基地启航
  - "秉承育人本真，构筑教育生态"教学年会
- 2013年
  - "品博雅内涵，润百年文化"德育年会
  - 北京联合国教科文组织协会2013年会
  - 科学素养国际比较博雅课程汇报
  - 艺术普及教育汇报
- 2014年
  - 国家级特色高中发展实验项目
  - "让特色文化彰显学校办学品质"教学年会
- 2015年
  - "聚焦核心素养 提升服务效能"教育年会
  - 构筑健康生态，促动师生体智健康素养嘉年华
  - 传承非物质文化遗产实践课程嘉年华
- 2016年
  - "课程融合整合育人"实践课程嘉年华
  - "优化博雅课程体系，激发学生多远智能"教育年会
- 2017年
  - "课堂生长"教育年会
  - 感动166博雅师生2018年度盛典
  - "优化课堂教学供给，推动学生有效学习"北京教科院基教研中心视导
- 2018年
  - 教育即生长全校教职工2017年度盛典
  - 高中新课程实施别经教科院课程中心调研视导
  - "课程生长"教育年会
- 2019年
  - "优化课堂教学供给，推动学生有效学习"市区教研中心联合视导
  - 教育部"国培计划"小学名校长领航工程学校视导
  - 义务教育办学标准市教委视导

图5　2011—2019年学校承办市区研讨会示意图

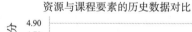

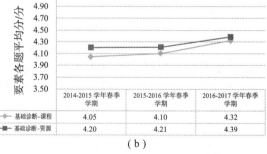

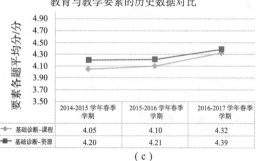

图6　课程与教师、资源与课程、教育与教学要素历史数据对比图

3）从教师角度看，研修与研究同步推进孕育出以师为本的研修文化

学校高度重视教师队伍的建设，对教师的研修效果以科学的方法进行了全方位考量。学校对教师的研究也高度重视，对教师专业内涵、不同教师发展阶段、教师心理发展等，都进行了广泛的调研和深入的研究。例如，对班主任和班主任工作进行研究并研制出班主任素养模型，并针对班主任素养的内涵对青年班主任进行有针对性的培训（图7）。又如，对每一

届新任教师进行追踪调研，研制出新任教师素养模型，特别强调教育理念和心理特征，关注青年教师对学校和归属感（图8）。每一届的新任教师培训，第一项任务就是由校长带着这些年轻人走遍校园的每一个角落；第二项任务就是找到身边的校友教师，与她做朋友，从她身上了解学校的历史，并撰写这位身边的校友的故事。这就是学校文化，被新人传承着，又坚守着，这是新教师入职的第一份作业。立足校情的研修文化是历代教师共同奋斗的结晶，也是教师有归属感的寄托，是教师们的共同愿景。由共同愿景推动的一群人才能走到一起，才能走得更远。

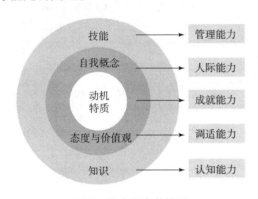

图7 班主任素养模型

图8 新任教师素质模型

学校期待的教师研究，不仅仅是教师专业发展，更期待以对教师精神品质、生命价值的关注，与教师进行心与心的交流，人对人的关爱。这是校本研修的本质，也是校本研修的初心。实践证明，真正有价值的校本研修，有助于提升教师教育境界、精神境界和自主发展的能力。当教师感受到学校的关爱，学校的期待，学校的铺路搭桥，帮助教师拓宽专业发展路径，推动教师多元发展的时候，教师的教育生活就是收获的过程，就是幸福的过程，就是不断成长的过程。无论学校举办的博雅教育教学成果奖，还是让草根智慧彰显个人价值的教师沙龙，每周一次的微论坛，或是走进"周五解忧杂货铺"画上一朵曼陀罗花，只要教师们愿意，总有一种让人心敞开、嘴张开、想和更多人交流的渴望。无论你的声音多微弱，总有人会听到，也总有人会和你应和，这就是学校教师成长中最宜人的土壤。以师为本的校园研修文化就在这块沃土上肆意地生长出来，被浸润在这样的文化中，是教师教育生活的幸福所在，也是教师成长的根基所在。学校组织和安排教师心理能力与素质培训课程（图9），由青年教师领衔的区级课题《提升教师心理能力与素质培训课程的开发与实践研究》对于帮助教师增强心理健康自助能力，提高自身的心理健康水平，学会从心理健康的视角提升自己的职业心理能力，促进教师的全面发展有很大的促进作用。

4. 从区域角度看，校本研修成果有广泛的引领和影响力

学校的教师校本研修，从课程设计到课程实施再到课程评估，系列的研修模式在指导实验校，开展校本研修实践中发挥引领辐射作用。学校与校尉胡同小学组建九年一贯制学校，开展教师研修联动课程建设，形成一体化教师研修培养机制。承担房山良乡五中、通州玉桥中学等城乡一体化教育改革项目，共同成立"青蓝工作室"，承担两校青年教师的导师工作。承接精准扶贫、对口支援等项目，如湖北郧阳、湖南江永、贵州匀东等，定期派去支教的干部、教师，对支援校教育管理和课堂教学提升都起到了重要的作用。和实验校、帮扶校

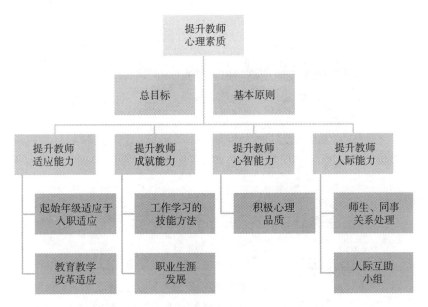

图9 教师心理能力与素质培训课程框架

之间形成资源共享、队伍共建、文化共识的教师研修共同体。

学校教师原创的三套原创教材（《博雅阅读》《心理素质与心理健康》《阳光体育室内健身操》），在城乡一体化北京市房山区良乡五中、贵州省匀东中学、河北省邢台十九中学等校推广实践。经过三所联盟校实践检验，在北京市东城区八个学区、福建省莆田、宁夏回族自治区银川、河北省石家庄等地兄弟学校推广使用，促进了实验校的教师队伍建设的整体提升，推动了学校办学质量的稳步提高。

2. 建议

（1）教师的知识结构具有全面性、专业性和通识性。其中全面性指：既要掌握教学学科知识，又要掌握教育专业知识，两者不可缺失。但是，目前以在校教师的知识结构来看，教师中特别是中老年教师中，对教育和教学理论、心理学理论、课程理论等掌握和学习是不够的。即便是青年教师，在工作后，对教育教学理论的学习也是停留在大学或是研究生学习的水平。目前的社会对学生的素养要求，促使教师必须要研究学生，研究学生发展知识，研究教育教学理论，研究课程的建设，没有对教育的上位思考，就没有对教育认识更加宽阔的视野、对学生发展更加敏锐的洞察。所以，加强教师的理论学习，提高理论联系实践的能力，在研修中是一个亟待突破和解决的问题。

（2）目前，教师教育已经是各个学校发展的着力点，也涌现出很多校本研修典型的可推广的经验，这些都是有价值的教师教育资源。充分开发、利用这些资源，形成校际、区域共享的合作机制，将典型的教师培训成果辐射、推广，将有利于广大教师的专业化发展。同时，扩大优秀教师的影响力，增强竞争力，激发更多的教师主动发展的内驱力，也是区域联动研修的一个视角。期待形成共研、共修、共创、共享的联动机制，形成区域教师教育的共育共发展。

参 考 文 献

[1] 赵光千. 构建教师培训新体系的策略与思考 [J]. 中小学教师培训, 2012 (03): 17-19.
[2] 陈向明，王志明. 义务教育阶段教师培训调查：现状、问题与建议 [J]. 开放教育研究, 2013 (04): 11-19.
[3] 温金梅. 体验式教育模式下教师心理能力优化的研究 [J]. 太原师范学院学报, 2012.
[4] 吴惟粤，李俊. "发展学生核心素养"背景下的教师培训课程 [J]. 课程教学研究, 2016 (08), 9-16.
[5] 中室牧子. 学力经济学：被数据推翻的教育准则 [M]. 北京：人民大学出版社, 2017.
[6] 卢乃桂，王丽. 教育改革背景下的教师专业性与教师责任 [J]. 教师教育研究, 2013 (1): 1-5.
[7] 朱旭东，宋萑. 论教师培训的核心要素 [J]. 教师教育研究, 2013, 25 (3): 1-8.
[8] 陈雪. 基础教育课程改革背景下的教师角色研究 [D]. 沈阳：沈阳师范大学, 2013.
[9] 中共中央、国务院. 关于全面深化新时代教师队伍建设改革的意见, 2018.
[10] 赵继红. 初职教师20个怎么办 [M]. 北京：中国人民大学出版社, 2017.

专家点评

该论文全面系统清晰地介绍了北京市第一六六中学基于博雅教师素养模型"一个核心、三个基本领域、13个素养指标"开展教师培训的创新性做法。

学校以促进学生发展为导向关注教师专业发展，系统构建"通识类、涵养类、实践类、研究类"四类教师培训课程，将共性与个性相结合基于教师参与培训的自主选择权；通过多种方式开展培训活动，形成具有创新性的"引领与众筹"的培训模式，充分发挥教师自组织的功能，在团队中彼此支持，营造积极向上共同成长的氛围；注重培训效果的评估，将动态的过程性评估和诊断评估相结合，探索线上线下相结合的混合式研修模式，真正提升了教师的专业水平。

该论文呈现的教师培训实践为校本教师研修提供了可借鉴的经验，很多具体做法值得在更大范围内进行宣传推广。

北京教育学院　伍芳辉

集团化背景下教师校本研修策略的实践研究

北京汇文中学 郭 杰 胡 迟

【摘 要】 北京汇文中学教育集团(简称汇文教育集团)校本研修是一种区域内的校本研修形式。它始于集团校本研修现状调研;从顶层设计布局开始,从集团区域校本研修实践开展探索;逐步打通了集团校际壁垒,巩固了研修成果;增进了集团各校相互了解,有针对性地解决了集团发展和教师发展实际问题;激发了教师研修热情,并逐步朝着提升教师专业发展水平,实现集团资源共享,优势互补,实现教育均衡的方向发展。

【关键词】 教育集团,校本研修,策略,实践探索

一、集团化办学背景下教师校本研修策略的实践研究简介

1. 国家基础教育改革推进优质教育均衡发展

2012 年,《国务院关于深入推进义务教育均衡发展的意见》提出发挥优质学校的辐射带动作用,鼓励建立学校联盟,探索集团化办学,整体提升学校办学水平。2017 年,《关于深化教育体制机制改革的意见》提出改进管理模式,探索集团化办学,采取灵活多样的办学形式。截至 2014 年 7 月,北京市相继在 16 个区县组建了 217 个学校集团,共涉及独立法人学校 610 所,约占全市中、小学总数的 1/3(赵艳国,2015),催生了"集团化办学热"。目前,集团化办学已经从"探索阶段向深化阶段转变,从外延式发展向内涵式发展转变"(陈文娇,湛卫清,2017)。2017 年,教育部部长陈宝生接受采访时将"推进优质学校集团化办学"列为教育均衡化工作三件事之首。

2. 集团化办学对教师校本研修的新需求

新的办学模式带来了管理和教学上的挑战,需要更多的研究和实践提供解决方案,在众多挑战中,集团教师团队的发展是成员学校由"输血"向"造血"转变的关键。"培育学校的优质师资是集团化办学的重中之重,是决定办学成败的关键之举"(李健,2018)。教育部基础教育司原副司长朱慕菊指出,以校为本的研修,是将教学研究的重心下移到学校,以课程实施过程中教师所面对的各种具体问题为对象,以教师为研究的主体,理论和专业人员共同参与。目前,集团校本研修,需要整合力量,创造良好生态环境,让教师在专家引领、校际互助、教师反思实践中实现专业发展。

3. 集团化办学为教师专业化成长带来的机遇与挑战

集团化办学的最终目的是实现教育资源的均衡配置，教师既是集团的核心建设者，也是受益者，集团化办学的成效很大程度上取决于教师的工作能力、参与程度和实际获得。以校际互动方式开展教学研究，可以实现师资流动，促进教师良性互动，提升教学质量，引领教师以积极心态接纳集团资源整合，不断进取。

4. 北京汇文中学教育集团的发展对教师专业成长的需求与探索

2015年，北京市东城区启动了办学集团化的举措。2016年，北京汇文中学教育集团成立，以北京汇文中学为核心，包括汇文一小、文汇小学、北京市文汇中学、北京汇文实验中学（原北京市第一二五中学），后又有北京汇文中学垂杨柳分校、北京汇文中学朝阳学校加入。汇文教育集团校中既有市级高中示范校，也有基础薄弱校；既有完全中学，也有初中学校和小学校。各成员校现有资源不均衡，发展程度差异性较大。

汇文教育集团的成立，能够发挥以名校带动基础薄弱校的效应，在师资、课程、教学设施、教育资源和学校日常管理等各方面相互衔接或共享，实现集团内学校的"发展共同体"。但是集团校的教师资源整合和再生需要一个可持续发展的机制长期运作来推动。汇文教育集团申报了北京市教育规划课题"集团化办学背景下教师校本研修策略的实践研究"，期待在开展以集团教师发展需求为中心的校本研修工作中找路径，寻规律，整体提升集团教师的工作能力、专业成长、职业成就感和幸福感。

二、北京汇文中学教育集团校本研修策略的实践研究过程

汇文教育集团校本研修策略的实践研究从2018年起，至今已近两年。两年来，我们从集团校本研修现状调研开始，探讨集团区域校本研修活动的可能性和增长点，从顶层设计开始布局，从区域校本研修实践工作开始探索，逐步积累经验和资源，打通校际壁垒，实现集团区域校本研修成果的巩固。

1. 汇文教育集团校本研修情况调研

1）汇文教育集团校本研修情况调研工作的开展

针对汇文教育集团内各校教研水平及教师专业发展不平衡的现状，集团对教师的研修现状及需求进行了调研，设计了《集团化办学背景下教师校本研修策略的实践研究干部、教师访谈提纲》以及《北京汇文中学教育集团校本研修情况调查问卷》，并对集团内的干部、教师开展访谈，了解集团干部、教师队伍对于自身发展、学校发展、集团办学的信念、期待、设想及规划，挖掘资源，分析不足，为开展有效的校本研修提供依据。此次调研，集团有四所学校，486名教职员工参加调研。通过调研我们看到，传统的校本研修方式已经难以满足教师个人发展和集团发展的需求；教师对校本研修的形式、内容、效果和具体实施各个方面有了更明确、更个性化的需求；而校本研修的培训对象、内容、形式等方面重新整合也是学校教师队伍建设亟待解决的重要问题，具体分析如下。

（1）以往集团各校校本研修工作中存在的问题。

北京汇文中学教育集团校本研修调研问题总结，如表1所示。

表1　北京汇文中学教育集团校本研修调研问题总结表

问题类别	具 体 问 题
研修现状	（1）教师在职业生涯发展过程中共性的发展问题没有系统地解决； （2）缺乏整体设计，缺少激励机制，对瓶颈期教师帮助不大； （3）通识培训缺乏轮训机制，教师专业素养提升的长效培训机制不够完善
基本问题	（1）缺乏顶层设计，难以满足教师复杂的需求，难以适应教改需求，教师研修氛围不足； （2）在新的教学思想、理念、理论与实践的结合、现代教学手段的使用操作三个方面的缺失比较突出
研修需求	（1）对教师在教育教学研究方面的需求满足不够； （2）对提升教师的自我效能感方面的支持不足； （3）不能满足教师向研究型、专家型教师方向成长的需求
研修内容	（1）未能贴合学科需求，难以满足不同发展阶段教师的需求； （2）与市区研修结合不紧密，增加了教研组的研修压力
研修方式	（1）制度不够健全，研修时间不能保证，缺乏统筹规划； （2）形式单一，教师自主选择性不够，缺乏监控
研修效果	（1）对于教师基本素养和基本业务能力提升有限； （2）不足以支持教师业务能力以及教科研能力升级； （3）为教师提供展示交流机会较少
保障条件	（1）制度保障不够，落实不到位，不能充分调动教师积极性； （2）务实增效不足

（2）未来工作集团校本研修工作改进的方向、途径和突破点。

①在校本研修方向上力求：联系教师个人成长、教育教学实施以及学校发展的实际以"训"促"培"，提升整体能力；重研究，抓细节，提品质，以"研"优"教"，提高学校教育教学质量；注重提高教师的师德修养、学科素养、教育情怀，以"研"提"修"，增强教师教书的信心、育人的信念、从教的信仰。

②在校本研修设计上遵循：因材施教，满足教师职业生涯可持续发展需求；因校制宜，适应学校阶段发展需求；理论联系实际，保持教研高度，注重落实；循序渐进，协助教师角色转换和职业成熟；跟进教育科研前沿发展方向，研究教育教学实际中的问题。

③在校本研修实施上关注：目标导向，提升研修效率，增强效能感；从形式上分类实施，满足教师在不同方向的研修需求；从人员上分层实施，满足不同层次教师的成长需求；从时间上分阶段实施，适应学校发展的节奏。

④在校本研修管理上注重：从研究阶段上前期有规划、设计，中期有检查、落实，后期有反思、反馈；从组织管理上思想引领在先，组织倡导随后，重视愿景规划，搭建进阶平台，鼓励互助研修，加强效果评价。

⑤在校本研修评价上落实：建立激励性、发展性评价机制，提升教师的成就动机；自评、互评结合，促进研修主持人的工作成效和学习者的学习成效双提升；过程、行动评价相结合，加强研修过程管理，促进研修内容落实；量化、质性评价相结合，收集更多评价信息，为校本研修的完善提供参考依据。

（3）集团调研的比较。

由于集团教研将在龙头校北京汇文中学的带领下开展,所以将汇文教育集团的调研数据与其他集团校数据做了对比发现,汇文教师队伍有以下优势。

①老、中、青教师比例相当,形成了完整的成长链条,有利于青年教师的成长。

②教师教育教学能力基础较好,发展比较均衡。骨干教师与外界联系密切,能够获得更多的外部支持。

③教师参加校本研修的目的多向,尤其对于提高教育科研能力和提高教育教学能力的需求相对高一些,这说明汇文教师在成为专家型教师方面的愿望更加强烈,这也符合汇文百年老校的学府风范。

④学校支持与鼓励教师参加校本研修,教师积极参加各种研修学习,在校内交流研讨、参加教研活动、继教活动、重视与教育研究部门的长期合作,学校研修氛围非常好,教师本人的基本素质和发展潜力也很高。

⑤由于学校长期鼓励和支持教师做教科研,开展教育教学方法的探索和改革,所以在教改前沿的教师们更多地意识到知识的陈旧老化,更加渴求新知,更加关注教育教学经验的积累,更加渴望在专业上的发展。

这为集团以汇文的基础优势带领集团成员校成长提供了更多可能性。

2. 汇文教育集团校本研修工作的改进

1）专家团队引领,精准定位研修策略

汇文教育集团召开研讨会,并聘请北京师范大学课程与教学研究院胡定荣教授、东城区教育研修中心马富贵主任、东城区教育研修学院科研部沈兴文主任作为指导专家,就"打通校际研修体系,开展集团研修工作"进行了深入的研讨和论证,对教师校本研修现状进行分析诊断,找差距,找需求,找资源,找创新点,找准发展方向,充分发挥汇文教育集团各成员校的优势,构建专家团队和管理团队,探索切实可行的北京汇文中学教育集团校本研修策略。

此外,北京汇文中学学术委员会成员、各集团校的市区骨干教师作为集团内专家团队参与汇文教育集团的校本研修策略的制定、修改和实施工作,探索集团校本研修的具体规划、方案及落实。

2）确定汇文教育集团校本研修工作策略

汇文教育集团最终确定打通各成员校校本研修体系,资源共享,优势互补,开展富有集团特色的校本研修工作,拓展教师专业化发展的有效途径。集团将依托龙头校北京汇文中学的资源优势和教师发展平台优势,更新教育观念,突出教师学习主体,推动教师专业化发展。集团课题组五所学校通过研修方法的调整,体系设计的改进,实施的监管,过程管理的加强,评价的落实,切实促进集团教师专业化的可持续发展。在集团化办学背景下,搭建横纵结合的平台,探索适合集团整体发展,互融互通,促进教师素质整体提升的校本研修策略。

（1）从理念上发挥汇文作为龙头校的百年办学优势,实现办学理念的高度统一,校园文化的高度认同,教师成长方向的协调一致。

（2）从横向上打通校际共享渠道,实现校本研修资源共享、优势互补、共同提升的平台发展策略。

（3）从纵向上打通教师成长通道,实现校本研修分层递进、研修并重、逐步提升的阶梯发展策略。

（4）从整体上加强校本研修方向的引领以及管理的细化，解决教师专业发展实际问题，注重校本研修效果，提升集团校整体实力。

3）汇文教育集团校本研修工作的具体开展

（1）做好顶层设计，加强引领及管理，为教师专业化发展提供平台。

①加强制度建设，理顺工作流程。汇文教育集团将教师队伍建设作为学校"十三五"规划的重点工作，并制定了《北京汇文中学教育集团教师校本研修三年规划（2018—2021年)》《北京汇文中学教育集团关于进一步加强教师队伍建设的意见》《北京汇文中学教育集团干部、教师培训工作流程》《北京汇文中学教育集团青年教师拜师工作条例》等文件，规范教师队伍建设的制度和工作流程，为集团教师专业化发展提供制度保障。

汇文教育集团逐步搭建集团校本研修工作的管理机制，协商共进。在第一阶段集团以龙头校汇文为主，以课题组为核心，初步建立集团教师专业发展研修工作领导小组，确定各成员校分管领导和负责科室，加强对研修工作的领导（图1）。

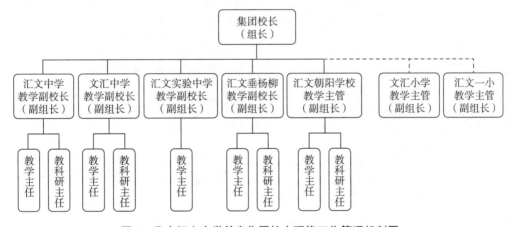

图1 北京汇文中学教育集团校本研修工作管理机制图

②加强过程管理，监控研修过程。集团依据各成员校及教师发展需求，厘清资源，结合教育发展的政策、现状和前景，制定三年研修规划，开展包括全员通识研修、干部、班主任和学科教研组专项研修、青年教师成长研修在内的综合研修活动。

- 挖掘集团成员校资源，充实集团校本研修资源库；
- 根据工作实际调整研修路径，探索包括讲座、沙龙、研讨、实践活动、拓展训练、师徒研究、赛课展示等多种形式的研修方式；
- 加强考勤、考核、评价，巩固研修成果；
- 通过集团说课、学术交流等方式对校本研修成果进行展示和分享。

（2）纵向打通教师成长通道，优化内容和形式，服务教师阶段性成长。集团校本研修的设计以人为本，以教师发展为中心，结合集团干部教师培养的规划，以研促教，以修带长，搭建立体架构，丰富多元形式，为干部教师职业的阶段性成长铺设合理路径。

如图2所示，汇文教育集团校本研修工作以教师的成长为核心，从研修内容和研修形式上做了精细化的设计，并在研修实践中稳步落实。具体情况如下。

①以全员通识研修提升基本教育素养。主要内容关切国家教育改革、社会发展、师德师

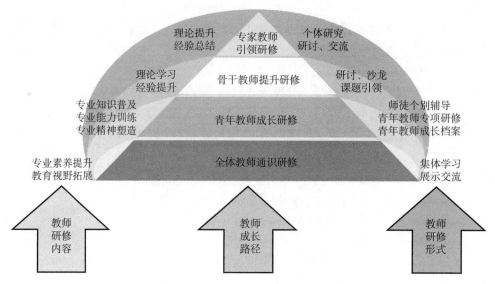

图 2　北京汇文中学教育集团校本研修工作架构图

风、校园文化、基本教学技能等方面，以促进全体教师增长社会见闻，拓展教育视野，提升基本职业素养。自 2018 年以来，集团开展了系列通识培训活动（表 2）。

表 2　北京汇文中学教育集团通识校本研修表

序号	培训时间	培训主题	培训方向
1	2018-01-04	学用《北京教育丛书》	教师发展核心素养
2	2018-03-13	北京汇文中学教育集团青年教师素质提升工程启动活动	教师发展核心素养
3	2018-08-29	汇文校友刘光典烈士事迹讲座	师德师风
4	2018-08-30	核心素养与未来教育	教育改革
5	2018-10-25	市规划课题"集团化办学背景下教师校本研修策略的实践研究"开题暨教科研工作研讨会	教育科研
6	2018-11-27	"两学一做"社会实践活动：参观红桥市场党建基地和京东总部党建基地	师德师风
7	2019-01-19	"集团化办学背景下教师校本研修策略的实践研究"课题子课题开题暨教科研工作培训会	教育科研
8	2019-02-22	传承与发展	教育改革

②精准定位促进青年教师成长。汇文教育集团青年教师整体学历较高，有工作热情、善于学习、接纳新知。然而他们对教育工作规划感到迷茫，对教育对象束手无策，对教育教学工作内容不熟悉，职业适应期较长。集团将熟知专业知识、提高专业能力、升华专业精神作为青年教师校本研修的主要内容和方向，制定了落实师徒制、开展青年教师专项研修、建立青年教师成长档案以及完善青年教师成长的激励机制等内容来调控和巩固研修成果，以实现"一年合格，三年胜任，六年独当一面，九年成为区级有影响力的青年教师"的培养目标。具体工作如下。

第一，制度保障，师徒结对，精准定位，依托实践促成长。

集团关注青年教师发展和思想动态，引领和帮助他们成长。每学年初，为从教不足三年的青年教师选配教育教学师父，师徒结对工作，在实践中手手相传，提高青年教师教育教学实操技能，定期检查考评。

汇文中学作为龙头学校，更是开展了量化管理，要求教龄三年内的青年教师做到"五个一"：

- 两周完成一篇教育和教学反思；
- 两月完成一篇读书笔记；
- 每学期完成一节汇报课或一节观摩班会；
- 每学期完成一次章节测试命题；
- 每学年完成一篇教育叙事或教育教学论文。

第二，课程引领，全面培训，满足需求，评学结合促成长。

集团各成员校对青年教师进行职业精神、职业规范、师德师风、校史党史教育、教育教学技能培训，落实"双培养"工作；在每月安排一两次专题研修（表3）。

表3　北京汇文中学教育集团2019—2020学年度第一学期
青年教师校本研修课程表

序号	主题	时间
1	如何有效开展班主任工作	2019-10-19
2	如何在学科整体框架下开展备课、授课和辅导答疑	2019-10-19
3	校园意外伤害事件的预防与处理	2019-11-02
4	形成特色教学风格，打造魅力实效课堂	2019-11-02
5	教师的基本素养	2019-12-07
6	教师的基本素养——礼仪、服装规范	2019-12-07
7	《十五秒课堂管理法》导读学习（线上共学）	2020-03-04

集团不仅关注知识技能的"输入"，更追求"输出"，以评促学，巩固研修成功。集团教育教学与工会等部门组织开展与青年教师教育教学基本功有关的评比活动。例如，教育教学技能比赛、书法比赛、课件制作比赛、常态班会观摩、主题班会展示等。

2018—2019学年度北京汇文中学教育集团开展了主题为"增强核心素养，提高课堂实效"的青年教师说课大赛活动，来自汇文中学、汇文实验中学、文汇中学和汇文朝阳垂杨柳分校的75名青年教师参加了12个学科的比赛。集团邀请了市区专家作为说课大赛评委。集团内各校相关学科的教研组长、备课组长和青年教师现场观摩，其他教师观看网络直播。此次说课大赛活动，为汇文教育集团内各校搭建了校际学习、交流和展示的平台，有效地促进了整个集团教学研究工作的深入开展。集团为校际的深化合作，融合创新搭建了多样的平台，逐步实现集团校的优势互补、资源共享。

第三，档案管理监控成长过程，激励机制引导成长方向。

北京汇文中学教育集团倡导各成员校为青年教师建立成长档案，量化成长过程，对青年教师的成长开展质性和量化评价，设立校级"优秀青年教师奖"，制定评比方案，鼓励扎实学习、教育教学能力显著提升且业绩突出的青年教师。此外，集团关心青年教师成长，采取多种举措，满足提升他们的文化归属感。

- 定期召开青年教师座谈会，了解发展需求；
- 组织青年教师沙龙活动，交流研讨在教育教学工作中遇到的问题；
- 组织青年教师文体活动，促进教师思想、情感、生活和文化沟通；
- 组织青年教师外出学习交流，开阔眼界；
- 组织丰富的校园文化活动。

③搭建阶梯促进优秀教师成长。汇文教育集团以龙头校汇文中学为首，挖掘集团师资力量，整合骨干教师队伍，为优秀教师搭建成长阶梯，以校本研修促进他们的教育教学经验以及团队管理能力的提升。主要工作如下。

- 积极承办市区教研活动，将校本研修与市区研修活动相结合，为集团优秀教师创造展示机会。
- 鼓励优秀教师参加市区学科研修、名师工作室活动，承担一定教育研修工作。
- 鼓励优秀教师参与或承担各级各类课题，以研促教，培养研究能力，带动学科队伍发展。
- 鼓励优秀教师在集团内跨校带徒，在师徒共学中总结经验，提升管理能力，提振信心。
- 鼓励优秀教师参加各级各类教育教学竞赛、展示活动，开展长程校本研修活动，促进老中青各年龄段教师各有所为，各有所得。
- 建立优秀教师成长档案袋，提高底线，以积累为导向，逐级逐层为教师的成长铺路。

④为专家型教师开展引领式的校本研修工作。汇文教育集团拥有三名正高级教师，四名特级教师，一名北京市学科带头人。他们都是各个学科教育教学的精英，集团为他们的工作室建设绿色通道，引进各级各类教育研修资源，引领集团学科教师队伍建设（表4）。

表4　北京汇文中学教育集团专家型教师研修活动表

序号	主题	参与人员	主持人/指导教师	时间
1	青年教师职业规划	集团青年教师	正高级、特级历史教师段明艳	2018-04-25
2	集团化办学背景下基于实证的物理课堂教学反思研究课题研讨会	集团物理教师	北京市学科带头人，物理教师夏维宏	2019-04-20
3	2019年北京市化学教研工作会暨高中化学单元（主题）教学案例展示与交流活动	北京市高中化学教师集团高中化学教师	正高级、特级化学教师岳波	2019-09-24
4	"展现物理情景，提升思维能力，践行核心素养"物理课堂教学研讨会	北京市高中物理教师集团物理教师	正高级、特级物理教师张国	2019-10-16
5	"E时代基于课程标准提升学生历史数字化阅读素养研究"开题报告会	集团历史老师学区历史老师	正高级、特级历史教师段明艳	2019-10-23

（3）从横向上打通校际共享渠道，实现校本研修资源共享、优势互补、共同提升的平台发展策略。

①课题引领，整合优势，加深研究，拉动研修工作。汇文教育集团理事长、汇文中学校

长郭杰主持北京市级规划课题"集团化办学背景下教师校本研修策略的实践研究"。各个成员校根据自己的校本研修优势确定子课题方向，将集团内各校的研修优势有效整合，整体提升集团研修工作。

②促进交流，激发动机，项目引领，改善成长环境。汇文教育集团通过整合资源，从横向上打破校际围墙，开展校际学科教研、师徒结对、集团说课比赛、学科课题横向合作等各种校本研修方式加大集团成员校教师的深度交流，激发了教师成长的内在动机，为教师的发展营造了良好的区域环境。

③组建智库，资源共享，协同发展，提升研修水平。在汇文教育集团课题研究的引领下，集团加强校本研修的过程管理，积累集团校本研修资源，组建专家团队和资源库。以期为集团各成员校的校本研修积累"主题库"，为各成员校整体校本研修设计提供支持。这样有利于发挥优质校的带动作用，促进普通校的提升，实现教育均衡的改革初衷。

三、北京汇文中学教育集团校本研修策略的实践研究的成果

通过两年的探索，北京汇文中学教育集团校本研修工作取得了一些经验和成果。尤其是汇文作为集团龙头校，在集团校本研修工作中针对教师成长的痛点、难点和盲点，着力完善管理机制，着力营造校本研修氛围，着力搭建教师成长平台，着力推动青年教师成长，边"输血"，边"造血"。集团内一大批青年教师正在成长起来，一批中年教师正在朝着有影响力的专家型教师发展。

1. 教育科研方面

汇文教育集团的教师在集团校本研修的支持下，热情地投入到教育科研的工作中，取得了一些成果。

由汇文中学郭杰、胡迟撰写的论文《集团化办学背景下教师专业发展的机遇与挑战》获北京市2018—2019学年度基础教育科学研究优秀论文二等奖；

集团各个特级教师团队、市骨教师团队撰写的论文分获北京市2018—2019学年度基础教育科学研究优秀论文一、二、三等奖以及中国人生科学学会美育研究会课题科研成果一等奖。此外，2018—2019年，汇文教育集团各成员校在北京市年度基础教育科学研究优秀论文评选、北京市基础教育教学成果评选、北京市"智慧教师"教育教学研究成果评选、北京市教育学会年度论文评选以及北京市"京美杯"论文评选等活动中有一百多位教师的论文分获一、二、三等奖。

2. 教学实践方面

北京汇文中学化学教师李雪军老师获全国中小学实验教学说课金奖。

北京市文汇中学信息教师于靖老师获第五届全国初中信息技术优质课展评特等奖。在全国中小学青年教师教学竞赛中，北京汇文中学贺晨老师荣获第一届数学组二等奖；赵薇薇老师荣获第二届英语组一等奖。

此外，2018—2019年，汇文教育集团各成员校在北京市"京教杯""启航杯"等各类教学比赛中也取得了优异的成绩，其中汇文中学的教学优势明显，一大批青年教师成长起来了。汇文的青年教师在集团校本研修的过程中不断成长，已经逐步完成"一年合格，三年

胜任，六年独当一面，九年成为区级有影响力的青年教师"的成长目标。北京汇文中学作为龙头校的造血功能正在提升。

在2018—2019学年度汇文教育集团说课大赛中，集团成员校教师更是竞争激烈，各个集团成员校都很努力。在一年的备赛过程中，各校投入了大量的精力研课、磨课，集团内部也互相观摩指导，形成了浓郁的集团校本研修氛围。

四、北京汇文中学教育集团校本研修策略实践研究的困惑及设想

汇文教育集团校本研修策略的实践探索至今已近两年。集团校本研修从顶层设计开始布局，从集团区域校本研修实践工作开始探索、尝试，逐步积累经验和资源，逐步打通校际壁垒，实现集团区域校本研修成果的巩固。但在集团校本研修探索过程中也有一些问题需要进行再思考、再论证。

1. 如何减少集团成立后各成员校的水土不服

汇文教育集团各成员校学段跨越大，学校文化差异大，教师层次差异显著，组成集团后必然出现水土不服，磨合时间长。我们设想通过集团校本研修建立相对统一的文化氛围，提高认同，减小差距来解决这个问题。

2. 如何避免优质教育资源被稀释的风险

集团化办学是一个亦喜亦忧的过程。优质学校派出大量干部教师扶持薄弱学校发展，造成优秀教师单向流出，影响了龙头校人才的培养。未来，我们可以从顶层设计开始，从校本研修架构着手，搭建老中青各年龄阶段以及各级各类学科教学骨干立体成长构架，善用优质师资的"酵母"，将集团内各校的教育智慧融汇共通，"催化"集团教师的迅速成长，缓解"输血"的压力。

3. 如何在尊重个性的基础上，提升集团凝聚力

集团办学往往让普通校倍感压力，有被"吞并"的忧虑。因而可以尝试搭建研修平台，展示成员校的文化个性，以尊重成员校的文化发展及优势为基础，生发出集团共同的文化，促进集团办学的可持续发展。

集团化办学背景下关注教师专业发展既是一个历史问题，也是时代发展的新问题。集团化办学背景下，如何通过集团校本研修促进集团学校教学质量改善，促使集团教师能力提升是关键。我们期待借鉴前人的探索经验，在北京汇文中学教育集团的建设中，探索出集团内教师专业成长的特色之路。

参 考 文 献

[1] 杨洲，田振华. 基础教育集团化办学的内涵意蕴、发展现状及可能进路[J]. 中国教育学刊，2018（8）：54-57.

[2] 张建，程凤春. 名校集团化办学中的校际合作困境：内在机理与消解路径——基于组织边界视角的考量[J]. 教育研究，2018（6）：87-97.

[3] 陈凤伟，金少良，李娟，等. 集团化办学下教师专业发展路径探析[J]. 中国教育学

刊,2017（12）:34-36.

[4] 钟秉林.关于基础教育集团化办学的若干思考[J].中国教育学刊,2017（12）:3.

[5] 于建川.国外教师校本培训的经验及其启示[J].中小学教师培训,2003（2）:60-63.

[6] 朱向军.名校集团化办学:基础教育均衡发展的"杭州模式"[J].教育发展研究,2006（5）:18-23.

[7] 周彬."名校集团化"办学模式初探[J].教育发展研究,2005（16）:78-82.

[8] 顾月华.集团化办学的使命[J].人民教育,2015（19）:43-45.

专家点评

集团化办学是近些年创新教育体制机制，盘活优质教育资源存量，扩大优质教育资源供给，激发学校办学活力，提高基础教育办学质量的一种新形态。也是满足人民群众"上好学"诉求，保障公民受教育权利、实现基本公共教育服务均等化、促进教育优质资源均衡发展的积极实践和探索。集团化办学的关键是体制机制，核心是集团化学校教师的专业发展、共同成长。汇文教育集团把优质师资培养作为集团化办学的重中之重，紧紧围绕集团化办学现状，在深入调查研究的基础上做好顶层设计，加强引领及管理，为教师专业化发展提供平台；打通教师成长通道，优化内容和形式，服务教师不同阶段的个性成长；打破校际壁垒，打通校际共享渠道，发挥龙头校的引领作用，实现校本研修的资源共享，优势互补，有效地促进了集团各个学校教师专业水平的整体提升。在全面推进集团化办学、学区化管理、一体化学校、一校多址、教育联盟的实践探索中，汇文教育集团的教师校本研修的实践值得学习和借鉴。

北京教育学院　马宪平

创新教师发展机制，构建"三型管理"文化
——以"名优教师教育教学研究室"的建设与实践为例

北京小学　于　萍

【摘　要】 教育改革不断对教师专业能力与专业精神提出新要求，学校需要立足管理文化的建构，通过管理机制创新调动教师专业发展动力，为不同层面教师搭建有效的发展平台。北京小学近年来在"三型管理"（自主型管理、学术型管理、民主型管理）文化引领下推出了名优教师研究室等一系列创新机制。本文以"名优教师教育教学研究室"的建立与实践为例，着重从团队文化建设的视角，分析研究室在机制建立方面体现的自主性，在研究室实践创新中体现的学术性和研究室生命力所反映的民主性特点。

【关键词】 管理文化，专业发展，队伍建设，校本研究，机制创新

伴随基础教育的综合改革，基层学校越来越关注学校课程建设、课堂实践、学生质量和家校协同等方面的实践研究。在学校教育中，教师是务实教育质量的重要主体，教师队伍的质量对教育质量起着决定性作用。因此，越是深化改革，就越需要不断提升教师的专业精神和专业能力，这也成了许多学校推进校本教研的着眼点。

教师群体的专业发展既是学校改革的重要成果，也是不断推动学校实践创新的动力。面对新的改革要求，北京小学提出了自主型管理、学术型管理和民主型管理的管理理念，简称"三型管理"，以此调动广大教师参与课改的积极性与创造性。其中"自主型管理"，强调的是从他人要求转向自主追求，倡导教师在课程改革中自主追求、自主学习、自主实践、自主创造；"学术型管理"，强调从行政推进转向学术跟进，强调在学校管理中去行政化，从行政推进转向学术跟进，凸显了学校综合改革的科学性；"民主型管理"则强调从领导集权走向民主共建，因此学校重视校务公开，重视教工参与学校改革决策与管理，在平等的教师对话、师生对话以及家校对话中实现共识理念。"三型管理"的提出促使学校管理机制进行了系列变革，名优教师研究室的成立便是其中之一。

在教师专业发展的整体设计中，"适合"是重要的原则。因此，北京小学多年来坚持针对不同发展阶段教师的特点与成长需求，分层设计教师发展支持系统，让教师在发展学生、成就自我中享受教育幸福。例如，面向新任教师，通过"师徒结对"的方式帮扶教师成长，这一机制定位于尽快胜任。面对有一定经验的教师，学校批准建立名优教师教育教学研究室，发挥各级各类骨干教师的作用，组建学术团队，在实践中研究，在研究中发展，定位于示范引领。此外，还建立了教育教学指导委员会，发挥引领研究方向、参与学校管理、进行

学术评议、研讨重要项目的作用。北京小学聚焦"名优教师研究室"的建立与实践,探讨学校管理文化在教师专业发展中的作用与效果。

一、突出"自主性"——名优教师研究室的机制建设

北京小学名优教师研究室的建立和管理突出强调自主性。该机制自 2008 年提出,至今先后已有四批研究室挂牌成立,并在实践中积累了丰富的经验和研究成果。

1. 研究室的建立:源于需求

名优教师研究室的设立,是北京小学自主型管理理念的具体体现。自我教育是学校文化特质之一,有着坚实的发展基础。十多年前,随着青年教师数量增加,骨干教师既要自身发展又要辐射引领,教师专业水平与学校发展需求之间存在差距。然而,传统的师徒制是由学校以行政推进的方式给青年教师指派师父,容易出现师徒之间风格不同或需求不对接的情况,由此产生发展不自主的问题。调研中,学校了解到青年教师专业发展有动力但缺乏引领,有思考但缺乏研究;已有的骨干教师对教学实践的研究不够深入、也不够系统。为此,学校力求通过建立新的机制激活教师群体的自主性发展,既促进骨干教师的成熟,也带动更多教师实现专业成长。

2. 研究室的定位:立足发展

北京小学提出建立"名优教师教育教学研究室",简称"名优教师研究室",旨在以学校育人理念为支撑、以教学实践为载体,坚持立足教学第一线,充分发挥学校名优教师的示范、引领作用,激励教师不断地自我认识、自我超越、自我完善,努力形成成熟的教学风格。通过合作互动,积极开展教育教学研究,引领进入"名优教师教研室"的成员提高专业素养、教育教学水平和科研能力,使研究室真正成为培养优秀教师的重要发源地、优秀青年教师的集聚地和未来名师的孵化地,为学校教育品牌的打造聚集人才,培养人才。

在学校发展中,这样的机制使得有共同志向、共同研究兴趣的教师有机会走到一起,以共同的研究主题为核心,开展深入的教育教学实践研究。研究室建立的条件分为基本条件和工作室条件两部分。其中,基本条件是针对研究室的组建和整体作用提出的,研究室条件则是针对研究室成员提出的。从两个方面明确了名优教师研究室的职责和研究室成员的工作目标,两个方面条件均面向全体教师公布,由教师根据条件自主选择和申报。

基本条件如下:

(1)研究室成员能够在扎实完成日常教育教学工作的基础上自愿参与研究室的研究;

(2)研究室应充分体现对青年骨干教师的带动作用(充分强调学术性,要能够出较高质量的研究成果,因此从工作经验和研究水平上要有筛选);

(3)为确保研究质量,建议每个研究室由负责人及 3~6 位成员组成。

研究室条件:

(1)乐于参与课堂教学创新性实践研究;

(2)能够在教育教学研究中积极发表自己的见解,成为学术交流的伙伴;

(3)每学年能够至少完成一篇关于教育教学的研究性成果(论文或课例);

(4)每学期能够至少承担一次校级或以上级别的研究课,供研究室成员交流研讨。

各研究室的主题、研究方案及活动安排等均由研究室负责人牵头分别制定。例如，北京小学一位数学骨干教师自2008年起连续四次成功申报研究室，研究主题也在不断发展和深化，先后有近20名教师报名参与。2015年，所申请的研究室主题为"小学数学自主课堂研究室"，旨在结合小学数学的课例研究，不断深入分析"自主课堂"对于学生发展与教师发展的价值，并尝试剖析"自主课堂"的条件及特点。2018年，又根据团队教师自身发展需求申请了"生活数学"研究室。研究室的主题、目标和成员组成均随着教育改革实践的要求而不断发展和更新。

3. 研究室的组建：强调自主

有了目标定位的基础，北京小学以《名优教师研究室工作方案》的制定对研究室的指导思想、招募方式、活动管理与保障做出了明确说明，并建立了优秀名优教师研究室评选机制，促进各研究室抓住教育教学中的重点和难点问题，深入研究，系统实践。

各研究室设立主持研究的负责人一名，成员若干名。值得一提的是，研究室的成立并不是自上而下的"指派"，而是由骨干教师自下而上的"申报"。研究室方案中规定主持研究室的负责人应为特级教师、市学科带头人、骨干教师、"紫禁杯"班主任荣誉获得者及研究能力突出的高级教师。研究室的成员，要求具有较强研究能力，与研究室研究方向相同的教师自愿提出申请。负责人与参与者双向选择后建立研究室，并按研究室计划有序地开展活动。就这样，每届名优教师研究室的研究历时2~3年。为了有效地促进研究室的常态研究，北京小学还建立了优秀研究室的评选机制。

各研究室的建立均力求突出学术性，研究室在成立初期便组织全体成员充分研讨，确定研究规划。例如，"自主数学课堂研究室"就紧紧抓住"自主课堂"这一关键词，首先展开了理论学习，并进行了充分的研讨。要求每位研究室成员从自己已有的研究成果中梳理对"自主课堂"的理解和认识，并结合具体教学实践进行阐述。通过大家各抒己见，"自主课堂"的目标渐渐清晰，并制定了研究设计方案。

本研究室立足于课堂教学设计，从学生研究入手，了解需求；从教材研究入手，把握本质，探寻有效的教学设计，创造高效的数学课堂。让学生能够在有限的课堂时间中收获自主学习数学的动力、方法和信心。研究设计方案如下：

（1）结合"自主课堂"的实践研究，每人选定具体的研究内容领域（可以选择有一定研究基础，愿意继续深入的内容；也可以选择缺少研究但希望有所突破的内容领域）；

（2）结合本学期教学内容确定不少于一个研究课主题，以研究课为抓手推进工作室研究；

（3）及时物化研究成果，将实践研究与理论学习、理性思考紧密结合；

（4）建立研究室微信群，及时分享研究内容与实践问题；

（5）研究室成员在各自年级组中要充分发挥引领作用，积极实践，乐于分享，善于合作。

这份"公约式"研究设计方案既阐明了研究室的工作方式，同时也强调了专业精神的引领与规范。内容虽不复杂，更谈不上系统，但却是大家在研讨基础上的共识，也会成为每位成员共同践行的准则，这是研究型小团队建设的特点和需求，也体现了生成性和实效性的特点。在实践中，每个研究室的"小团队"都能为老师们带来了存在感，由此产生了强烈的专业追求；研究室带来了获得感，让每个人都看到了实实在在的专业成长；研究室还带来了成就感，使得每个人都在付出的同时获得了宝贵的专业自信。这正是"三型管理"所追求的实效。

二、突出"学术性"——名优教师研究室的实践创新

学术型管理强调在学校管理中去行政化，从行政推进转向学术跟进，凸显了学校综合改革的科学性。北京小学设立"名优教师研究室"，就是要在深化教育教学专题研究的进程中，促进骨干教师研究成果的共享与转化，以专题研讨、相互研课和开放资源为主要工作方式，提升更多教师的研究意识和研究品质。

1. 开展常态学术研究活动

每学年初，各研究室都要制定《研究室工作计划》。始终以"课堂教学""班级教育"为研究的立足点，及时捕捉课堂教学、班级教育中存在的热点、难点问题作为研究专题，使研究具有现实意义。鼓励研究室以课题研究的方式开展活动，以确保研究室实践的学术性。以课题为抓手的实践，更明确地指向实践中的真实问题。因此，在学校发展系统中，"名优教师研究室"常被誉为"攻坚克难"的急先锋。为担负起这份责任，各研究室通过认真开展各种形式的研究活动，做到有计划、有专题、有实践、有成果。近五年来，北京小学名优教师研究室负责人共承担市级课题三项，区级课题两项，市级课题子课题二十余项。研究室开展的重要活动还会面向全校学科教师或集团内教师开放。每学年末学校对研究室工作进行评估，过程评价和终结评价相结合。鼓励以常态研究和系统研究为抓手的常态学术活动，让研究室成员都能有切实的参与和获得。

2. 锤炼骨干学术管理能力

在日常开展学术活动的过程中，研究室负责人既是组织者也是参与者，既做指导者还是研究者。因此，处理好负责人与研究员之间的关系则是保障研究室良性运转的关键。负责人除了要关注老师们"研究什么"，更关注大家是"如何研究"的，力求通过开展有效的活动促进团队文化的创建。研究室负责人的学术管理能力及研究室学术文化通过三方面提升。

1）以问导研

如何充分调动每位成员研究的积极性是摆在研究室面前的首要问题。对于一个小型研究共同体而言，真正了解并有针对性地解决每位教师的实际问题是促其深入思考并主动开展研究的关键。因此，我们倡导"以问导研"的研究策略，通过组织"我的实践困惑与需求"专题交流活动，让每位教师结合自身教学经验和实践提出困惑的问题，研究室负责人针对问题，提供研究建议或指导。例如，在"生活数学研究室"中有教师提出"不会上数学游戏课"，于是负责人就以"疯狂对对碰"为例上示范课，供大家分析研究。一位教师对六年级"比的意义"该如何定位拿不定主意，负责人就和她一起研究制定了三种不同的教学思路，分别到课堂实践中去寻找答案……有的教师则需提升准确制定教学目标的能力；有的希望在课堂语言方面有所提高……这种让每位教师根据自身需要的"点餐式"研究服务，有助于负责人深入了解每位教师的研究需求，并提供有针对性的服务性指导，助力每位教师的实践研究顺利启航。

2）以研助学

实践研究和理论学习总是密不可分的，而一线教师善于实践积累，但却难于理性思考，需要助推。在研究室中，则需要负责人发挥重要助推的作用。在研究室中采用"以研助学"的指导策略可以有效带动教师们学习，于是"指尖上的读书交流会"活动随时随处地进行着。结合每位教师的研究需求及时推送和分享理论文章，解老师们研究中的"燃眉之急"。这种分散的、及时而有针对性的学习除了促进专业知识的学习，更培养了浓浓的专业情谊。依据教师需求而"供餐"的学习方式，不仅带去了同伴互助的温暖，更能有效带动教师的自主追求。

3）以学促教

学而用则活，教师的学习亦是如此。在研究室所学习和研究的收获需要转化为教师自身的教学实践能力，才能够让教师有实实在在的获得感。因此，个性化的"点餐"后，得到研究室负责人的特别"供餐"，还需要有效地"用餐"，才能真正享受专业成长的幸福。研究室选择"以学促教"的实践策略，开展"有思、有行、有获"的实践活动，让教师的所学能够在课堂中有用。这就需要负责人全面、全程地"跟踪"每位教师的教学研究。从课前设计到课中实施，再到课后研讨都能够聚焦主题，实现一课一得，在有效的"用餐"中生成专业成长的获得感。

总之，在北京小学名优教师研究室的建设中，作为负责人除了肩负着引领方向、专业指导的职责，更要肩负起构建文化的作用。抓住学术研究的特点与规律，从教师发展的需求入手，真正地将专业的服务送给需要的人。在扎实而常态的学术研究活动中，不仅研究室的每位成员能够得到最有效的专业帮扶，研究室负责人的学术管理能力也能够得到实实在在的增长。

3. 搭建学术成果交流平台

为了鼓励和支持研究室的学术活动，除了研究室内部的常态研究以外，学校还结合研究室工作情况适时提供教育教学交流等活动机会。例如，"数学思考能力""自主数学课堂"的研究室负责人参加全国数学学科核心素养课题研讨会；连续选派"教育合力研究室""班级管理策略研究室"等班级教育方面的研究室成员参加全国班主任工作研究室年会；"英语教学研究室"参加全国小学英语创新型教师发展研讨会……多个研究室带着研究成果到集团成员校进行宣讲，共享研究成果。大量丰富的学术交流活动，不仅激励了研究室的学术活力，同时也拓宽了学术视野，提升了学术研究的水平，最终转化为提高教师教育教学的实践能力。

三、突出"民主性"——名优教师研究室的生命活力

北京小学名优教师研究室的组建和实践都注重突出民主性，每一届的研究室负责人中有很多都是一线骨干教师，即使学校干部建立了研究室，也是以教师的角色和成员一起开展学术活动。从研究室人员的选定，到研究室计划的制定以及研究室任务的承担等，都非常突出民主性的特点。这样的定位极大地调动了教师的研究积极性，对教师的教育智慧也是很好的尊重与呵护。正是因为有了这种平等、宽松、愉悦的氛围，才使得研究室充满活力。

1. 追求有质量的专业发展

目前，学校中工作五年以内的教师占到23%，市区骨干教师占34.5%。每届十余个研

究室，汇聚了 70 余位教师，约占全校的 50%。连续四届，共有 220 余人次受益其中，先后开展了 45 个专题研究。研究室的建设正是紧紧抓住了教师团队中的中坚力量与核心力量，促进骨干教师提升，培养青年教师发展。

例如，在第三届北京小学名优教师研究室中，语文特级教师吉春亚老师牵头组建了"本真语文教学研究室"，年轻有为的李铜老师积极申报并参与其中。在研究室的活动中，吉春亚老师带领团队认真开展理论学习和中华优秀文化积淀、积极展开课堂实践、及时物化研究成果。三年的时间，研究室成员的语文教学专业水平都得到了显著提高。研究室的成员均被评为了校、区、市级骨干教师，李铜老师也获得了高级教师职称。更为可贵的是，研究室成员都收获了研究方法与动力，并确立了下一步语文教学研究的方向。到第四届北京小学名优教师研究室建立时，李铜老师申报并建立了"阅读力提升研究室"。他从研究室的参与者，发展成为研究室的负责人。角色的转变，反映了他的专业自觉和专业能力的显著提升。同时，从"跟着研究"到"带着研究"也进一步促进了骨干教师的专业成长。以研究室为契机，李铜老师还成功立项了区级教师专项课题"善用生成性资源提升小学语文课堂教学质量的实践研究"，将研究团队带到了新的研究发展平台之上。

成人的学习更具有个性化的特点，而研究室的工作模式使得每位教师的学习需求都能够有机会被关注和满足，实践困惑都有机会被回应和解答，实践创新都有机会被认可和尊重。正是在这种对专业能力与专业精神共同追求的小团队中，研究室里的很多教师的身上都在悄然发生着变化。有的教师性格内向而沉稳，有多年教学经验，工作勤恳踏实。但是，多数教师表现为老黄牛式的"跟着干"，而专业追求的目标并不明晰，研究室中"雪中送炭"般的专业服务，使她从"只有干劲"到"更有追求"，收获了专业发展的动力；有的教师工作二十余年，性格和能力使其安于求稳，在教学研究中鲜有创新，正是研究室"抱团取暖"式的实践研究，使她从"保守模仿"到"敢于创造"；有的教师刚工作不久，在名师骨干云集的学校大团队中常常处于边缘地带，正是研究室的小环境给她提供了"春竹拔节"般的成长契机，使她从"入门探索"到"专业自信"。在团队中，每个人的成长自然成就了研究室的发展，在分享与互促的研究中，教师专业成长的模式也从传统的"低效帮带"逐渐走向彼此促进的"有效激活"。这样的学术团队使得学校文化与学术发展紧密结合在了一起，让教师因满足专业发展的需求而获得专业发展的动力。

2. 追求有获得的专业成效

基于自身发展需求的专业学习、专业交流和专业实践，是教师实现专业成长的路径。在具有民主型文化的研究室中，教师们收获着各自专业能力的成长，也收获着研究成果。除了丰富的研究课、教学案例等实践成果，我们更注重引导各研究室在理论层面有所突破。例如，在聚焦小学数学自主课堂构建的实践研究中，"课堂"是开展实践研究的主渠道，而"自主"则是研究的关键点。因此，对"自主"的理解直接决定着研究室的发展方向与实践效果。经过一年多的探索，团队成员对"自主"内涵的理解日渐清晰，从最初对"自主"的理解就是"将时间、空间还给学生"，逐渐认识到"自主"并不是目的，而是一种发展状态，是学生能够学得更有效、学得更快乐、学得更持久的状态。为了让学生更好地自主发展，教师也必然要自主研究、自主思考、自主实践。因此"自主课堂"中的"自主"既是对学生学习状态的描述，也是教师职业状态的追求。此外，自主课堂并不意味着简单的"自由"，要在教师主导作用和学生主体作用之间找到适切的平衡点。我们所追求的"自主课堂"就是要寻找不同内容、不同学生学习的"平衡点"。对每个教学内容中"平衡点"的把握没有"万能钥匙",需要教师对教学内容的深入剖析和对学生的深入研究。这些理性思考都是源于教师的实践理解,虽"草根"但不乏深刻。

另外,陈立力老师负责的英语教学研究室,以北京小学"四季课程"为基础,研究本校英语教学特色及规律,总结出了北京小学英语学科"SEASONS 特色课程体系",发表在市级研究成果中。付纳老师负责的艺术教育研究室,在学校课程方案调整的情况下,积极行动,开展聚焦长课时的板块教学设计研究,将学校课程理念真正落实到课堂中。高丽杰老师负责的低年级数学教材研究室,围绕新版数学教材中"新增内容的教育价值"进行了较为深入的研究,深化教师对教材内容的理解,由此带动学生研究,提升了研究室教师课堂执教能力。马兰老师负责的班级教育合力研究室,聚焦班主任对学生的激励与批评,既开展理论学习,也进行实践案例分析,提升班主任工作能力。

像这样的收获在每个研究室每学年的总结中都能看到很多。一节节研究课、一个个案例分析、一篇篇学术论文中,记录的都是教师们从教育教学实践中生成的育人智慧。这些是具有生命力的理论,更是研究团队成长的共同财富。可喜的是,在名优教师研究室中越来越多的教师的研究视角从单纯的课堂教学转向课程建设,从学科教学转向学科教育,从方式方法转向文化实践……

教师质量是决定教育质量的关键因素,已成为教育界的共识。"一个好教师,就是一种好教育;一支好团队,凝聚一方好文化;一所好学校,开启一段好人生,"这是北京小学李明新校长提出的学校教师文化建设的指导思想。近年来,李明新校长提出了教师专业发展的三个转型:从"他主型"变为"自主型";从"消费型"转变为"创生型";从"技术型"转变为"人格型"。北京小学在追求自主型、学术型和民主型的"三型管理"中,紧紧抓住文化建设这一核心,推进两支队伍发展,取得了显著效果。

教师专业发展在一定程度上是环境的产物,是教师在学校文化、学习社群和班级互动等环境下实现的。其中,学校文化是教师专业发展的重要文化环境,也是教师专业发展的文化基础。而学习社群是在具有共同愿景和价值共享的组织中为了完成某种使命以学习方式而形成的共同体。北京小学名优教师研究室正是在"三型管理"理念指导下构建的有效学习社群,它以学术性研究为抓手,以民主管理充分调动不同层面教师发展自主性,更好地获得专业成长,进而追求高质量的教育教学,促进每个学生的全面成长。

参 考 文 献

[1] 李明新,于萍. 自主　学术　民主:学校治理的价值选择与变革路径 [J]. 中小学管理,2016 (1).

[2] 李明新. 基础性:基础教育的本位价值 [J]. 中小学管理,2012 (2).

[3] 李明新. "四季课程"整体构建的实践探索 [M]. 北京:教育科学出版社,2013.

[4] 陈向明,张玉荣. 教师专业发展和学习为何要走向"校本" [J]. 清华大学教育研究,2014 (2).

[5] 朱旭东. 论教师专业发展的理论模型建构 [J]. 教育研究,2014 (6).

[6] 舍恩. 反映的实践者 [M]. 夏林清,译. 北京:教育科学出版社,2007.

[7] 郭利军，朱行舟. 基于名师工作室的教师专业发展共同体建构的实践研究［J］. 决策探索（下），2020（1）.

[8] 刘国柱. 教师学习共同体视角下校级名师工作室的研究实践［J］. 课程教育研究，2020（4）.

专家点评

  该论文全面系统地介绍了北京小学"名优教师教育教学研究室"的建设历程。名优教师研究室的设立，是北京小学自主型管理理念的具体体现，根据学校教师专业发展的特点，为充分发挥骨干教师的示范引领作用而开展的一项有益探索。研究室定位准确、条件任务清晰、目标明确、组织管理到位、有良好的机制保障。研究室的显著特色是研究主题鲜明，既有学术性，又有实践性；注重研究室的文化建设，在负责人带领下通过"以问导研、以研助学、以学促教"方式开展研修活动。研究室的建设激发了教师专业成长的动力，促进了不同层面教师的专业发展，形成了一批有价值的研究成果。

  该论文展示了有效落实学校办学理念，形成良好学校文化，提升学校办学质量，促进教师专业发展的优秀研修方式，其中的具体做法对提升教师校本研修质量具有借鉴价值。

北京教育学院 伍芳辉

基于专业素质结构的教师分层培养研究

北京第二实验小学　芦咏莉　黄利华　宿　慧　李雪峰　帅筱悦

> **【摘　要】**　面对新时代中国教育的发展与变革，教师一次性终结的师范教育已无法满足教育发展的需要。而要实现高效度的终身化教师培训，就需要考虑不同层次专业素质结构教师的个性化需求。本研究立足教师的知识、观念、能力和动力四大系统，对教师的专业素质结构进行提炼概括，刻画出不同发展阶段教师的典型行为表现，探索适合处于不同发展阶段教师的培养方案，由此将终身化的教师培训与教师生涯规划相结合，分层、分阶段地对教师人力资源进行可持续开发，从而达到学校教师人力资源的开发与可持续发展。
>
> **【关键词】**　专业素质，分层培养，教师

一、问题的提出

1. 教师队伍建设的现实需要

党的十八大以来，以习近平同志为核心的党中央，多次就教师队伍建设发表重要讲话，强调各级党委和政府要从战略高度来认识教师工作的极端重要性，把加强教师队伍建设作为基础工作来抓，并提出做好教师要有理想信念、有道德情操、有扎实学识、有仁爱之心的"四有"标准，要求广大教师要做学生锤炼品格、学习知识、创新思维、奉献祖国的引路人。2018年，中共中央、国务院印发了新中国成立以来第一个专门面向教师队伍建设的里程碑式政策文件《关于全面深化新时代教师队伍建设改革的意见》，教师队伍建设已成为新时代中国教育发展的当今之务。

同时，基于教育专业随着社会发展在不断发生变革与调整方向，也基于教育关系下一代与祖国发展长远未来的重要社会功能，"终身学习"成为教师队伍建设领域中的一个重要理念。对教师而言，一次性终结的师范教育已无法满足教育发展的需要，必须依靠多次回归型的教师继续教育。随着学校规模的不断扩大，特别是教育集团化办学的发展，不少学校每年都在吸收大批的新任教师或新调入教师，而处于不同职业生涯发展环境与阶段的教师在职业知识、职业信念、职业能力和成长动力等方面都存在一定的差异。因此，如何将终身化的教师培训与教师生涯规划相结合，分层、分阶段地对教师人力资源进行可持续开发，是学校管理面临的重要问题，也是学校稳定发展的迫切需要。

2. 教师专业培养的研究不足

要实现高效度的终身化教师培训，就需要考虑不同层次专业素质结构教师的个性化需求，在人才培养中凸显"人本"理念，强调将人才培养与教师的生涯规划相结合，分梯度、系统化地实施，促进不同层次的教师都能发展的动力。国内学者认为，要给教师专业素质下一个全面而科学的定义，必须经过实证研究，从不同侧面深入了解教师教育教学工作的真实含义。科学的教师专业素质定义应具备如下要求：①要切实体现教师这一职业的特殊性，反映教师的独特的本质；②对于教师专业素质的理解，要有深刻的理论背景，不能由研究者凭空设计；③教学活动是教师工作的中心任务，教师专业素质的含义必须着眼于教学活动本身；④反对那种元素堆砌的教师专业素质观，应将教师专业素质看成一个系统的结构，其内部包含着复杂的成分；⑤教师的素质是结构和过程的统一，发展性、动态性是其精髓；⑥教师专业素质的含义应能为教育实践和教师培训工作提供理论指导，又具有可操作性。

鉴于目前对于教师专业素质结构的定义莫衷一是，各学校的教学实际也不尽相同，处于不同的职业生涯发展阶段的教师在职业知识、职业信念、职业能力和成长动力等方面都存在一定的差异，本研究试图对以下内容进行探究：①转化形成符合北京第二实验小学（简称北京实验二小）教师专业素质结构的描述；②刻画出不同发展阶段教师的典型行为表现描述；③探索适合处于不同发展阶段教师的培养方案。同时，依据北京第二实验小学的实际师资情况和多年探索经验，对教师分层做以下初步界定：教龄 1 年内的教师处于职业生涯适应期；教龄在 2～5 年的教师处于职业生涯上升期；教龄 6～15 年的教师处于职业生涯稳定期；教龄 15 年以上的教师处于职业生涯二次飞跃期，也是歧变期（一部分走向专家型教师，另一部分走向僵化的稳定型）。由此形成可持续的基于专业素质结构的分层培训机制，从而达到学校教师人力资源的开发与可持续发展，并最终实现教师与团队的共赢成长。

二、研究过程

1. 培养方案初步形成

确定在职教师队伍分层名册，制定新教师入职基本规范，设计初步的分层培训方案（含内容设计、师资选配、培训实施时间及方式、效果考核四项基本内容）：①工作 1 年内的教师，通过通识培训完成第一次回归型教师人力资源的开发；②工作 2～5 年的教师，通过学科专业技能培训完成第二次回归型教师人力资源的开发；③工作 6～15 年的教师，通过自主性学习方式完成第三次回归型教师人力资源的开发；④工作 16 以上教师，通过反思性学习方式完成第四次回归型教师人力资源的开发。

2. 培养方案初步实施

通过学科大组会、教师专题讲座、专题研究月、专题研讨会等方式，进一步加强教师对学校理念的深入理解，增强教师的科研意识，提升教师的研究能力。每年学校人事部门协同教学部、学生活动部对新入职教师进行通识培训，并有相应的考核；每年进行高水平专业技能提升培训两次，并将成果转化为教育实践；每年参与课程建设研发培训一两次，并将成果转化为教育创新；每年鼓励教师自主性培训1次，并将成果转化为教育增值。

学校一方面强规范夯基础。加大教案、听备课笔记、作业量及批改等的随查力度，强化教学基本功，加强中期评教的数据反馈与指导，落实平时练习、单元测试、期末总复习、基本功测试等备案管理。坚持整合思想，调研课、挂牌课、组内研究课、家长开放课相结合，各级各类赛事、评选与教学研究、教师成长展示相结合，强化教学常规与教学过程管理。另一方面，加强各学科校、组两级教研，提升常态课教学质量。依托校、内外专业指导，积极发挥三级梯队骨干作用，借助"扶贫－共享教育资源"录课工作，掀起"研课标、磨教材"的教研热潮，二次整理完成小学六年"学科知识体系"，着力打造教师学科素养。

3. 培养方案中期调整

根据前期实施情况与反馈建议，以教师专业素质结构的四个方面为主要指标进行方案调整。在完成学校各类市区级课题的申报与开题的基础上，深入开展"凌空杯""挂牌课""调研课""一课一名师"晒课等活动，推动教师将课题研究与课堂教学实践紧密结合，注重实证性研究。在实践中思考，在思考中实践，通过问题即课题的引领，推动教师队伍整体教学科研水平的提升。

4. 培养方案后期实施

充分发挥具有高级职称的、涵盖各学科的、具有突出专业特长的、有思想的教师与干部组成的专业委员会作用，将培养层次更多转向高水平专业技能、课程研发培训与自主性培训。过程中深化建设并实施基于专业素质结构的教师分层培养规划，实践"问题即课题，工作即研究，改变即超越，突破即创新，智慧即价值，成长即成果"的理念，使"归零"成为每一位教师的发展心态，使"研究"成为每一位教师的工作常态，使"智慧"成为每一位教师的生命状态，形成"优""特""爱""乐"的研究型教师队伍。

5. 培养方案总结实施

促进教师全面总结、反思，通过加快研究成果物化的速度，帮助教师体验自身的职业价值，完成教师队伍的第一次分层培养，完成校本分层培养方案，形成校本教材。同时，依托话题分享（专题讲座）、研讨会、平面媒体、网络媒体，逐步打造可互动、促成长的优秀教育经验系列交流平台，利用"云平台""挂职"视导"大爱杯"、师徒结对等多项措施，启动"直播课堂"，促进各梯队以及集团成员校干部、教师的专业发展。

三、研究的结果与分析

1. 教师专业素质结构

立足知识、观念、能力和动力四大系统，结合学校的发展实际和《中共中央国务院关于深化教育教学改革全面提高义务教育质量的意见》中有关建设高素质专业化教师队伍的要求，即不断提高教师育德、课堂教学、作业与考试命题设计、实验操作和家庭教育指导等能力，聚焦新时代对义务教育的新要求，紧扣教育教学改革的时代命题，本研究将教师专业素质结构提炼形成教学、学生管理、自主成长和团队归属共4个方面，11个维度（图1）。

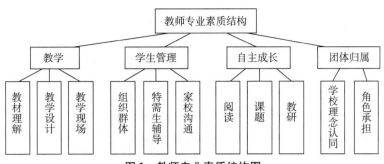

图 1　教师专业素质结构图

2. 不同教师发展阶段

经过观察和实践发现，不同发展阶段教师的专业发展任务不同，处于适应期的教师，其培训重点在于通过通识培训完成对校本理念的认同，完成职业信念与成长动力的构建，对于教什么、怎么教等内容及其相应的策略多止步于模仿阶段；处于上升期的教师，其培训重点是完善其职业知识结构、提升其职业能力，使其成长为一名合格且日趋成熟的教师；处于稳定期的教师，其培训重点将从接受走向付出，通过课程研发、教法创新，将学习效果进一步转化在自主实践中；处于二次飞跃的教师，其培训重点在于形成独特的教育教学风格，并且服务于低阶发展阶段的教师培训（图2）。

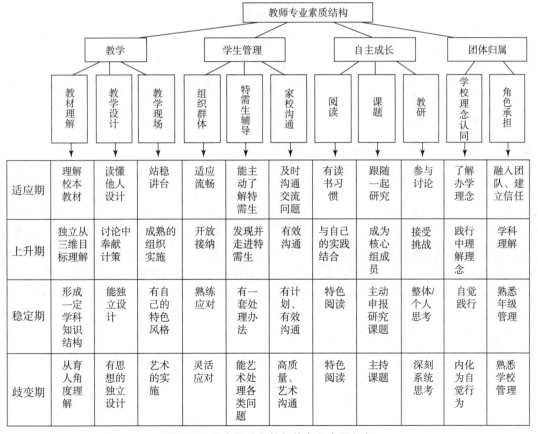

图 2　不同发展阶段教师的专业发展任务

三、教师分层培养方案

通过"1-3-5-7-N"扁平化的学校管理模式变革,"个人扬长、团队互补"的工作机制,以及课题研究与教学实践紧密结合等举措,研究制定了基于专业素质结构的教师分层培养方案。

1. 新教师通识培训

适应期教师培养重点在于通过通识培训完成对校本理念的认同,完成职业信念与成长动力的构建,对于教什么、怎么教等内容及其相应的策略多止步于模仿阶段。对于新入职的教师,学校组织了丰富的校本和组本培训,通过学科大组会、教师专题讲座、专题研究月、专题研讨会等方式,进一步加强教师对学校理念的深入理解;从对校园环境的熟悉到对校园文化的理解;从对学科教学内容的理解到对学科课堂教学的把握,从对走进学生的解读到对家校合作的路径,从对爱的情感的培养到对爱的能力的提升,结合具体环境、具体案例进行了系列、扎实有效的培训。

2. 专业技能培训

上升期教师培养重点是完善其职业知识结构、提升其职业能力,使其成长为一名合格且日趋成熟的教师。学校以学习和研究为基础,加强组本巡视与指导,强化教学常规管理,完善备课方式管理,深化课堂文化,发展教师队伍教学实践能力。同时,高质量地组织好"凌空杯"等各类赛课、评选活动,及各级各类、各学科教学开放活动和专业成长沙龙,如在课改理念下如何进行教学设计沙龙、写出一笔好字沙龙、诵读经典沙龙,学生活动中心的教育新常态下德育案例分析沙龙、我讲教育故事的沙龙等,教师们经历比赛过程,不仅是获得最终的奖项,更多的是在这个过程与氛围中获得职业能力的提升,从合格走向成熟。

3. 自主实践与研发培训

处于稳定期的教师其培训重点从接受走向付出,通过课程研发、教法创新,将学习效果进一步转化在自主实践中。为此,学校成立了分学科的"教师分层培养研修班"。在确定了稳定期教师名册的基础上,设计初步的培训方案,包括内容设计、师资选配、培训实施时间及方式、效果考核四项基本内容,设计并印制了研修班学员手册。同时,为各个研修班提供必要、有力的人、财、物支持,以"走出去、请进来"的各种方式为团队提供多样的学习机会,聘请了相应学科学术水准高、培养能力强的知名专家,带领老师们做持续学习与研究。在研修实施阶段,学校强调培训的针对性与有效性,针对教育前沿问题、热点问题、学校特色发展问题、教师困惑等问题展开学习研修,以提升教师团队的课程领导力,为学校课改的纵深发展奠定基础。

歧变期教师培养重点在于形成独特的教育教学风格,并且服务于低阶发展阶段的教师培训。对于歧变期教师,学校为他们拓展了更为广阔的发展空间,充分发挥具有高级职称、涵盖各学科、具有突出专业特长、有思想的教师与干部组成的专业委员会(智库)作用,推进分层、分阶段的教师培训系统高效运转。例如,推荐他们申报各级课题,在研究中发展自己与团队;推荐他们申报不同层级的人才培养项目,获得更多成长资源与教育责任;推荐他们参加各类教育论坛,开阔眼界、传播教育教学思想;安排他们做各级校本、组本培训,以自己的专长服务于更多教师成长；鼓励他们主编教育成果、撰写个人专著，及时物化总结教育教学成果。同时，利用"云平台""挂职""视导""大爱杯"、师徒结对等多项措施，启动"直播课堂"，促进集团成员校干部、教师的专业发展及其办学水平的不断提高。

此外，基于主题研究课等课程的开发，及教学走班制等教学方式的改变，学校鼓励教师发展自己的"一长多能零缺陷"，包括："一长"——拥有一个突出的特长，能够使自己脱颖而出；"多能"——有可能多地储备几项能力，具有开放的思维与开阔的眼界；"零缺陷"——作为一种教师职业的"底线思维"，起到为人师表应有的教育作用。在团队在建设中，也可根据成员的特点，发现、围绕团队的长板展开布局，通过合作的方式补齐短板，使教师教学能力、组织与管理能力、沟通与合作能力、反思与创新能力都得到了飞速发展。同时，工会也借助社团，丰富、发展教师的综合素养。通过朗读者社团、舞蹈社团、戏剧社团、书画社团、合唱社团、教师乐队等社团的建设，以及为教师搭建在全校展示的平台，不仅发掘提升了教师的综合素养，还增强了教师的自信心与人才团队的凝聚力。

四、研究结论及建议

教师人才培养与队伍建设工作是新时代中国教育发展的要务，也是落实党的双培养的重要平台。北京第二实验小学在以促进人的发展为最终目标的"双主体育人"思路的引领下，探索建立了基于教师专业素质结构的分层培养机制并取得了的显著成效，未来可在此基础上进一步研究和探索人才培养工作的方法与路径，为教育事业培养出更多优秀人才。

（1）重视为教师提供内容丰富的学习、展示平台，将国内外教育专家请进学校，使教师得以站在教育前沿。同时将国家培训、市区培训、集团培训资源引入学校，既加强了学校与外界的交流，又为多学科、多层次的教师提供了锻炼展示机会，加速了教师的成长速度。

（2）重视校本培训，将校本人才培养资源最大化。学校设计实施了各种维度的校本培训方式，如校本理念培训、校本活动培训、校本管理培训、校本教材开发与使用培训等，这些人才培养工作的开展，使学校的每个教师既是被培养者，同时也发挥了培养青年教师的作用。

（3）重视人才培养的累加过程，促进教师队伍整体发展。通过建立学年成长"四个一"机制：制定一份成长计划；参加一项课题研究；研讨一本教育名著；撰写一篇教育论文，并将科研夹、"即兴发言""精彩五分钟"等常态方式与活动，与人才培养与队伍建设有机地结合在一起，有效地促进了教师的专业成长。

（4）重视构建校级学术组织，汇集、培养人才，引领学校教师队伍建设的方向。学校既建立了由具有高级职称、涵盖各学科、具有突出专业特长、有思想的教师与干部组成的专业委员会（智库），成为学校"软实力"的重要组成部分；也建立了由若干位校长助理构成的"校长工作室"，成为培养青年教师和发现后备干部人才的举措之一；还成立了旨在建立分层、分阶段的教师培训系统"四有书苑"，通过教师人力资源的开发与提升，实现学校的可持续发展。

（5）重视评价奖励机制的建设，推动人才培养与队伍建设的最佳工作状态。学校设有强化团队精神的"团队和谐奖"，有推动创造精神发扬的"个人创新奖"和"集体创新奖"，有弘扬突出贡献、杰出成绩、感人事迹的"校长奖励基金杰出奖"，还有面向全体突出专业成长的"科研带头人"和"科研骨干"评选等,这些都为人才培养与队伍建设营造了自主发展的氛围。

(6) 重视互联网技术推动人才培养,以云平台培训促进队伍建设。通过云平台进行校际学术会议互动、远程说课、教育直播、精品课件分享、学校动态播报、新闻展示等形式多样、内容丰富的培训,包括集团校的上千名教师和万余名学生师生都可直接受益。

参 考 文 献

[1] 林崇德,申继亮,辛涛. 教师素质的构成及其培养途径 [J]. 中国教育学刊,1996 (6):16.

[2] 叶澜. 新世纪教师专业素养初探 [J]. 教育研究与实验,1998 (1):46.

[3] 白益民,叶澜,陶志琼. 教师角色与教师发展探究 [M]. 北京:教育科学出版社,2001.

[4] 教育部师范教育司. 教师专业化的理论与实践. [M]. 北京:人民教育出版社,2001.

[5] 万福. 校本教师培训模式研究 [J]. 教育研究,2002 (1):24-26.

[6] 傅树京. 构建与教师专业发展阶段相适应的培训模式 [J]. 教育理论与实践,2003 (6):39-43.

[7] 李晶. 教师专业发展阶段与分层培训研究 [J]. 北京教育(普教),2007 (10):20-21.

[8] 刘娜. 基于教师专业发展阶段的教师培训研究 [D]. 石家庄:河北师范大学,2008.

[9] 晏璟. 农村中小学教师分层培训实践探索 [D]. 济南:山东师范大学,2008.

[10] 经柏龙. 教师专业素质的形成与发展研究 [D]. 长春:东北师范大学,2008.

专家点评

教师专业发展是一个永远新的老话题。新时代对教师专业成长提出了更高的要求,加强对教师的培养比以往任何时候都显得重要和迫切。北京第二实验小学加强对教师培养的顶层设计,以教师知识、观念、能力、动力研究为基础,对教师的专业素质结构进行了提炼概括,并对不同发展阶段的教师进行分类,提出基于教师专业素质结构的分类培养方案。整体培养方案指向明确,层次清晰,可操作性强,并在实践中得到印证,是促进不同类别教师专业成长的有效实践。顶层设计、区别对待、因材施教、各得其美,北京实验二小的研究和实践对其他学校促进教师专业成长和形成教师成长学习共同体有积极的指导和借鉴意义。

北京教育学院　马宪平

提高青年教师教学能力的校本培训模式研究

北京市陈经纶中学分校　徐首美　张　琪

> **【摘　要】** 加强对青年教师的培养与整体素质的拓展，引导青年教师在平凡的教育岗位上更好地实现自己的人生价值，是学校教师队伍建设的重中之重。本文力求探索和完善教师培养体系，从培训规划的设计，优化队伍结构出发，聚焦提高教师专业水平和教学能力的培养策略研究，促进青年教师成为教学骨干，最终达到促进青年教师和学校优质教育资源可持续发展的目的。
>
> **【关键词】** 校本培训模式，青年教师，教学能力

一、研究背景

新一轮课改正如火如荼地紧张实施，无论是理论层面，还是操作层面，都将教师的自身发展提到了前所未有的高度。随着课程改革的不断推进，教师培训的重要性逐渐得到了充分的认识，最近几年教师校本培训模式研究在原有研究的基础上取得了很大进展。陈经纶中学分校创办于1998年，原是一所体制改革试验校，2012年转为公办，2015—2018年又相继整合了一所薄弱小学、两所农村中学。目前，学校有66个教学班，学生2300人，教职员工251人，教师队伍现状较之前有很大变化，特别是青年教师比例逐年增加。这些年轻的教师中绝大部分是刚刚跨出校门的新教师，大多为研究生及以上学历，他们学习水平较高，热情高、思维活跃，但是缺乏教学技能方面的基本训练，在教与学的设计与课堂组织方面缺少具体的经验。2018年，学校教师队伍整体呈现年轻化态势，工作年限在5年以下的青年教师占比为23.1%，工作年限为5~10年的青年教师占到总体青年教师的43.1%，教学年限在10年以上的青年教师占比为33.8%。面对教育均衡化发展，课程改革的推进和学校的进一步发展，学校现有教师培养模式须进一步改进完善，力求找到提升教师专业发展更契合的路径。

1. 国内、外研究现状

按照培训的目的和实施者的不同，世界主要发达国家教师培训的模式归纳起来主要有以下几种。

（1）"课程本位"模式。这种培训模式以大学为主、以教师进修高级学位为目的。

（2）"教师本位"模式。这种培训模式以教师培训中心为主，其主要目的是促进知识的

更新和新的教材教法的掌握，体现教师的自我需要和学习的自主性。

（3）"学校本位"模式。这种培训模式一般由教师所任职的学校自主制定培训规划，自行组织培训活动，是以教师个人教学能力发展的需要为出发点的培训模式。

国内学者们对青年教师课堂教学能力的调查分析、影响因素和提高的机制、策略以及对中外高校青年教师教学能力培养模式的特点差异比较等方面做的研究很多。按照培训的方式不同可分为：①参与式培训模式，这种培训模式的目的在于使在职教师有机会参加进修、提升专业素质；②网络技术支持的培训模式，这种培训模式充分地运用了现代高科技通信媒体手段，为中、小学教师提供更多渠道的进修机会。这些校本模式的研究为本课题的研究提供了参考和借鉴。

目前，学校对青年教师采用的培训内容及方式主要是参加北京教育学院、朝阳分院、教研中心等教师培训机构的集中培训，以及各校多种方式的校本培训，这些方式都有各自的培训目标和途径，设计了很多适合教师专业成长的通识培训和专项培训，是教师培训的重要组成部分。但是，因学校工作工学矛盾制约，参与培训的教师人数有限。

校本培训是以学校为基础，以学校教师为教研主体，以学校教育教学中存在的具体问题为研究内容，促进学校和教师的发展而开展的研究活动，是提高教师教学水平和科研能力的有效途径。我们通过教师座谈、学科教研组长调查问卷等多种形式，对青年教师开展校本培训情况的调查。从调查情况看，目前主要存在的问题：一是活动缺乏整体设计，表现在研究的主题不明确、无具体的研讨目标，呈现盲目性、无序性，而且研讨内容散乱、形式单一；二是缺少教师深度参与，部分教师与组织者（教研组长）之间的对话，研讨问题泛泛而谈；三是缺乏成果意识，对培训过程，缺少效果评估，培训有形无质，缺乏提炼可以借鉴的成果。

鉴于这种青年教师培训的现状，我们需要研究出一套适合学校特点的促进青年教师教学能力提升的培养模式。

2. 对研究对象的界定

根据教师的职业特点和从事职业的时间量度，本研究以年龄为划分标准，界定40周岁以下为青年教师。他们是刚从学校毕业的高学历人才，或者从事教学活动时间较短，对教学充满激情，在教学中往往会遇到许多挑战。他们一般具有丰富的理论知识，但是缺乏行业经历和实践，导致实践教学能力不足，课堂掌控能力欠缺。

课程改革必须要先造就一批观念新、高素质的现代化教师队伍，学校必须把开发青年教师群体资源作为学校发展的重点，加强对青年教师的培养与整体素质的拓展，促进青年教师在未来教育事业上的可持续发展。如何使教师在工作中不断提升专业化水平，以适应新课改的需要，这是学校可持续发展的关键。这就要求学校必须结合实际情况，弥补市、区级培训短板，从教师培训的各个环节逐步完善，构建有效的教师培训模式，创建高效的工作体制，以适应当前教育发展需求。

二、青年教师队伍建设的目标体系建构思考

1. 聚焦核心问题研究青年教师教学能力的构成

在学校教育中，我们认为教师课堂教学应具备的能力应是一个多元化的立体结构，还应涉及教学组织能力、交流合作的能力、运用现代技术与信息的能力、终身学习能力等。实践

经验告诉我们一个青年教师,对于自身教学的监控与反思是尤为重要的。这是指教师为实现教学目标,在教学准备、课堂教学、课后反思的过程中,适时评价、反馈、调整的能力。这是教学持续改进的一种必然要求。为此,我们的研究聚焦在教学认知能力、教学设计能力、教学操作能力、教学监控能力的提高上,依据《北京市朝阳区教师教学基本能力检核标准》确定了本课题研究重点,分别是教学设计能力、教学实施能力、教学评价能力,以促使青年教师不断监控自己的教学准备、实施活动,不断评价、反思、调整,以达到持续进步。

2. 将学校学科文化与个人发展规划融合

在文化规划中体现了价值引领,整体建构学校文化系统,运用教师间的差异资源推动进取,不断促使每个教师在各自能力最近发展区的上限处工作,并通过与自己、与同伴、与理论、与实践的四种对话,寻找差别,实现了共享与创造。

(1) 文化浸润。通过书籍阅读、校园文化建设的学习、专家心理讲座等方式让青年教师更深刻地意识到校园文化建设的重要性,增加青年教师归属感的同时,提升教学理念,以可持续发展的目光制定个人发展规划。

(2) 梯队培养。依据教师发展现状,进行了有序的梯队培养,帮助教师制定好中远期发展规划;通过创设实验骨干教师发展"交流平台",实施新教师培养"青蓝工程"等策略,促进了教师的主动发展;依托梯队分层实施课型研究,让不同梯队的教师进行移植迁移,同课异构,课堂展示,充分挖掘研讨中的差异资源,让不同层面的教师相互汲取,共同促进。

(3) 发挥骨干教师辐射引领作用。通过"对话与协商"的培养方式放大骨干亮点,激励青年骨干教师开展具有生命自觉的实验研究,在不断的磨炼和执着变革中他们的学习力、策划力、组织力、研究力、凝聚力有了质的提升。

(4) 以学科建设发展为依托,制定学科教学变革与变革主体发展规划,促进青年教师专业发展(表1)。

表1 学科教学变革与变革主体发展规划

目标一:规划先行	目标二:积聚资源	目标三:创生新质
制定学科建设和青年教师发展三年规划。 (1) 建构梯队:强化教研组长的领导力和执行力。全盘解读教师现状,形成梯队滚动发展格局,逐步形成"积极进取、团结合作、勇于创新"的教师发展文化; (2) 骨干培养:使教师在研究实践中养成不断对自己或他人的教学行为进行评述、分析、判断、反思、探索、重建的习惯,经历并体验"在研究中实践,在实践中成长"的发展精神,争取教师进入骨干梯队	盘点阶段研究成果,积累各领域研究资料。 (1) 形成序列:提升教师的基础性素养和专业性素养。 第一梯队教师的理论水平和专业素养有明显提升,能与研究共同体成员一起,在课堂教学的设计与管理、班级建设的实践变革两大方面有突破; 第二梯队教师能不断在参与各项实际工作中提升自己的专业素养,争取有20%的教师进入第一梯队发展。 (2) 过程管理:整体设计研究序列、研究专题,呈现学科发展路径的丰富性,形成科学的教学管理和评价制度,并内化为教师自觉的教学行为	建构教师发展评价工具。 (1) 长远规划:在研究、实践、体验、成长中,建设一支由学术型干部、智慧型教师、研究型班主任组成的新型教师队伍。 (2) 积淀文化:在教研组评选中挖掘和创建"自觉发展,吸纳共进"的教研文化。发现并解决教师在教学设计、课堂推进、学力培养中的问题,继续完善学生年段培养序列; (3) 精品打造:在精品课研究和推选过程中,促进教师自觉践行现代育人理念

三、探索"三段两点式"青年教师培训模式

本课题以"青年教师专业教学能力培养"为切入点,探究陈经纶中学分校"三段两点式"青年教师培训模式。其主要内容就是采取"职业目标规划、专业教学能力、科学评价体系"三个阶段的研究和"培训+评价"两个着力点的青年教师培训模式(图1)。

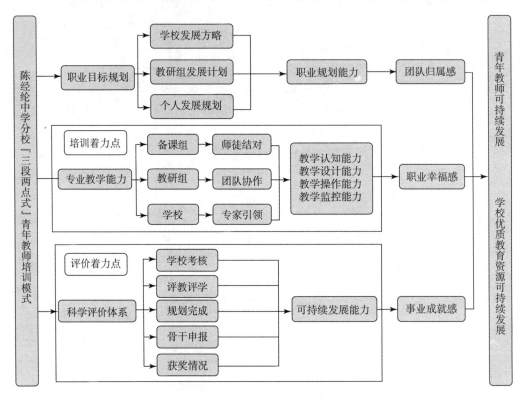

图1 "三段两点"式青年教师培训模式

1. 三个阶段

第一阶段,对青年教师进行感悟式培训,包含学校章程解读、陈分精神的讨论以及学校发展规划的学习,使青年教师了解学校的发展方略、明确教研组发展计划、制定个人发展规划,从而明确自己的职业目标,提升职业规划能力,使青年教师形成对学校的团队归属感。

第二阶段,通过多种方式多渠道的技能培训,包括备课组指导、教研组引领、外出培训学习等方式提高青年教师教学实践能力,成为一名合格的教师。

1)形成青年教师成长沙龙的校本培训机制

学校每学年选拔优秀青年教师5~10人进行专业成长培训,以"结构化定向化教学心理学原理"为核心内容,由教学副校长制订学习计划,由学科专家进行授课与组织。其中,包括理论学习与教学实践,每周安排一次活动,纳入学校周工作计划安排表。

表2所列为第一学期教师沙龙活动安排表,第二学期以课堂实践为主,每位学员承担沙龙教学研究课,在学以致用中得到专家进一步的点评。沙龙活动内容随时开放并吸引其他教

师观摩，学校从多角度获取对学习效果的评价与反馈。

表2 2018—2019年第一学期青年教师成长沙龙培训主题及任务

培训内容	针对性任务
课标的学习与教学目标的确定	（1）阅读各学科课标，概括本学科的性质、基本理念； （2）根据课标和中考要求，归纳本学期知识、技能、学科思想、方法、能力的要求； （3）结合教学，独立确定、书写一课时教学目标，并出相应的检测题
知识的学习	（1）阅读《结构化定向化教学心理学原理》结构定向教学理论总况； （2）在备课过程中，写出一个关于知识教学的片断并要求：①明确知识的目标要求；②根据目标要求设计知识的教学过程；③有意识地运用"直观、概括、变式、具体化"
技能的训练	（1）结构定向中技能的训练； （2）结合备课过程，写出一个关于技能（动作或心智）的目标，设计相应的教学片断（体现"示范、模仿、练习、简约化"的过程）
能力培养与学习迁移	（1）阅读能力培养有关的说明； （2）结合当前教学找出与新学习内容有关，能够发生迁移的内容，设计教学片断，体现如何引导学生进行迁移（知识、技能、学科方法、学科思想均可）
设计学生活动和提问	（1）一主二能教学模式学习； （2）用思维导图画出教学模式
	（1）结构定向中动机的形成； （2）通过与学生的访谈，分析一个学生的动机水平
	（1）提高课堂实效的研究； （2）在教学中提高学生学习效率的方法
	（1）教学中提问、追问和设计学生活动； （2）设计提问、追问及一次活动
确定重点、难点和微格教学	（1）结合当前教学分析教材及教学设计； （2）对现行教材提出一个问题；完成一课时教案的设计

2）形成青年教师学科基本功培训与展示机制

在教研组长和学科骨干的引领下，坚持对提升教学认知能力、教学设计能力、教学操作能力和教学监控能力的基本功培训，初步形成"培训－演练－竞赛－展示－总结"的闭环，形成促进教师专业提升的培训机制。学校以"命制一份试卷"为重点开展基本功培训，开展通识培训、自主命题、组内评改、校际展示等环节，促进了教师对国家标准与学科改进意见的理解。通过试题解题与命题能力的基本功训练，进一步提升教师对学科本质的理解和认识；进一步促进学科课堂教学的内涵发展，提高课堂的实效性；进一步关注学生的实际获得，从而有效促进学生学科核心素养的形成与发展，实现学校的育人目标。

第三阶段，梳理创新校本培训模式。

主要工作是建立与培训相对应的评价考核体系。参照学校学期考核指导意见，更加侧重青年教师的业务成长，如学科教学质量、班主任工作经历、辅导学生参赛等方面。同时重视每学期来自学生和家长"评教评学"调查问卷的反馈数据,引导青年教师明确自己的优势与不足,进而不断学习,不断完善自己。

1) 案例分析式

案例分析式是运用文本、声像等手段,通过对具体的教育教学情境、故事的描述,通过翻转课堂的教学模式组织开展学习培训(图2),呈现教学情境进行研讨,以解决特别问题为目的的一种参与式培训。

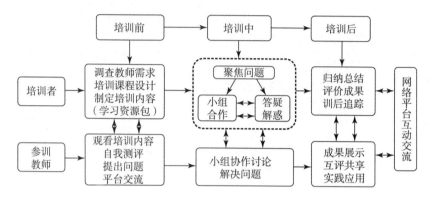

图2　基于翻转课堂的中小学教师校本培训模式示意图

培训前,通过 QQ 群、微信群等,将所有的参训教师加进来。通过网络平台调查和了解参训教师的需求,围绕参训教师的现实问题,制作培训内容并上传至网络平台,培训内容制作是一个学习资源包的构建过程,包括视频资源、相关材料的 PPT、图片、文字资料等。在培训过程中,教师结合自身实践教学经验提出疑问,采取小组合作和答疑解惑方式,或根据所选题目进行分组协作学习之后,小组汇报。培训后,教师把个人学习成果上传到网络共享平台,成员之间可以相互学习借鉴。

2) 课堂观摩式

通过现场课堂教学,老师们亲临现场观看、交流、借鉴。其基本原则是:课例有较强的示范性;执教者有较强的教学能力;提前向教师讲明教学观摩的目的、要求。为提高观摩质量,采用师徒结对的方式,以教育智慧为载体,通过传、帮、带、导等方法,对青年教师的教育教学理论、专业知识、教学技能、工作能力等方面作长期的指导和培训并形成特色。

3) 沙龙研讨式

以自己的理论学习和教育教学活动为思考对象,对自己所做出的决策以及由此产生的结果进行审视和分析,用教育科学研究的方法,主动获取信息,提高解决教育教学实际问题的能力和提高自我觉察水平。这种参与式的培训要求每次研讨要有明确的主题以及围绕主题必须准备的材料,其前提是要与自主研读紧密结合。一般由"自学理论—主动分享—教师互评—专家评议"几个环节组成。

2. "两个着力点"

两个着力点为"培训+评价"。针对每一位青年教师的具体情况,既有整体的培训指导,也有个性化的培训提升,使青年教师在学校的培养模式下,快速提升教学能力。学校会制定出比较完备的考核体系,包括学校考核、评教评学、个人发展规划的完成情况、骨干教师的申报及获奖情况等评价，公平公正地衡量青年教师的教学能力。以工作年限为区分进行教学能力培训方式的探索。

1）教学年限5年以下青年教师教学能力培训模式

5年以下的青年教师培养模式以"师徒一对一结对"为主充分发挥教学骨干、经验丰富教师的教育教学优势、示范、辐射和引领作用，通过传、帮、带、导、提、教，促使青年教师在较短时间内适应教育岗位的基本要求，实现师德、教学艺术和教育管理能力的同步提高。

2）5~10年青年教师教学能力培训模式

对于5~10年青年教师，我校将采取"青年教师成长沙龙培训"的方式，针对这部分青年教师在教学设计能力、实施能力以及评价能力方面的薄弱点，设置完善的系列课程，聘请专家对青年教师进行教学理论与实践的指导。培训期限为一学年；第一学期为理论培训；第二学期为实践指导。

3）10年以上青年教师教学能力培训模式

成立以10年以上教学年限的青年教师为主的骨干教师工作室。依据"高视角观念、高师德修养、高业务水平和高教育质量"标准，通过多种措施，如导师制、赏识激励法、示范课展示、个案剖析等多种方法，逐步形成与学校发展相适应、符合骨干教师成长规律的分层次、重实效、充满活力的青年骨干教师培养新格局和新机制。

4）制定教学评估机制

（1）激励机制。构建校本培训与教师个体发展需求相适应的激励机制。一方面明确激励目标为促进学校学科建设，加大对青年教师教学教改课题申报及论文发表的保障力度；加大对教学活动经费的支持力度；加大教科研团队建设的激励，鼓励青年教师积极参与课题研究与论文写作。激励措施主要包括奖励积分、情感激励与权利激励，以满足教师尊重的需求与自我实现的需求。以青年教师发展为内核，通过教师的自我实现达到学校长远持续发展的目标，为教师的自我实现创造有利的成长环境。

（2）培训机制。通过各种类型的培训，不仅可以让青年教师获得教育理论、教学方法，同时让不同专业的教师掌握相关专业的教学规律与教学技能。借助优质的培训资源来提高青年教师的教学能力，解决青年教师教学当中存在的共性问题，针对不同年龄阶段、不同入校时期的教师进行周期性的定期培训，健全校本培训机制，为青年教师教学能力的快速提升提供制度保证。

（3）交流机制。建立校内师资教学经验的交流机制，以制度的形式要求组织教学观摩活动并使之常态化。通过观摩指出授课者存在的问题并提出相应的改进措施。学校通过定期组织学科之间的教学观摩活动与教学竞赛，达到相互学习、不断提高的目的。

四、研究的效果与展望

1. 促进青年教师教学能力提升校本培养模式基本形成

1）构建了"三段两点式"青年教师教学能力校本培养模式

经过近两年的实践，"三段两点式"青年教师教学能力校本培养模式（图3）中的"培训着力点"基本构成，其框架主要是以学校整体引领，分层指导为主。

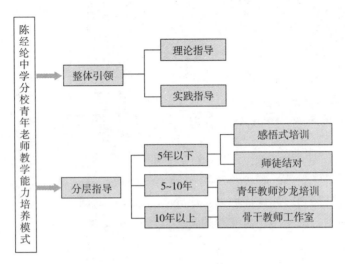

图3　青年教师教学能力校本培养模式——培训着力点

2）整体引领分层推进促进教师专业素养提高

校本培训以"教师的需求"为导向，整合校内、外学术资源，加强教研组研修的实践和探索，突出文化引领，倡导教研合作，彰显个性特长，确立新教师入格培养、青年教师升格培养和骨干教师风格培养思路。通过感悟式培训、课题项目推进等形式，积极设置教师专业成长的平台，运用政策导向和措施激励，激发教师专业自主发展的内驱力。通过专家引领，多元培训，实施"全员轮训计划"，使教师获得更多外部的资源，为教师具有丰厚的理论储备和前沿的学术意识提供了支架，更有效地激发了教师内在潜能的发挥。

3）回归本源挖掘教学质量管理内涵

开展主题式集体备课，结合部编版教材和高中课程标准的学习，开展集体备课的改革，变"随意性的研究"为"主题式的研究"，设立教材探微、核心观点、案例分析、学法指导、评价过程的多元教研版块，组内教师分别承担各版块主持人，使教研活动从"独白"走向"对话"，从"书本"走向"实践"。例如，研究"开放性自主学习导学练"，针对"作业设置的有效度"进行系列专题研究。发挥了教学质量检测的激励性，使教学质量检测、作业布置、试题命制更加规范化、科学化。

2. 青年教师的教学能力略有提升

1）兼职教研员和区骨干人数增加

2017年之前，学校兼职教研员和区骨干中、青年教师人数分别各只有6人。目前我校的青年教师成为区级兼职教研员和骨干的人数增加到11人，学校的培养对青年教师的成长起到了积极的作用。

2）承担市区公开课的人数增加

近两年学校青年教师踊跃参与市区活动，承担区级以上研究课的情况已涵盖多个学科，青年教师的成长也在一定程度上引领了区域和学校教学水平的提升。

3）教科研能力略有提升

学校青年教师最近两年的教科研获奖情况较2015学年度有了一些提高，这说明我校的青年教师的教科研水平有所提升（表2）。

表 2　学校青年教师历年获奖情况对比

级别	2015—2016 学年度		2016—2017 学年度		2017—2018 学年度	
	人次	比值/%	人次	比值/%	人次	比值/%
国家级	5	49.5	23	88.9	21	60
市级	30	52.6	36	78.3	37	75.5
区级	73	76.8	59	55.7	81	65.8

4）教师教学能力评价量表初步形成

初步形成北京市陈经纶中学分校教学能力评价表（讨论稿），涵盖四个一级指标：教学设计、教学实施、教学评价、学科特色，十个二级指标，用于指导教师的教学能力发展。

结束语

目前，教师们更看重的是针对"实践操作能力"的培训，而不是讲授式的课堂学习，在理论学习方面钻研功夫尚浅。引导教师塌下心来，加强教师需求调研，捕捉梳理教师教学过程中的真问题，以革除培训内容泛化的弊端。

对于探索实践培养青年教师教学能力的模式的建构层面上缺乏系统性和科学性的指导，建构起来比较困难。教师的教学技能和教学理念是否真正得到了提升，培训是否真正到达了效果，目前还没有一个完善的监管机制，建立一个有效追踪机制对于提升培训效果是很重要的。

参 考 文 献

[1] 李平荣. 甘肃陇南地区中小学教师培训现状及培训策略的思考. 中国现代教育装备，2011（6）.
[2] 朱益明. 教师培训的教育学研究［D］. 上海：华东师范大学，2004.
[3] 王宪平. 课程改革视野下教师教学能力发展研究［D］. 上海：华东师范大学，2006.
[4] 朱晓敬. "五位一体"高校新手教师校本培训模式研究. 教育教学论坛，2014（40）.

专家点评

文章是按照研究报告格式写的，很规范。陈分的教学质量好是教师队伍建设的必然结果，是有名的。青年教师工作的前十年，这十年对教师的成长非常关键。因此，在教师队伍建设中，青年教师培养是重中之重。文章聚焦于这一关键点，按照问题、目标、策略、结果之间的逻辑关系展开，特别是青年教师的目标发展体系和"三段两点式"的具体做法，逻辑清楚，做法具体，结果可观察、可检测，给大家提供了比较详细、可行的经验。

北京教育学院　李晶

基于润泽教师培养的内生式校本培训实践

中国教育科学研究院朝阳实验学校 刘明成 刘 江

【摘 要】 中国教育科学研究院朝阳实验学校（简称朝阳实验学校）以"润泽教育"为教育哲学，围绕"立德树人"根本任务，积极实施"润泽管理"，培养"润泽教师"，通过组织架构的重塑，创新学校十大运行机制、九大教师研训机制和教师评价机制，激发教师的活力，提升学校现代化治理水准，通过探索教师成长的路径、模式、策略，以校为本整体提高教师队伍素质，唤醒每一名教师的主体性。

【关键词】 润泽教师，校本培训，治理体系，教师发展策略，教师评价

中国教科院朝阳实验学校是一所一校四址的九年一贯制学校，现有教师170人，其中特级教师4人，博士与硕士研究生近40余人，区级及以上骨干教师占到教师总数的26%。

学校以"润泽教育"为教育哲学，积极实施"润泽管理"，培养"润泽教师"，通过组织架构的重塑，实现学校治理机制、教师发展机制、教师评价机制的不断创新，激发了学校的办学活力，形成了适合学校发展特点的校本培训策略，教师专业发展取得了突出成绩。

一、学校治理理念现代化，引领教师专业发展的方向

学校积极推进素质教育校本化实践，建构形成了以"润泽教育"为实践导向的育人哲学。所谓"润泽教育"，是指遵循学生的认知规律和成长规律，用课程与课堂涵养生命，强调以"润"的育人方式，突出"五育"并举，适性扬才，培养学生优良品格品性，发展学生核心素养，润泽全体学生，润泽每一个学生的未来，使"立德树人"根本任务得到有效的落实。

在"润泽教育"理念统领下，学校以"润品育能，筑基未来"为核心办学理体系；实施"规范自觉、和谐活力"润泽管理；建设"贵品渊知、卓能强体"润泽课程；打造"重思强辨、充满灵性"思考力课堂；培育"品能兼修、审辨笃行"润泽学生；培养"教研相长、深思力行"润泽教师；发展"合作共润、开放共享"润泽外联；营造"温润尔雅、和谐阳光"润泽校园，以期最终达成"打造一所温润的卓越之校"办学目标和"润养会思想的卓越行动者"育人目标，教师积极向上，学校蓬勃发展，学生全面发展。

学校治理理念现代化的最高目的，就是为了落实"立德树人"的根本任务。所以，学校把彰显新时代"立德树人"实践诉求，培育"品能兼修，审辨笃行"的学生，作为教师专业发展的最高追求。于是，学校学子有"品"，努力发展"坚定的理想信念、优秀的道德品质

和法制规则"素养;学校学子有"能",努力拥有卓越的能力、深刻的思想和综合的素质;学校学子会"审辨",敢于质疑与创新;学校学子能"笃行",践行"学思结合、知行合一"。

二、学校治理体制、机制现代化,促进教师专业发展

我们通过实施"规范自觉、和谐活力"的润泽管理,积极探索学校治理体制、机制现代化的实践路径。所谓"润泽管理",是指通过建设科学的人文的机制,形成一种无处不在、温润尔雅的文化磁场,渗透到每一位师生工作、学习与生活中,实现全体师生自觉行动,自我管理,自我发展,其最终目的是实现一种文化,"规范自觉、和谐活力",即发展而非约束,自由而非制裁,完善个性、显现智慧、舒展心灵而非训练、塑造和强制,从而构筑师生的精神家园。

"润泽管理"实施的路径是文化内生,所谓文化内生,是指基于学校自身的文化基础、生态环境和教育资源,确立发展的内生点,如办学理念、学校治理、教师专业发展、课程建设、课堂改革等诸方面。能够不断总结提炼,寻找问题,积极主动地进行变革,不断超越自我,并被广大师生所认同的具体做法和价值取向。

文化内生的关键是组织架构的设置与运行机制的科学性,核心是激发学校内部每一个人和内部每个组织的活力。在内生点上的不断创造和超越,根本是队伍的素质,最终目的是实现文化的自觉。

1. 重塑组织架构,实施扁平化治理

学校针对新整合、九年一贯、多址办学等实际,重塑了组织架构,实施了"扁平化"管理,这种组织架构的优点是将管理重心下移到年级,压缩了管理层级,提高了上、下信息传递的时效,"让听到炮声的人在一线指挥战斗",便于年级课程创造性的开发与实施,确定了"条条"为年级服务的位置(图1)。

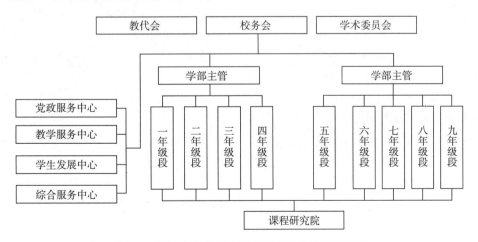

图1 中国教育科学研究院朝阳实验学校组织架构

2. 重建运行机制,促进文化内生

为了保证九年一贯的有效实施,学校重建了十大运行机制,不断促进学校文化内生。
(1)年级主任负责制。年级是养成教育与课程研发的"主阵地"和育人质量提升的

"主战场",管理重心下移,就是给年级主任赋权,年级主任是一个"小校长",责权利要一致。年级的教师聘任权、评价权、学生及家长管理权、年级的财务权、育人质量的保证等均由年级主任全权负责。

(2) 干部竞聘上岗制。为了打破干部终身制,学校依据朝阳区教委规定的干部管理权限,开展了中层干部竞聘上岗,三年一届,择优选择。通过干部竞聘上岗,保持了干部队伍的先进性,形成富有生机和活力的选人用人机制。

(3) 教职员工岗位双向选择聘任制。为了激发教师队伍的活力,学校每学年干部教师工作岗位的安排实行了双向聘任制,学校和中层干部、中层干部和教师岗位层层双向选择。通过教职工双向选择聘任制,增强教职工的竞争意识,促进教师队伍的优化和稳定,把合适的人放到适合的岗位上,利于团队内部的融合与文化内生。

(4) 岗位实施责任制。学校从校长到职员的每个岗位都有明确的岗位职责和岗位说明书,明确规定了各个岗位的工作职责。岗位责任制实施,将责任落实到学校的每个人,达到事事有人负责的目标,有效促进学校各部门高效运转。

(5) 工作过程督查制。为了守住管理的底线,学校、各年级、各处室的工作层层实施督查。工作过程督查制的建立,确保了学校重大决策部署和重点工作的贯彻落实、管理标准的统一,规范学校教育教学管理流程,推进现代化治理体系建设。

(6) 工作失误实施问责制。学校制定并实施了《岗位履职问责办法》。问责工作由行政领导班子按照职责权限,追究在学校教育教学及其他工作中失职失责人员的主体责任、领导责任和监督责任。问责办法的实施强化了每个人工作责任心,有效减少和杜绝了各类不作为、慢作为、乱作为等行为的发生。

(7) 利益分配量化积分与绩效制。学校制定了一系列与利益分配相关的机制,如教师职称评审方案、职称岗位晋级评审方案、年度考核方案等相关的管理机制,采取了量化积分的办法,每一项方案都是由教师本人依据各种方案自评。我们称教师这个自评的过程是做自己CEO,学校各类评价小组核定自评分数,再公示分数,依据名额的多少确定相关人选,这些方案的实施加强了学术的引领,淡化了人情关系和行政干预。

(8) 多主体实施评价。教师职称评定、年度考核、干部评选等各项与教师利益相关的评价和利益分配制度,都有不同的实施主体。

(9) 全员参与的分布式领导。每位教师在教书的同时,都具有育人的责任,担任学生的成长导师,负责本年级学生服务的各项工作。

(10) 各项机制九年一贯打通。学校实施中小学一体化管理,九个年级的运行机制、管理标准、评价标准都一致,保证中小衔接的有效实施。

三、建立以培促管机制,造就一个更具专业性的教师团队

在推进学校教学治理现代化的过程中,我们深刻认识到,教学治理的对象不仅是教学过程本身,更有一个重要的对象,那就是与教学最相关最直接的主体——教师。要想推动教学过程最优化,需要教师有正确的教学理念、科学的方法、有效的策略,需要教师有较高的专业素养和教学能力。教师的成长对教学的发展无疑有着深刻的影响。基于此,我们不仅引领教师朝着更高层次的育人目标迈进,更引领教师朝着更有技术含量的教学过程努力,以此培

养"教研相长、深思力行"的润泽教师，造就一个更具专业品质的教师团队。

所谓"教研相长"，是指学校通过价值的引领、职业的规划、专业研训机制的建设、教学常规管理制度的规范及个人学术积分等评价机制的驱动等策略，营造良好的教研氛围，不断提升教师的专业水准。"深思力行"是指教师通过学习与实践，形成自己独特的教育教学主张，不断改变自己的教育教学方式，满足学生成长的多样化需求，争做受学生欢迎的有品位的教师。

为培养润泽教师，学校建立完善了旨在推动教师发展的九大校本研训机制。

（1）集体备课机制。充分发挥集体备、观、议课在教师队伍建设中的重要作用，实施开展主题式集体备课制度。备课组每周集体进行教研活动一次，研讨教学中的教学目标确立、关键问题设置、课堂学习中重难点的处理、练习题与检测题目的设置等，真正做到了新老教师在研讨中共同成长。

（2）小课题研究机制。首先，依据学校教育教学中存在的疑难点，学校在学年初发布需要深入研究的教育教学小课题，教师们进行认领。然后，在日常工作中，各个教师结合自己的教育教学，进行突破疑难点的实施策略研究，寻求解决问题的有效措施，用以指导个人的工作，在提高教师科研水平的同时，为学校的教育教学改革推进提供实践支撑。

（3）课堂教学大赛机制。学校每学年举行一次全校性课堂教学大赛，以督促教师深度理解课堂教学的实质，实现教师教学能力的提升。所有任课教师全员参与，学校成立学术委员会，对每个教师的课堂教学进行评价，并及时反馈给老师本人，指出其存在的不足及改进之处，使老师们明确自己在实施课堂教学方面的问题所在，不断提升自己的课堂教学水平。

（4）骨干教师课堂展示机制。由市级、区级、校级骨干教师每学期开展一次示范引领课，充分发挥他们的辐射作用，用以带动学校教学改革，在促进骨干教师业务不断发展的同时，引领其他教师的专业成长。

（5）青年教师课堂过关机制。为了使青年教师尽快成为合格教师，学校建立了青年教师人人课堂过关制度。在入职的第一年，每个青年教师每学期至少要上一节过关课，通过"课前精研—同组观课—课后评议—师父指导—再次授课"五个环节，帮助新教师达到学校规定的课堂过关要求，同时也有效落实了对新教师课堂教学能力的培育。

（6）学科工作坊研究机制。学校分学段分别建立了语文、数学、英语等学科工作坊，学科工作坊由同学段同学科的教师组成，实行组长负责制，组长具体负责组织开展活动，采取集体研讨与个别辅导相结合的方式进行，集体研讨每月不少于一次，主要解决教育教学过程中出现的问题。学校为每个工作坊聘请了北京市知名学科教研员作为专家，进行集体研讨的现场指导，开展教学设计、课堂教学研究、观课、议课、小专题讨论、疑难解答等活动，除每个月的集体研讨外，其他时间专家还随时在线上进行个别指导，极大促进了教师的专业成长。

（7）课例研究机制。学校定期组织课例研究，总校每学期在全校范围内召开一次课例研讨会，各校部每月召开一次课例研讨会。会上由在教育教学研究方面表现突出的学科教师进行课堂教学展示，相同或相近学科的教师进行观课。课堂教学展示后，执教老师首先向观课教师阐述自己在教学中的设计与实践操作；然后观课教师对执教老师的公开课进行评议，达到教师之间的思想碰撞，提升教师对课堂教学的深入理解，培养教师的课堂教学能力。

（8）研究成果展示机制。为了及时总结教师在教学工作中的经验，提升教师的教学实践反思水平，学校每学年组织一次教学成果展示，教师们对自己在教育教学中的做法进行梳理；学校从遵循教育规律、符合教育教学改革方向、创新性、操作性、推广价值等方面对成果进行评价，从中选取有代表性的作品，在全校进行展示交流，使教师们之间相互学习、相互借鉴、共同提高。

（9）名师工作室专题研究机制。为了充分发挥学校骨干教师在课堂建设中的示范引领作用，实现名师、教师的共同成长，学校成立了由区级以上部分骨干教师为主持人的11个名师工作室。教师在名师们的引领下进行专题研究，提升了专业水平。

为了保障九大研训机制落到实处，学校还建立了四大研训策略，即共同价值观策略、教学行为转变策略、问题变课题策略和学习共同体策略。这九大研训机制、四大研训策略都贯穿、落实在教师成长路径之中，共同促成了教师的专业发展，从而为"润泽教师"培养及全体教师的可持续发展提供支撑。

四、探索适合教师专业内生式校本发展的路径、模式与策略

经过多年的探索与实践，学校建立了"学习—研训—行动"的教师成长路径、模式和实施策略，使教师在不断的自我改造中实现业务能力的长足发展。

1. 建立教师梯级目标

学校高度重视教师专业素质的提高，按照教师成长的一般规律，学校依据参加工作时间将教师发展划分为"适应、发展、成型、成名"四个阶段实施"分段达标"。

①"适应"阶段，是针对入职一年内教师，遵循"先做人，后育人"的理念，通过学校文化、师德培训，以及观课议课、夯实教学基本功等策略，实现青年教师入职角色转变，成为合格教师。

②"发展"阶段，是针对工作2~5年教师，遵循"在工作中研究，在研究中工作"的理念，通过研究课、项目式学习等活动，提高课堂教学能力和研究能力，锤炼其成为优秀青年教师。

③"成型"阶段，是针对工作6~10年教师，遵循"深入教学研究，形成个人风格"的理念，通过课题研究、课堂研讨等活动，促使其形成具有自身特色的教学风格，使其成为一名优秀骨干教师。

④"成名"阶段，是针对工作10年以上教师，遵循"研究个人特色，引领学校教学"的理念，通过带领团队同学共研、结伴前行，突破专业发展的"高原期"，自觉向着名师方向发展。

2. 实施嵌入课程与教学改革实践

所谓"嵌入课程与教学改革实践"，是指教师深入课程与教学改革实践当中，深刻理解课程与教学的内涵，身体力行，知行合一，深入研究，使自己的专业发展紧密结合课程与教学改革实践，这是教师专业素养内生式校本发展的根本路径。

1）在嵌入课程改革实践中发展教师专业素养

引导教师从学科走向课程，通过学思践悟课程纲要，编制单元教学设计或活动计划，拓展自己的课程视界，从而具有观察课程世界、创新实践学科课程的眼光和能力；指导教师从教学目标走向课程标准，改变教师确定教学目标随意且碎片化状况，要求教师深研学科课程标准，积极提高科学的、系统的目标聚焦意识和能力；引领教师从教科书走向课程资源，摒

弃把教科书作为唯一课程资源的观念,重视其他课程资源的开发、创造和使用;促动教师从课程实施者走向课程领导者,在参与课程决策、开发实施课程、创造课程和教材中,发展教师的课程意识、课程能力与专业知识。

2)在嵌入教学改革实践中提升教师的专业素养

教学变革是落实课程改革的关键,如果没有指向学生学习方式转变和个性化学习的教学改革,没有教师深度嵌入的教学改革,课程改革对学生、对教师将没有实质性意义。

基于此,学校把倾力打造重思强辩、充满灵性的"思考力课堂",作为促进教师发展的行动基点。"思考力课堂"就是课堂上在教学目标的统领下,以问题的提出与解决为主线,以知识的建构与运用为载体,激活学生的思维,培育学生的思想,通过教师的点拨、追问、评价等方式,引导学生思考、辩论、感悟与运用,从而发展学生的高阶思维和高阶认知能力,获得情感体验和品格的提升,促进学生全面发展。学校"思考力课堂"有着独特的"6+X"模式,6指"明、问、思、辩、悟、用";X指不同学科的特点(图2,图3)。

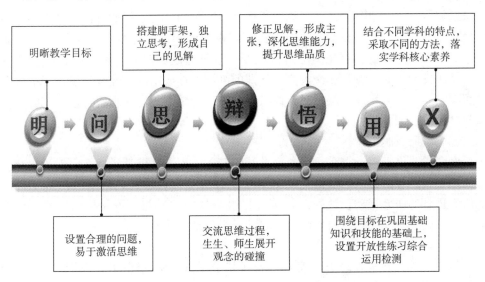

图2 "思考力课堂"6个元素的基本要求

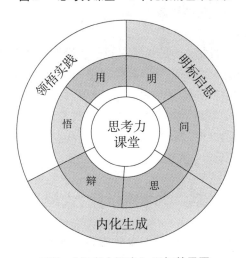

图3 "思考力课堂"目标效果图

"思考力课堂"以知识的掌握为基础,关键是要以问题的提出和解决为主线,由教走向学,达到学、思、行、悟相结合。核心是学生会思考、有真知灼见、有思想,其基本方法是明晰目标,启迪思考,提供支架,探究生成,内化提升,开放实践,领悟积淀,孕育思想。为了推动课堂教学改革,我们结合学校实际采取相应策略。先重点培养对课堂教学改革理解深入的教师进行实验,总结经验;在此基础上,每位教师上"过关课",大面积推广课堂教学改革;然后开启课堂教学大赛,选拔出一批优秀教师引领全校的课堂改革,周而复始,促使教师不断提高课堂教学水准。

3. 创新校本研修模式

对教师专业素养发展起根本性影响的是高质量的校本研修,只有高质量的校本研修才能促进教师素养的内生式发展,这是教师专业素养内生式发展的支持要素,也一直是我校探索与实践的主题。

1)合作派位式研修

教研组的研修活动绝不仅仅是学科组长或骨干教师的任务,但如何让每位教师都参与进来,让他们在合作中思考、在参与中担当?我校在问题导向和导行中产生了"合作派位式研修"模式。具体做法是:首先确定研讨主题,教研组成员深入学习课标,人人进行个性化备课;其次进行集体研讨,在个人充分备课的基础上形成组内最佳教学设计,抽签派位进行组内磨课;然后进行我评我课,对集体打磨的课进行录制、自我观察、修订完善;最后进行课堂教学展示、团队反思研讨。

2)跨科诊断式研修

学科融合、跨界学习,是在承认学科差异的基础上不断打破学科边界,促进学科间相互渗透、彼此交叉、互融共进的研修活动。学校实施的"跨科诊断式研修"一般是针对教师参加赛课而进行的研修行动,教师以"第三只眼"的方式参与,不仅帮助教师自己跳出学科看学科,开阔了教学视野,而且点燃了教师教学创新的热情。

3)同课异构式研修

学校借助"同课异构式研修"模式,展开基于课堂事实的课例观察研讨,以此促进教学目标的适切度和教学环节更优化。备课组内或"两人捆绑",或"三人循环",或"师徒结对",是学校"同课异构"的基本研修样式。

4)浸润影响式研修

"浸润影响式研修"中,"浸"是指骨干教师,"润"是指入职不久的新教师。骨干教师以本学科教研组为教改阵地,"浸入"学科教研组内,以帮、教、带青年教师为纽带,以亲身参加课堂教学实践为抓手,与青年教师同班备课、上课、听课、评课,同课同构,"润"其理念、"润"其设计、"润"其过程、"润"其方法等。"浸润影响式研修"激励骨干教师攀越专业发展的新台阶,促进新教师对专业素养的自主发展,更是一种教研文化的培育与形成。

五、健全教师评价机制,为教师内生式校本发展提供动力

科学的评价体系建设是现代学校治理的重要内容,学校紧紧抓住评价项目的确定、评价指标的优化、评价的有效实施及评价结果的综合运用,凝练出一套行之有效的学校教师评价

体系，提高了教师的学校认同与教育水平，以及专业发展的自觉性。

1. 多元化适切性的评价项目

学校育人是个系统工程，全员、全方位、全程育人，教师是实施主体。而教师评价制度，要切实发挥引导各个岗位、各类教师的立德树人工作，同时又能引领教师不断进行业务提升。因此，学校依据不同的岗位、同一个工作岗位的不同任务、不同工作的特点，设计了多元化的评价项目，为每一位教师提供适切的评价项目。评价项目共七大类，每一类又包含不同的类型。

（1）"综合类"评价项目，包含的具体类型有：教师职称评审、年度考核、各级各类骨干的评选与推荐、岗位双向聘任、优秀年级组及处室评选、杰出贡献奖、年度人物评选、师德考核。

（2）"德育类"评价项目，包含的具体类型有：优秀班主任评选、优秀班集体评选。

（3）"教学类"评价项目，包含的具体类型有：教学常规考核、"润泽杯"课堂教学大赛、"希望杯"青年教师课堂教学大赛、工作量考核、优秀教研组评选、教学质量考核、优秀师父评选（学科或班主任）。

（4）"课程类"评价项目，包含的具体类型有：优秀社团辅导奖、突出贡献奖、优秀课程成果奖。

（5）"党建类"评价项目，包含的具体类型有：优秀党员评选、五四青年先进个人评选、干部年度履职考核、干部竞聘上岗考核、优秀党务工作者评选、优秀党支部评选、"润泽"青春榜样评选、优秀干部评选。

（6）"科研类"评价项目，包含的具体类型有：教育教学成果奖评选、优秀论文评选、优秀科研成果评选。

（7）"保障类"评价项目，包含的具体类型有：安全考核、考勤考核、优秀服务者评选、优秀宣传员评选。

这些评价项目的设置并非毕其功于一役，而是在探索中不断完善的，其间有删除、有增加、也有合并。截至目前，基本覆盖了学校工作的方方面面，激励着每一位教师在各自岗位创造性开展工作以及主动地进行业务学习。

2. 多维度组合式的评价指标

不同的评价项目表达着我们对该项目教师素质的不同要求和期望，也是教师自我提升的目标指向。多维度组合式的评价指标是不同要求和期望的实施载体。我们参照学校的整体目标，确立学校各项事业的发展目标，进而落实为各个岗位职责。然后将教师评价指标与岗位职责相匹配，经过不断调试和优化，最终确立了不同评价类型所需要的评价指标模块与元素。

为了提高评价指标体系的效率和精简度，我们根据教师类型和学术相关性把七大评价项目分为四个评价类型：第一类是对一线教师与学术相关的评价；第二类是对一线教师与学术无关的评价；第三类是对非一线教师的评价；第四类是对中层以上干部的评价。每一类评价采用一套评价指标模块，每个模块包括不同的评价元素。

对一线教师与学术相关的第一类评价，评价指标模块为"业绩＋个人学术能力＋与评价项目相关的其他指标"，若用于"教师职称评审"综合评价，则业绩主要指规定的时间内取得的荣誉称号＋教育教学成绩＋辅导学生的获奖＋校本课程的研发成果＋各级的教学成果奖等。个人学术能力指在规定时间内个人所研究的课题＋发表及获奖文章＋优质课及公开课＋教学常规的考核成绩＋教师民主测评成绩＋学生评教成绩。与评价项目相关的其他指标是指学历＋教龄＋任现职以来的年限＋班主任工作年限等元素。对于一线教师与学术无关的评价，如工作量考核、安全评价、考勤等则确定最低标准，守住管理的底线，直接与绩效工资挂钩。对于非一线教师和领导干部的评价体系，采取"工作业绩＋服务对象满意度"的评价模块及相应的评价指标元素，进行量化积分。

为确保评价指标体系的公平、有效，所有的评价类型所涉及的指标模块及相应的指标元素，其确立和被赋予权重都是通过不同评价项目涉及的教师群体反复讨论，履行教职工代表大会程序予以确定后方可实施。

3. 分层分类多主体的评价方式

学校为"九年一贯制，一校四址"。但是，教师评价全校统筹考虑，这就有可能出现学校内部不同团队之间因相互不了解而导致评价失真。此外，在当前的学校管理体制依然存在层级，那么如何处理好自评、他评、年级评、校部评及总校评之间的关系，需要制度设计。此外，因评价涉及利益，因而拉票、串票等不良现象也需要通过制度的方式予以消除。在对现实充分考虑的基础上，我们探索出分层分类多主体的评价方式。

分层就是学校内部按照工作管理的权限不同实施分层评价；分类就是依据不同的岗位特点和所处不同团队的具体情况，按照岗位特点相同或相近的标准划分被考核小组来实施评价；多主体就是不同的评价项目和同一个评价项目不同的评价层级要由不同的评价主体来实施，包括领导、同事、自我、学生和家长等。"充分发挥学校各种主体的积极性和主动性，并汇聚这种主动性与积极性，使之成为推进学校发展的共有力量。"

4. 三方面综合利用的评价结果

教师评价并不仅仅是对教师进行考评，也是对学校工作的评价。概括起来，就是一份结果，三种使用方式。首先，评价结果及其公示，有助于全体教师们具象地理解工作标准，将优秀的工作同优秀的教师联系起来，区分出"优进教师、后进教师或不称职教师的分殊"，为教师提升自我提供了具体榜样。其次，评价结果将甄别出出色的工作和有问题的工作，以作为激励教师自我发展的客观基础，更为学校有针对性的帮助、引导教师成长提供了现实依据。最后，学校秉持"教师的问题就是学校工作的问题"的原则，与在业务、思想等方面尚有很大提升空间的教师进行谈话，听取他们的"抱怨""吐槽"，反思学校在教师长远发展及培训方面的设计与安排是否有问题，勇于承担并予以修正。即把每一次教师评价工作转化为优化学校教师评价体系的绝好机会。

在评价的过程中，我们还充分考虑平衡处理了四对关系，即团队评价和个人评价之间的关系、自我评价和他人评价之间的关系、定量评价和定性评价之间的关系、"九年一贯制"中学段评价之间的关系，保障了教师评价对教师培训研修的促进作用。

教师专业成长是一项系统工程，既有教师自身素养基础因素，也有学校的文化等因素影响，通过重塑组织架构，实现学校治理机制、研训机制、评价机制的创新，激发活力，促使教师要发展想发展；通过研究教师发展的路径、模式、策略和搭建教师专业发展的平台，促使教师能发展。这样内因外因相结合，教师专业发展、校本研修工作就会不断推向更高阶段，实现更高的目标。

参 考 文 献

[1] 刘明成. 引领教师发展的校本探索与实践 [J]. 中小学校长, 2020 (2): 22-24.
[2] 刘瑞. 教师课程执行力及其提升路径探析 [J]. 教学与管理, 2018 (10): 7-9.
[3] 朱晓宏. 论教师的价值引领:从志向到行动 [J]. 教育研究, 2017 (10): 106-113.
[4] 张乐天. 推进学校治理能力现代化:意义、重点与路径 [J]. 复旦教育论坛, 2014 (6): 5-9.
[5] 白明亮,孙中举. 权力分配与利益博弈:教师评价的围观政治学思考 [J]. 教育理论与实践, 2017 (37): 36-40.

■ 专家点评

  本文全面、系统地论述了学校坚持以"润泽教育"为教育哲学,围绕"立德树人"根本任务,积极实施"润泽治理",培养"润泽教师"的教师队伍建设方向。并详细介绍了通过组织架构的重塑,创新学校十大运行机制、九大教师研训机制和教师评价机制,激发教师的活力,提升学校现代化治理水准等促进教师成长的策略,形成的经验值得借鉴。撰写者的思路非常清楚,文字和概括水平也很高,学校在教师队伍建设方面做了很多的工作,也很有成效。

北京教育学院 李晶

赋能：激活教师　贯通培养
——北京市育英学校教师队伍建设的实践与思考

北京市育英学校　于会祥　赵春荣　袁凤芹

> **【摘　要】** 对于育英这样一所九年一贯、十二年一体，具有红色基因、在不断变革与高速发展中的学校来说，教师队伍建设是学校工作的重中之重。学校紧紧抓住"教师队伍建设这一牛鼻子"，基于问题，系统思考、顶层设计、多措并举，通过"文化赋能、组织赋能、制度赋能、实践赋能"，不断促进教师队伍专业成长，实现了学校教育教学质量的全面提升，走出了一条育英"从普通到优质"极具普适价值的特色发展之路。
>
> **【关键词】** 赋能，激活教师，贯通培养，教师队伍建设，学校发展

人的因素是核心要素，学校发展的着眼点是学生，着力点是教师。一所学校实现快速发展的全部秘密，在于激活干部教师群体的内在动力，如此，校园则会焕发灵动、充满智慧、生机勃勃的光彩。对于育英这样一所九年一贯、十二年一体，具有红色基因、在不断变革与高速发展中的学校来说，教师队伍建设是学校工作的重中之重。

一、问题的提出

2012 年，"问道于教师"，经调研分析，育英学校教师队伍存在的问题如下。

1. 专业发展内驱力不足

育英学校专任教师在长期工作实践积累中，形成了丰富的经验，是学校宝贵的财富。但是，从感性到理性、从经验走向研究，真正成为"专业高学识、能力多方位、科研高水平、工作高质量"的教师群体，还需营造"主动学习、主动发展"的氛围；还需激发教师专业发展的内驱力，为不同发展主体教师搭设平台，建立发展的长效机制，促进教师群体自主、持续、幸福发展。

2. 课堂教学低效

小学、初中、高中课堂效率不高、学生课堂主动性不强，急需在"有效课堂"研究上着力，改变课堂无趣、低效、无效的问题，向课堂要质量，促进师生发展在课堂、质量提升在课堂。

3. 课程意识和能力普遍亟待提高

育英学校教师课程意识淡薄，课程规划、课程实施与评价的能力普遍亟待提高，既需要对课程整体规划的灵魂人物，更需要在不同学科进行课程建设与实施的领军人物。

4. 教师职业幸福感不强

需要关注不同层次、不同年龄、不同发展主体教师的身心健康，以不同途径激发教师发展的内驱力，克服职业倦怠，整体提升教师群体的职业幸福感。

除此以外，教师队伍平均年龄为43.8岁，年龄结构极不合理；男女比例重度失调，学历层次急需提高，名优特教师极度奇缺，需通过内培外引，优化教师队伍结构。

2016年2月，海淀区教委将原北京市永定路中学和西翠路小学合并到育英学校，学校将这两所学校分别更名为北京市育英学校航天校区和北京市育英学校西翠路校区。至此，学校成为一校四址（万寿路校区、紫金长安校区、航天校区、西翠路校区）的集团化学校。以上问题仍十分突出。

二、破解之策

"教师要成为自我教育的主体。"近八年来，学校实现跨越式发展，得益于紧紧抓住"教师队伍这一牛鼻子"，基于发展现状，"系统思维、顶层设计、科学统筹、全面推进"，顶层设计与底线思维结合，建立以教师发展需求为导向的教师队伍建设之路。多措并举，为教师赋能，激活教师，促进快速成长，进而促进了学校快速发展。

赋能，又称为赋权增能，最早出自社区心理学，指个人、组织与社区借由一种学习、参与、合作等过程或机制，获得掌控与自己相关事务的力量，以提升个人生活、组织功能与社区生活品质。

在教育中，赋能是指通过各种途径，给予人积极的能量，让人有一种内在的控制感、效能感、力量感和有资源的感觉，从而达成自己理想的目标。赋能理论重视个体内在的需求，尊重个体的权利，强调积极视角。

1. 文化赋能：激活教师

1）"家文化"提升教师的幸福感

办学办的是氛围，而氛围就是文化。我校致力于建设"彼此关爱、相互温暖"的学校"家文化"，提升教师职业的幸福感。

经过几年的努力，建成利于师生闲暇、生活和学习工作的"最美校园"，提升教师校园生活品位，提振教师归属感、使命感以及精神气质。学校"问道于教师"，确立"为教职工办的10件实事"，并逐一落实；成立了教职工子女课后托管班，解决教师的后顾之忧，已经坚持八年；解决48岁以上教师午休宿舍、"育英教师健康工程"等，让管理充满温暖，营造了充满阳光、爱意浓浓的"家庭"氛围，以提升全体教师校园生活的品质，从而提升校园生活的幸福指数。

2）"主动学习、主动发展"的教师文化，促进改变与成长

问道于教师，抓住关键事件或契机，不断梳理、明晰学校的价值理念，以教育理想凝聚人、鼓舞人。建设"主动学习、主动发展"榜样示范的教师文化，以文化的浸润、熏陶唤

醒教师发展的内动力。

育英学校的办学行动是:"静心教书,潜心育人,主动学习,持续发展,凝心聚力,共同成长";教育底色是"爱心 耐心 用心 齐心";校训是"好好学习、好好学习";校风是"静静挂在枝头的桃子",教师层面是"以身示范、为人师表",校长层面是"心无旁骛,静心办学"。每一个价值理念的背后,都有一段动人的育英故事。例如,在《北京市育英学校工作文化》中,我们把倡导"主动改变、积极进取"的核心价值观融入其中,不断引领教师改变、成长。

连续八年来,我校每一年的工作主题均是聚焦教师队伍建设,如"加强教师队伍建设""我们改变,学生才能改变""加强修养,以身示范,做学生健康成长的引路人""深研教材,为思维而教,做有思想的教师"。围绕工作主题,学期末将评选教师关注的十大热词。例如2017年,育英学校的十大热词为:教育家办学实践研讨会、学习党的十九大报告、学校课程一体化建设(内涵发展)、校园安全(节能减排)、纪念毛主席"好好学习"的题词65周年、教育思考(故事)、育英教育品质、综合素质评价、教师专业发展、人人有事做事事有人管。

3)榜样示范,典型引路,激发不同层级、不同团队教师的内驱力

(1)青年教师。为改变教师结构,学校引进大批清华大学、北京大学、北京师范大学等青年才俊。"每月之星""新英才"评选,每年五四青年节前夕,学校按40%比例隆重表彰50多名"热爱学习""敬业精业""勇于担当""课改创新"的优秀青年教师,激励青年教师成长。

(2)成熟教师。学校通过"发现教师",提炼教师经验,开辟"育英教师说"公众号宣传推广。

(3)骨干名师。推出"育英教师教育家""名师风采""学术积分奖",激励骨干名师进一步形成风格。

(4)老年教师。评选"功勋教师""育英发展功臣",以表彰离退休教师。

(5)女教师群体。学校女教师占教师群体近70%,每年三八妇女节,按女教师20%的比例评选校内"巾帼风采"教师。

学校多种举措激发了不同发展层级的教师的激情,整个教师队伍焕发出勃勃生机。

2. 组织赋能:贯通培养

1)组织变革:有利于教师的贯通培养

结构服务于功能。育英学校是九年一贯、十二年一体化学校。我校发挥学校特有的学制优势,以完成教师员工的"目标认同与价值认同"为核心,采取了"以校为本、组织重构、制度重构、师资贯通"实现了学校组织变革,构建了"扁平化—矩阵式"(图1)。

"扁平化—矩阵式"管理中,校务委员会是最高的决策机构;学校把12个年级分为了四个学部,具体开展教育教学工作,年级、学部具有人事聘任权、教育教学决策权;四个服务中心,对教育教学没有指挥和决策权,主要是做好服务保障,满足一线师生和家长的需求;课程研究院的建立,凸显了学校以课程建设管理为中心,力争用学术影响力超越行政影响力的管理理念。

校务委员会对学部的横向管理突出的是行政领导力。四个学部是由12个年级组成,每个年级设一位年级主任,年级主任全权负责年级的教育、教学、行政管理、人事聘任工作,

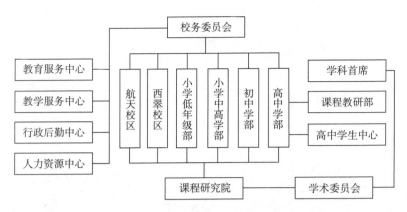

图1 "扁平化—矩阵式"管理组织架构图

享有调动学校各种教育资源的权利。年级主任职、责、权、利统一,扁平化管理塑造了"年级主任说了算"的工作氛围,极大地调动了一线教师工作的积极性。每个年级的管理相对独立,直接受校务委员会领导。这种管理不仅有利于年级主任对不同学科课程实施的协调统一,而且有利于实现人力资源的自然流动。

在"做强高中""做优航天校区""做精特质学生培养"三大战略的引领下,学校目前积极探索高中独立管理模式。每个学科聘任学科首席教师,负责把关学科课程建设和教学质量以及促进教师的成长;高中课程教研部,统筹教研以及课程的实施推进;高中学生咨询中心,负责对全体教师进行学生成长规划的培训指导以及学生教育、成长咨询等工作。

实践证明,"扁平化—矩阵式"管理压缩组织结构层级,具有扁、平、快的特点,减少了无效劳动,让师生的需求以最快的速度得以回应。有利于教师主动性和首创精神的发挥,形成了淡化行政权力、淡化人际关系、风清气正的氛围。管理结构的变化,淡化了老师们头脑中小学教师、中学教师的概念,有利于教师的贯通培养。

2) 积极探索:贯通培养治理结构

学校依托国家级社科类课题"小、初、高一体化课程建设与育人模式的变革研究",积极探索利于教师贯通培养,用学术影响力超越行政影响力的治理结构。课程研究院对四个学部的纵向管理突出的是学术影响力。课程研究院是学术机构,下设九年一贯课程委员会和高中课程委员会,负责学校的课程建设、实施、评价及管理。四个学部的所有学科主任具有业务领导权。学校传统教研组的组织属性和结构功能也发生改变,教研组长转型为"学科主任",学科主任统领整个学科的课程建设与实施。这种管理模式可以实现各学科主任主抓学科课程建设的机制,这样就会使得课程建设管理不会因学部和年级的不同而受到割裂,从而保证了课程设置与实施的一贯性、连续性和整体性。经过五年探索,学校逐渐形成了贯通的育人环境、管理机制、理念文化、课程建设、评价体系、教学研究(图2)。

学校逐渐构建起用学术影响力超越行政影响力,引领学校发展的新型治理体系与文化。以组织重构促进师资贯通培养,以文化理念及制度系统为保障,以课程建设、教学研究、评价体系研究为核心,最终形成育英独有的教师"专业发展"为核心的贯通培养体系(图3)。

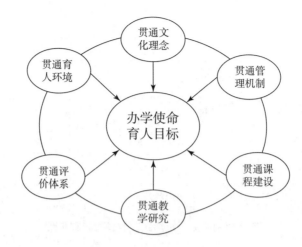

图 2　育英学校贯通培养治理结构

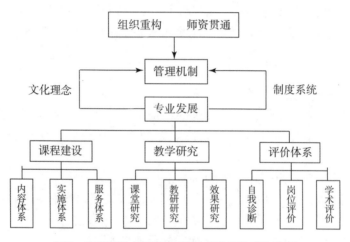

图 3　育英学校教师专业发展"贯通培养"体系

3）抓住一个关键：建立一体化贯通培养机制

《北京市育英学校三年行动规划（2013—2016 年）》把"促进教师的专业成长列为学校的核心工作、关键工作"，制定了具体措施并实施。2017 年 8 月，学校教师代表会通过《北京市育英学校促进教师专业发展方案（2017—2022 年）》中明确指出："未来五年是学校内涵发展的关键期。在这个关键期内，促进每一位教师的专业发展，提升每一位教师的专业水平是学校工作的重中之重。学校鼓励每一位教职工立足本职岗位，自主发展，立志成才，争做'四有教师'"。

方案确定了九大重点工作及路径，进一步强化了"教师自我规划、主动成长"主动发展的教师文化。在人力资源中心下，成立学校教师发展服务中心专责部门，负责协调、组织、服务全校教师专业发展。构建了促进教师专业成长的保障体系，同时，明晰学校教师专业成长的路径及平台（图 4）。

学校围绕"促进教师的专业成长"这一关键、核心工作，由教师发展服务中心牵头制定了《促进教师专业发展实施细则》，组织、协调各职能处室做好服务保障，各学科、学部做好落实。全校一体化，整体推进，分解细化，稳步落实（图 5）。

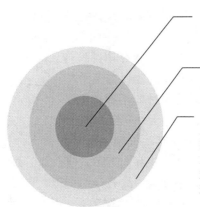

图4 育英学校教师专业发展图解

图中标注：
- 教师自我规划、主动成长：制定发展规划、夯实业务功底、主动阅读专业理论书籍报刊
- 服务保障系统：理念价值系统、组织与制度系统、育人模式系统、专业研究支持系统
- 路径及平台：基本功比赛、优质课大赛；寻访标杆校；挖掘整理骨干经验并推广、创建名师工作室；开展课题、课堂研究、课程建设研究；加强反思交流

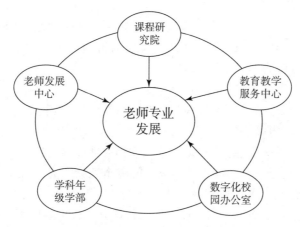

图5 育英学校教师专业发展组织服务保障系统

教师发展服务中心负责以规划引领成长提供支持性服务；"以赛带训"，完善全校新入职教师校本研修课程并组织实施；完善新入职教师、贯通培养教师师带徒常规工作。制定寻访标杆校的相关规定并组织、服务学科（年级）寻访标杆校；制定创建名师工作室、教师自组织建设相关规定并组织实施；发现、提炼教师经验。

课程研究院领导课程委员会及学科主任，负责落实每个学期一次的学科主任、教研组长一贯制课程建设的汇报、每月一次的学科主任听评课交流；制定学校项目研究及校级课题研究的相关规定，引领教师基于真实问题开展研究，在研究中成长；制定并组织实施"教师学术积分办法""育英教师教育教学成果评选"；组织每学期一次的全校教师人人参与的教育教学论坛分享。

教学服务中心会同课程研究院，负责落实全校"教师教学常规落实"、每隔两年一次的"1~5年期青年教师课堂基本功展示""成熟教师教学比赛""骨干名师的教学展示"。

教育服务中心每年至少组织一次班主任的集体培训；制定三年班主任培养及培训规划；重视班主任经验的挖掘、宣传、推广，重视班主任梯队建设。

数字化办公室逐渐完善教师网上平台研修资源系统、教师专业发展服务平台，逐渐实现教师线上线下互动交流式研修模式的形成。

同时，学校还加强教师立足岗位，在贯通使用中培养。根据学校教师的专业及特长，优化教师组合，使之成为能通晓小学—初中，或者初中—高中的复合贯通型教师，实现其专业的可持续发展。目前，我校的科技、音乐、美术、体育学科教师已经小、初、高打通使用；语文、数学、英语等学科，则选择一些素质较高的教师实现循环教学。例如，把小学教师安排到中学执教，中学教师到小学教学。这样的安排便于教师们把握学科教材间的内在联系，能够更加系统地设计和实施教育教学活动，促进专业不断成长。

一贯制管理、一贯制课程、一贯制教研及流动机制，使《北京市育英学校促进教师专业发展方案（2017—2022年）》得以稳步推进，并有效落实。使教师的教学不再拘泥于固有的小学或初中，广大教师对小学和初中、初中和高中的教学与管理，形成了系统化的知识体系与开阔的研究视野，逐渐建立了利于学生发展的大教学观，更好地促进了教师的专业发展。

3. 制度赋能：促进成长

制度是规范，是学校发展的根本。全校一盘棋、一体化、"顺势而为"，强化制度建设，以改变、提升、完善为导向，以激励、进步、发展为目的，建立了涉及教育教学管理常规、职称评定方案、骨干教师评选方案、育英发展功臣等几十项规章制度。制度出自教师，激励、保障教师，又是保障学校发展的基本规范。

1）坚持"人人是人才，赛马不相马"，实行项目工作"首长负责制"

"首长"也就是某一项目工作的牵头人，赋予有才华、有能力、有干事热情的普通老师，有权力调动学校的所有资源。让教师"在干事中成长，在成事中成人"。

"问道于教师、问道于学生、问道于家长、问道于社会"是我校工作原则之一。从学校发展过程中存在的问题或困惑出发，成立多个项目组。让项目"首长"领衔，教师作为主体自愿参与研究。通过自下而上、自上而下的项目研究与成果的应用，促进了学校诸多问题的解决，促进学校的发展，同时也促进了教师的成长。

2）"有常规但不能唯常规"

为了明确教学价值导向，学校提出《北京市育英学校对教学六个基本问题的理解和实施要求》《北京市育英学校常态教研活动常规》以及《北京市育英学校教学基本工作常规》等。

学校教师代表会历时两个月研制的《北京市育英学校教学基本工作常规》是全体教师教学的根本大法，其中就有"教师研修版块"，分为"教研活动"和"教师个人研修"两个部分。"教师个人研修"要求："学校施行课堂开放制度，即每位教师的所有课堂随时向其他老师开放。""教师不定期召开学生的座谈会，了解学生对自己教学的建议和意见，及时改进教学。"鼓励教师以开放的心态、主动积极寻求改变和发展的行动开展工作。

例如，在"备课"这一常规工作中，要求"制定教学计划是备课工作的重要组成部分。教学计划要在开学后第一两周通过适当方式让学生了解，以便于学生安排自己的学习计划和配合教师的教学。""有常规但不能唯常规"，学校鼓励教师以负责任的态度，敢于打破常规，积极进行教育教学的改革尝试。

为了激励各层级教师，学校制定了《北京市育英学校关于设立"教师教育专家"称号的决定》《北京市育英学校"发展功臣"评选办法》《北京市育英学校学术委员会成立流程》《北京市育英学校学术素养积分方案》《北京市育英学校教育教学成果评选办法》《北京市育英学校优秀教研组评选办法》等，激励不同层级教师的制度，并有相应的评选、评价办法，推进落实。

3）定岗定责，服务成长

学校把"促进教师专业成长"融入职能部门、各管理岗位的职责之中，以制度建设的实施落地，服务教师成长。

为了明确"促进教师专业成长的"岗位职责，学校制定了《年级主任职工作常规》《学部主任工作常规》《学科主任工作常规》和《教研组长工作常规》《教学服务中心工作常规》《教育服务中心工作常规》等。如学部主任岗位职责要求："要关注学部内教师队伍建设，加强师德建设，树立优秀典型，促进不同职级教师的专业发展。"年级主任职责中要求："根据评教评学等情况，至少与每一位教师进行一次谈话交流。""至少参与两三次教研组活动，指导教研组教研，了解掌控各教研组教学计划落实情况。"教学服务中心工作常规要求："制定全校班主任培养、培训重点，有计划组织全校班主任培训工作；每学年至少总结五位班主任的经验并推广。"教学服务中心工作常规要求："加强教师队伍建设，协助人力资源部系统制定各学科教师专业发展计划，分层分类分岗要求，注重教师培训发展，加强校内名师、青年教师培养培训。"

4）评价激励，引领成长

学校自下而上，以促进教师发展为宗旨，研制出台了"育英教师发展性综合评价体系"，含自我诊断评价、岗位评价、质量评价以及学术评价等几十套与制度相对应的各项评价，很好地促进了各项制度的落实，推动了教师的发展。如岗位常规职责满意度评价，就是根据各岗位职责要求，研制出关键要素进行满意度评价，以评价促进改进，激励、引领成长，以学年满意度评价，确定下一年岗位聘任。

4. 实践赋能：历练成长

教师的成长是一个复杂、系统的工程，也是慢活和精细活。教师的工作性质是经验性实践者，更是精神的劳动者。"在战争中学习战争，在游泳中学习游泳。"学校构建了"以课程建设为主线，以课堂研究为核心"的实践研究路径，鼓励教师在实践中赋能，历练成长。

正如于会祥校长所说："对于大多数教师而言，研究不是为了去构建某个理论和方法，而是让教育理论指导自身的实践，解决自身教育教学过程中出现的问题，促进教师不断改变那些非理性的和无意识的教学常态，使自己的经验变得更可靠、更理性。"

1）从自我诊断到大单元教学：不断改变，不断成长

（1）全员进行的课堂诊断：夯实基本功，促进改变。课堂是教师专业成长的主阵地。2011年，学校从"最希望学生在课堂上出现的行为""最不希望学生说的话""希望教师改正的行为""最不希望教师说的话"四个角度对全校小学、初中、高中师生做了问卷调查及分析，并凝练出"育英学校教师课堂教学'十要''十不要'""育英学校学生学习'十要''十不要'"，以规范师生课堂教与学的行为。

从2012年开始，学校在认真梳理前几年教学研究以及教学实践的基础上，结合实际情况和教师专业发展的现状，提出了我校教学六个基本问题。六个基本问题的理解和实施要求，是学校对课堂教学提出的明确的愿景要求，引领教师回到教学的基本问题解读课堂；是学校对教学基本问题的界定；是学校对教学价值取向的明确表述；给教师教学的实践研究创

设明确的问题空间。

2012—2017年，学校全体教师开始围绕教学的六个基本问题（教学价值、课堂管理、教师主导、学习目标、教学原则、教学环节）和要求，进行课堂诊断的研究。研究所开发的诊断量表，可以使教师明确从哪些方面对于自己的教学行为进行诊断，有了参照的指标，教师教学行为的科学性有了一定程度的保障。另外，教师在诊断问题、分析问题、解决问题的过程中，提升了实际解决教学问题的能力。

"课堂诊断"是教师专业发展的助推器，是提升课堂教学理性和品位的重要途径。育校在坚持教学基本底线的情况下，几年时间，通过4000多节"诊断课"，无数的课例分析，不断促进教师转变观念，夯实了教师教学基本功，同时让教师们对教学有了比较系统深入的认识。课后反思分享帮助教师进行二度思考，给了教师广阔的发挥空间，促进了教师的专业成长，进而促进了学校教学质量的提升。

（1）从开放性教学到大单元教学的实施推进。在系统扎实推进六个教学基本问题的"课堂诊断"研究过程中，学校已经渗透了开放性教学的理念。也正是在这样的研究基础上，学校在2016年又提出了开放性教学的研究思路。

①校长引领。从2018年3月8日开始到12月25日，于会祥校长通过学校OA办公系统，连续发表13篇有关"开放性教学"的系列文章，引领为什么要进行开放性教学研究。2018年1月，于会祥校长为全体数学老师上了一节观摩课——《平行线性质复习》，拉开了育英学校开放性教学研究的序幕；随后各个学科纷纷踏上了开放性教学研究之路。

②不断探索。在各学科课例研究、听评课交流不断的学习、研究之中，引领教师不能仅仅停留在六个教学基本问题上来思考，要有更广阔的视野。开放性教学，即为"依据学科课程标准，在深研教材的基础上，结合学情，充分调动和利用相关课程资源，组织教学为思维而教。"

③学习提升。在开放性教学研究中，同时下发了《教学七律》《为思维而教》这两本书，《教学七律》要求继续落实青年教师对教学的基本要求；《为思维而教》满足了开放性教学需求。

学校不搞"一刀切"，抛弃课堂模式化以及教学进度对教师的束缚，形成一个开放的课堂教学组织形式。通过开放性教学，从学习的思维、习惯、观念、品格等目标维度，聚焦教育关键问题，形成拳头，从而有效促进教师的专业成长和内涵发展。2019年，学校寻找到了开放性教学实施的一个价值模式，即为"大单元教学"，目前各科教师正在积极实践之中。

2）全员参与一体化课程建设，在历练中成长

学习共同体不是靠地缘和血缘凝聚成的，而是通过众多异质的亲历者的探究，形成与自我共生的关系，从而构成了自我参与其中的共同体。课程是学校的核心产品，课程建设的过程，就是教师成长的过程。育英学校全员参与的历经八年的全国社科类课题"小、初、高一体化课程建设与育人模式的变革研究"，增强了教师课程意识，建设了丰富的课程资源，形成了完善的课程体系，打造了精品课程，最为重要的是促进了教师队伍的成长。

（1）为了转变教师观念，开阔视野，提升教师的课程意识，在政策允许下，学校外派教师几十批次，赴全国名校或高级论坛进行课程改革的考察学习。育英人渴望学习、求新求变的步伐，遍及大江南北。

（2）每个暑期全员课程封闭研讨。我们充分利用假期进行课程封闭研讨。全校近500名教师、几十个课程项目组，进行为期一个星期至半个月不等的暑假课程封闭研讨。教师队伍在思维碰撞、自研自悟、同伴互助、团队作战、专家引领中，不断进步成长。在研讨之中，不断完善课程方案，并稳步推进，形成"一体化育英课程"体系。

（3）在历练中成长。课程建设，促进了教师深研教材，学习、研究课标成为教研常态，课程目标引领教学与教研，培养了教师以教材为主，建立和开发课程资源的意识，为今后教学内容更加丰满，学习更加鲜活奠定了基础。从研读国家课标到制定育英学校课程要求，进一步提升了教师的专业发展。在育英教育品质的引领下，教学观念从学科教学走向学科教育，注重思维培养，进一步尊重学生的丰富性、多样性，更加注重发现、发挥学生的潜能，帮助每一位学生追寻属于未来的自己。

三、实践效果

经过8年的实践，我校教师队伍建设效果如下。

（1）经过内培，目前我校有市、区级学科带头人105人（在此之前仅为78人），北京市"十佳"优秀班主任1人，"紫禁杯"优秀班主任18人，有硕士及硕士以上学历教师172人，形成了年龄结构、名优教师结构、性别结构合理的教师队伍。

（2）学校教师整体精神气质发展变化，激发了不同层级教师的内驱力。育英教师勤奋敬业、无私奉献，青年教师勤于学习、善于研究；骨干教师在课程建设之中挑起了大梁；老教师发挥经验特长，助力青年教师成长。

（3）课堂效率显著提升，多名教师在市、区级大赛中获奖，多名青年教师在北京市"启航杯"基本功大赛中获得一等奖。学校中、高考成绩实现跨越式提升。

（4）教师的课程意识、课程规划能力、课程实施与评价能力不断提升。2015年至今，学校共有20多个教师团队分获市、区级各类课程成果奖项。2017年12月5日，北京教育科学研究院课程教材发展研究中心与北京市海淀区教育科学研究院主办，北京市育英学校承办的"以课程建设撬动学校整体发展——北京市课程成果推广暨学校课程一体化建设研讨会"在育英学校召开，宣传推广学校在九年一贯、十二年一体课程建设方面的典型经验。学校多名教师在会上发言，并有20多位教师进行课堂教学展示。

（5）教师的发展促进了学校的发展。2016年1月8日至9日，由中国教育学会、海淀区教委主办的"基础教育一贯制办学模式创新研讨会"在育英学校召开，学校全面展示九年一贯办学特色。2017年5月9日，中共海淀区委教育工委、海淀区教育委员会主办的"海淀区教育家办学实践研讨会——北京市育英学校教育家办学实践研讨会"在育英学校召开，宣传育英办学经验。2019年10月25日至26日，由北京教育学院教育管理与心理学院、海淀区教育工委、教委主办，北京市育英学校承办的"普通学校优质发展：理念与行动"主题交流会在育英学校召开，来自全国各地的教育同行近800人观摩了育英发展经验。同时，学校的中、高考成绩实现跨越式提升，学校办学社会满意度节节攀升。

近8年来，育英学校走出了一条从普通到优质的发展之路，得益于学校紧紧抓住"教师队伍建设"这一"牛鼻子"，进行系统性变革，激活教师，贯通培养，多措并举，为教师的成长赋能，建设了一支优秀的教师队伍。

四、思考与展望

(1) 未来五年是学校实现内涵发展的关键期。在集团化办学的背景下，在我校"三大战略"的引领下，基于目前教师队伍的现状，如何实现集团内教师的均衡优质发展，给我们提出了挑战。

(2) 育英学校教师队伍整体优秀，但如何让名师更"名"，进一步发挥名师的辐射、影响力，我们还有很多工作要做。

(3) 育英学校目前有130多位青年教师，随着近五年退休教师增多，教师队伍会呈现年轻化趋势。在规范办学背景下，还可结合学校现有资源，探索哪些策略和路径，鼓励青年教师树立终身从教的教育理想；立足本职岗位，热爱教育，夯实基本功，促进青年教师队伍的快速成长。

参 考 文 献

[1] 万莺燕. 打造峰值体验，为教师发展赋能（A）[J]. 江苏教育研究，2019（7/8）.

[2] 郑宣福，喻足德，赋能：教研转型中教研员的应然追求[J]. 福建基础教育研究，2019（8）.

[3] 夏雪梅，云浩，熊华夏. 赋能与微创新：拓展学校行政管理精细化路径（A）[J]. 教育科学论坛，2018（10）.

[4] 胡洁雯，李文梅. 赋权增能：教师专业发展的新视角（A）[J]. 中国矿业大学学报（社会科学版），2011（2）.

[5] 王芳. 岗位管理赋能高职院校高质量发展的实践与思考（A）[J]. 武汉交通职业学院学报，2019（3）.

[6] 胡儒男. 给组织赋能的方法探析[J]. 商讯，2019（8）：139–140.

[7] 潘月俊. 基于赋能理念的师德建设路径探索[J]. 中小学德育，2014（1）.

■ 专家点评

本文介绍了高速发展中的学校教师队伍建设的问题、思考、策略与行动。清晰地描绘出学校基于问题，系统思考、顶层设计、多措并举，通过"文化赋能、组织赋能、制度赋能、实践赋能"，不断促进教师队伍专业成长，实现了学校教育教学质量的全面提升，走出了一条育英"从普通到优质"极具普适价值的特色发展之路。文章内容丰富，层次分明，逻辑性较强，一气呵成。文字也简练、流畅。文章字里行间体现出"以人为本"的思想，以激发潜能代替行政管理，是一篇值得借鉴的好文章。

北京教育学院　李晶

学校教师专业学习共同体的构建

北京教育学院附属丰台实验学校　郝玉伟　高　霞

> **【摘　要】** 教师专业学习共同体是教师终身学习与专业发展的有效载体，对提升学校管理效能、促进教师自我认知、助力学生健康生长有重要的意义。专业教师专业学习共同体具有三个要素：共同的愿景、专注于学习、专注于合作。以北京教育学院附属丰台实验学校为例，学校教师专业学习共同体的构建要具备明晰的共同愿景、支持性的组织架构、合作分享的共同学习以及促进学习的运行机制和资源筹措。
>
> **【关键词】** 学习共同体，教师专业学习共同体，构建策略

"少而好学，如日出之阳；壮而好学，如日中之光；老而好学，如炳烛之明"的语句，给予现代人启示：终身学习，才能实现人的全面发展。教师终身学习是教师专业发展的根本要求，也贯穿于教师职业生涯的每一个阶段。《中小学教师专业发展标准（试行）》也提出，教师要"具有终身学习与持续发展的意识和能力，做终身学习的典范。"

中国教育在快速发展，教育发展也推进教师专业发展。培养学生的核心素养和关键能力是当今教育热议话题，学生核心素养提升的重要支持在教师，只有具备学习和批判、合作和沟通、信息和利用、责任和美德等素养的教师才能指导出具有 21 世纪核心素养的学生。将教师群体打造成专业学习共同体，对于教师专业发展、学生学业水平提升、学校效能改进，有积极的意义。

一、教师专业学习共同体的内涵与特征

"教师专业学习共同体"最早起源于美国，自 20 世纪 50 年代至 90 年代，美国历经"新课程运动""恢复基础运动""卓越运动""学校重建运动"等基础教育改革，虽然没有收到满意的效果，但是在教育领域内外持续的关于组织发展的研究中却得到一个重要的结论："最受欢迎的组织是学习型组织"，"如果学校增强推动学生学习的能力，就应该把学校建成一个以共同的目标、协作能力和集体责任为特征的专业共同体。"

1995 年，博耶尔（Ernest Boyer）在《基础学校：学习共同体》中首次提出"学习共同体"，认为学校教育最重要的是建立真正意义上的学习共同体，学习共同体有三个特征：共同的愿景、教师作为领导者、家长作为合作者。"学习共同体"的成员具有"诚实、尊重、责任、热情、自律、毅力、奉献"七种美德。1997 年，雪莉·霍德（Shirley M. Hord）首次提出"教师专业学习共同体"，认为学习共同体是由具有共同愿景的管理者与教师组成的团

队,他们进行合作性的、持续性的学习,并最终促进学生的学习。

梳理已有研究,教师专业学习共同体有三个重要特征。

(1)共同的愿景。共同的信念、价值观是教师专业学习共同体有效构建的基础与保障,专业学习共同体的愿景是共同体成员协商并在实践创造中生成的,也是每个成员认可的。

(2)专注于学习。教师专业学习共同体的核心是"学习",共同体中的所有成员都是学习者,共同参与课堂实践、观察、研讨、反思,在不断地改进中促进自身专业发展,进而改进学生的学习与发展。共同体中的专家、教育服务人员为促进学习提供更好的支持。

(3)专注于合作。合作是共同活动的基本条件,教师专业学习共同体形成的初衷是取消教师之间封闭与竞争的墙,建立一座不同年级、不同学科、不同领域之间合作学习的桥,彼此之间真诚地解决问题、寻找方法,在互动中共同学习,获得共同发展。

总体而言,教师专业学习共同体是校本环境下的教师专业发展组织,是由教师学习者和助学者组成的学习型组织,是在共同愿景的引领下,通过团队学习模式交流合作共享实践反思、合作共享,教师获得专业成长,实现教师可持续发展。根据学习成员的不同,可以衍生出不同形式的教师专业学习共同体(表1)。

表1 学校教师学习共同体的基本属性

属性	内容	表述
主体	学习者与助学者	主体成员包括学习者和助学者,包括教师、教研员、教育专家、其他学科领域专家、家长等
特征	共同愿景	成员对共同目标有认同感和归属感,遵守认同的规范与约束
条件	学习支撑条件	包含设备物资、人力资源、信息资源等学习条件
活动方式	学习活动	包含实践、交流、反思等,在交流、合作中分析、解决问题
表现形式	人际关系	成员在合作中彼此尊重,真诚分享,相互学习、相互影响、相互支撑
作用范围	交流群体	小组、团队、班级、学校、家庭、社区、社会

二、学校教师专业学习共同体的构建

北京教育学院附属丰台实验学校,是一所在"促进教育均衡发展,构建首都教育新地图"的形势下由北京教育学院与丰台教委联袂办学的九年一贯制学校,建校已经7年。学校采用"理事会领导下的校长负责制"治理方式。

学校具有双重系统组织的特点:一方面具有科层制组织的管理结构,强调专业分工、明确职责、严格管理;另一方面具有松散结合的特点,注重培育教师的学术能力,给予教师较多的专业自主发展空间。学校成立了由北京教育学院专家教授为主体的教师学术指导委员会,通过提供课堂诊断、教学指导、课题研究等促进教师专业成长。

1. 构建学习共同体的现实意义

1)有助于为教师增能

在学校里,教师专业学习共同体的构建有助于教师加强实践反思、与他人积极互动,获得更多的资源与经验,在共同解决问题的过程中,获得更强的归属感和专业信心,更好地实现专业发展。

2）有助于学校改进与内涵发展

学校教师专业学习共同体的构建，意味着学校全体成员共享学校管理权、共同追寻和实现办学愿景、共同学习并最终促进学生的发展，这个过程本身就是改进学校实践、解决教学问题的过程，促进学校改进与内涵发展。共同体营造的学习、合作的氛围，也会逐渐成为学校文化的一部分。

3）有助于夯实教育教学质量

教师共同体的最终目标指向学生的学习提升。教师学习共同体的构建，是紧密围绕学生的学习与发展而进行的。他们进行合作性的、持续性的课堂实践、反思、研讨、改进等学习活动，是为了最终促进学生的学习。因此教师学习共同体的有效构建，可以促进学校教育质量的提升。

2. 构建策略

1）共同体活动模式建构

从教师专业学习共同体的基本要素来看，从主体层面、学习活动、支撑条件、交流群体出发，结合实际特点，采取点、线、面相结合的方式搭建教师学习共同体，点动成线，线动成面，面动成体，形成不同层面、不同形式、不同任务的教师专业学习共同体（图1）。

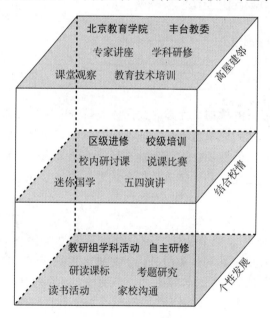

图1　点、线、面搭建教师学习共同体

（1）点：指教师专业共同体中的主体，包括学习者和助学。教师是学习共同体中的学习者，助学者包含了不同学段不同学科的教师、教研员、教育专家、其他学科领域专家、家长、学生等。

（2）线：指学习活动形式。包括北京教育学院的专家讲座、学术专家指导委员会指导下的学科研修、北京教育学院丰台分院的进修活动、校内的备课组活动、教师基本功培训、教师心理培训、说课比赛、演讲比赛、校内研讨课、自主研修、迷你国学、学生活动、家校讲座等。

（3）面：指研修层面，包含人际关系、交流群体等方面内容。包括北京教育学院的专家培训、北京教育学院丰台分院的教研员、校级专题培训、教研组学科活动、教师自主研修、学生课外活动、家校沟通活动等。

首先把教师专业学习共同体中的每个成员看作"点"，多元的研修活动看作一条条"线"；然后根据不同的研修层面，就延展出许多个学校教师专业学习共同体。在不同的教师专业学习共同体中，不同形式的研修内容，充分挖掘每个成员的潜力，促进每个成员获得发展。

2. 共同愿景

共同的信念、价值观是教师专业学习共同体有效构建的基础与保障。共同愿景的构建经历三个阶段：发展个人愿景—组织团队愿景—建立共同愿景。

1）发展个人愿景

北京教育学院附属丰台学校初成立时，学习共同体成员同质性很强，且学校面临着生存与发展的重要问题，此阶段共同愿景的建立需要充分考虑共同体成员的个人愿景（表2）。

表2　北京教育学院附属丰台实验学校教师学习共同体个人愿景构建表

自我评估	运用SWOT分析法对自己进行评析	
愿景构建	价值观	
	使命感	
	发展目标	

共同愿景不是个人愿景的叠加，而是对共同体成员个人愿景加以凝练，尽可能顾及每个共同体成员的个人愿景。共同愿景也不是一成不变的。北京教育学院附属丰台学校随着教师人数的增加和学校办学时间的增长，引导教师进行个人愿景修改，在此基础上共同愿景也逐渐发生变化。但不管怎样变化，共同体成员都会认为：那是"我的"愿景，那是"我们的"愿景。

2）组织团队愿景

学校初成立时，曾提出"一个学校，一个时代"的办学愿景，是学校理念的一部分。为了避免纸上谈兵，学校组织共同体成员进行了多种形式的交流、碰撞，使愿景在学校组织扎根。例如，分组讨论、汇报："如何理解'一个学校，一个时代'"？又比如开设沙龙：分享交流"什么是好学校""什么是好教师""什么是好文化""什么是好制度"等，大量的讨论碰撞产生出共同追求，激发了教师的热情与抱负，激发了教师互动共筹、风险共担的共同体向心力量。大家相信自己能塑造组织的未来，愿景真正拥有了生命力。

3）建立共同愿景

借鉴彼得·圣吉（Peter M. Senge）提出的打造"共同愿景"的方法，学校的共同愿景建立也经历了五个阶段，分别是告知、宣传、反馈、咨询、共同创造。

"告知"指的是将教师专业学习共同体的共同愿景清晰地传递给每个成员；"宣传"侧重于讲明三个问题：是什么（我们共同创造的未来样态）、为什么（我们的价值取向和精神境界）、怎么做（我们的学习表现）；"反馈"是为了了解共同体成员对共同愿景的理解与反映,借助问卷或访谈的方式了解成员的真实想法;"咨询"是以"你们有什么想法"为问题,之后结合讨论内容修正共同愿景,让愿景更符合实际;最后一步是"共同创造",是实现共同愿景的过程,首先需要设置完善的保障实施的方案,然后分阶段设定目标、内容、评价、督导体系,最后是教师专业学习共同体成员身体力行,大胆实践。

3. 组织架构

教师专业学习共同体的可持续发展离不开学校组织与学校的关键领导者,因为"学校领导者必须能够为合作性学习创造制度化的安排,包括时间、空间和资源等。"合理的组织架构和制度对教师可持续发展息息相关。支持性的学校组织架构,可以为学校教师共同体的建立提供合理分工与协作安排的组织环境。

图 2 所示为北京教育学院附属丰台实验学校现阶段的组织架构模型图,图中第一层级和第二层级中的学校理事会、学校校务会、学术指导委员会都属于助学者,第三层级和第四层级都属于学习者。助学者既能够对学习者提供物质和财力的支持,也能够发挥协调、管理、服务的作用,同时能够给予学习者鼓励与督导,为教师专业学习共同体提供积极帮助。

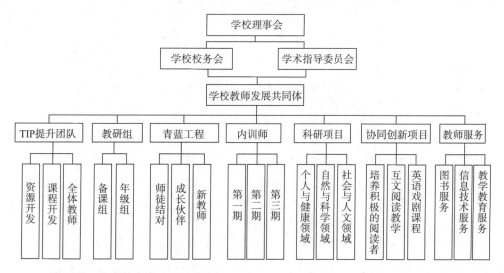

图 2　北京教育学院附属丰台实验学校教师专业学习共同体组织架构模型

图 2 展示了学校、学术指导委员会和教师学习共同体的关系,除了中心教研组,学校还可以建立多样的学术研究共同体,培育学校学术文化,挖掘不同阶段教师的发展需求,引导教师跨学科、跨学段进行教学研究,使教师学习共同体的组织架构稳定、合理、适切。

4. 共同学习

合作学习理论(Cooperative Learning Theory)于 20 世纪 70 年代初兴起于美国,主要指各成员为了实现共同的学习目标,建立积极的相互依赖的关系,形成积极的心理氛围;增强面对面的互动,个体和团体的绩效达到双赢;学习者之间学会沟通交流,学会理解,具备相关的沟通技巧;给予学习者充分讨论交流的机会,促进团体成员努力达到团体目标。

围绕学校教师学习共同体的学习本质,北京教育学院附属丰台实验学校教师学习共同体的学习活动主要有讲座培训、理论学习、教师阅读、教学展示、微格教学、反思总结等多种形式。教师可以根据个体发展需求，自愿申报参与不同的专业学习共同体中，如"三棵树"心理工作室、王若愚特级教师工作坊、骨干教师学习共同体、"青蓝工程"、成长伙伴学习共同体等。

学校教师合作共同学习：首先从真实问题的提出开始的，真实问题是学习的起点与目标；然后共同体成员围绕问题进行文献研究、讨论交流、提出建议；其次将问题放到真实情境中，按照讨论的方案解决问题，如果能够顺利解决就进最后反思总结，如果问题不能得到解决，就再一次聚焦问题、研讨，直至解决问题，反思总结。

以学校 COP（The Teacher's Online Communities of Practice，TOCOP 或 COP）学习共同体为例。COP 学习共同体是以发布学习伙伴招募令，教师自主报名构建的一个教师专业学习共同体，由 14 名中小学教师、4 名大学教授（北京教育学院教授、首都师范大学教授）及其他助学者组成，采用线上与线下混合的学习方式（表3）。

表3　北京教育学院附属丰台实验学校 COP 学习共同体真实问题讨论记录

真实问题	具体描述教学中存在的一个迫切需要解决的问题。
解决办法	办法1： 办法2： ⋮
问题解决	（1）描述问题是否得到解决； （2）描述问题解决的实际情况

第一阶段是理论学习，以线上学习为主，主要是观看视频、集体讨论、分享学习感受。在学习过程中，助学者向共同体成员发放调研问卷，询问教学中存在哪些迫切需要解决的真实问题，并将提交的问题进行整理分类，确定学习活动的主题与形式。

第二阶段是研讨交流，根据提出的真实问题对共同体成员分类编组，先在小组内讨论问题解决的办法，如果找不到解决办法，再邀请所有共同体成员进行问题交流。

第三阶段是现场研讨，将共同体成员提出的真实问题带入真实情境中。专家教授、共同体成员和技术团队共同组成课堂行为采集小组，对每位教师的现场教学进行数据采集，制作成数据模型，与常模对比进行交流分析，提出改进意见。

提出改进意见后，进行第二次现场课研讨：依然是团队合作进行数据采集，对比两次课的数据并对比常模进行分析。基本上是一个理论—实践—反思—改进—理论的螺旋上升过程，也是一个教育教学认识不断提升、教育教学水平不断提升的过程。

第四阶段是反思总结，将整个真实问题的解决进行复盘，回顾问题及解决方法，反思细节，将研究材料进行整理提炼。鼓励共同体成员编写教学反思故事，以加入声音、图像、音乐等多媒体元素，创造可视化教学反思故事，运用数字化手段进行表现并传播共享（图3）。

5. 促进合作

教师学习共同体的有效构建，需要对教师队伍结构、教师能力、岗位特点进行精准分析，科学定位，合理设计，满足不同教师的素养提升需求。同时，建立规范化、常态化的管理体制，促进教师专业学习共同体有序运作，可持续发展。北京教育学院附属丰台实验学校教师学习共同体构建有以下原则。

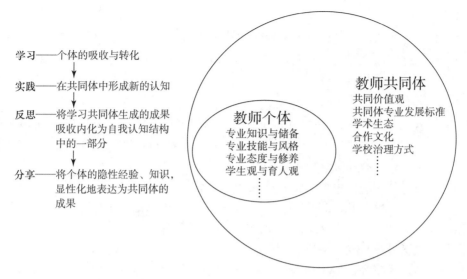

图3　北京教育学院附属丰台实验学校教师专业学习共同体中共同学习路径

1）多维立体原则

设计分岗位、分学科、分学段、整合学科学段的教师学习共同体，构建目标体系，发挥市、区、集群、校的联动作用，形成严谨精细的学习组织，优化学术氛围，促进教师核心素养的提升。

2）分层分段原则

结合学校发展需求和教师实际情况，分层次（新教师、发展期教师、成熟教师）、分阶段（每学年为一个阶段）构建教师学习共同体，满足个性需求，满足长远发展。

3）能量维系原则

教师学习共同体，始终要在遵循教育规律、保持教育定力的前提下健康持续开展，学习内容要和时代脉搏一起跳动，删减与新增项目，保证学习共同体在运动中发展。

4）合作共享原则

借助北京教育学院的国际研修项目、协同创新等项目，区级"春"系列、"领航"系列项目，集群内部研修项目，"手拉手"等市外学校，挖掘、整合多种资源，将教育教学实践、教学研究、科研活动紧密结合起来，提升教师综合素养。

5）多元自主原则

探索自主研修方式，设计以"教师综合素养提升"为主题开展线上+线下的研修课程，教师自主选择、自主研修，实现自主发展。探索精确管理方式，加强对教师结构能力素养的精细诊断，设计穿越多种边界的研修课程，实现教师能力结构跨越学科、学段，视野超越教材、教参，进而拓展学生发展空间。

6）鼓励精进原则

学习精进，鼓励先进，允许后进，淘汰不进。与过去鼓励先进、批评后进的评价方式相比，基于学生发展素养培育的教师学习共同体中，基本价值取向是珍视群体中的每一个人，关注每一个人不断发展的动力，激励每一个人的学习积极性和创造性，以学习促进发展。

6. 资源筹措

资源筹措是指学校通过多种方式和程序，从不同的渠道筹措学校教师发展共同体成长所需资源的全过程。优质资源的引领保证了学校教师学习共同体有源源不断的活水，也保证了学校教师学习共同体的品质提升。

1）引入资源

引入专家资源，大学教授和中小学教师形成教师学习共同体，共同聚焦基础教育的重点、难点问题，进行实证研究，在多样化交流中，教师学习共同体通过教学实践发现教育理论，又通过教学实践发展教育理论。

北京教育学院帮助附属丰台实验学校成立了学术专家指导委员会，为学校移植和沉淀了学院"顶天立地、风清气正"的学术生态。学院的大学教授走入课堂，对中小学教师进行课堂诊断，以"一对一""私人定制"的方式对学校教师进行培训，以"三高、三带、三学、四把关"的方式推动学校教师共同体高位发展。"三高"指学院选派32名思想站位高、师德修养高、学术水平高的专家作为学术指导委员会成员；"三带"指专家在带徒弟的过程中"带师魂、带师德、带师能"；徒弟坚持"三学"：学思想、学做人、学本领；"四把关"则是专家为学校把关：教师招聘，把好招聘关；岗前培训，把好培训关；课堂指导，把好教学关；学术引领，提升学术观。

学院将多个课题和科研项目引入学校教师专业学习共同体，为学校营造了"风清气正、互学互鉴、积极向上"的学术生态。

2）对外辐射

北京教育学院附属丰台实验学校虽然很年轻，但是因北京教育学院优秀文化原力的移植，文化传统变得厚重。文化原力移植促进学校教师专业学习共同体在传承中转化，在实践中创造、内生新原力、形成新品质、赋予新价值。

学校和陕西省、福建省、河北省、北京通州区、昌平区等多所学校结成"手拉手"伙伴关系。学校"内部培训师"精品课频频受邀，走入其他学校进行对外教师培训，内容涉及学校管理、科研课题、学科教学、德育管理。学习共同体"朋友圈"扩大、升级，实现合作共赢的局面。

3. 学校教师专业学习共同体构建的成效

1）提升了学校管理效能

学校的管理是为了教师和学生的发展。教师专业学习共同体中明晰的共同愿景指明了奋斗目标，平等合作的学习氛围和服务支撑体现了对教师的尊重和爱护，共同专注于学习的经历、集体智慧的凝聚，激发了教师的成就感和责任感。教师的学术意识、教学风格、合作共享习惯促进并发展了学校文化的形成。以学习求发展，教师和学生在自我提升中体会到生命的意义和价值，也促进了学生的自我完善及管理效能的提升。

2）提升了教师自我认知

学校教师专业学习共同体对教师专业发展建立全方位支持体系，帮助教师进行职业规划，创设教师学习环境，淡化职位强化岗位，给予教师充分的尊重，以学术积分和研修积分对教师进行合理的评价，促进教师正确认识教师职业，热爱教师岗位，提高自我效能，形成工作热情，进而改变自己教育观和学生观，不断反思改进教学，为学生学习增强动力。

3）增强了教师专业能力

"每一位教师都具备追求卓越的动机和能力。对自己目前的状态的不满，对学生发展可能性的挖掘，对教育资源的拓宽，对自己教学能力的磨砺，这些都是教师们追求卓越的表现，也正是如此，我们学校教育的品质才能得到不断的提升。"教师学习共同体中，每个教师个体都是带着自己的鲜明特色、带着自己的教学经验与教学风格、带着自己原有的认知和技能走入共同体中的，教师个体的实践与反思为共同体带来新鲜的能量，使教师学习共同体变得更加丰富多元更有内涵。教师个人在学习共同体中，凭借团体的力量，促进自我完善，形成多种能力，最终促进自我专业发展，实现自身价值。

以学校"中、小学名家名篇互文阅读教学"教师专业学习共同体为例，为期两年的教师专业学习共同体获得的成果如下。

（1）显性成果。完成17篇文本细读、30份教学设计、相应的文本解读、课堂实录、课后反思、读书报告、评课报告等，约30万字。汇编教师听评课感言文集一本《名家名篇教学研究》，约13万字。15位教师完成"文本细读暨互文性实践研究"论文，字数达20多万字，团结出版社出版《互文阅读——基于互文性阅读，提升文本解读能力策略研究成果集》，共47万字。互文阅读教学论文获得奖项36个。

（2）隐性成果。教师备课有抓手，以前备课靠的是教参和别人的设计，现在备课靠的是读书、与团队一起研讨；教师能延伸学段间的联系，中学教师、小学教师在专家引领下开始正视学生的发展、中、小学教材和目标的定位，放眼于学生长远的发展；教师上课更有底气，注重课前的文本解读，注重课堂的文本细读，注重文本的互文阅读，促进教学有张力；在旁征博引的基础上，教师关注学生的生成，利用学生生成进行教学，学生回答问题更有内涵，情感丰富，文采也在其中；教师甚至能从文本细读和互文性研究、文化视角举办讲座和评课。教师在学习共同体中，也学会了研究方法，主动开发互文性阅读教学课例，开发主题阅读课程，学校教学发生变化，学生学习方式发生变化。

4）促进学生健康生长

学校教师专业学习共同体构建的起点是"以学生为本"，最终是为了促进学生发展。

学校教师专业学习共同体重构了教师的精神风貌和师生关系。教师的人格魅力、专业品质影响和促进师生之间的智慧、情感的交融，师生在互动交流中增长知识、完善人格、体验生命。

学校教师专业学习共同体抓住学习本质重构课堂教学。教与学不再单纯是一种输入与输出的过程，教师研究教育规律，遵循学生生长规律和学习特点，转变教学方式，注重方法与思维的启迪，重视培养学生的责任感、创新精神、实践能力。师生在合作的学习过程中共同生长，彼此成就。

4. 对未来研究的展望

1）建立规范科学的评价机制

学校已经完成了教师专业学习共同体的外围构建，对共同体内部的学习、合作也有了初步的探索，但如何对教师专业学习共同体的学习成效进行合理的评价与反馈，并以此为基础进一步对教师专业学习共同体的学习活动进行监导，目前研究还是一片空白。

2）搭建实用有效的资源平台

学习教师专业学习共同体的可持续发展需要提供更好的资源支持，包含人力资源、线上线下平台、成果展示场所与机会等，要根据教师专业学习共同体的需求和发展阶段为其搭建更合适的对话机会与交流平台，以此推动教师专业学习共同体的更新与完善。

参 考 文 献

[1] 教育部. 中小学教师专业发展标准（试行）.（教师 [2012] 1 号），2012 年 9 月 13 日. http://old.moe.gov.cn/publicfiles/business/htmlfiles/moe/s6991/201212/xxgk_145603.html.

[2] 王淑莲，金建生. 教师协同学习共同体：教师专业发展新范式 [J]. 中国高教研究，2017（1）：95-99.

[3] Handy C. Managingthedream. InC. Sarita&J. Rene-sch（Eds.）. Learning organizations：Developing cultures for tomorrow's workplace [M]. Protland, OR：productive-ityPress, 1995：45-55.

[4] Louis K S, Kruse S, Raywid M A. Putting teachersatthecenterofreform, NASSPBulletin, 1996：9-21.

[5] Ernest L Boyer. ExcerptsfromTheBasicSchoolACom-munityforLearning [EB/OL]. http://www.csdnc.org/UserFiles/Servers/Server3653291/File/The%20Basic%20School%20Synopsis.pdf/2009-12-15.

[6] Schechter C. The Professional Learning Community as Perceived by Israeli School Superintendents, Principals and Teachers [J]. International Review Education, 2012（58）：717-734.

[7] 陈静静，等. 跟随佐藤学做教育——学习共同体的愿景与行动 [M]. 上海：华东师范大学出版社，2015.

专家点评

教师专业学习共同体是保障教师专业可持续发展的有效途径。但它的构建和维持又是一个非常复杂的过程。文章以北京教育学院附属丰台实验学校为例，阐述了学校如何利用各类资源、搭建组织架构、开展系列学习活动以促进学校教师学习共同体形成的实践探索。论文的文献工作扎实，抓住了教师共同体的三个重要特征：共同的愿景、专注于学习、专注于合作。围绕这三个抓手，基于学校教师现状分析，研究分别设计并实施了相应的共同体建设策略。研究不仅描述了学校整体的共同体构建策略，可贵之处还在于具体展示了"学校 COP 靠谱学习共同体"的"学习—实践—反思—分享"的学习与合作的过程。这个包含丰富细节的共同体活动过程，对其他学校的共同体建设实践有一定的参考价值。

国家开放大学　林秀钦

全面深化教育改革 提升教师队伍建设
——东风中学教师队伍建设经验

北京市燕山东风中学 霍文龙 吴亚芳 李树新

> **【摘 要】** 近年来，为了进一步提升学校教师队伍的整体素质，提高教育教学质量，努力造就一支数量适当、素质优良、具有开拓创新意识的教师队伍，学校不断深入学习中央精神，全面深化教育改革，多措并举，通过一系列活动，教师队伍师德素养、整体业务素质等方面明显提升，为地区教育事业贡献出一支师德高尚、业务精良的教师队伍。
>
> **【关键词】** 深化改革，素质提升，专业成长

一、找准立足点，明确教师队伍建设方向

习近平总书记在和北京师范大学师生谈话时提道：国家繁荣、民族振兴、教育发展，需要我们大力培养造就一支师德高尚、业务精湛、结构合理、充满活力的高素质专业化教师队伍，需要涌现一大批好老师。要求各级党委和政府要从战略高度来认识教师工作的极端重要性，把加强教师队伍建设作为基础工作来抓；将教师队伍建设作为教育投入重点予以优先保障。

习近平总书记在全国教育大会上同样提出要形成系统完整的新时代中国特色社会主义教育理论体系，并提出了"九个坚持"重要论述，其中强调"坚持把教师队伍建设作为基础工作"；2019年中共中央、国务院印发的《中国教育现代化2035》中也指出：高素质专业化创新型教师队伍是加快教育现代化的关键。

近年来，学校深入学习中央精神，不断强化教师队伍建设，深刻认识到扎实有效的教师队伍建设是学校发展腾飞的基础工程和先导工作，也是新形势下教育发展的客观要求，只有具备了一支高素质的教师队伍，才能培养出高素质的人才。

1. 研究现状

刘伟红老师提出：中学教育是我国基础教育的重要组成部分，全面提升教师素质，应从政治素质、知识素质、能力素质、身体心理素质等几方面入手。教师不仅要具备较高层次的专业知识，同时更要具备渊博的交叉学科知识，不仅能给学生知识，更能教会学生积极地生活和拥有良好的心态。邵桂贤老师讲到目前中学教师数量逐年增加，教师队伍在不断扩充，

国家对中学教师队伍建设非常重视，打造一支数量相当的、结构合理、素质精良的教师队伍是总的趋势和主流。他还提到近年来，由于年轻教师进入中学，促成教师年龄结构趋于年轻化。年轻人热情高，干劲大，有利于中学的人才培养和教育改革的深入。

邵诗淇和闫建璋老师也提出建设高素质专业化创新型教师队伍是现代化教师队伍建设的目标，以高素质、专业化、创新型为目标，加强师德建设与培养"四有"好教师是现代化教师队伍建设核心内容，建立教师教育体系、优化教师教育课程是现代化教师队伍建设关键路径。

2. 学校现状分析

学校全体教职工60人，其中专职教师59人，工人1人。专职教师中有党员教师20人，研究生学历6人，本科学历52人，高级教师16人，一级教师28人。我校青年教师人数较多，35周岁以下有28人，教师队伍呈现出年轻化的趋势，青年教师成了学校发展的主力军。如何管理好青年教师，最大限度地调动他们的工作积极性，引导他们专业成长，是目前的一个新课题。青年教师工作热情高，和学生代沟较小，易于改变自己，容易接受新思想，可塑性强。但是教育教学经验不足，容易自作主张。

针对以上现状，学校面向全体教师，从师德、师风建设、专业技能培养、教育科研能力提升等方面对教师队伍进行了全面的培养，力争在未来五年内能够切实提升教师队伍整体水平，努力将本校打造成为片区内群众满意的学校。

二、多措并举，全面深化教师队伍建设改革

扎实有效的教师队伍建设是学校发展腾飞的基础工程和先导工作，也是新形势下教育发展的客观要求，只有具备了一支高素质的教师队伍，才能培养出高素质的人才。学校在教师队伍的建设上，坚持以人为本的理念，切实做到制度上有保证，管理上有力度，服务上有措施。坚持重视师德、师风建设、专业化培训为主、重视青年教师成长、听课推动实践反思、积极推进课堂改革和课程建设（表1）。

表1　学校教师队伍建设的活动项目和目标

教师队伍建设项目	参与对象	组织次数/学期	活动列表	活动目标
师德建设	全体教师	5次	师德培训讲座	规范教师行为提升师德素养
			模范先进宣传	
			师德承诺	
校本培训	全体教师	10次	专业讲座、交流研讨	提升专业能力
青年教师培养	40岁以下教师	10次	SWOT自我分析	加强青年教师培养，全方面提升业务水平
			集体磨课、备课	
			青年教师汇报课	
			优课比赛	

续表

教师队伍建设项目	参与对象	组织次数/学期	活动列表	活动目标
常规教学管理	全体教师	每天一节	集体听课	落实常规管理，建立长效机制，规范教育教学行为
		隔周一次	中心组听课	
		每月一次	教案作业检查	
		每周一次	反思反馈	
科研课程改革	全体教师	每学期各一次	经典诵读	突破创新，全面提升教师队伍教育教学本领
			历史剧展演	
			英语节系列活动	
		每周三次	系列校本课程	
骨干引领	骨干教师	一直	课题引领，骨干示范	发挥辐射，引领作用

1. 以师德建设为龙头，不断提高教师的思想道德素质

学校在办学过程中始终将师德教育放在教师队伍建设的首要地位来抓，在师德建设上，紧跟形势，内容充实，重点突出，紧扣实际，形式多样，以解决思想困惑和工作、学习难题为切入口，力争学有实效，通过学习提高理论素养，形成共识，明确方向。学校师德教育以"为人师表，教书育人"为主，将教育与管理结合，在加强师德理论学习的同时，树立榜样，弘扬先进，以不断提升教师的道德水准。

1）组织师德培训，提升教师素质

学校带领全体老师认真学习了教育部近年来颁布的《中小学教师违反职业道德行为处理办法》《严禁教师违规收受学生及家长礼品礼金等行为的规定》《严禁中小学校和在职中、小学教师有偿补课的规定》《关于开展治理中小学有偿补课和教师违规收受礼品礼金问题自查工作的通知》的具体内容和相关规定。除此之外，还通过向老师们列举教育部近几年通报的教育违规案例和查处情况，集中提醒全体教师：要对照师德标准进行自查，深刻反思自己的教育教学行为，"有则改之、无则加勉"，做到知法守礼、率先垂范、廉洁从教，争做习近平总书记倡导的"四有"好教师。

2）加大模范先进事迹的宣传力度和广度

我们积极地在群众教师中树立一个标杆，倡导一种导向、一种追求，让模范的事迹广为人知，深入人心。学校召开师德故事宣讲活动，将模范党员孙月霞、王忠华老师的事迹在教师中间宣传，激发全体教师学习她们热爱岗位、敬业奉献的无私精神。我们组织全体教师集中观看了《大山的火把——赵世术老师》《杨善洲》和《深山筑梦人》先进模范影片，通过优秀干部和教师事迹影片观摩，给教师们以心灵震撼。以榜样为镜，对照榜样深刻反思，查找自身不足。学校还以开展"感受道德力量、争做五美教师"主题座谈交流会、听报告、表彰会、展板、微信宣传等形式，引导教师学习先进人物，从本职岗位做起，忠诚党的教育事业，敢于担当、勇于创新、努力践行社会主义核心价值观。

3）庄严承诺，严守师德底线

每学期召开师德、师风建设工作会，全体教师签订师德、师风建设承诺书，对广大教师进行思想道德教育，使全体教职员工进一步提高思想认识，增强法律意识，自觉运用师德规范来约束自己的言行举止。

师德、师风是为师之本，也是办学之本。我校对师德、师风建设常抓不懈，保证教师队伍的纯洁性和高素质。

2. 借交流学习的平台，拓宽教师教育教学新视野

1）充分发掘学校教师资源开展校本培训

我校重视教师的学习培训，有计划地组织教师开展校本研修，不断为教师们提供学习的机会和展现的平台。利用校本讲座、教研组研讨、专家引领建设等方式，每学期坚持4~6次的培训。从教师专业素养、信息技术学习、科研能力提升、课程开发与实施等方面分别展开培训，内容涵盖翻转课堂、高效课堂、核心素养学习、PAD教学培训、科研课题培训、校本课程讲座、中考形势分析、教师外出经验交流等。在这种积极交流分享的环境中，促进了一批年轻教师的快速成长，不仅将学习反思内化于心，更是外化于行，落实在自己的实际教学中。

2）充分利用继续教育促进教师专业成长

学校高度重视，精心组织，有效推进北京市中、小学教师信息技术应用能力提升工程项目深入开展，促进网络研修与校本实践的深度整合，完成率100%；认真组织教师参加各级各类竞赛评比，以"展示"促培训，以"展示"促学习，以"展示"促成长。

3. 建立健全青年教师培训机制，促使青年教师快速成才

近年来，年轻教师逐年增多，在学校活动中也承担了越来越多的任务，学校领导非常重视青年教师的培养。现已逐步梳理建立起拜师、听课、评课、磨课、汇报课等一套青年教师培养的流程。

学校每学年都会组织学带和骨干教师与青年教师进行师徒结对。学期初师徒签订承诺书，日常教学中师父言传身教，以身作则，进行一对一听课指导，扶植青年教师尽快在教学业务上成长起来，在思想上成熟起来。青年教师则通过与师父共同备课、互听推门课、交流教育教学方法等方式学习骨干教师的教育教学管理经验和敬业精神。除此之外，每学期我们都会针对青年教师开展系列展示活动，如"青年教师献课""青年教师展示课""青年教师汇报课"等。通过这些活动青年教师得到了锻炼和发展，进步非常快。

4. 不断完善教学管理工作，规范教师教学行为

学校在教学管理方面下设教导处、科研室、课程处，职责明确，分工清晰，各司其职，互相配合。学校制定有《教研组长职责》和《备课组长职责》，严格保障教研活动实际有效，真正督促教研组成为教师素质提升的有力保障。

1）建立了中心组和集体听课制度，聚焦课堂

建立健全《课堂评价指标》，组建文理两大听课组，理科组由校长任组长，文科组由书记任组长，所有中层干部、教研组长、骨干教师为组员，每两周组织一次集体听评课活动。另外，每天坚持集体听课，听推门课，并做到有听必有评，在评课中多提具有可操作性的建议，对问题较突出的教师，听课小组将在教师改进后追踪听课。实施此项制度以来教师在改进、反思中不断进步，使课堂教学质量不断攀升。在《教师教学工作手册》中明确规定校

长每学期兼课、听课不少于 40 节，教学副校长兼课、听课不少于 60 节。

2）建立和完善教学常规检查、课堂教学评价、教学质量监控制度

所有教师均应以课时为单位写出教案并附带课后反思，尤其 35 岁以下青年教师必须写详细的教案。听课记录要书写工整，记录本课的重点及板书内容，有评价，有反思。每月月末由备课组长将教学手册收齐上交教导处进行检查。查作业重点查的内容：作业量、作业内容、批改情况、是否针对个别学生有鼓励性的语言。教学反思的撰写是教学常规中的重点。要求每位老师在期末前撰写一篇教学反思，总结整理自己在日常教学中提高课堂效率的具体做法。学校由教导处制定《课堂教学评价表》，并组织学生对教师学期教学进行问卷调查和打分。

5. 不断加大科研力度，促进教师专业成长

学校在教学方面加大了研究与投入，加大教研组活动力度，确保教研组活动有计划、有目标、有实施。通过《课堂教学研讨月》活动、《常态课研究方案》、PAD 课堂常态课推进等系列活动，有针对性地开展研究课、观摩课等教学研究工作，鼓励并督促老师们积极开展高效课堂的研究，从"抓准学情、抓准定位、精选、精讲、精练、精批、教学策略活、教学活动形式活、学习方法活、练习作业活、用活学情活"入手，落实"减负增效提质"的具体实施，在不增加学生课业负担的前提下，大面积提升教育教学质量。

6. 积极推进课堂改革和课程建设，完善教师育人本领

学校坚持以学生发展为本，以学生人人成功为目标，以培养学生创新能力为核心，以学生看得见成长为宗旨的教育原则，为每一个学生全面而有个性的发展创造条件，构建具有学校特色的多样化课程体系。积极挖掘学校在课程实施过程中的已有资源和成功经验，校内、外资源整合，逐步推动和引导学校各学科在课程建设上走向新常态。以校本课程开发与实施等工作重点，继续加强对教研组校本教材编写的管理、指导和监督，尤其在教研组组内学习、相互学习等方面加强督查，提高教师编写校本教材的能力。组织教师参加校本课的观摩和研讨，组织各教研组参加优秀教研组校本教材编写的观摩和研讨，抓好骨干、研究生建设，充分发挥他们在工作中的示范带头作用。

在"尊重生命，以美育人"办学理念的指引下，学校对现有的物资、人力资源进行了课程化开发、整合，形成了以学生为主体、教师为主导的学科整合教学模式，以激发动机为钥匙，以创设情境为铺垫，以认知操作为主线，以积极情感为动力，以方法审美为手段，以成功反馈为调节，变传统教学活动为知、情、意互动的求真、立善、创美的全面心理活动。目前，由学校领导牵头、以教研组为依托、以文化渗透为主题、以自然时间为轴心、以教学学年为单位的学科育人活动已建成体系。

（1）以文载道。在诵读中丰润心灵：语文学科承载着比其他学科更多的文化功能和社会功能，为了让学生在语文学习之外能够进一步的陶冶情操、怡养性情，每年的 10 月我们都会开展"经典诵读活动"，让学生在诵读经典的过程中走进文学经典，丰富心灵情感。例如，为了礼赞党十九大，语文组的经典诵读以《礼赞十九大，情诵民族魂》为主题，将爱国诗歌、传统诗词、《红岩》改编剧搬上了舞台，为全校师生献上了一场振奋人心的爱国主义教育；为了庆祝新中国成立 70 周年，语文组举行《回首百年风云，喜看今朝昌盛》为主题的经典诵读活动。除此之外，语文教师组织学生开展的《诗书大会》活动，同样让学生

们感受到了阅读带来的精神愉悦和心灵收获。

（2）以史明智。在历史中知古望今："读史可以使人明智，鉴以往可以知未来"，我国有着五千多年的悠久历史，作为教育工作者我们有责任、有义务让学生了解它、走近它、传承它。因此，每年3月我们都会在文综组的组织下在初二年级开展历史剧展演活动。《昭君出塞》《商鞅变法》《霸王别姬》《木兰从军》《完璧归赵》……在十几平米的舞台上，同学们通过经典得当的选材、精彩专注的表演、丰富充沛的情感为我们献上了一顿顿色香味俱全的历史文化大餐，更为我们展现了年轻一代对祖国历史的理解与解读。

（3）以言为桥。在英语中对话世界：12月是一个承前启后的月份，在这个月的月末全世界都将迎来新的一年。为了培养学生"放眼世界，放眼未来"的思想意识，我校会在这个月举行英语节活动：英语组的教师们也许会带着学生们将英语文学中一个个经典故事搬上舞台，也许会组织学生来一场中西文化大比较，也许会让学生用英语讲述中国故事，也许会通过音乐来打开文化艺术交流的大门……对于文化来说"民族的就是世界的"，作为一个开放包容的民族，我们一直以来都善于吸取其他民族的优秀文化，而我们的英语节便旨在通过丰富多彩的活动，让学生了解其他民族的文化，培养学生的世界眼光。

除此之外，学校还开设了《无土栽培》《科学实验》《几何画板与几何图形》《打破蛋壳问到底》《你好李白》《听那条鱼说》《电子相册制作》《中国民俗古风音乐词曲欣赏》等二十多门学科校本课，编印了《英绘时光》《剧润心田》等校本教材，帮助学生看到一个更为广阔的学科世界，从而构建一个更为完整的知识观和世界观。

智育课程的建设和完善，让我们的教学由课内延伸到了课外，让我们的教育在知识传授之外寻找到了更为灵活和丰富的途径。通过丰富多彩的学科活动，学生将知识内化于心、外显于行，真正达到了以美育智、学科育人的目标。

7. 大力推进信息化教学，更新教师教学观念

为了更好的适应现代教育的发展，我校将信息技术引进常规课堂教学，进一步推动信息技术与学科教学的融合。在PAD教学的课堂上，学生学习的自主性、选择性、交互性大大加强，对教师控制过多的传统课堂是一种突破，真正实现了教学方式的变革，有利于学生综合能力培养和学生素质的提升。目前，已经有两个年级、两个学科的老师能够在日常教学中熟练使用PAD进行教学。为能更好地使用"盒子鱼"软件对学生进行英语口语训练，我校特与信息中心协调，开通了80台PAD免认证功能，同时安装了百词斩、新概念等英语学习软件，为课堂英语口语和听力练习提供设备支持。同时，英语组全组行动，利用所教班级微信群，坚持每天布置学生口语练习，听学生的口语语音并纠错，一段时间以来，学生口语听力能力初见成效。语文老师也开始利用微信群，训练学生朗读课文的能力，弥补在校学习的不足之处，并将朗诵好的同学在课堂上让同学们进行观摩，很好地引导了学生正确使用手机。

8. 学校重视骨干教师科研引领，提升教师科研能力

通过房山区教育科学研究室引领，专家讲座培训，学校校本教研，以科研骨干教师的辐射作用为牵引切实提高各课题组的学习研究能力和教师的教学水平，让教师上好每一节课。落实和规范课题研究工作，让课题研究为教学提供有力保障。我们以"十三五"时期市级课题和区级课题研究为契机，继续加强课题研究过程的管理、指导和监督，尤其在课题组学

习、带题授课和课题研讨等方面加强督查，提高教师的科研水平和科研能力，组织教师参加北京市科研论文评比活动、组织教师参加燕山地区"十三五"时期科学规划课题研究交流工作活动，抓好教科研骨干队伍建设，充分发挥他们在教科研工作中的示范带头作用。杨姗老师的《初中语文与美术学科融合教学模式的探究》和田彤老师的《初中美术与其他学科课程整合的研究》两个跨学科课题正在准备结题阶段。美术教师与初一语文教师合作，开设成语故事纸工课，由语文教师组织学生收集生动有趣的成语，然后她们带领学生利用鞋盒、橡皮泥等材料制作出一个个活灵活现的纸工作品。地理与思品联合开设"青苹果乐园"校本课，并在每年的安全月时间组织安全知识知识竞赛。数学与信息课联合开设"利用几何画板绘制美丽的几何图形"等融合性课程。

三、振兴学校教育，教师队伍素质提升成果显著

近年来，学校的办学条件得到了很大的改善，教师队伍不断的更新，35岁以下的教师已占专任教师的50%，带着年轻人特有的朝气为学校增添了新的活力，全体教职工热爱本职工作，严谨治学，以老帮新，以新促老，共同发展。随着学校的一系列举措，我校教师队伍素质的不断提升，中考成绩一直稳列前茅，地区影响力也随之不断攀升，逐步成了周边社区群众心目中满意的学校。教师和学生也不断的提升自己，在各类活动中均有优秀表现，近年来，学校教师队伍整体业务素质明显提升，对学校的良好发展提供了源源不断的动力。这归功于学校教师队伍建设的有效举措：师德、师风的建设、青年教师的迅速成长、教育教学科研的不断深化等。但是从长远发展来看，教师队伍建设体系化还有所欠缺，整体评价和有效突破做得还不够深入等，这些都是未来我们需要解决的。

学校教师队伍建设工作在改革中不断发展，在发展中不断创新，改革与创新成了教师队伍建设的主旋律。"筑我东中梦，风好正扬帆"。未来学校发展的蓝图已经绘就，而通向共同愿景的道路，更需要我们踏踏实实、科学创新、与时俱进。高素质的教师队伍，全新的教育理念，光辉的事业，崇高的使命，教育改革之路注定不同凡响！

参 考 文 献

[1] 刘伟红. 浅谈中学教师素质 [J]. 中国校外教育，2010（4）.
[2] 邵桂贤. 浅析中学教师队伍建设中的问题及对策 [J]. 中国校外教育，2017（32）.
[3] 邵诗淇，闫建璋. 教育现代化背景下教师队伍建设的浅析 [J]. 高校后勤研究，2020（4）.

▎专家点评

论文描述了东风中学教师队伍建设的实践与经验。研究将教师队伍建设作为学校建设重点，从东风中学当前教师年轻化、经验不足但可塑性强的现状入手，开展了全校联

动的提升教师能力的多重举措，包括重视师德师风建设、加强校本培训、健全青年教师培训机制、推动听课实践反思、建立和完善教学质量监控制度、加大科研力度、以学生发展为本积极推进课堂改革等。研究中显示了学校在提升教师队伍上的决心、努力和成效。论文对每一项举措都提供了详细的实施过程，尤其是构建具有学校特色的多样化课程体系部分，对其他学校也有较强的借鉴意义。

国家开放大学　林秀钦

后 记

本书从策划、汇编到成册，历经数月。在成书的过程中，北京市教委领导、北京市教委人事处、北京教育学院领导给予了极大的支持和指导。北京师范大学、首都师范大学、国家开放大学、北京教育学院、北京青少年研究所等高校、科研院所专家充分发挥专业优势，对入册的论文成果给予了细致的指导，并对每篇成果进行了点评，以专业视角、点睛之笔，解读内涵、剖析新意。北京师范大学王本陆教授、北京教育科学研究院方中雄院长、首都师范大学教师教育学院王海燕教授对全书的编写工作给予了重要的指导和宝贵的建议。

本书的编写也得到各区教育两委和教师培训机构的鼎力配合。在区级教育行政部门的高度重视和教师培训机构的高效组织下，成果征集和汇总工作得以顺利推进。广大培训者、教研员、中小学校管理者、教师们积极响应、踊跃参与，彰显了对培训研究工作的极大热情。还要感谢北京理工大学出版社的编辑老师们为本书的编辑出版付出的辛苦努力。感谢所有对本书提供帮助的专家们和朋友们，虽不能一一列举，但大家的智慧与汗水体现在书页的字里行间！

受时间和水平所限，本书在编辑整理过程中不免疏漏和不足之处，仅期望以基层的实践探索为同行的工作给予一些借鉴和启发，恳请广大读者多提宝贵意见。本书盼与同行分享、切磋、互促、互进。

本书编委会

2020 年 8 月